मैं

मैं

विमल मित्र

राजकमल प्रकाशन

ISBN : 978-81-267-0362-3

मूल्य : ₹ 550

पहला संस्करण : 1974
सातवाँ संस्करण : 2018

प्रकाशक : राजकमल प्रकाशन प्रा. लि.
1-बी, नेताजी सुभाष मार्ग, दरियागंज
नई दिल्ली-110 002

शाखाएँ : अशोक राजपथ, साइंस कॉलेज के सामने, पटना-800 006
पहली मंजिल, दरबारी बिल्डिंग, महात्मा गांधी मार्ग, इलाहाबाद-211 001
36 ए, शेक्सपियर सरणी, कोलकाता-700 017

वेबसाइट : www.rajkamalprakashan.com
ई-मेल : info@rajkamalprakashan.com

मुद्रक : बी.के. ऑफसेट
नवीन शाहदरा, दिल्ली-110 032

MAIN
Novel by Bimal Mitra

प्राक्कथन

शिवनाथ शास्त्री के किसी लेख में एक बार पढ़ा था कि खेलने की जानकारी रहे तो कानी कौड़ी लेकर भी खेला जा सकता है। यानी कौड़ी के खेल में कौड़ी उपलक्ष्य है और असली चीज है खेल।

परन्तु साहित्य न तो कानी कौड़ी है और न खेलने की वस्तु ही। फिर भी यह बात मुझे इसलिए याद आयी कि बहुत दिन पहले—सम्भवतः सन् १९५८-५९ में दो मित्रों से उपन्यास-साहित्य पर चर्चा चल रही थी। जहाँ तक स्मरण है, मैंने उस दिन कहा था कि उपन्यास एक ऐसी विधा है जिसे व्याकरण की बेड़ी से जकड़ा नहीं जा सकता है। उसके विस्तार एवं विकास को बँधी-बँधायी परिपाटी से सीमाबद्ध नहीं किया जा सकता। वह अपने-आपमें एक स्वाधीन और स्वतन्त्र सत्ता है। उपन्यास के सम्बन्ध में यद्यपि ऐसा मत किसी शास्त्र में लिपिबद्ध नहीं है, फिर भी उसके जन्म और विकास के इतिहास के पर्यवेक्षण के पश्चात् मैं इस निष्कर्ष पर पहुँचा हूँ। एक या दो नायक तथा एक या दो नायिकाएँ और फिर उनके मिलन और विरह में उलट-फेर को मद्देनजर रखकर करोड़ों उपन्यास लिखे गये हैं। कभी नायक के स्थान पर देश या इतिहास और कभी अतीत या वर्तमान को व्याख्यायित किया गया है। कभी-कभी उपन्यासकारों ने कला के साथ-साथ समाजशास्त्र के उद्देश्यों की पूर्ति करने की कोशिश की है।

मेरे मित्रों का कहना था कि उपन्यास-साहित्य की आयु ढल चुकी है और अब उसकी कार्य-क्षमता क्षीण हो गयी है। अतः अब उसे अवकाश ग्रहण कर लेना चाहिए। उनका मत था कि उन्हें सारे के सारे उपन्यास चर्वित-चर्वण प्रतीत होते हैं।

मैंने उस दिन कहा था कि खेलने की जानकारी रहे तो कानी कौड़ी लेकर भी खेला जा सकता है।

अपनी युक्ति की सार्थकता प्रमाणित करने के उद्देश्य से मैंने दो पुरुष और एक मानवेतर प्राणी पर केन्द्रित एक साधारण-सी कहानी का दृष्टान्त प्रस्तुत करते हुए कहा था कि इस कानी कौड़ी को लेकर भी मैं उपन्यास लिखने की चेष्टा कर सकता हूँ।

मेरे मित्र मेरे विचारों से सहमत नहीं हुए थे और कहा था कि इस घटना को लेकर उपन्यास लिखा ही नहीं जा सकता।

लेकिन वह साधारण-सी कहानी चौदह वर्षों तक मेरे भाव-जगत् को आन्दोलित करती रहेगी, इसकी मैंने कल्पना तक नहीं की थी। तब मेरी स्थिति यह थी कि सोते-जागते मैं इससे पिण्ड छुड़ा नहीं पा रहा था। अन्ततः १९६३ ईस्वी में एक पत्रिका के छह-सात अंकों में इस 'मैं' उपन्यास का प्रकाशन-क्रम चला और फिर एक दिन अचानक रुक गया। १९६५ ईस्वी में एक दूसरी पत्रिका में प्रकाशित होता रहा लेकिन वहाँ भी अधिक दिनों तक चलाना सम्भव न हुआ। अन्त में सन् १९६८ से १९७१ के सितम्बर मास तक एक तीसरी पत्रिका में ढाई वर्षों तक धारावाही प्रकाशन चलता रहा, पर फिर सहसा उसकी गति रुक गयी। बाकी बचे अंश को मैंने १९७२ ईस्वी के अगस्त महीने में समाप्त किया। इस अवधि में मेरे जीवन में इतनी विपत्तियाँ, इतने दुर्दिन और इतनी दुर्घटनाएँ आयीं, जिनका कोई अन्त नहीं। अनेकानेक स्थितियों में मेरे जैसा कर्म-विमुख व्यक्ति भी इस दुरूह संकल्प से क्यों नहीं विचलित हुआ, यह मेरे लिए भी घोर विस्मय की बात है। इस कृति का श्रेय किसे है, मुझे मालूम नहीं। एक बात और। जिन व्यक्तियों से चर्चा-परिचर्चा के फलस्वरूप 'मैं' का जन्म हुआ वे आज इस दुनिया में मौजूद नहीं हैं। रहते तो उनसे एक ही बात पूछता और वह यह कि कानी कौड़ी लेकर मैं खेलने में सफल हो सका हूँ या नहीं!

२८ अगस्त, १९७२

—विमल मित्र

अनुवादक की ओर से

महान् कलाकार देश और काल की सीमा लाँघकर सार्वदेशिक और सार्वकालिक होते हैं। बँगला के श्रेष्ठ उपन्यासकार विमल मित्र के सम्बन्ध में यह उक्ति अक्षरशः सत्य प्रतीत होती है। वह बँगला के अतिरिक्त हिन्दी और तमिल के पाठकों के बीच समान रूप में लोकप्रिय हैं। उनकी लोकप्रियता उस कोटि की नहीं है जो साधारण स्तर के पाठकों को छूकर रह जाती है, बल्कि उस कोटि की है जो सामान्य और विशिष्ट दोनों वर्गों के पाठकों को अभिभूत कर लेती है। विमल मित्र की प्रतिभा बुद्धिजीवियों के हृदय को झिंझोड़कर उन्हें विस्मय की स्थिति में लाकर छोड़ देती है।

'मैं' विमल मित्र के सर्वश्रेष्ठ उपन्यास 'आमि' का हिन्दी रूपान्तर है। यों विमल मित्र एक प्रयोगधर्मा उपन्यासकार हैं और उनके अन्वेषण की प्रक्रिया अब तक जारी है, लेकिन उनका यह 'मैं' उपन्यास समकालीन औपन्यासिक परम्परा से बिल्कुल भिन्न है—यह भिन्नता न केवल इसके कथ्य, शिल्प, संरचना और बुनावट तक ही सीमित है वरन् इसका कथानक भी परम्परित उपन्यासों से भिन्न है। उपन्यास की कथा केवल दो पुरुष और एक इतर प्राणी को केन्द्र मानकर चलती है, फिर भी इतने तंग दायरे में ही उन्होंने आज के मानव की विशेषकर भारतीय जनता की तमाम समस्याओं और जटिलताओं को विश्व-इतिहास के परिप्रेक्ष्य में देखा है और उनकी गहराई तक जाकर रेशे-रेशे को उधेड़कर छान-बीन की है तथा सत्य को उद्घाटित करने का प्रयत्न किया है।

आधुनिक जीवन के तमाम प्रश्नों—जैसे मनुष्य के अस्तित्व, अस्मिता, स्वतन्त्रता, मूल्य इत्यादि से उन्होंने साक्षात्कार किया है और उनकी विसंगतियों और विघटन को तटस्थता के साथ उकेरा है। 'मैं' में विमल मित्र के वैचारिक व्यक्तित्व के अनेक रूप हैं : उनका इतिहासवेत्ता, समाजशास्त्री, मानविकी-वेत्ता—रचना के स्तर पर उपन्यासकार विमल मित्र में समाहित हो जाते हैं।

वास्तव में 'मैं' बीसवीं शताब्दी के भारत की महागाथा है—एक कालजयी कृति। 'मैं' के दिगम्बर और नुटु भारतीय गाँवों के सर्वहारा वर्ग के प्रतीक हैं जिन्हें व्यवस्था पग-पग पर तोड़ती है और एक दयनीय स्थिति में लाकर छोड़ देती है। यों विमल मित्र को जीवित रखने के लिए 'साहब बीबी गुलाम',

'एकाई-दहाई-सैकड़ा', 'खरीदी कौड़ियों के मोल' जैसी कृतियाँ पर्याप्त हैं, फिर भी 'मैं' के अतिरिक्त उनकी समस्त कृतियों को नष्ट भी कर दिया जाये तो वह साहित्य-जगत् में अमर रहेंगे। एक सफल गोताखोर की तरह समय के अतल में प्रवेश कर उन्होंने बोध के मोती चुने हैं। 'मैं' एक समग्र काल-बोध है। और यह समग्र काल-बोध एक रचना ही नहीं है, बल्कि समस्त रचनाओं के लिए एक चुनौती भी है।

—योगेन्द्र चौधरी

एक

सुख के बारे में बहुतों ने बहुत कुछ सोचा है, बहुत माथापच्ची की है। सुख के पीछे-पीछे बहुत लोग भागते चले हैं। सुख की उम्मीद में गृहस्थी से नाता तोड़कर वन चले गये हैं, इसका दृष्टान्त इतिहास में मिलता है। लेकिन दुख ? दुखी मनुष्य की बात कुछ और ही है। दुखियों में एक से दूसरे की कोई समानता नहीं होती है। दुनिया में सुख की मात्रा न कम होती है, न अधिक; इसीलिए सुखी आदमी पर नजर पड़ते ही वह पहचान में आ जाता है। लेकिन दुख उसके बनिस्बत कहीं गहरा, कहीं व्यापक होता है। दुख मनुष्य को स्वतन्त्र बनाता है, व्यक्तित्व प्रदान करता है। सुख का अन्त खोजने पर मिल भी सकता है लेकिन दुख अनन्त होता है। सुख की कामना करने पर वह प्राप्त भी होता है लेकिन दुख दुर्लभ होता है। सुख चाहने पर सुख न भी मिले, फिर भी लोग मन-प्राणों से सुख की ही कामना करते हैं ! और, दुख बिन माँगे मिलता है, इसीलिए उसको अनादर की दृष्टि से देखा जाता है। लेकिन उसी अनादर की वस्तु को पूँजी के रूप में लगाकर कितने ही लोगों को पर्याप्त लाभांश मिला है और महाजन बन गये हैं। इतिहास में इसकी बेहिसाब मिसालें हैं।

आज मुझे गाली-गलौज करनेवाले लोगों की कमी नहीं है। प्रशंसा करनेवालों की तादाद भी बढ़ गयी है। रात-दिन केवल आदमी और आदमी से ही घिरा रहता हूँ। खाने के वक्त भी कोई एकान्त में चुपचाप खाने नहीं देता है। सामने आकर बैठ जाता है और कहता है, "यह आपका खान-पान कैसा है ? इस तरह आपका स्वास्थ्य कैसे अच्छा रहेगा ज्योतिदा ?"

कोई कहता है, "ज्योतिदा···"

और कोई कहता है, "ज्योतिर्मय बाबू···"

ज्योतिर्मय सेन खुद जानते हैं कि यह उनका बाहरी परिचय है। आँखों की ओट में कुछ और ही परिचय है, और ही विशेषणा। सब-के-सब विशेषण उन्हें अच्छे लगते हैं, बात ऐसी नहीं है। उससे उन्हें चोट भी पहुँचती है। यह शायद स्वाभाविक भी है। उन्होंने अब्राहम लिंकन की जीवनी पढ़ी है। रूस के जार,

इंग्लैण्ड के प्रधानमन्त्री आदि बहुत-से लोगों की जीवनियाँ उन्होंने पढ़ी हैं। उनमें से किसी ने दुख की कामना की थी ? या दुख मिलने पर वे क्या इनकी तरह स्वतन्त्र हो सके थे ? या कि टूट गये थे ? दुख ने उन लोगों को व्यक्तित्व की गरिमा दी थी ? हर व्यक्ति से उन्होंने अपनी तुलना की। अपने जीवन की घटनाओं से उन लोगों के जीवन की घटनाओं को तौला।

"ज्योतिदा···"

उनके चिन्तन में एकाएक बाधा पड़ी। बहुत दिनों के बाद ज्योतिर्मय सेन को इस तरह का आराम मिला है। वही मयनाडाँगा है। नाम अब तक याद है—नटवर, नुटु। कौन जानता था कि इतने दिनों के बाद उन्हें फिर से मयनाडाँगा आना पड़ेगा। सारी बातें कल रात से ही उनके मन में उमड़-घुमड़ रही हैं। उनके आने की बात की खबर इस जिले के लोगों को बहुत पहले ही मिल चुकी थी। यहाँ के जिला कांग्रेस कार्यालय, मण्डल कांग्रेस कार्यालय, एस. डी. ओ. सर्कल अफसर, पुलिस सुपर से लेकर ब्लाक अफसर, साधारण किरानी—यहाँ तक कि चौकीदार भी सतर्क हो गये हैं कि मन्त्रीजी आ रहे हैं। यह भी तो एक तरह का सम्मान ही है। हाँ, इसे राजसम्मान ही कहते हैं। पुराने जमाने में राजा-रजवाड़े प्रजा की गरदन उतरवा लेते थे। अब प्रजातन्त्र में गरदन उतरवाना बन्द हो गया है। लेकिन और ही तरह से गरदन उतरवायी जाती है। गरदन उतरवाना या उपाधि वितरण करना एक जैसी ही बात है। अन्तर सिर्फ इतना ही है कि नाम में बदलाव आ गया है।

यह युवक हमेशा व्यस्त रहता है। स्थानीय कांग्रेस कार्यालय के प्रमुख व्यक्तियों में से एक है। खादी पहने हुए है। कल से ही मेरा बड़ा ही मान-सम्मान कर रहा है। कुछ ज्यादा ही। खुशामद करना चाहता है। या तो मुझसे कुछ उम्मीद करता है या सम्मान करने के उद्देश्य से ही मेरा सम्मान कर रहा है और सोच रहा है कि सामने आकर सेवा करेगा तो धन्य-धन्य हो जायेगा।

"रात में आपको कोई असुविधा तो नहीं हुई ? नींद आयी थी ? चाय पीने में कैसी लगी ?"

"अच्छी।"

"फिर और एक पाट बनाने को कहूँ···"

शंकर एक ही छलाँग में बाहर चला गया। यानी वह मेरा सम्मान करेगा ही···

शंकर को पुकारकर रोक सकता था लेकिन मालूम नहीं क्यों, मैंने उसे रोका नहीं। फिर उन्हें खुशामद अच्छी लगती है ? कभी ऐसा जमाना था कि कोई अगर उनकी खुशामद करता था तो उन्हें अच्छा नहीं लगता था। अब

मन्त्री हो जाने से वह क्या खुशामद-पसन्द व्यक्ति हो गये हैं ? कहीं उन्होंने एक वाक्य पढ़ा था जो उन्हें अब तक याद है। आज वही वाक्य याद आ गया तो अच्छा लगा—The rich man despises those who flatter him too much, and hases thote who do not flatter him at all.[1]

उस युवक के हाव-भाव से स्पष्ट पता चलता है कि वह खुशामद कर रहा है। उसके बदन का रंग गोरा है। खाकी खादी का कुरता पहने हुए है। उम्र ज्यादा नहीं है। सम्भवतः छब्बीस साल से अधिक नहीं है।

"तुम्हारा घर कहाँ है शंकर ? इसी मयनाडाँगा में ?"

"नहीं ज्योतिदा; मैं बाघजोला में रहता हूँ। यहाँ से पच्चीस कोस की दूरी पर। लेकिन मुझे हर जगह घूमना-फिरना पड़ता है। उस बार बाढ़-पीड़ितों के लिए जो सहायता की जा रही थी मैं यहीं कुछ दिनों के लिए था। हम लोगों ने पानी में तैरकर सहायता का काम किया था।"

फिर एक क्षण के लिए वह रुका और कहा, "मैं खुद कलकत्ता गया था और आपके लिए चाय की पत्ती ले आया हूँ। बारह रुपये पाउण्ड की दर से…"

उन्होंने फिर से उस युवक के चेहरे को गौर से देखा, और देखकर पूछा, "सभा की कहाँ तक तैयारी हुई है ?"

"सब-कुछ तैयार है। अपने बताया था कि आप कुछ देर तक एकान्त में रहना चाहते हैं। इसीलिए कोई आपको तंग करने के लिए नहीं आ रहा है। सबको मना कर दिया है। आपकी देख-रेख करने के लिए केवल मैं ही यहाँ हूँ। कल रात भी मैं नीचे के कमरे में सोया था…"

अचानक ज्योतिर्मय सेन को कुछ याद आया और उन्होंने कहा, "मयना-डाँगा में दक्षिणपाड़ा नामक एक जगह है। तुम्हें मालूम है ?"

"दक्षिणपाड़ा ? दक्षिणपाड़ा के सभी आदमी आज आ रहे हैं। आपके यहाँ आकर सब-के-सब घुस जाते, लेकिन क्योंकि पुलिस दरवाजे पर है इसी वजह से…"

"पुलिस है क्या ?"

"पुलिस क्यों नहीं रहेगी ? पुलिस न रहती तो अब तक आप यहाँ नही टिक पाते।"

शंकर की बातें सुनने में बड़ी ही मजेदार लग रही थीं। "क्यों, टिक क्यों नहीं पाता ?" उन्होंने पूछा।

"वाह, जबकि आप आये हुए हैं तो कोई चुप रह सकता है भला ? वैसा

---

१. धनी आदमी उन्हें हेय दृष्टि से देखता है जो उसकी बहुत ज्यादा खुशामद करते हैं और जो उसकी खुशामद नहीं करते उन्हें घृणा की दृष्टि से।

नहीं होता तो अब तक आपके चरणों की धूल लेने के लिए लोगों में होड़ लग जाती।"

"चरणों की धूल !"

ज्योतिर्मय सेन ने आश्चर्यचकित होने का भान किया। अपने चरणों की धूल वह किसी को नहीं देते हैं, ऐसी बात नहीं है। लेकिन देने में उन्हें अच्छा नहीं लगता। इसके अतिरिक्त चरणों की धूल लेने में एक प्रकार का स्वामी और भृत्य का सम्बन्ध निहित है। सिवा ईश्वर के और किसी अन्य व्यक्ति के चरणों की धूल लेने से एक प्रकार की दरिद्रता प्रकट होती है। और उम्र बढ़ जाने के कारण पैरों की हालत ठीक नहीं है। एड़ियों के किनारे फट गये हैं। थोड़ा-सा भी पसीना चलता है तो वहाँ धूल जम जाती है। दोनों पैर बड़े गन्दे दिखने लगते हैं। शर्म लगती है। उन लोगों को इस बात की जानकारी नहीं है और न इस बात को समझ ही पाते हैं। लोग सोचते हैं कि यह सब मैं निभ्रतावश कर रहा हूँ। दरअसल पैर के चलते ज्योतिर्मय सेन के जीवन में इतनी बड़ी दुर्घटना घट चुकी है कि उसकी खबर इन लोगों में से किसी को भी नहीं है। मालूम है तो सिर्फ नुटु—नटवर को। हो सकता है कि आज नटवर उन्हें पहचान ही नहीं सके। शायद नटवर तक किसी ने खबर ही नहीं पहुँचाई होगी कि उसका 'ज्योति' अब मन्त्री हो गया है और उसे हर तरह का सुख दे सकता है। पता नहीं, अब नटवर के पैरों की क्या हालत है। आश्चर्य की बात है कि विधाता को नटवर के पैरों पर ही सबसे अधिक आक्रोश था।

एक दिन उन्होंने पूछा था, "नुटु, तुम्हें अपने पैरों के लिए तकलीफ महसूस नहीं होती ?"

"तकलीफ ? किस बात की तकलीफ ? लो, देखो···"

नटवर लँगड़े पैरों से ही ता-थैया नाच दिखाने लगा। नटवर के पैरों की दोनों एड़ियाँ टेढ़ी-मेढ़ी होकर अजीब ही शक्ल की हो गयी थीं। लँगड़े पाँवों से चलते रहने के कारण तलवों का चमड़ा काफी खुरदरा हो गया था। उन्हीं पाँवों से वह बैलगाड़ी हाँकता था, खेतों में काम करता था और वैकुण्ठ को अपने साथ लिये मैदानों का चक्कर काटा करता था।

आश्चर्य है कि उन्हें वैकुण्ठ की भी याद आयी।

"लो देखो, मैं लँगड़ा हूँ, मेरा वैकुण्ठ भी लँगड़ा है। हम दोनों माणिक-मुक्ता की जोड़ी हैं।"

वैकुण्ठ भी नुटु के साथ छलाँग लगाता था। इसी मयनाडाँगा के दक्षिणपाड़ा में उन्हें एक झोंपड़ी के अन्दर ही जैसे जीवन से साक्षात्कार हुआ था। जीवन का कोई अर्थ नहीं होता। शेक्सपियर से लेकर आज तक जितने कवि हुए हैं सभी ने इस बात को प्रमाणित करने की कोशिश की है। लेकिन यहीं इस

मयनाडाँगा में ही उनका जीवन से प्रथम साक्षात्कार हुआ था—बिल्कुल पहली बार। वही प्रथम साक्षात्कार था और अन्तिम भी। फिर कितना कुछ जीवन में घटित हो चुका है। इतिहास, भूगोल और मनुष्य में कितना परिवर्तन आया। लेकिन आज मयनाडाँगा आने पर सिर्फ नटवर के पैरों की ही याद आ रही है। अंग्रेजी साहित्य में पैरों पर बहुत अधिक नहीं लिखा गया है। लेकिन बँगला साहित्य में पाँवों के बारे में बहुत कुछ उल्लेख है। बँगला के कवि कवि नहीं हैं, पदकर्ता हैं। सम्पूर्ण पदावली साहित्य पद-वन्दना ही है। जयदेव ने लिखा है—पद पल्लव मुदारम्। 'चरण-कमल बन्दौ हरिराई'। चरण-कमल : रूपक कर्मधारय। कितना कष्ट सहकर मास्टर साहब व्याकरण पढ़ाया करते थे।

क्या वह मात्र व्याकरण ही पढ़ाते थे? हरिसाधन बाबू को पिताजी ने चुनकर पढ़ाने के लिए रखा था। काश हरिसाधन बाबू जिन्दा रहते। उनके भाग्य में यह देखना नहीं बदा था कि आज उनका छात्र क्या से क्या हो गया है।

मास्टर साहब बातचीत करते-करते सब-कुछ समझाया करते थे।

"देख, एक भूत था। उसका कोई दोस्त नहीं था..."

"भूत सचमुच हुआ करता है मास्टर साहब?"

मास्टर साहब कहते थे, "धरती पर नहीं रह सकता है मगर कहानी की धरती पर तो है ही। सो वह भूत अकेला घूमता-फिरता रहता था और हमेशा यही सोचता था कि कब उसके नसीब में एक मित्र लिखा है। सोचते-सोचते दिन-पर-दिन, महीने-पर-महीने और साल-पर-साल गुजरने लगे। उसे कोई मित्र नहीं मिला। अन्त में उसे एक उपाय सूझा। शनिवार या मंगलवार को किसी आकस्मिक दुर्घटना से मरने से आदमी भूत हो जाता है, इस बात की उसे जानकारी थी। इसीलिए शनिवार और मंगलवार को भूत बड़ी उम्मीद लगाये रहता था—हो न हो आज किसी को धक्का लगेगा और वह मर जायेगा। आज कोई आम तोड़ने के लिए पेड़ पर चढ़ेगा, डाल टूटेगी और वह मरकर भूत बनेगा। उसी को वह अपना मित्र बनायेगा। लेकिन उसका दुर्भाग्य कि कोई मरा नहीं। कलकत्ते में लोगों को ठोकर लगती थी, गिरते भी थे, लेकिन फिर से उठकर खड़े हो जाते थे। कोई भी भूत नहीं हो रहा था। अन्त में..."

"सर, भूत को अकेला रहना क्यों नहीं अच्छा लगता था?"

"अकेला रहना किसी को भी नहीं अच्छा लगता है।" मास्टर साहब कहते थे।

"मैं तो सारा दिन अकेला ही रहा करता हूँ, सर!"

"तुम कोई भूत तो हो नहीं, तुम आदमी हो। और तुम अकेले रहते ही कहाँ हो? तुम दिन-भर रघु से बातचीत कर सकते हो। उसके साथ खेल सकते हो। तुम्हारे लिए तुम्हारे बाबूजी ने खेल का मैदान बनवा दिया है, फुटबाल

खरीद दिया है, तुम्हारे पास किताबें हैं, लिखना-पढ़ना है, मैं हूँ...''

वह मोटे-ठिगने व्यक्ति थे। सुबह दो घण्टे और शाम दो घण्टे पढ़ाने आया करते थे। जब तक मास्टर साहब नहीं आ जाते थे, मुझे अच्छा नहीं लगता था। आज के लड़के उस बात की कल्पना ही नहीं कर सकते। सारा वक्त मुझे सूनापन महसूस होता था। इस कमरे से उस कमरे का चक्कर काटते-काटते कभी-कदा मुझे खो जाने की इच्छा होती थी। बाबूजी बड़े ही दबंग थे। उनका चेहरा सर आशुतोष मुखोपाध्याय की तरह गम्भीर दिखता था लेकिन उम्र उनसे कम थी। वह बहुत कुछ अंग्रेजी साहित्य के जी. के. चेस्टरटन की तरह लगते थे। जी. के. चेस्टरटन रसिक व्यक्ति था। बाबूजी भी रसिक थे लेकिन बाबूजी की जीभ बड़ी पतली थी। मन की समस्त अनुभूतियों को एक ही शब्द के माध्यम से व्यक्त कर बाकी बची रिक्तता को मौन से पाट देते थे। मौन ही जैसे पिताजी की आत्माभिव्यक्ति थी। बातचीत करना उनके लिए अवकाश का आमोद-प्रमोद था। बात तो हर कोई कर सकता है लेकिन चुप्पी ओढ़े रहना कितनों को मालूम है? पिताजी के लिए शब्द ही ब्रह्म था। वह उनका दुरुपयोग कर उन्हें कलंकित करने के पक्षधर नहीं थे।

याद है, नौकर-चाकर, नौकरानी, ड्राइवर सभी पिताजी के कारण सन्त्रस्त रहते थे। मैं घर-भर में अकेला लड़का था। अतः मकान के अन्दर भी घूमते-घूमते थक जाता था। इच्छा होती थी कि मकान को जैसे एक ही मिनट में तय कर लूँ। पूरब के रोशनदान की फाँक से सबेरे कटी धूप की थिगलियाँ बिस्तर पर उतरती थीं। फिर थोड़ी देर बाद बिछावन से सरककर घुटनों के बल दीवार पर चली जाती थीं। धूप की वे थिगलियाँ बड़ी ही शरारती थीं। किसी भी हालत में पकड़ में नहीं आती थीं। हाथ से पकड़ना चाहता तो कूद-कर हाथ पर बैठ जाती थीं। फिर किसी भी हालत में पकड़ नहीं पाता था। अन्त में कब धूप के चकत्ते कमरे से भाग जाते, पता नहीं चलता था। कमरे से बरामदे पर और बरामदे से बगीचे में। धूप कहाँ छिप जाती कि रात-भर उसका अता-पता नहीं चलता था। लगता कि धूप के चकत्ते भी मेरे पिता के जैसे हैं। बाबूजी को एक क्षण ही देख पाता था और देखते-न-देखते वह कहीं निकल जाते थे। बाबूजी को एक नहीं, अनेक काम थे। वह जिस कमरे में काम किया करते थे वहाँ मैं नहीं जा सकता था। उस ओर जाने को होता तो रघु मुझे रोक देता था। "मुन्ना, उधर मत जाना, बाबू बिगड़ेंगे।"

वही बाबूजी एक दिन सीधे मेरे पढ़ने के कमरे में आये।

बाबूजी पर नजर पड़ते ही मास्टर साहब उठकर खड़े हो गये।

"मुन्ना की पढ़ाई कैसी चल रही है?"

"जी, पढ़ने में बड़ा तेज है..."

बाबूजी की दृष्टि मेरी ओर मुड़ी। मैंने भी बाबूजी को देखा। बाबूजी को देखने का बहुत ही कम मौका मिलता था, इसलिए जब उन्हें देखता तो मैं उनकी ओर अपलक ताका करता था। उनका चेहरा खिचड़ी मूँछों से भरा हुआ था। माथे के नीचे और आँखों के ऊपर घनी भौंहें थीं। बाबूजी को देखने पर यह समझ में ही नहीं आता था कि उनके चेहरे पर स्नेह, प्यार या ममता—किसकी छाप है। कभी-कभी लगता कि बाबूजी बड़े ही अकलमन्द हैं। फिर लगता, बाबूजी बड़े ही बेवकूफ हैं। और फिर कभी-कभी लगता कि बाबूजी बड़े ही कड़े स्वभाव के हैं।

"ज्यादा जोर अंग्रेजी पर ही दीजिएगा, विदेशी भाषा है न !" फिर कहते, "अभी से आप इसके साथ अंग्रेजी में ही बातचीत किया करें···"

बस, इतना ही। फिर हो सकता है कि महीने-भर मुलाकात न हो। तब बाबूजी कहाँ रहते थे, कोई पता नहीं। रघु कहता था, "बाबू इलाहाबाद गये हुए हैं। कभी इलाहाबाद, कभी पटना और कभी बम्बई। वे शहर कहाँ हैं, मालूम नहीं था। मन-ही-मन उन शहरों की शक्ल की कल्पना किया करता था। वहाँ भी मेरे पिताजी की तरह और पिता हैं ? मेरी तरह के लड़के हैं ? वे क्या ऊँची दीवार से घिरे मकान में खेलते हैं ?

शाम जब उतरती, कितने ही चमगादड़ मेरे सर के ऊपर से उड़-उड़कर दक्षिण की ओर चले जाते।

रघु कहता, "वे सब आँशफल खाने जा रहे हैं···"

"आँशफल कहाँ मिलता है जी ?"

"टालीगंज में। टालीगंज के नवाब साहब का आँशफल का बगीचा है। चिड़ियाखाने से वहीं जा रहे हैं। सवेरे फिर लौट आयेंगे···"

चमगादड़ों के साथ जैसे मैं भी टालीगंज के नवाब साहब के बगीचे में द्रोण फल खाने के लिए पहुँच जाता। रात में जब मैं बिस्तर पर लेटा रहता, मुझे लगता कि मैंने एकाएक उड़ना सीख लिया है। अपने मकान की दीवार फाँदकर जैसे हवा में तैरता हुआ बहुत दूर जा रहा हूँ, बहुत ही दूर। न रघु है, न बाबूजी हैं और न मास्टर साहब ही कहीं हैं। अँधेरे आसमान की छाती को चीरकर मेरी पीठ की दोनों पाँखें आवाज कर रही हैं—हिस-हिस···उड़ते-उड़ते टालीगंज के नवाब साहब के बगीचे में खड़े आँशफल के पेड़ की फुनगी पर उतर गया हूँ। बीच-बीच में जुगनुओं की पाँत चमक रही है और चमगादड़ों की जमात मुझे घेरे हुए है। सारी रात मैं मजा लूट रहा हूँ। फिर सुबह होने के पहले ही फिर लौटकर दबे पाँवों बिछावन पर लेट गया हूँ। रघु को पता तक नहीं चला है। रघु सवेरे-सवेरे बिस्तर के पास आकर पुकारता था, "मुन्ना, उठो···"

बाबूजी ने रघु को कड़े-कड़े आदेश दे रखे थे। वे आदेश भी अजीब-अजीब थे। शुरू में तलहथी में सरसों का तेल रखकर मुझे उँगली से दाँत माँजना पड़ेगा। फिर ब्रश से। उसके बाद नाश्ता। नाश्ते की सूची बँधी-बँधायी थी। आज अगर पूरी बनेगी तो कल पावरोटी, परसों टोस्ट, केला और दूध। जिन-जिन चीजों में विटामिन मिलता है, उन्हीं चीजों को चुन-चुनकर मेरे नाश्ते की सूची बनायी गयी थी। उससे तिल-मात्र इधर-उधर होना नहीं था। लेकिन नटवर! मोटे चावल का पानीदार बासी भात खाकर उसने कितनी शक्ति अर्जित की थी। नुटु अकेले अपनी बैलगाड़ी को छह मील हाँककर ले जाता था और फिर छह मील हाँककर ले आता था और वह भी काँसे की थाली-भर पानीदार बासी भात खाकर।

नुटु कहता था, "कभी कटहल के बीज की भुजिया के साथ पानीदार बासी भात खाया है?"

सिर्फ नुटु ही नहीं, वैकुण्ठ भी पानीदार बासी भात खाता था। खाते-खाते खासा मोटा-ताजा हो गया था। वैकुण्ठ का वैसा शरीर उन्होंने नहीं देखा था। नुटु से ही सुना था कि वैकुण्ठ पहले देखने में उससे भी अच्छा था। खाना न मिलने के कारण कमजोर हो गया था। वह नुटु के साथ ही मीलों पैदल जाता था और लौट आता था।

नुटु कहता था, "मैं भी पहले से बहुत दुबला गया हूँ। जानते हो···"

"क्यों? फिर तुम अण्डा क्यों नहीं खाते हो?"

"अण्डा?"

अण्डा शब्द सुनकर नुटु हैरान हो गया था।

"अण्डा मयनाडाँगा के बाबू लोग खाते हैं। हम लोग जब बत्तख पाला करते थे, बाबू लोगों के घर पर अण्डे बेच आते थे···"

अभी जिस मकान में ज्योतिर्मय सेन बैठे हैं, यही मकान बाबू लोगों का था। बाबू लोगों का अर्थ है मयनाडाँगा के जमींदार। पहले उन्होंने दूर से इस मकान को देखा था। इस घर के अन्दर घुसने की नुटु में हिम्मत नहीं थी। अब भी वह हिम्मत नहीं कर पायेगा। इनसे भी अगर मिलना चाहे तो पुलिस उसे यहाँ दरवाजे पर रोक देगी।

"कौन?"

अचानक ज्योतिर्मय सेन की चेतना वापस आ गयी। अब तक जैसे वह स्वयं को भूले हुए थे।

"क्या है जी?"

रतन हमेशा ज्योतिर्मय सेन के साथ ही रहता है। उनके साथ रतन बहुत सारी जगहों से घूम आया है। उसने कहा, "एक आदमी आपके लिए ताजा

रसगुल्ले ले आया है। लूँ या नहीं ?"

"वह आदमी कौन है ? क्या नाम है ? नुट्टु ? नटवर ?"

बोलते-बोलते वह एक तरह की उत्तेजना से हाँफने लगे। "नटवर ने मिठाई की दुकान खोली है ? आखिर नटवर को पता लग ही गया ?"

"जी नहीं। रेल बाजार में इस आदमी की दुकान है—नाम है विष्टुपद घोष।"

ज्योतिर्मय सेन फिर कुरसी पर उठँगकर बैठ गये। जरूरत नहीं है। वह आदमी निश्चय ही प्रमाण-पत्र की माँग करेगा। उसकी दुकान में बने रसगुल्ले उन्हें अच्छे लगे हैं—यह बात अपने पैड के कागज पर लिखकर और उसके नीचे हस्ताक्षर कर उसे देना पड़ेगा। उस कागज को वह फ्रेम में मढ़वाकर टाँग देगा, या अखबारों में विज्ञापन भेजेगा।

रतन चला गया। उन्होंने सोचा था कि यहाँ आकर सारा दिन आराम करेंगे। वह हो नहीं सका। मास्टर साहब ने छुटपन में प्लुटर्क की एक बात पढ़ाई थी—Rest is the sweet sauce of labour.[1] लेकिन अब तक उसी भूत की तरह उनका समय काटे नहीं कट रहा है। सचमुच वह हमेशा बेचैनी में ही जी रहे हैं। बचपन में उन्हें जिस तरह इच्छा होती थी कि घर से भाग जायें, उसी तरह अब भी भागने की इच्छा होती है। आज भी वह सचिवालय छोड़कर भाग आये हैं। राजा दशरथ के पुत्र राम की भी सम्भवतः यही हालत हुई थी। एक दिन अपने पिता के पास जाकर रामचन्द्र ने कहा, "पिताजी, मैं दुनिया छोड़कर चला जाऊँगा···"

"कहाँ जाओगे ?" राजा दशरथ ने पूछा।

रामचन्द्र ने कहा, "वन।"

"इतने सुख और ऐश्वर्य को त्यागकर वन क्यों जाओगे ? यहाँ तुम्हें किस चीज की कमी है ? कहो, तुम क्या चाहते हो ?"

"मैं वन जाकर भगवान की तपस्या करूँगा।"

राजपुत्र के मुँह से निकली यह एक आश्चर्यजनक बात थी। राजा दशरथ बड़ी ही विपत्ति में फँसे। जब कोई उपाय न सूझा तो रामचन्द्र को वशिष्ठ ऋषि के पास भेज दिया। "यदि वह तुम्हें वन जाने को कहें तो फिर वन जाना···"

यही हुआ। रामचन्द्र अपने गुरुदेव वशिष्ठ के पास पहुँचे। उन्होंने भी वही बात दोहरायी, "भगवान क्या केवल वन में ही रहते हैं ? संसार में नहीं ?"

रामचन्द्र को इसका उत्तर नहीं सूझा। उसी के फलस्वरूप रामायण में इतने-इतने काण्ड हो गये।—ताड़का राक्षसी का वध, शिवधनुष-भंग, चौदह वर्षों

---

१. आराम परिश्रम के लिए जायकेदार चटनी की तरह है।

के लिए वनवास, सीता-हरण, रावण-संहार, सीता का उद्धार, सीता का पाताल-प्रवेश—कितने ही झंझट, कितने ही झमेलों के चक्कर में सारा जीवन काटना पड़ा। वन चले जाने से हो सकता था कि इन झंझटों का मुकाबला नहीं करना पड़ता। और आजकल तो पहले जैसा वन भी नहीं रहा। वन-महोत्सव का चाहे लाख उत्सव मनाया जाये लेकिन यहाँ वन का अस्तित्व रह ही नहीं सकता है। लोगों ने दण्डकारण्य में भी जाकर आक्रमण करना शुरू कर दिया है···

कि अकस्मात् ज्योतिर्मय सेन की नजरों के सामने जैसे भूत खड़ा हो गया।

"तुम ? तुम नुटु हो न ? नटवर ?"

यह कैसा चेहरा हो गया है। इतनी उम्र हो गयी। चेहरा दाढ़ी से भरा हुआ है। दाढ़ी बिल्कुल सफेद होकर पक गयी है। नुटु अगर बूढ़ा हो गया है तो वह भी बूढ़े हो चुके हैं। इतने दिनों तक इस बात को वह बिसराये हुए थे।

"तुम्हें कैसे पता चला नुटु कि मैं यहाँ आया हूँ ?"

फिर वह खड़े हुए और नुटु को गले से लगाकर अपने पास बिठाया।

नुटु बैठ नहीं रहा था। थोड़ी झिझक के साथ कहा, "आप मुझे पहचान गये मालिक, यही मेरे लिए सबसे खुशी की बात है।"

बात करते-करते नुटु की आँखों से टपटप कर आँसू चूने लगे। उसमें बात करने की सामर्थ्य नहीं रह गयी थी।

ज्योतिर्मय सेन हँस पड़े। "···अरे, तुम रो क्यों रहे हो नुटु ? तुम्हें क्या हुआ ? इतने दिनों पर मुलाकात हुई है, कहाँ दिल खोलकर दो बातें करोगे कि उसकी जगह तुमने रोना-धोना शुरू कर दिया।"

नुटु की आँखों से तब आँसू गिरने की रफ्तार में तेजी आ गयी थी।

परमहंस देव की बात याद आयी। यह कहानी उन्होंने मास्टर साहब से सुनी थी। चैतन्यदेव दक्षिण भारत का भ्रमण कर रहे थे। एक स्थान में जाने पर देखा कि एक व्यक्ति संस्कृत-गीता का पाठ कर रहा है। और एक दूसरा व्यक्ति उसके सामने बैठकर अनवरत रोये जा रहा है। चैतन्यदेव को आश्चर्य हुआ। उन्होंने उस दूसरे व्यक्ति से पूछा, "क्यों जी, तुम क्यों रो रहे हो ? संस्कृत भाषा तुम्हारी समझ में आती है ?" उस व्यक्ति ने कहा, "अगर नहीं ही समझा जनाब, तो हर्ज ही क्या है ? यह है तो भगवान श्रीकृष्ण के बारे में···"

यह भी उसी तरह की बात हुई। नुटु जैसे लोगों ने ही इन्हें देवता बना डाला है। पंजर की हड्डियाँ बाहर निकल आयी हैं। कपड़ा तार-तार हो गया है। मन्त्री से मिलने के लिए आया है लेकिन एक भी बढ़िया कपड़ा इसके पास नहीं है। उफ् ! मैं इन लोगों के लिए कुछ भी नहीं कर सका।

उसके बाद नुटु ने एक काण्ड कर डाला। एकाएक उनके पैरों पर माथा टेककर प्रणाम किया। फिर दुबारा करने जा रहा था।

"छिः छिः, तुमने यह क्या किया ? क्या किया तुमने ?"

तत्काल उन्होंने नुटु को पकड़ा। "मैं वही ज्योति हूँ नुटु, तुम्हारा दोस्त।"

नुटु फिर भी मानने के लिए तैयार नहीं है। वह देवता के दर्शन करने के बाद लौट जाने को प्रस्तुत है। देवता के साथ कोई आदमी बातचीत नहीं करता है। देवता को केवल प्रणाम करना चाहिए, भक्ति करनी चाहिए। उससे अधिक उनसे किसी चीज की अपेक्षा नहीं करनी चाहिए।

"नहीं-नहीं," मैंने कहा, "तुम दो-चार बातें करो नुटु, दूसरों के लिए चाहे मैं कुछ भी रहूँ, तुम्हारे सामने मैं मनुष्य हूँ, तुम्हारा दोस्त हूँ। तुम्हें याद नहीं है कि तुम्हारी बैलगाड़ी पर मैं कितने दिनों तक चढ़ा हूँ, कितने दिनों तक तुम्हारे साथ काँसे की थाली में पानीदार बासी भात कटहल की भुजिया के साथ खाया है, कितने दिनों तक हम दोनों एक ही बिस्तर पर सोये हैं, कितने ही दिनों तक हारान तेली के कोल्हू पर बैठकर परिक्रमा की है ? तुम सब-कुछ भुला बैठे ? और तुम्हारा वह वैकुण्ठ ? वैकुण्ठ को तुम···"

कहते-कहते बातों का क्रम रुक गया। और बोलना उनसे न हो सका। यहाँ आने के पहले सोचा था कि बहुत-कुछ कहेंगे। यह भी इच्छा थी कि नुटु से मुलाकात करेंगे। लेकिन उससे इस तरह मुलाकात होगी, इसके बारे में नहीं सोचा था। पुलिस ने तुम्हें नहीं रोका ? तुमसे कुछ नहीं कहा ? तुम्हारे ये फटे कपड़े-लत्ते, खाली देह देखकर भी आने दिया ? जानते हो नुटु, उन लोगों ने मुझे देवता बना डाला है। मैं जिस-तिस से मिल नहीं सकता हूँ, जो-सो मुझसे मिल नहीं सकता है। मैंने इसकी चाह नहीं की थी। मैंने भाग जाना चाहा था। बचपन में जिस तरह एक दिन घर से भाग गया था, भागकर इसी मयनाडाँगा में आया था, अब भी उसी तरह भाग जाना चाहता हूँ। बचपन में पिताजी ने मुझे साँकल बन्द करके बाँधकर रखना चाहा था, इन लोगों ने भी उसी तरह मुझे अटका रखा है। जीवन में मैंने क्या इसी की चाह की थी ! पृथ्वी के लाखों-करोड़ों मनुष्यों में मैं भी एक मनुष्य हूँ। लेकिन अभी मैं लाखों-करोड़ों मनुष्यों का पालनकर्ता हूँ। फिर भी तुम्हारे सामने स्वीकार करने में मुझे लज्जा नहीं हो रही है नुटु, मैं तुम लोगों का ही आदमी हूँ। मैंने साफ-सुथरे कपड़े पहने हैं और तुमने पुराने कपड़े। जानता हूँ, मेरी तरह के साफ-सुथरे कपड़े तुम पहन सको, इसकी जिम्मेदारी अब मुझ पर ही है। जानता हूँ, तुम्हें अगर खाना नहीं मिलता है तो मुझे भी खाने का अधिकार नहीं है। जानता हूँ, स्वामी विवेकानन्द ने कहा था कि दुनिया के किसी भी कोने में अगर कोई आदमी अन्न के अभाव में मरता है तो उसकी जिम्मेदारी सभी लोगों पर है। तुम्हारी यह गरीबी सिर्फ तुम्हारी ही गरीबी नहीं है नुटु, बल्कि इस धरती के समस्त मनुष्यों की गरीबी है। तुम्हारा अकेले का पाप सारी पृथ्वी का पाप

है। मुझे सब-कुछ मालूम है नुटु ! जिस तरह पुण्य का बँटवारा कर हम उसे भोगते हैं, उसी तरह पाप का भी बँटवारा कर हमें भोगना चाहिए। ईसा मसीह, मुहम्मद, बुद्धदेव, रामकृष्ण, विवेकानन्द, श्री अरविन्द सभी के सम्पूर्ण पुण्य के फल को हम लोग थोक रूप में भोग कर रहे हैं, लेकिन चंगेज खाँ, नादिरशाह या काला पहाड़—इनमें से किसी एक के पाप का हिस्सा हमने क्या स्वीकारा है ? हर किसी से सारी बातें बतायी नहीं जा सकती हैं। हर कोई समझ भी नहीं पाता है। लेकिन नुटु, तुम तो सबसे अलग हो। तुम तो मुझे पहचानते हो। चाहे तुम मुझे समझ सको या नहीं, लेकिन तुम्हीं से कहकर मैं मन का भार हल्का कर लूँगा। कल रात भी मैंने इस बात पर फिर से सोचा है। यों सोचता तो हर रोज ही हूँ। सुख की मात्रा न कम होती है, न अधिक। इसीलिए सुखी आदमी देखते ही पहचान में आ जाता है। तुमसे एक बात पूछूँ ? तुमने सुखी आदमी को कभी देखा है ? मेरी ही बात लो। मैं काफी वृद्ध हो चुका हूँ, बहुत कुछ देख चुका हूँ लेकिन मैंने सुखी आदमी नहीं देखा है। मैंने बहुत खोज-पड़ताल की है नुटु, इतिहास के पृष्ठों में जिनका-जिनका नाम है, उन लोगों के जीवन में भी खोजकर देखा है। जानते हो नुटु, एक बार कार्ल मार्क्स से पूछा गया था, "सुख क्या है ?" कार्ल मार्क्स ने इसका उत्तर एक शब्द में दिया था—"संघर्ष।" संग्राम। लड़ाई। हम लोग वही लड़ाई लड़ रहे हैं नुटु। तुम अपने अस्तित्व के लिए संघर्ष कर रहे हो। अपने बेटे-बेटी, पोता-पोती, परिवार सभी के अस्तित्व के लिए संघर्ष कर रहे हो। मैं भी यही कर रहा हूँ। मेरे लिए मेरा सारा देश परिवार की तरह है। तुम भी संघर्ष में विजयी नहीं हो सके, मेरी भी वही हालत है। हम दोनों जीत नहीं सकेंगे। मुझे मालूम है कि मैं तुम्हें साफ-सुथरे कपड़े नहीं पहना सका हूँ, तुम्हें दो जून दो मुट्ठी चावल नहीं खिला सका हूँ। तुम्हें सुख-सुविधा कुछ भी नहीं दे सका हूँ। फिर भी मैं संघर्ष किये जा रहा हूँ। यही वजह है कि मैंने कहा था कि दुख बड़ा ही गहरा, बड़ा ही व्यापक होता है। हजारों तरह के पार्थिव सुख रहने के बावजूद मैं इसी दुख के तकाजे से मयनाडाँगा आया था। आज भी जो आया हूँ, वह भी उसी दुख के तकाजे से। इतने दिनों तक तुमसे जो मिला नहीं, वह भी इसी दुख के तकाजे से ही। सुख ने नहीं बल्कि दुख ही ने नुटु, जिसने हमें, तुम्हें और पृथ्वी के सभी मनुष्यों को एक से दूसरे को अलग करके रखा है। दुख ही ने हम लोगों में से हर किसी को स्वतन्त्र बनाया है। इसी दुख ने ईसा मसीह को काँटों का ताज पहनाया था, तथागत बुद्धदेव को यायावर बनाया था, चैतन्यदेव को निःसंगता दी थी। इसी दुख के कारण पृथ्वी पर महापुरुषों का अवतरण हुआ था। सभी आदमियों से जोड़कर रखने के बावजूद उन्हें सबसे अलग रखा था। दुख की पूंजी के कारण वे महाजन बनकर आज

भी जीवित हैं। दुख क्या इतना सुलभ है? दुख को देखकर भयभीत होने से चल नहीं सकता है। दरअसल तुमसे मिलने के लिए ही यहाँ आया हूँ नुटु। जब उन लोगों ने मीटिंग की बात चलायी तो सोचा था कि नहीं जाऊँगा। लेकिन तुरन्त तुम्हारी याद आ गयी। तुम्हें देखने के लिए आने का अर्थ था—मैं अपनी अस्मिता को देख पाऊँगा। जो 'मैं' यहाँ सभापति की हैसियत से आया है, दरअसल वह 'मैं' मैं नहीं हूँ। असली 'मैं' का मालिक अब भी वैसा ही बालक बनकर इस मयनाडांगा में घूमना-फिरना चाहता है। वह तुम्हारी बैलगाड़ी हाँकते हुए सड़कों पर पुआल का बोझा लिये निरुद्देश्य होना चाहता है—ठीक उसी तरह जिस तरह वैकुण्ठ को लेकर हम निरुद्देश्य हो जाया करते थे। तुम अब भी वैसे के वैसे ही हो। मैं भी नुटु, वैसा का वैसा ही हूँ। हम लोगों का सिर्फ बाहर बदला है। आओ, और भी निकट खिसक आओ नुटु। मेरे पास बैठो। तुम्हारे लिए डरने की कोई बात नहीं है। तुमसे कोई कुछ नहीं कहेगा, पुलिस तुम्हें भगायेगी, आओ···तुमने स्वामी विवेकानन्द का नाम नहीं सुना है नुटु? उनकी एक चिट्ठी में बड़ी ही अच्छी बात पढ़ने को मिली थी: राजा भर्तृहरि भारतवर्ष के एक बड़े सम्राट् थे, साथ-ही-साथ संन्यासी भी। उन्होंने कहा है—"कोई तुम्हें साधु कहेगा, कोई चण्डाल, कोई पागल कहेगा, कोई दानव। तुम बिना किसी ओर ध्यान दिये अपने पथ पर अग्रसर होते जाओ—किसी से डरो मत···"

एकाएक शंकर ने बाहर के दरवाजे से झाँका। उसके निकट और दो-चार आदमी थे। फिर वह सोचने लगा कि अन्दर जाये या नहीं। "रात में ज्योतिदा को सम्भवतः नींद नहीं आयी थी। सो गये हैं।" उसने कहा।

साधारण शब्दों से ही तन्द्रा दूर हो गयी। ज्योतिर्मय सेन ने अपने इर्द-गिर्द निगाह घुमायी। नहीं, कोई कहीं नहीं है। तो अब तक वे क्या सपना देख रहे थे? उसके बाद दरवाजे की ओर से आवाज आयी तो पूछा, "कौन है?"

दो

वह सचिवालय से भागकर यहाँ आये हैं। लेकिन भागने से भी छुटकारा नहीं मिल रहा है। बहुत बार ऐसा होता है कि संसार को त्यागकर वन चले जाओ तो संसार वहीं जाकर उपस्थित हो जायेगा। संसार का त्याग करने से ही वह दूर नहीं चला जाता है। स्वयं को त्यागने का अर्थ है अहं को त्यागना। अहं का अर्थ है 'मैं'। और मेरा 'मैं' ही मेरा सबसे बड़ा दुश्मन है। तब हाँ, जिस तरह सबसे बड़ा दुश्मन है उसी तरह सबसे बड़ा दोस्त भी।

ज्योतिर्मय सेन को एक कहानी याद आयी।

स्वामी विवेकानन्द ने यह कहानी कही थी। किसी देश की सीमा पर सेना की एक छावनी थी। छावनी के अन्दर सैनिक रहते थे और बाहर बारी-बारी से एक आदमी रात-दिन पहरा देता था। वे लोग दिन-पर-दिन, महीने-पर-महीना पहरा देते रहे। एक रात एक पहरेदार एकाएक चिल्ला उठा, "आओ, जल्दी आओ, एक तातार को पकड़ा है।"

सचमुच उस सैनिक ने दुश्मनों की सेना के एक तातार को किसी तरह पकड़ लिया था।

तब सभी छावनी में ताश खेलने में मग्न थे। खेल छोड़कर उठने की उन्हें इच्छा नहीं हुई। उन लोगों ने अन्दर से ही चिल्लाकर कहा, "पट्ठे को पकड़कर अन्दर ले आओ···"

वह सैनिक उस वक्त तातार को जी-जान से पकड़े हुए था। "यह पट्ठा आना नहीं चाहता है···" उसने कहा।

"फिर उसे छोड़कर तुम अकेले ही चले आओ···"

"वह मुझे नहीं छोड़ रहा है।"

आश्चर्य है, यही संसार है। आयेगा नहीं और छोड़ेगा भी नहीं। इसी से तो कहता हूँ कि मैं ही अपना सबसे बड़ा दुश्मन हूँ और मैं ही अपना सबसे बड़ा दोस्त। एक ही आधार पर दोनों टिके हैं। रामकृष्ण कहा करते थे, "अण्डे के अन्दर बच्चा जब तक बड़ा नहीं हो जाता है, चिड़िया उस पर चोंच से ठोकर नहीं मारती है। बरगद के पेड़ को काटने के वक्त जब सब-कुछ काटना खत्म हो जाता है तो अलग हटकर खड़ा होना पड़ता है। तब वह पेड़ चरमराकर स्वयं धराशायी हो जाता है। जब नहर खोदकर पानी लाने की जरूरत होती है और जब और थोड़ा खोदने के बाद ही नहर से नदी के मिलने की सम्भावना रहती है, नहर खोदनेवाले अलग हटकर खड़े हो जाते हैं। उस वक्त मिट्टी भीगकर अपने-आप ढह जाती है और नदी का पानी हरहराता हुआ नहर में चला आता है।" लेकिन अलग हटना कितनों को मालूम है?

शंकर ने कहा, "ज्योतिदा, आप यहाँ के ब्लाक डेवलपमेण्ट अफसर हैं—नित्यानन्द हाजरा। काँकुड़ी गाछी के भवानन्द हाजरा मण्डल कांग्रस के प्रेसिडेण्ट थे। आप उन्हें पहचानते हैं?"

"नहीं, पहचान नहीं पा रहा हूँ।"

"वही जो फारवर्ड ब्लाक की ओर से चुनाव में खड़े हुए थे और चालीस हजार वोटों से जीते थे। अन्त में वह फिर कांग्रेस में शामिल हो गये थे।"

"अब तक वह जीवित हैं?"

शंकर ने कहा, "नहीं। उन्नीस सौ छप्पन में ही करोनारी में उनकी मृत्यु

हो गयी। आप उन्हीं के बड़े लड़के हैं। इतिहास में सैकेण्ड क्लास एम. ए. किया है और अभी रिसर्च के लिए थीसिस लिख रहे हैं...''

फिर एकाएक नित्यानन्द हाजरा की ओर देखकर पूछा, "आपका विषय क्या है ?'' सचमुच संसार से अलग रहना चाहिए। सचिवालय से अलग हटकर रहना चाहिए। बहुत दिन पहले एक बार घर से भी अलग हटकर रहने की उन्हें इच्छा हुई थी। संसार का उतना वैभव, उतना सुख उन्हें अच्छा नहीं लगा था। सब-कुछ छोड़कर एक दिन निकल पड़े थे। रवीन्द्रनाथ की एक कविता है—'बाधाओं ने बाँध लिया है, बन्धन कटता तो दुख होता'। लेकिन उस दिन परिवार से नाता तोड़ने में उन्हें तकलीफ महसूस नहीं हुई थी। उस दिन दुनिया उन्हें पकड़कर नहीं रख सकी।

तब स्वदेशी आन्दोलन का युग था। बाबूजी बैरिस्ट्री के काम से इलाहाबाद या लखनऊ कहीं गये थे। घर में मैं अकेला था। मैं था, मेरा रघु था, मेरी धूप थी, मेरा सूर्य था, मेरा आकाश था और थे मेरे मास्टर साहब। सवेरे मास्टर साहब मुझे पढ़ाकर चले गये थे—व्याकरण कौमुदी, नेसफील्ड साहब का ग्रामर और भारत का इतिहास। तीसरे पहर और एक बार उनके आने की बात थी। अन्यान्य दिनों की तरह हरिसाधन बाबू तीसरे पहर आये। हम लोगों के मकान के फाटक पर दरबान बैठा रहता था। बैजू यद्यपि बन्दूक लेकर पहरा नहीं दिया करता था, फिर भी जो-जो आते-जाते थे, उन पर निगरानी रखा करता था। शाम के वक्त छोटे कमरे में बैठकर लकड़ी के कोयले की आग जलाकर वह चौदह-पन्द्रह चपातियाँ बनाता था और पीतल के लोटे में अरहर की दाल। मैं जब शाम के वक्त बगीचे में घूमने निकलता था, बैजू की अरहर की दाल की गन्ध मेरी नाक में तैरकर आती थी। बैजू मेरी तरह विटामिन नहीं खाता था। शाम को दाल-रोटी और दोपहर में सत्तू। सत्तू और हरी मिर्च। इतना ही खाकर बैजू का स्वास्थ्य मुझसे अच्छा था। मुझमें कभी-कभी बैजू के सत्तू के प्रति लोभ जगता था, बैजू की दाल और रोटी खाने की इच्छा होती थी लेकिन लज्जा और भय के कारण माँग नहीं पाता था। जब रघु मेरे पास नहीं रहता था, मैं बैजू के निकट जाकर बैठ जाता था। मैं पूछता, "तुम्हारा देस कहाँ है बैजू ?''

बैजू कहता, "दरभंगा।''

"दरभंगा कहाँ है जी ? कितनी दूर ? कैसे जाया जाता है ? ट्रेन से या स्टीमर से ?''

बैजू कहता, "बहुत दूर है मुन्ना बाबू।''

"कितनी दूर ?''

"बहुत-बहुत दूर,'' बैजू कहता, "जाने में एक दिन और एक रात लग

जाते हैं।"

मैं मन-ही-मन कल्पना कर लिया करता था। मन-ही-मन 'बहुत दूर' की दूरी का अन्दाज करने की कोशिश करता था। कलकत्ते से ट्रेन पकड़कर सारी रात ट्रेन में ही बितानी पड़ेगी और फिर मोकामा जंकशन। वहाँ स्टीमर से पार करना पड़ेगा। तब गंगा पर पुल नहीं बना था। स्टीमर से पार करके सिमरिया घाट में उतरना पड़ेगा। फिर छोटी लाइन की छोटी गाड़ी पकड़कर दरभंगा। मैं बैजू के देस की कहानी सुनता था। बैजू का देस बड़ा ही अच्छा है—बड़ा ही बढ़िया देस। दरभंगा में राजा और रानी दोनों हैं। राजा साहब की हवेली बहुत बड़ी है। वहाँ घी, चावल, दाल सस्ते हैं। जब मजे से बैजू कमरे में बैठा-बैठा कहानी सुनाता रहता, एकाएक रघु आता और मुझे पकड़-कर ले जाता था। "चलो, मास्टर साहब आ गये हैं, पढ़ना है···" वह कहता।

और तत्काल मेरा सपना चूर-चूर हो जाता था। फिर लिखाई-पढ़ाई की शुरुआत होती थी—लिखने-पढ़ने के विटामिन की। तद्धित प्रत्यत, कॉमन एरर और अकबर वाज ए नोब्ल एम्परर। बादशाह अकबर मुझ पर जजिया टैक्स लगाकर मुझे गुलाम बनाकर छोड़ता था।

उस दिन लेकिन मुझसे मास्टर साहब की मुलाकात न हुई। "कहाँ गया मुन्ना ? घर में नहीं है ?"

रघु का चेहरा उतरा हुआ था, बैजू की भी वही हालत थी। साहब को वे क्या जवाब देंगे। उन्हें मुझसे डर नहीं था, था तो केवल बाबूजी से। बाबूजी ही उन्हें तनख्वाह देते थे। बाबूजी के कारण ही उन्हें दो कौर नसीब होता था। कहा जा सकता है कि पूरी गृहस्थी के मालिक नौकर-चाकर ही थे। हम लोग—बाबूजी और मैं—उनके नौकर थे।

हरिसाधन बाबू बड़ी विपत्ति में फँसे। फिर मुन्ना कहाँ चला गया ? तब रघु का कलेजा भय से काँप रहा था। मैं जो दूध नहीं पीता था, जिस अण्डे को छोड़ देता था, रघु तथा दूसरे-दूसरे व्यक्ति उसका उपभोग करते थे। खा-खाकर वे खासे हट्टे-कट्टे हो गये थे। भय से उनके चेहरे पर हवाइयाँ उड़ने लगीं।

"शुकदेव के साथ गाड़ी से गया था, फिर वापस नहीं आया।"

"शुकदेव कहाँ है ?"

शुकदेव भी आया। शुकदेव ही बाबूजी का ड्राइवर था। वह भी आकर खड़ा हुआ। वह घर से गाड़ी लेकर बाहर निकला था। मैं उस गाड़ी में बैठ गया था। बाबूजी की गाड़ी बहुत बड़ी थी। बाबूजी घर पर नहीं थे, इसलिए वह गाड़ी लेकर कारखाने जा रहा था। मैंने जाकर कहा, "शुकदेव, मुझे ले चलोगे ?"

शुकदेव की जिम्मेदारी कम नहीं थी।

"मैं गाड़ी में चुपचाप बैठा रहूँगा, शुकदेव। कहीं बाहर नहीं निकलूँगा..." मैंने कहा।

सिर्फ आध घण्टे के लिए गाड़ी को बाहर ले जाना था, फिर लौट आने की बात थी। इस बीच कोई दुर्घटना होने की सम्भावना नहीं थी। इसलिए जब बहुत कहा, तो शुकदेव राजी हो गया।

"फिर ?"

शुकदेव ने कहा, "उसके बाद हुजूर, कारखाने के अन्दर जाकर मैं मिस्त्रियों से बातचीत करने लगा। लौटकर आया तो देखा कि मुन्ना नहीं है।"

"उसके बाद क्या हुआ ?"

मास्टर साहब जैसे आसमान से गिर पड़े हों, उनके माथे पर आसमान से बिजली गिरी हो। उस दिन के 'मैं' से विचार करना अन्याय होगा। फिर भी इतना तो कहूँगा ही कि घर से उस मेरे पलायन का आज का 'मैं' किस रूप में समर्थन करेगा, समझ में नहीं आता। उसके बीस साल बाद जब मुझे एक दिन फिर जेल जाना पड़ा था, तब वहाँ से सचमुच भागने की इच्छा नहीं हुई थी। आज भी सोचता हूँ कि इच्छा क्यों नहीं हुई ? हो सकता है कि तब मैं बड़ा हो गया था। और बड़ा हो जाने के कारण मुझमें हर तरह की समझ आ गयी थी। फिर क्या घर को ही मैं कैदखाना और कैदखाने को घर समझता था ? इस सन्दर्भ में दस वर्ष पहले भी एक दिन ज्योतिर्मय सेन ने सोचा था। किसी पुस्तक को पढ़ते समय एकाएक यह प्रश्न उनके मस्तिष्क में कौंध गया था। दरअसल उस वक्त सारा हिन्दुस्तान ही जेलखाना था। महात्मा गांधी ने तब यही काम किया था। हर व्यक्ति के दिमाग में यह बात बैठा दी थी—"जब तक वह ब्रिटिश सरकार के अधीन हैं तब तक हमारा घर घर नहीं है, कैदखाना भी हम लोगों के लिए कैदखाना नहीं है।" उस पुस्तक की इन पंक्तियों को उन्होंने नोटबुक में लिख लिया था। तब वह जो कुछ पढ़ते थे और उनमें जो अच्छी बात मिलती थी, अपनी नोटबुक में लिख लिया करते थे। "While there is a lower class I am in it; while there is a criminal element I am of it; while there is a soul in prison I am not free."[1] सचमुच जब तक पृथ्वी पर जेलखाने का अस्तित्व है, तब तक मनुष्य पराधीन है। हम लोगों में से कौन जेलखाने के अन्दर है, बात यह नहीं है, बल्कि जेलखाने का अस्तित्व पृथ्वी पर क्यों है, असली प्रश्न यही है। जेलखाना न रहे, ऐसी

१. जब तक कोई निचला तबका है तब तक मैं उसका अंग हूँ, जब तक कोई अपराधी तत्त्व है तो वह मैं हूँ और जब तक कोई कारावास में बन्दी है तो मैं भी स्वतन्त्र नहीं हूँ।

स्वाधीनता पृथ्वी में कभी आएगी ? कहीं आयी भी है ? वेलफेयर स्टेट ने मनुष्य की बहुत-कुछ उन्नति की है, लेकिन वह जेलखाने को बन्द कर सका है ? आश्चर्य है कि यही बातें क्यों सोच रहा हूँ ? लोगों को अब तक खाने-पीने और पहनने की सुविधा दे ही नहीं सका हूँ और सोच रहा हूँ जेलखाने को हटा देने की बात।

अच्छा, अगर यह मान लें कि सभी आदमी ईमानदार हो जाते हैं, जितने राजा-महाराजा और राष्ट्रपति हैं सब-के-सब ईमानदार हो जाते हैं, किसी को भी खाने-पहनने का कष्ट नहीं रह जाता है, युद्ध, लड़ाई सब-कुछ बन्द हो जाता है, कहीं चोरी-डकैती और खून-खराबा नहीं होता है तब फिर न तो राजा की जरूरत रह जायेगी और न मन्त्री या राष्ट्रपति की ही···

एकाएक शंकर ने कहा, "फिर ज्योतिदा यही बात पक्की रही न ?"

"हाँ···"

ब्लाक डेवलपमेण्ट अफसर नित्यानन्द हाजरा ने कहा, "फिर मैं सर, इसी फाइल के साथ राइटर्स बिल्डिंग में आपके दर्शन करूँगा। अच्छा, चलूँ, सर···"

वे जाने लगे। मैंने शंकर को पुकारा, "शंकर, सुनते जाओ।" वह आकर खड़ा हो गया और मेरे प्रश्न का इन्तजार करने लगा। मैंने पूछा, "अच्छा यह तो बताओ, यह मकान मयनाडाँगा के बाबू लोगों का ही है न ?"

"हाँ, मकान खाली ही पड़ा रहता है, बाबू लोग आते नहीं हैं। जमींदारी चले जाने के बाद मुआवजे के रुपये से उन्होंने कलकत्ते में कब्जे का कारखाना खोला है। उससे बहुत ही लाभ हो रहा है··"

"कब्जे का कारखाना ?"

"हाँ, कब्जे का—लोहे के कब्जे का। सरकार ने विलायती कम्पनियों से कब्जे का आयात बन्द कर दिया है। अब हिन्दुस्तान में ही बाबू लोगों के कारखाने में तैयार किया जाता है। इधर बहुत ही लाभ हो रहा है। आप लोगों की दया से ही यह सब हुआ है।"

"हम लोगों की दया से कहने का क्या तात्पर्य है ?"

"आप यानी सरकार की दया से। सरकार अगर जमींदारी नहीं लेती तो बाबू लोग माथापच्ची करते ही क्यों ? जमींदारी के मुआवजे से क्या करेंगे, सोच नहीं पा रहे थे। अन्त में स्विट्जरलैण्ड से एक विशेषज्ञ को मोटी तनख्वाह पर बुलवाया। विशेषज्ञ ने आकर बहुत तरह की राय दी। बाबू लोगों ने सोचा था कि फ्लैटनुमा मकान कलकत्ते में बनवायेंगे और उनके किराये से आय होगी। लेकिन विशेषज्ञ ने कब्जे का व्यवसाय करने की राय दी। सारी स्कीम बताकर हानि-लाभ और आय का ब्योरा दिया। अब उसी व्यवसाय से मोटी आय हो रही है। सुना है, पिछले साल बाबुओं ने दो लाख तैंतीस हजार रुपया

इनकम-टैक्स के मद में चुकाया है…"

"यह क्या !"

ज्योतिर्मय सेन अनजाने ही चौंक पड़े। हालाँकि कितने ही जमींदार उनके पास आकर गिड़गिड़ाते रहते हैं, हजारों-हजार आवेदन-पत्र देते रहते हैं।

"इसके अलावा बाबुओं का प्रभाव दिल्ली में भी था।"

"सो कैसे ?"

शंकर ने कहा, "मुझे पूरी जानकारी नहीं है। तब हाँ, इतना अवश्य सुना है कि मशीनरी के इम्पोर्ट लाइसेंस के लिए उन्हें बड़ी दौड़-धूप करनी पड़ी थी। अन्त में बहुत रुपया-पैसा खर्च करने के बाद काम बना…"

जब जमींदारी-उन्मूलन का कानून पास हुआ था तब उद्देश्य था कि जमींदारों के पास जो इतना पैसा है और उनका जो नाजायज पावना है, वह उनसे लेकर प्रजा में बाँट दिया जाये। उससे जमींदारों का चाहे दुख दूर न भी हो, लेकिन प्रजा का दुख दूर हो जायेगा। कभी उन्होंने अपनी आँखों से प्रजा का दुख-कष्ट देखा था। इसी मयनाडाँगा में ही आकर देखा था कि नुटु की झोंपड़ी पर फूस नहीं था। नुटु का पिता एक ही कपड़े को पहनकर दिन काटता था। नुटु की माँ को बहुत दिनों तक खाना नहीं नसीब हुआ था। खाने के लिए घर में कुछ था ही नहीं।

वैकुण्ठ को देखकर मुझे बड़ा दुख होता था।

पता नहीं, अब वे लोग कैसे हैं ! अब बाबू लोग चले गये हैं। अब नुटु के पिता को बाबू लोगों का बेगार नहीं करना पड़ता होगा।

महाभारत के शान्तिपर्व में लिखा है कि जब कुरुक्षेत्र के युद्ध में आत्मीय स्वजन मर चुके, भीष्म पाण्डव श्रेष्ठ युधिष्ठिर को सान्त्वना दे रहे हैं। सम्पूर्ण शान्तिपर्व भीष्म के वाक्यों से भरा हुआ है। भीष्मदेव कहते हैं, "मनुष्य वन में जाकर या ब्रह्मचर्य-आश्रम अथवा संन्यास-आश्रम में रहकर जिस धर्म का संचय करता है, राजा केवल प्रजा-पालन कर इससे सौ गुना अधिक धर्म संचित करता है।" कहा जा सकता है कि आज ज्योतिर्मय सेन राजा ही हैं। कम-से-कम नुटु जैसे लोगों की निगाह में वह राजा ही हैं। आज जब मुलाकात होगी तो नुटु क्या कहेगा ? नुटु क्या सुखी है ? नुटु का दुख दूर हो गया है ? नुटु के घर में बत्तखें अण्डे देती थीं तो उसे पैसे के अभाव में अण्डों को ले जाकर बाबुओं के घर में बेचना पड़ता था। जो जमींदार पाई-पाई मालगुजारी वसूलते थे और प्रजा की भलाई कतई नहीं करते थे, वह आज यहाँ नहीं हैं, उन लोगों के चले जाने के बाद नुटु जैसे लोगों की हालत अवश्य ही सुधरी होगी।

"मन्मथ बाबू को आप पहचानते हैं ?"

"मन्मथ बाबू कौन ?"

"आपने कहा था कि आप एक बार मयनाडाँगा आये थे। इसी वजह से पूछा। यह मकान उन्हीं के हिस्से में पड़ा है। आपके आने की बात थी इसीलिए हम लोगों ने उनसे घर की माँग की। उनका मकान खाली ही पड़ा था। आप आकर रहिएगा, यह सुनकर उन्होंने तीन हजार रुपये खर्च कर इस मकान की सफेदी और मरम्मत करायी है। यह विशाल हवेली बहुत दिनों से खाली पड़ी थी और इसे भोगने के लिए कोई नहीं था···"

वह एक क्षण के लिए रुका और फिर कहने लगा, "वही मन्मथ बाबू आज की मीटिंग में आ रहे हैं···"

"क्यों ?"

"क्योंकि आप आये हुए हैं। आप उनके घर में टिके हुए हैं, यह सुनकर भला मिलने नहीं आयेंगे ? आप यहाँ आकर इस मकान में रहेंगे, यही उनके लिए कृतार्थ होने की बात है।"

"किसी मतलब से आ रहे हैं ?"

शंकर ने कहा, "मतलब क्या रहेगा ? आपने उनके घर में चरण रखे हैं, इतना किसी के लिए भी धन्य होने की बात है। उन्होंने मुझसे कहा था कि आपसे उनका परिचय करा दूँ···"

"अभी आयेंगे ?"

"नहीं-नहीं, मैंने मना कर दिया है। उन्होंने वह बात मुझसे कही थी। लेकिन मैंने उन्हें बताया कि ज्योतिदा की तबियत ठीक नहीं है, वह तनिक एकान्त में रहना चाहते हैं। वह किसी से नहीं मिलेंगे। जिन्हें मिलना है या परिचय प्राप्त करना है, मीटिंग में ही करें, उसके पहले नहीं···"

ज्योतिर्मय सेन अचम्भे में आकर शंकर की ओर ताकने लगे। दरअसल शंकर हो या मन्मथ बाबू हों—सब-के-सब एक जैसे ही हैं। दोनों व्यक्ति उनकी आँखों के सामने मिलकर जैसे एक हो गये। इस युवक को भी मौका मिलेगा तो वह एक दिन मन्मथ बाबू बन जायेगा। या उन्हीं की कुरसी पर आकर बैठना चाहेगा। आज जिस तरह उनकी खुशामद कर रहा है, कल यदि उनकी जगह कोई और बैठेगा तो उसकी भी खुशामद इसी तरह करेगा। या कि इससे भी अधिक।

"मैं फिर चलूँ ज्योतिदा, आपके खाने के इन्तजाम पर भी मुझे नजर रखनी पड़ती है न···"

···हालाँकि उस दिन नुटु के साथ इस मकान की ओर ताकने पर कितना डर लगा था। भयभीत वह नहीं बल्कि नुटु हुआ था।

नुटु ने कहा था, "अजी ए, उधर मत जाना, मँजले बाबू के पास बन्दूक है, गोली चला देंगे···"

"क्यों, गोली क्यों चलायेंगे ? हम लोगों ने उनका क्या बिगाड़ा है ?"

नुटु ने कहा था, "बाबू लोगों को हमारा मैला कुरता-धोती बरदाश्त नहीं होता है…"

नुटु बच्चा था। तब वह भी बच्चे ही थे। मैले कपड़े-लत्ते देखकर क्यों बन्दूक की गोली से मार डालेंगे, उसका कारण उन्हें खोजने पर भी नहीं मिला था। फिर भी नुटु की बात मानकर लौट आये थे। वैकुण्ठ साथ ही था, वह भी उन लोगों के साथ चला आया था और इसे भाग्य की विडम्बना ही कहा जायेगा कि वह आज उसी मकान में ठहरे हुए हैं और ठहरकर मकान-मालिक को कृतार्थ कर रहे हैं। उस मकान के मालिक मन्मथ बाबू उनसे मिलने के लिए शंकर के पास दरबार कर रहे हैं। यह बात नुटु क्या जानता है ? नुटु के कानों में इस घटना की भनक पहुँची है ?

तीन

नुटु की बात याद आते ही उन दिनों की घटनाएँ याद आने लगीं।

उस दिन भी तीखी धूप पड़ रही थी। शुकदेव गाड़ी लेकर कारखाने में आया। फिर गाड़ी से उतरकर वह कारखाने के मिस्त्रियों से बातचीत करने अन्दर चला गया। अकस्मात् कहीं से हो-हल्ला और शोर-गुल की आवाज आयी। शोर-गुल और चीख-पुकार। सड़क पर ट्रामगाड़ी, घोड़ागाड़ी वगैरह रुक गयी। शुरू में बात किसी की समझ में नहीं आयी। ऐसी घटना इसके पहले कलकत्ते में कभी नहीं घटी थी। ज्योतिर्मय सेन भी सड़क पर उस तरह अकेले इसके पहले नहीं निकले थे। कुछ सोचने के पहले ही लोगों का एक हजूम हाथ में लाठी-सोटा लिये कहाँ से निकल पड़ा और देखते-न-देखते उस दोपहर में कलकत्ते में भयंकर काण्ड मच गया। सम्भवत: वह १६२६ ईस्वी के अप्रैल का महीना था। उसी वक्त हिन्दू-मुस्लिम दंगे की पहली नींव पड़ी। तीसरे पहर पुलिस ने गोली चलायी। फिर उसके कुछ दिन बाद ही जुलाई महीने में दंगा-फसाद हुआ। उस दिन पाइकपाड़ा में रथयात्रा का जुलूस निकला था और बड़ा बाजार में राजेश्वरी की शोभा यात्रा। मुहर्रम का भी जुलूस निकला हुआ था। उस दंगे में उस दिन मिलेट्री आयी और उसने गोली चलायी। वहाँ तत्क्षण अट्ठाईस आदमी मारे गये—बीस हिन्दू और आठ मुसलमान। तब वह बच्चे थे। लेकिन बाद में उन्हें पता चला कि उस दिन कलकत्ते की छाती पर जिस ताण्डव की शुरुआत हुई, उसकी परिणति आगे चलकर देश-विभाजन में हुई। उस दिन उनकी उम्र ऐसी नहीं थी कि सब-कुछ समझ सकें। शुकदेव वहीं रह

गया और उसकी गाड़ी भी। दूसरे-दूसरे लोगों के साथ भागते हुए वह कहाँ रुके, समझ नहीं सके। आज जहाँ वराहनगर है, उसी तरह की किसी जगह में उन्होंने आश्रय लिया। ठीक-ठीक याद नहीं है। छोटे-से एकमंजिले मकान में जाकर वह एक ही रात में घर के लोगों से घुल-मिल गये। उस मकान में अनेक छोटे-छोटे बच्चे थे और थी उनकी माँ।

माँ ने पूछा, "तुम किसके लड़के हो?"

आश्चर्य है कि अजनबी मकान में जाकर भी उस दिन उन्हें डर नहीं लगा था। एक प्रकार की नयी अनुभूति की उपलब्धि से वह रोमांचित हो उठे थे। उन भाई-बहनों से हिल जाने के बाद उन्हें घर की याद नहीं आयी और न मास्टर साहब, शुकदेव, रघु या बैजू दरबान की। उन्हें किसी की भी याद नहीं आयी। तीसरे पहर उन्हें दो रसगुल्ले और एक गिलास दूध पीने की भी याद नहीं आयी। और यह भी नहीं याद आया कि मास्टर जब आकर पूछेंगे कि मुन्ना कहाँ है तो रघु क्या उत्तर देगा। उन्हें लगा था कि अच्छा ही हुआ, और कुछ दिनों तक दंगा चलता रहे तो और भी अच्छा रहे।

उन्हें याद है कि बड़े लड़के का नाम था सुशील। सुशील घोष या सुशील चटर्जी—यह याद नहीं है। उसी लड़के ने उन्हें सबसे अधिक प्यार किया था। सुशील ने ही कहा था, "तुम यहाँ मेरे घर में रहो भाई।"

उन लोगों के महल्ले में दंगा नहीं हुआ था लेकिन दंगे की खबर एक कान से दूसरे कान में पहुँचकर यहाँ तक आ चुकी थी। उन्हीं लोगों ने बताया था कि सारे कलकत्ते में हिन्दू और मुसलमानों में झगड़ा छिड़ गया है। कलकत्ते में जितने मकान-दुकान वगैरह हैं, सबमें आततायी लोग आग लगा रहे हैं।

याद है कि सुशील और उसके सभी भाई-बहन एक ही थाल में खाने के लिए बैठे थे। सभी के लिए भात एक ही थाल में रखकर माँ हरेक के मुँह में भात का कौर रख रही थी। यह एक आश्चर्यजनक दृश्य था। टीन की चाल के रसोईघर की चौखट पर बैठकर सुशील की माँ के हाथ से भात खाने की याद उन्हें आज तक है। आज का कलकत्ता उस दिन का कलकत्ता नहीं है और शायद वराहनगर भी वैसा नहीं है। न आज विपिन पाल, तुलसी गोस्वामी, जे. एन. वसु, पद्मराज जैन, हीरेन्द्रनाथ दत्त, सरदार हरिसिंह हैं और न मोतीलाल नेहरू, अबुल कलाम आजाद वगैरह ही। सिर्फ कलकत्ता ही क्यों, सारे हिन्दुस्तान के तब वे ही नेता थे। आज लार्ड लीटन भी नहीं रहे। तुलसी गोस्वामी उन दिनों कितना गरम भाषण देते थे। आज भारतवासी उन लोगों के नाम तक का उच्चारण नहीं करते हैं। किसी दिन उनका भी नाम मिट जायेगा। अब ज्योतिर्मय सेन की उम्र ढल चुकी है। किसी दिन उम्र और ज्यादा ढलेगी। अभी जो छोटे हैं, जो शंकर के समवयस्क हैं, वे ही मण्डल कांग्रेस

का संचालन कर रहे हैं। किसी दिन वे ही जिला कांग्रेस की बागडोर सँभालेंगे और उसके बाद हो सकता है कि पश्चिमी बंगाल कांग्रेस के सूत्र का ये ही संचालन करें। यह जितना कर्मठ युवक है, अभी से जो उनकी इतनी सेवा कर रहा है, हो सकता है कि सबका सूत्रधार यही बन बैठे। दुनिया इसी तरह आगे बढ़ती जाती है और आदमी पीछे छूटता जाता है।

उसी दिन रात के वक्त एक घटना घटी।

वह खा-पीकर सुशील से गपशप कर रहे थे। वह बता रहा था कि वराहनगर का उसका यह मकान छोटा है लेकिन मयनाडाँगा में उन लोगों के मामा का जो मकान है, वह बहुत ही बड़ा है। वहाँ बहुत बड़ा बगीचा है। मयनाडाँगा के तालाब में बड़ी-बड़ी मछलियाँ हैं। सुशील और उसके भाई-बहन उन मछलियों को पकड़ते हैं और खाते हैं।

"तुम खुद मछली पकड़ सकते हो?"

सुशील ने कहा, "हाँ।"

"कैसे पकड़ते हो?

"बंसी से।"

नन्हा बालक ज्योतिर्मय सेन कहानी सुनकर हतप्रभ हो गया था। वह उसी का समवयस्क है फिर भी उसे मालूम नहीं है कि किस तरह मछली पकड़ी जाती है और किस तरह तालाब के पानी में तैरा जाता है, किस तरह पतंग उड़ायी जाती है और किस तरह साइकिल चलायी जाती है। शुकदेव उसे मोटर की स्टीयरिंग ह्वील तक छूने नहीं देता है।

"तुम मयनाडाँगा चलोगे—मेरे मामा के घर?"

"हाँ चलूंगा, मुझे ले चलोगे?"

सुशील ने कहा था, "हाँ, ले चलूंगा···"

"मयनाडाँगा कैसे जाना पड़ता है?"

"ट्रेन जाती है। तुम्हें ट्रेन पर चढ़ाकर ले चलूंगा। देखोगे कि फुटबाल खेलने के लिए एक विशाल मैदान है। हम लोग वहीं फुटबाल खेला करते हैं। मैं सेण्टर फारवर्ड में ऐसा खेल खेलूंगा कि तुम दाँतों तले उँगली दबाने लगोगे···"

न केवल मछली पकड़ने या फुटबाल खेलने की ही बात सुशील ने सुनायी, बल्कि ऐसा लगा जैसे वह कहानी का भण्डार हो। उसके मुँह से कहानी सुनते-सुनते उन्हें लगा कि वह मयनाडाँगा पहुँच गये हैं। "मामाजी के पास एक मोर है। वह मोर पंखों को पसारकर नाचता है। और जब आसमान में काली घटाएँ उमड़ने-घुमड़ने लगती हैं, हम लोग मछली पकड़ने जाते हैं। दक्षिण महल्ले में तब आँधी भी आयी हुई थी। मामाजी का बगीचा उधर ही पड़ता है। तब झमाझम बारिश हो रही थी। हम लोगों को कोई सुध नहीं थी। हम बेंत की

टोकरी लेकर ग्राम चुन रहे थे। क्या बताऊँ, कितने मीठे ग्राम हैं! लेकिन एक पेड़ में बड़े ही खट्टे ग्राम फलते हैं। मेरे मामाजी ने उसका नाम रखा है—'कौग्रा भगानेवाला'। ग्रौर कटहल के पेड़? कटहल के पेड़ भी हैं। कोई-कोई कटहल यहाँ से तुम्हारे माथे की जितनी दूरी है, उतना ही बड़ा होता है। पेड़ की जड़ खोदनी पड़ती है वरना मिट्टी से सट जायेगा।"

दुख की दुनिया में जो थोड़ी शान्ति ग्रौर सुख की ग्राशा देता है, मित्र तो उसी को कहते हैं। जिसने मनुष्य-समाज से पहले-पहल कहा था कि तुम ग्रमृत की सन्तान हो, वही मनुष्य का मित्र बनकर ग्राज भी इतिहास में जीवित है। मनुष्य जाति के उसी कोटि के मित्र युग-युगों से मनुष्य को ग्रभयदान देते ग्राये हैं ग्रौर ग्रमृतवाणी सुनाते ग्राये हैं। न्यू टेस्टामेण्ट में लिखा हुग्रा है—"In my father's house there are many mansions."[१] मण्टोगोमरी की एक कविता है—'Beyond this vale of tears there is a life above."[२] सुशील गरीब था तो रहे, चाहे उसके पास टीन की ही चाल थी, एक ही थाल में सब कोई मिलकर खाना खाते थे, ग्रौर एक ही तख्त पर सट-सटकर सोते थे लेकिन उसी सुशील ने ही तो उसे मयनाडाँगा का नाम बताया था। वह यही मयनाडाँगा है जिसमें बाबू लोगों के मकान में वह ग्राज पहली बार ग्राकर ठहरे हुए हैं।

उस दिन तीसरे पहर तक सिर्फ दंगे ग्रौर दंगे की ही खबरें ग्राती रहीं—कहाँ किन लोगों ने कालीबाड़ी जला डाली, कहाँ किन लोगों ने मस्जिद को ढाहकर मलबे में बदल डाला ग्रौर कहाँ पुलिस ने कितने राउण्ड गोलियाँ चलायीं। जब रात गहरा गयी तब सुशील के पिताजी दफ्तर से घर ग्राये। घर लौटने पर एक ग्रजनबी को देखकर वह स्तम्भित हो गये।

"यह कौन है? किसका लड़का है?"

सुशील के पिताजी उस दिन उन्हें तनिक भी ग्रच्छे नहीं लगे। कितना मोटा-सोटा बदन था। सुशील से बिल्कुल विपरीत।

"तुम्हारा घर कहाँ है? तुम्हारे बाबूजी का क्या नाम है?"

नाम सुनते ही सुशील के बाबूजी चौंक पड़े।

"ग्ररे! यहाँ कैसे ग्राये! ग्रब क्या होगा? तुम्हें कल ही तुम्हारे घर पर भेजने का इन्तजाम करना पड़ेगा। मैं तो बड़ी ही मुसीबत में फँस गया।"

सुशील ने कहा, "नहीं बाबूजी, उसको ग्रपने साथ लेकर मैं मयनाडाँगा जाऊँगा वहाँ जाकर मछली पकड़ूँगा···"

सुशील के बाबूजी गुस्से में ग्रा गये।

---

१. मेरे पिता के निवास-स्थान में बहुत से महल हैं।

२. ग्राँसुग्रों की इस घाटी के पार शिखर पर एक जीवन है।

"मालूम है, यह किनका लड़का है ? कितने बड़े आदमी का बेटा है ?"

पिता का परिचय ही पुत्र का परिचय हो, ऐसा दुर्भाग्य शायद दूसरा और कुछ नहीं हो सकता है। चाहे वंश हो, चाहे पोशाक या चाहे स्त्री—किसी के जोर पर गौरव करना ही सबसे बड़ा अपमान होता है। इसीलिए कहा गया है कि बिना अहम् का त्याग किये देश की सेवा करना भी दिखावट ही है। उसे एक घटना की याद हो आयी। परमहंस देव विजयकृष्ण गोस्वामी के पास गये हुए थे। विजयकृष्ण ने कहा, "आप कुछ उपदेश दीजिए।"

"उपदेश।"

यह कहकर परमहंस देव ने चारों ओर दृष्टि फेरी और कहा, "मैं क्या उपदेश दूं ? अधिक काटने के कारण मैं जल चुका हूँ ?"

"इसका अर्थ क्या हुआ ?"

"नक्शा खेल से परिचित हो ? यह ताश का एक तरह का खेल है। जो सौ से अधिक संख्या लाता है वह जल जाता है। जो सौ की संख्या से कम में रहता है, जो पाँच की या सात की संख्या में रहता है वह चतुर कहलाता है। मैंने अधिक काटा है, इसलिए जल गया हूँ···"

उसी रात यह वाकया हुआ। तब रात समाप्त नहीं हुई थी। मैं बिस्तर पर से आहिस्ता से उठा। बाहर हल्की चाँदनी फैली हुई थी। उस धुंधलके में ही मैं चलने लगा। तब न रघु था न बंजू, न शुकदेव और न मास्टर साहब ही। तब मुझे पकड़कर रखनेवाला कोई व्यक्ति नहीं था। तब मैं अधिक काटकर जल चुका था। एकबारगी सौ की संख्या काट चुका था। फिर मुझे उस वक्त किस चीज का डर रह सकता था !

दूर से तैरती हुई हल्की आवाज आ रही थी, "अल्लाह हो अकबर···"

उससे भी दूर से हल्की आवाज आ रही थी, "वन्दे मातरम्···"

चार

बचपन में मेरे लिए एक दाई रखी गयी थी। माँ के मरने के बाद एक तरह से उसने ही मेरा लालन-पालन किया था ; मैं उसे 'दाई-अम्मा' कहा करता था। अन्तिम समय में वह अन्धी हो गयी थी। काम-काज नहीं कर पाती थी। जीवन के अन्तिम समय में हमारे घर में उसने रहना नहीं चाहा। देश चले जाने के बावजूद वह बीच-बीच में आया करती थी—या तो गंगा-स्नान के लिए या कालीबाड़ी में देवी-देवताओं के दर्शन के लिए। आने पर वह हमारे ही घर में ठहरती थी। आते ही वह मुझे गोद में भर लेना चाहती थी। वह शायद

सोचती थी कि मैं दो महीने का ही नन्हा-मुन्ना हूँ। मैं लाख कहता कि मैं बड़ा हो गया हूँ, तुम्हारी गोद में नहीं बैठूंगा, लेकिन वह मानने को तैयार नहीं होती थी। "आ, मेरी गोद में पहले की तरह बैठ जा···" वह कहा करती थी।

मेरी उम्र जितनी बढ़ती गयी उस बुढ़िया के प्रति मेरे मन में उतनी ही घृणा उपजती गयी। मुझे याद ही नहीं था कि मैं जब बहुत छोटा था वह दाई-अम्मा मेरे कारण गन्दगी छूने में नहीं हिचकिचाती थी। मैं इतना जरूर समझता था कि मेरी बात सुनकर दाई-अम्मा को बहुत चोट पहुँची है।

दरअसल मैं शायद स्वार्थी हूँ। मेरे साथ ही भवनाथ कांग्रेस का काम करता था। मेरी अपेक्षा वह अधिक बार जेल से हो आया था। बड़ा ही सात्विक व्यक्ति था। अन्त में वह कुछ भी नहीं हो सका। ज्योतिर्मय सेन ने अपने जीवन में ऐसा सात्विक व्यक्ति कम ही देखा है। किसी को वह भूखा देखता तो जेब में जो भी रहता, दे डालता था। उसी भवनाथ ने एक व्यक्ति के हाथ मेरे नाम से चिट्ठी भेजी थी कि मैं उसे कोई नौकरी दे दूं।

उस व्यक्ति से मैंने पूछा, "भवनाथ का क्या हाल-चाल है?"

उससे जो कुछ सुनने को मिला मैं अवाक् रह गया। उसकी पत्नी पागल हो गयी है। एक लड़का हुआ था, उसके दोनों पैर पंगु हैं। लँगड़ा। फिर भी चिट्ठी में उन बातों के सम्बन्ध में कुछ भी नहीं लिखा था। सहायता के लिए उसने मुझसे कभी मुलाकात तक न की। मैंने स्वयं कोशिश की और सरकार की ओर से महीने में अस्सी रुपये पेन्शन की व्यवस्था करा दी। उस रुपये को उसने स्वीकार नहीं किया। रुपया वापस चला आया था।

मुझे बीच-बीच में दुख होता है और वह दुख होता है भवनाथ के लिए। मैं जब तक मन्त्री बना रहूँगा तब तक भवनाथ रुपया लेना मंजूर नहीं करेगा। रुपया लेने में भवनाथ को कष्ट होता है।

दाई-अम्मा मेरे व्यवहार को देखकर कहा करती थी, "अरे मुन्ना, तू मुझे बिल्कुल भुला बैठा।"

भवनाथ अगर मुझे भूल जाता तो बड़ा अच्छा होता। कम-से-कम उसकी पत्नी और बच्चे को दो कौर नसीब तो होता। लेकिन नियति के प्रति आक्रोश प्रकट कर भवनाथ आत्महन्ता बन गया है।

सन् १९४७ की बात है। महात्मा गांधी तब पार्कसर्कस में सुहरावर्दी के मकान में ठहरे हुए थे। उन दिनों चारों ओर दंगा छिड़ा हुआ था। हिन्दू की नजर मुसलमान पर पड़ती थी तो कत्ल कर देता था और मुसलमान की नजर हिन्दू पर पड़ती थी तो वह उसकी जान ले लेता था। इस तरह की स्थिति थी। सभी मिलने के लिए आये, यहाँ तक कि डॉक्टर प्रफुल्ल घोष राजगोपालाचारी, दिनेश मेटा और श्यामाप्रसाद मुखर्जी तक आये। न आये तो केवल शरत् बोस

और वह इसलिए कि महात्मा गांधी ने उन्हें बुलावा नहीं भेजा था। लेकिन जब उन्होंने सुना कि महात्मा गांधी आमरण अनशन कर रहे हैं तो वह दौड़े-दौड़े आये।

शरत् बोस को देखकर गांधीजी मुस्कराये और बोले, "So it needed a fast on my part to bring you to me!"[1]

इसका भी शायद कोई प्रतिकार नहीं है। अपनी दाई-अम्मा और भवनाथ के पास जाकर अगर खड़ा होऊँ तो वे भी मुझे गलत ही समझेंगे। डाब कितनी ऊँचाई पर पेड़ की फुनगी पर रहता है। उसे धूप सहनी पड़ती है फिर भी वह ठण्डा होता है। डाब के पानी से शरीर शीतल होता है। और सिंघाड़ा ? पानी के अन्दर फलता है फिर भी गरम होता है।

नुटु और उसके घर के लोग पानीदार बासी भात शरीर को ठण्डा रखने के लिए खाते थे। उस पानीदार बासी भात के साथ कभी-कभी नमक भी नहीं जुटता था। भोर होते ही बैलगाड़ी लेकर पुआल लाने को निकल पड़ता था। दस मील पुआल की ढुलायी की मजदूरी चार आने मिलती थी। चार आने क्या कम थे ? कौन हाथ बढ़ाकर चार आने देता है ?

उस दिन रेल बाजार की सड़क पर जाते-जाते नुटु एकाएक गाड़ी पर ठिठककर खड़ा हो गया। उसकी गाड़ी खाली थी और उसके पीछे-पीछे बैकुण्ठ चल रहा था। बैकुण्ठ के गले में घुँघरू बँधे हुए थे। सहसा उसकी निगाह बूढ़ा शिव के इर्द-गिर्द बरगद के पेड़ के नीचे की ओर पड़ी और उसने कहा, "कौन है ? वहाँ कौन है ?"

बड़ी ही तीखी धूप थी। कई दिनों से तीखी धूप पड़ रही थी। मयनाडाँगा में बारिश होने का कोई आसार ही नहीं था। भोर में ही नटवर जैसे पसीने से नहा आया था। नटवर के शरीर से लगातार पसीना छूट रहा था, बैकुण्ठ भी पसीने से तर-बतर हो गया था।

नुटु ने दुबारा चिल्लाकर पूछा, "कौन है वहाँ ? तुम कौन हो ?"

मैं सम्भवतः नींद में खो गया था। भोर के वक्त ही ट्रेन से चला था। भोर यानी रात के अन्तिम पहर में। सुशील ने बताया था कि मयनाडाँगा ट्रेन से जाना पड़ता है। तब चारों ओर अँधेरा रेंग रहा था। स्टेशन के प्लेटफार्म पर कुली, मजदूर और पैसेंजर पास-पास सोये थे। किसी टिकट-कलक्टर का कहीं अता-पता नहीं था। ट्रेन भी नहीं थी, इसीलिए रेल के कर्मचारी भी नहीं थे। इसके पहले मैं ट्रेन पर कभी चढ़ा नहीं था। टिकट कटाने के लिए हाथ में पैसा नहीं था। यह भी नहीं मालूम था कि टिकट में कितना पैसा लगता है। गाड़ी

---

१. आखिर तुम्हें अपने निकट लाने के लिए मुझे अनशन करना पड़ा !

खाली थी, प्लेटफार्म की भी वैसी ही हालत थी। कलकत्ते में दंगा-फसाद मचा हुआ था, इसलिए पैसेंजर आते ही क्यों ? ज्यों ही ट्रेन हिस-हिस आवाज करती हुई आयी, मैं डिब्बे के अन्दर जाकर बैठ गया। डर-सा लग रहा था। खाली गाड़ी से बाहर की ओर देखने लगा—धुँधली सुबह का आलम था और मीठी हवा चल रही थी।

"कौन हो, तुम कौन हो जी ?"

मैं हड़बड़ाकर उठ बैठा। आँखों को मलकर गौर से देखा। एक विशाल झाड़-झंखाड़नुमा वृक्ष था जिसमें डाल और पत्ते भरे थे। उखड़े पलस्तर का चबूतरा था और वहाँ पत्थर का एक गोल टुकड़ा रखा था। उसी का नाम बूढ़ा शिव था। दरअसल वह बूढ़ा शिव ही नुटु वगैरह का भगवान था। भगवान या डॉक्टर या दवा—सब-कुछ वही था। नुटु जब बीमार पड़ता तो उसकी माँ इसी शिव के सीमेण्ट से गढ़े चबूतरे में आकर मनौतियाँ मानती थी। बेलपत्र, फूल और दो पैसे के गुड़ के बतासे चढ़ाने से ही सारी बीमारियाँ दूर हो जाती थीं— चाहे वह हैजा हो या मलेरिया।

"यहाँ आकर क्यों सोये हो ? तुम किसके लड़के हो ?"

वैकुण्ठ मेरे शरीर के बिल्कुल करीब झुककर मेरे चेहरे को गौर से देख रहा था। उसके बदन पर घुँघराले रोयें थे। आँखें गोल-गोल। कहीं सींग से मार न दे।

"वह कुछ नहीं करेगा, सिर्फ तुम्हें देख रहा है।"

ट्रेन से जब उतरा तो यह तय नहीं कर पाया कि कहाँ जाऊँ और क्या करूँ। स्टेशन के प्लेटफार्म के पत्थर पर बड़े-बड़े अक्षरों में लिखा था—मयनाडाँगा। मयनाडाँगा नाम पर नजर पड़ते ही नीचे उतर पड़ा था। तब काफी धूप छितर गयी थी।

"सुशील के मामा के घर जाना है।"

"सुशील कौन है ?"

प्लेटफार्म के टिकट-कलक्टर ने शायद कलकत्ते के दंगे के बारे में सुना था। जो दो-चार व्यक्ति ट्रेन से उतरे उनसे टिकट की माँग नहीं की। हर आदमी सुबह के अखबार पढ़ने में व्यस्त थे। मैं बाहर आकर खड़ा हुआ। सामने धूप से तपता हुआ खाली मैदान था। सुबह से ही तीखी धूप पड़ रही थी। जो आदमी ट्रेन से नीचे उतरे वे एक-एक कर अपने-अपने रास्ते चल दिये। स्टेशन के अन्दर स्टेशन-मास्टर टरे-टक्का आवाज कर रहा था।

नुटु ने कहा, "चलो, मेरे घर चलो···"

मैंने कहा, "मुझे सुशील के मामा के घर पर ले चलो।"

"वहाँ जाकर क्या करोगे ? वह किस महल्ले में रहते हैं ?"

मुझे यह बात मालूम नहीं थी। केवल इतना ही मालूम था कि सुशील के मामा के घर में तालाब है और उस तालाब में मछलियाँ हैं। मछलियाँ बंसी से पकड़ी जाती हैं। और एक मोर भी है। जब आकाश में काली-काली घटाएँ घुमड़ने लगती हैं तो मोर अपने पंखों को पसारकर नाचता है।

नुटु ने तब अपनी गाड़ी हाँक दी थी। बैलगाड़ी खाली थी। सिर्फ हम दोनों ही गाड़ी पर बैठे हुए थे, पीछे-पीछे वैकुण्ठ आ रहा था। वैकुण्ठ हमेशा पैदल ही चला करता था। हम जहाँ-जहाँ जाते थे, वह भी हमारे पीछे-पीछे जाता था। जब नुटु गाड़ी को खूब तेजी से चलाने लगता, वैकुण्ठ भी गाड़ी के पीछे-पीछे दौड़ने लगता था।

एक ही दिन में, कहा जा सकता है कि एक ही रात के अन्दर मैं बिल्कुल बदल गया। नुटु मेरा हमउम्र था। लेकिन वह मुझसे अधिक हट्टा-कट्टा था। उसका बदन खाली रहता था। वह केवल एक कपड़ा पहने, फेंटा कसे हुए रहता था। हम लोगों का रघु जिस तरह फेंटा कसकर कपड़ा पहनता था ठीक वैसे ही। लेकिन रघु और नुटु में जमीन-आसमान का अन्तर था। नुटु ने मेरी कमीज और पैण्ट की ओर एक बार देखा।

"तुम लोग शायद बड़े आदमी हो? हमारे मयनाडाँगा के बाबू लोगों की तरह ही बड़े आदमी!"

"क्यों?"

"इतना उजला धुला कुरता पहने हो।"

उसके बाद उसने कहा, "वह देखो, बाबू लोगों का मकान है···"

एक ही क्षण में उस दिन नुटु ने मुझे अन्तरंगता के सूत्र में बाँध लिया था। हर किसी को अन्तरंग बना लेना नहीं आता है। अन्तरंगता में किसी तरह के असत्य का अस्तित्व नहीं रहता है। और यदि रहता है तो कोई अन्तरंग हो ही नहीं सकता। गांधीजी ने दिल्ली में एक बार यही बात कही थी। तब ज्योतिर्मय सेन भी दिल्ली में ही थे। गांधीजी बिड़ला-हाउस में रहा करते थे और मन-ही-मन कष्ट का अनुभव किया करते थे, शरणार्थियों ने उस भवन के बाहरी हिस्से को दखल कर लिया था। एक दिन पुलिस उन्हें वहाँ से हटाने के लिए आयी। गांधीजी को जब खबर मिली तो वह पुलिस के पास गये और कहा, "इन लोगों को क्यों भगा रहे हो? इनके बदले मुझे ही भगा दो। मैं भी तो यहाँ आकर ठहरा हूँ। मैं भी तो शरणार्थी ही हूँ···"

पुलिस ने बताया, "यहाँ गवर्नमेण्ट स्टाफ रहेगा, उन लोगों के लिए क्वार्टर की जरूरत है···"

गांधीजी ने कहा, "Why cannot the Ministers put their spacious boungalows at the disposal of the State, reserving for themselves just enough space for their needs."[1]

और उस दिन ज्योतिर्मय सेन को लगा था कि गांधीजी सभी के साथ अन्तरगता के सूत्र में बँध गये हैं। उसके बाद ही शरणार्थियों की समझ में यह बात आयी कि गांधीजी उनके आत्मीय हैं। जिनके लिए कोई नहीं है, उनके लिए गांधीजी हैं। गांधीजी की देखा-देखी मन्त्रियों की लड़कियों और बहुओं ने भी समाज-सेवा का काम करना शुरू किया। वे प्रातःकाल नाश्ता करके रेशमी साड़ी पहनती थीं, होंठों पर लिपिस्टक और गालों में रूज लगाती थीं और रिफ्यूजी कालोनी में शरणार्थियों की सेवा करनी आती थीं। उनके हाथ में वैनिटी बैग रहता था, कलाई में घड़ी। गांधीजी ने देखा तो एक युवती को बुलाकर बड़ा ही डाँटा, "तुम लोगों को सिल्क की साड़ी पहनकर यहाँ आने में शर्म नहीं लगती ?" वह युवती शर्म से गड़ गयी।

ज्योतिर्मय सेन को लगा था कि गांधीजी न केवल उस युवती को डाँट रहे हैं, बल्कि अपने-आपकी भर्त्सना कर रहे हैं।

गांधीजी ने कहा था, "भरपेट ब्रेकफास्ट खाकर यहाँ दरिद्रनारायण की सेवा करने आयी हो ?

"After doing full justice to your over-loaded breakfast tables in your spacious bungalows you alight from posh cars dangling your stylish vanity bags, while those you are supposed to serve cannot even afford the luxury of a bath for lack of a change of clothes. Social service these days has become a means for getting on in this world. Many people have consequently taken to this profitable hobby."[2]

शायद यही कारण है कि आजकल सभी समाज-सेवक होना चाहते हैं। हाँ, हर कोई, यह शंकर भी। शंकर ने मेरी देखा-देखी खादी-कपड़े पहने हैं, मुझे बारह रुपये पौण्ड की चाय पिलायी है और मेरी खोज-खबर रख रहा है। लेकिन अकेले शंकर को ही क्यों दोष दिया जाये ? जो व्यक्ति थोड़ी देर पहले रेल बाजार से मेरे लिए रसगुल्ले लेकर आया था, उसका असली नाम चाहे जो हो,

---

१. मन्त्री अपने लिए जरूरत-भर जगह सुरक्षित रखकर अपने विशाल बँगलों के बाकी हिस्सों को राज्य के हाथों क्यों नहीं सुपुर्द कर देते हैं।

२. अपने विशाल बँगले पर भरपूर नाश्ता कर तुम अपनी फैशनदार कार से शानदार वैनिटी बैग झुलाती हुई उतरती हो और जिनकी सेवा की तुमसे उम्मीद की जाती है वे आराम से नहा तक नहीं पाते हैं, क्योंकि उनके पास बदलने के लिए कपड़े नहीं हैं। आजकल समाज-सेवा दुनिया में प्रसिद्धि पाने का एक जरिया हो गया है। फलस्वरूप बहुतों ने इस लाभदायक हॉबी को अपना लिया है।

मगर दरअसल वह भी शंकर ही है। बहुत दिन पहले, सम्भवतः १९४८ ईस्वी में गांधीजी के मुंह से सुनी बातें आज बाबू लोगों में घर में उन्हें याद आ गयीं। उन दिनों आन्ध्र प्रदेश से उन्हें एक पत्र मिला था। आन्ध्र प्रदेश के ही एक नेता ने पत्र लिखा था—"Several of the M. L. A.s and M. L. C.s are following the policy 'make hay while the sun shines,' making money by the use of influence even to the extent of obstructing the administration of justice in the criminal courts."[१]

पत्र मिलने पर गांधीजी ने कहा था, "Our moral standards are going down at such a rate that I can now see why our Satyagraha fights in the past lacked the real content and were reduced to mere passive resistance of the weak."[२]

"रतन !"

रतन बाहर खड़ा था। अन्दर आया।

"शंकर बाबू को बुला लाओ।"

शंकर दौड़ा-दौड़ा कमरे के अन्दर आया।

"मुझे बुला भेजा है ज्योतिदा ! चाय पीजिएगा ?"

"नहीं, चाय नहीं पीनी है। इस मकान के फाटक पर पुलिस अभी तक पहरा दे रही है ?"

शंकर की आँखों में विस्मय उमड़ आया।

"क्या कह रहे हैं आप ! पुलिस पहरा नहीं दे रही है ? आपने अपनी आँखों से देखा ? पुलिस सुपर ने थाने को स्पेशल आर्डर दिया है। सिर्फ पुलिस ही क्यों, गुप्तचर भी हैं···किसी तरह की त्रुटि नहीं रखी गयी है···"

"नहीं, मेरे कहने का यह मतलब नहीं है। पुलिस को जाने को कह दो, पहरे की जरूरत नहीं है।"

"क्यों सर ?"

"अब उसकी जरूरत नहीं है। पुलिस के पहरे से अब मैं अपने जीवन की रक्षा नहीं करना चाहता हूँ···"

"मगर ज्योतिदा, आपको मालूम नहीं है कि मयनाडाँगा के लोग कितने

---

१. बहुत से एम. एल. ए. और एम. एल. सी. बहती गंगा में हाथ धोने की नीति अपनाये हुए हैं। वे अपने प्रभाव का प्रयोग पैसा बनाने में कर रहे हैं—यहाँ तक कि फौजदारी अदालतों की न्यायिक कार्यवाही में भी अड़चन डाला करते हैं।

२. हमारी नैतिकता का मानदण्ड इतनी तेजी से गिर रहा है कि अब मेरी समझ में यह बात आ रही है कि हम लोगों का सत्याग्रह पिछले दिनों असन्तोषप्रद क्यों रहा और वह क्षीण होकर मात्र कमजोरों का निष्क्रिय अवरोध-मात्र क्यों रह गया।

पाजी हैं। सब-के-सब नीच हैं। मैं बाघजोला में रहता हूँ तो इससे क्या हुआ, इस जिले के बारे में मैं राई-रत्ती जानता हूँ। ये लोग बड़े ही शैतान हैं…"

"शैतान हैं तो मेरा क्या बिगाड़ेंगे ? मैंने किसी का कुछ बिगाड़ा नहीं है, फिर मेरी हानि क्यों करेंगे ? उन्हें जाने को कहो।"

शंकर फिर भी खड़ा ही रहा।

"जाओ।" मैंने कहा।

शंकर अब वहाँ से चला गया। शंकर मानो पुलिस की मदद से मुझे टिकाये रखेगा। जिस दिन जनता मेरे खिलाफ बिगड़कर खड़ी हो जायेगी उस दिन मेरी राइटर्स बिल्डिंग, मेरी सरकार और लाल बाजार की पुलिस-वाहिनी क्या मेरी जान बचा पायेंगी ?

ज्योतिर्मय सेन को एक बात की याद हो आयी। किसी द्वीप में एक कब्रिस्तान था। बड़ी ही एकान्त जगह थी वह। देखने-सुननेवाला वहाँ एक भी आदमी न था। उस कब्रिस्तान के फाटक के सामने महज एक छोटी-मी पंक्ति लिखी हुई थी—'Here is the Cross of Golgotha, the Home of the Homeless.'[1] पृथ्वी पर जितने प्रतिभाशाली व्यक्ति जन्म ले चुके हैं और जितने लेंगे सभी के सन्दर्भ में यह पंक्ति प्रयोजनीय है। श्रेणीबद्ध समाज में जो प्रतिभाशाली आश्रयहीन हैं, उनके लिए गोलगोथा का क्रास ही एकमात्र आश्रयस्थल है। रूसो को फ्रांस ने आश्रय नहीं दिया था, कार्ल मार्क्स को भी जर्मनी ने आश्रय नहीं दिया। कितने ही प्रतिभाशालियों को हिन्दुस्तान से बाहर जाकर आश्रय लेना पड़ा है। आज उन सबों को गोलगोथा के क्रास के तले आश्रय मिला है।

छोटी-सी बैलगाड़ी थी। धुरी में तेल नहीं डाला गया था। इसलिए कर्रर-कर्रर-कर आवाज करती हुई जा रही थी। सामने नुटु बैठकर गाड़ी हाँक रहा था और गपशप कर रहा था। तब धूप के तीखेपन का सर पर अहसास नहीं हो रहा था और न भूख ही मालूम हो रही थी। बदन पर वही कमीज और पैण्ट थे। मैं पसीने से नहा गया था। बड़ा ही अच्छा लग रहा था। कहाँ एक नयी जगह और वहाँ का एक अजनबी बालक अकारण मेरा मित्र बन बैठा। छुटपन में दोस्त मिलना बड़ा ही आसान होता है। तुम्हारा घर कहाँ है, तुम क्या करते हो, तुम्हारे पिताजी का क्या नाम है, तुम अमीर हो या गरीब, तुम्हें कितनी तनख्वाह मिलती है—इन सारी बातों की तफसील देने की कोई जरूरत नहीं पड़ती है। मुलाकात होते ही घनिष्ठता और घनिष्ठता होते ही दोस्ती हो जाती है।

---

१. यहाँ गोलगोथा का क्रास है, यह गृहहीनों का आश्रयस्थल है।

नुटु को भी शायद अच्छा लग रहा था। उसने पूछा, "तुम डाब सँभालोगे या गाड़ी ?"

मैं सोचने लगा कि किसे सँभालूं। नुटु ने एकाएक कहा, "तुम डाब सँभालो भाई, तब तुमसे मेरा लगाव होगा और गाड़ी सँभालोगे तो मुंह हाँड़ी हो जायेगा।"

कुछ देर तक चुप रहने के बाद उसने फिर कहा, "सुशील के मामा के घर जाकर क्या करोगे ? इससे तो बेहतर है कि घर पर चलो।"

"तुम्हारा घर कहाँ है ?"

"दक्षिणपाड़ा में।"

मेरे लिए जैसा उत्तरपाड़ा था वैसा ही दक्षिणपाड़ा। मैं अवाक् होकर उसके मुंह की ओर ताकने लगा। नुटु ने मेरे चेहरे पर दृष्टि रोपकर कहा, "मैं भी तुम्हें मछली पकड़ने की कला सिखा सकता हूँ, मैं भी तुम्हें फुटबाल खेलना सिखा सकता हूँ।"

"और मोर ?"

"मोर बाबू लोगों के घर में है। जिस दिन मोर छत पर आता है, उस दिन हमें दिखायी पड़ता है। तुम्हें भी दिखा दूंगा।"

यह मकान उन्हीं बाबू लोगों का है। कभी इस मकान में मोर था, काकातुआ था, कुत्ते थे। आज वह मकान खाली पड़ा है। लाखों रुपया खर्च करके इन्हीं बाबुओं ने सम्भवत: कलकत्ते में फिर से नया मकान बनवाया है। हो सकता है कि उस मकान में बाबू लोग गाड़ी, रेडियो, रेडियोग्राम, रेफ्रिजेरेटर रखे हुए हों। अमरीका, जर्मनी और इंग्लैण्ड में जो-जो चीजें तैयार होती हैं, सब रखे हुए हों। नहीं रखे होंगे तो केवल मोर, काकातुआ और कुत्ते।

उसके बाद गाड़ी एक बाजार में रुकी। मयनाडाँगा के बाजार में सब-कुछ था। उस दिन मयनाडाँगा में हाट लगी हुई थी। नुटु ने एक गोदाम के सामने अपनी गाड़ी रोकी। फिर वैकुण्ठ से कहा, "कहीं जाना मत वैकुण्ठ, आस-पास ही रहना। मैं अभी आया।"

वैकुण्ठ जैसे नटवर की बात समझता था। उसके गले के घुँघरू बज उठे। फिर नुटु मुझे लेकर गद्दी में दाखिल हुआ। गद्दीवाली कोठी में सिलसिलेवार बहुत-सी गाड़ियाँ खड़ी थीं।

गद्दी का मालिक साहा बाबू था। वह तम्बाकू पी रहा था। उसकी काली, मोटी तोंद बहुत विशाल थी।

साहा बाबू ने कहा, "नुटु, तू फिर आया है ? तुमसे कह दिया था न, कि मेरी गद्दी में मत आना।"

"साहा बाबू, अबकी माफ कर दें। मेरी माँ बीमार थी इसी से नहीं आ

सका था।"

साहा बाबू ने हुक्के को बायें हाथ से दाहिने हाथ में लेकर कहा, "तेरी माँ बीमार थी तो मेरा इससे क्या आता-जाता है? तेरे चलते मैं कारोबार में नुकसान उठाऊँ?"

फिर हुक्के से एक कश लेकर कहा, "जा, आज तेरी जरूरत नहीं है…"

नुटु ने साहा बाबू के पैर पकड़ लिये।

"आज काम देना ही होगा साहा बाबू, घर में चावल नहीं है। यही चार आना पैसा लेकर जाऊँगा तो रसोई बनेगी और खाना जुटेगा।"

साहा बाबू को और भी ज्यादा रंज हो गया।

"जा, यहाँ से निकल जा। जब पैसे की कमी हुई तो मेरे सामने धरना देना शुरू किया। उस दिन तेरे चलते चार वैगन खाली चले गये। उसकी कोई कीमत नहीं? रेल कम्पनी कान पकड़कर मुझसे पैसा नहीं वसूलेगी? जा, यहाँ से निकल जा…"

उसके बाद मुनीम को बुलाकर कहा, "केदार, नुटु को आज माल मत देना।"

साहा बाबू ने कन्धे पर अँगोछा रखा और कहीं चल दिया। नुटु उसके पीछे-पीछे दौड़ने लगा। अब साफ-साफ दिख पड़ा कि नुटु लँगड़ा है। लँगड़ा कहने का मतलब है—दोनों पैर के तलवे मुड़े हुए थे। उन्हीं मुड़े हुए पैरों से ही नुटु ने साहा बाबू के पीछे दौड़ना शुरू किया। वैकुण्ठ बाहर खड़ा था। नुटु को दौड़ते हुए देखकर उसने भी दौड़ना शुरू किया।

मैं पुआल के गोदाम में चुपचाप बैठा रहा। वह मेरे लिए एक अजीब ही दुनिया थी। अन्दर पुआल का ढेर था—पहाड़ की तरह पुआल का ढेर। सामने खुली चाल का एक छोटा-सा कमरा था और वहाँ एक तख्त बिछा था। उसी को गद्दी कहते थे। केदार उसी गद्दी पर बैठा था। मैं किसी को नहीं पहचानता था और न कोई मुझे जानता था।

वहीं बैठा-बैठा मैं बाजार के चारों ओर निगाह दौड़ाने लगा। चारों तरफ धूल ही धूल थी। उसी धूल में मयनाडाँगा में हाट लगी हुई थी। वह हाट अब भी वैसी है या नहीं, मालूम नहीं। हो सकता है कि आज ज्योतिर्मय सेन हाट नहीं जा सकें। अगर उन्हें हाट जाने की इच्छा होगी तो वहाँ जाकर देखेंगे कि सब-कुछ बिल्कुल साफ-सुथरा है। मन्त्रीजी हाट देखने जा रहे हैं, यह सुनते ही पुलिस का बड़ा अफसर तुरन्त हुक्म देकर सारी गन्दगी और कूड़ा-कर्कट साफ करा देगा। मैं मन्त्री हूँ इसीलिए सम्भवतः वे लोग मुझे गन्दगी से भरी हाट दिखाना नहीं चाहेंगे।

"तुम कौन हो जी?"

मैंने मुड़कर देखा—केदार था। केदार साहा बाबू का आदमी था। वह

ग्रपनी मूँछों को ऐंठकर मेरी ग्रोर निहार रहा था।

"तुमको क्या चाहिए ?"

जवाब देने की नौबत नहीं ग्रायी। तब तक बहुत-से लोग ग्राकर खड़े हो गये थे। वे गाड़ी लेकर ग्राये थे। वे भी माल लादकर मयनाडाँगा स्टेशन जाने-वाले थे। माल रेल की साइडिंग में ले जाया जायेगा ग्रौर वहाँ से वैगन में लादा जायेगा ग्रौर वह वैगन वहाँ से कलकत्ता जायेगा। चार ग्राना खेप किराया मिलता था। नुटु की ग्राय का यही साधन था। इसी ग्राय को ले जाकर वह ग्रपने बाप को देगा। केदार से मेल-जोल रहने पर कभी-कभी उसे दो खेपें मिल जाती थीं। दो खेप जाने से ग्राठ ग्राना ग्रौर तीन खेप जाने से बारह ग्राना मिलता था। हर वक्त पुग्राल का मौसम नहीं रहता था। कार्तिक ग्रगहन से इसकी शुरुग्रात होती थी ग्रौर जाड़े-भर यह काम चलता था। उसके बाद गरमी ग्रा जाने पर खेत में काम करना पड़ता था।

गद्दी का मुनीम तब दूसरे गाड़ीवानों को लेकर व्यस्त था। एकाएक नुटु लँगड़ाता हुग्रा वहाँ ग्राया। उसका उदास चेहरा देखकर मेरे मन में उसके प्रति बड़ी ममता जगी।

"साहा बाबू ने क्या कहा, नुटु ?" मैंने पूछा।

तब मेरी बात सुनने का उसके पास वक्त नहीं था। उसके पीछे-पीछे घुंघरू से ग्रावाज करता वैकुण्ठ भी ग्राया। वैकुण्ठ का भी चेहरा उदास-उदास जैसा लगा। जैसे वह ग्रादमी की बात समझता था। मैं गुमसुम बैठा था। नुटु धीमी ग्रावाज में केदार बाबू से कुछ बतियाने लगा। उसके बाद वह एकाएक मेरे पास ग्राया।

"चलो।" उसने कहा।

मैं उसके पीछे-पीछे बाहर ग्राया। "क्या हुग्रा नुटु ?"

"क्यों नहीं होगा जी ? जरूर होगा···"

तब तक बैलों को वह जुए से लगा चुका था। उसकी गाड़ी पर पुग्राल की बोझाई शुरू हो गयी। बोझाई में ज्यादा देर नहीं लगी। हर गाड़ी पर माल की बोझाई हो रही थी। नुटु बड़ा ही व्यस्त था। बातचीत करने का उसके पास वक्त नहीं था। गिन-गिनकर पुग्राल का बोझा रखने लगा। फिर उन बोझों को रस्सी से कसकर बाँधा। उसके बाद छलाँग लगाकर सामने बैठ गया। उसने मेरी ग्रोर देखकर कहा, "ग्राग्रो-ग्राग्रो, बड़ी ही देर हो गयी है······"

फिर उसने वैकुण्ठ की ग्रोर देखा ग्रौर कहा, "ग्रा रे वैकुण्ठ···"

जब गाड़ी चलने लगी तो मैंने पूछा, "क्यों नुटु, ग्राखिर साहा बाबू को राजी करके छोड़ा ?"

"दुत, साहा बाबू राजी हुग्रा ही नहीं, वह नम्बरी हरामजादा है।"

"फिर ?"

"केदार बाबू के हाथ में एक आना थमा दिया और काम बन गया।"

"और तुम्हें कितना मिलेगा ?"

"तीन आना।"

और नुटु मुसकराया। बहुत देर के बाद उसके चेहरे पर मुसकराहट आयी थी। "मैं खटकर मरूँ और वह पट्ठा मेरी मजदूरी में हिस्सा ले···"

सचमुच मैं स्तम्भित हो गया था।

नुटु ने कहा, "आज और एक खेप मिल जाये तो सात आना मिलेगा। लौटती बार बाजार से चावल खरीदकर ले जाऊँगा···"

उसके बाद उसने बैलों को ललकारा और उसकी गाड़ी दौड़ने लगी। गाड़ी जितनी ही तेज दौड़ती थी, बैकुण्ठ भी उतनी ही तेजी से दौड़ता था। मैं बार-बार पीछे की ओर मुड़कर देख रहा था कि बैकुण्ठ आ रहा है या नहीं।

नुटु ने कहा, "उसके लिए फिक्र करने की जरूरत नहीं है। वह आयेगा ही।"

फिर वह जैसे अपने-आप बुड़बुड़ाने लगा, "मेरी तरह बैकुण्ठ ने भी आज कुछ नहीं खाया है। कल भी उसे खाना नहीं मिला था।"

"क्यों ?"

नुटु ने कहा, "माँ को बुखार था। रसोई कौन बनाता ? साहा बाबू भी झल्लाकर कई दिनों से मुझे खेप नहीं दे रहा था।"

नुटु की बात सुनकर मैं तकलीफ महसूस करने लगा।

"तुमने आज क्या खाना खाया है ?"

"कुछ भी नहीं।" मैंने कहा।

"कुछ भी नहीं खाया है। फिर आज पाँच सेर चावल खरीदूंगा। माँड़ के साथ भात खायेंगे। पेट भर जायेगा और रात के पहले फिर भूख नहीं लगेगी।"

चलते-चलते फिर नुटु ने कहा, "बाबूजी, क्या कहते हैं, मालूम है ? वह कहते हैं कि बैकुण्ठ को बेच दो।"

"क्यों ?"

"उनका कहना है कि बैकुण्ठ निकम्मा बैठा केवल खाया करता है। उसे अगर कसाई के हाथ बेच दें तो चालीस रुपया मिलेगा।"

मैंने कहा, "कसाई उसको जबह कर डालेगा।"

"चुप रहो।"

नुटु ने एकाएक अपने हाथ से मेरा मुंह ढँक दिया। "इतने जोर से मत

बोलो। वैकुण्ठ को पता चल जायेगा।"

उसी वैकुण्ठ को आज इतने दिनों के बाद ज्योतिर्मय सेन ने साफ-साफ देखा। उसका पूरा शरीर पशमीने जैसे घुंघराले रोम्रों से भरा था। कान नीचे झूल रहे थे। असहाय की तरह ताका करता था। हालाँकि वह एक मामूली भेड़ा था। मानो, ईश्वर उसे आदमी बनाना चाहता था लेकिन गलती से भेड़ा बनाकर इस धरती पर भेज दिया था। इसी वैकुण्ठ ने एक दिन ज्योतिर्मय सेन की मृत्यु से रक्षा की थी। वह बात ज्योतिर्मय सेन जीवन-भर भूल नहीं सकते हैं। याद है, बहुत दिन पहले उन्होंने इतिहास की पुस्तक में एक घटना के बारे में पढ़ा था—नेपोलियन बेसनोर की लड़ाई के मैदान से घोड़े पर चढ़कर वापस आ रहा था। उसकी सेना के बहुत-से जवान मारे गये थे। उन मृतकों के बीच से आते वक्त उसकी नजर एक कुत्ते पर पड़ी जो एक मरे हुए जवान की रखवाली कर रहा था। वह कुत्ता उसी जवान का था। मालिक मर चुका था फिर भी वह कुत्ता वहाँ खड़ा होकर पहरा दे रहा था। यह दृश्य देखकर नेपोलियन अभिभूत हो गया। उसके बाद उसने अपने दल के आदमियों को बुलाकर कहा—"There, gentlemen—that dog teaches us a lesson on humanity."[१]

आज इतने दिनों के बाद वैकुण्ठ की याद आते ही उन्हें नेपोलियन की बात का स्मरण हुआ—"That Baikuntha teaches us a lesson on humanity."[२]

रेलवे स्टेशन की मालगाड़ी में पुआल की लदाई करके और बाजार से चावल खरीदकर नुटु जब घर लौटा, सूरज पच्छिम में डूब रहा था। उसके बाद स्नान करके उसकी माँ रसोई बनानेवाली थी। रसोई बन जाने के बाद ही हमें खाना मिलता। सचमुच उस वक्त भूख से मेरा बुरा हाल था।

नुटु ने कहा, "आज तुम्हें खाना मिलने में देर होगी। अन्यथा मत लेना। माँ से कह दूंगा कि कल तुम्हारे लिए जल्दी ही खाना बना दे।"

"लेकिन कल भी अगर साहा बाबू तुम्हें खेप नहीं दें तो क्या होगा भाई?"

"क्यों नहीं देगा? हर खेप पर एक-एक आना देने पर सब साले काबू में आ जायेंगे।"

मैं सोच रहा था कि नुटु के माँ-बाप मुझे देखकर क्या कहेंगे। उन लोगों की हालत फटेहाल है। मेरे चलते उन्हें व्यर्थ ही कष्ट झेलना पड़ेगा।

लेकिन घर में घुसते ही एक ऐसा काण्ड हो गया जो अचम्भे में डालनेवाला

---

१. सज्जनो! वह कुत्ता हमें मानवता की सीख देता है।

२. वैकुण्ठ हमें मानवता की सीख देता है।

था। फूस की छोटी-सी झोंपड़ी थी। दीवार की मिट्टी भहराकर गिर चुकी थी। बीच के ओसारे पर जाते ही देखा कि दो मुसलमान वहाँ खड़े हैं। उन लोगों के बदन पर कुरता या बनियान नहीं थी। गले में काले धागे थे जिनमें तावीज झूल रहे थे।

उन दोनों को देखते ही नुटु का चेहरा म्लान हो गया।

"बाबूजी, मैं वैकुण्ठ को नहीं बेचूंगा। हरगिज नहीं बेचूंगा।"

इतना कहकर उसने वैकुण्ठ को अपनी बाँहों में भर लिया।

"मैं कसाइयों के हाथ वैकुण्ठ को किसी भी हालत में नहीं बेचूंगा। किसी भी हालत में नहीं..."

वह फूट-फूटकर रोने लगा।

शायद वैकुण्ठ भी समझ गया। नुटु की छाती में मुँह छिपाये और आँखों को मूंदे वह एक बहुत बड़े आश्रय में निश्चिन्तता का बोध करने लगा।

"कौन ?"

शंकर को देखकर ज्योतिर्मय सेन उठकर बैठ गये।

"सर, पुलिस नहीं जा रही है।"

"क्यों ?"

"मैं, ज्योतिदा, यह बात कहने के लिए थाना गया था। उनका कहना है कि आप जब तक लिखकर अनुमति नहीं देते हैं वे पुलिस को नहीं हटायेंगे। आप पर अगर कोई मुसीबत आ जाये तो उसकी जिम्मेदारी कौन लेगा ?"

पाँच

शंकर जैसे मेरी परीक्षा ले रहा है। इस प्रकार की परीक्षाओं से ज्योतिर्मय सेन को अनेक बार गुजरना पड़ा है। सिर्फ ज्योतिर्मय सेन की बात ही क्यों, पृथ्वी पर जितने मनुष्य हैं सभी को इस प्रकार की परीक्षा से गुजरकर जीवन जीना पड़ता है। पुत्र की मृत्यु-शय्या के निकट ईश्वर की परीक्षा आकर हाजिर हो जाती है। ऐसे में ईश्वर पर विश्वास किया जाये या अविश्वास ? विपत्ति के समय जो आदमी कह सकता है कि ईश्वर करुणामय है, वास्तविक भक्त वही है। नारद के मन में यह धारणा घर कर गयी थी कि वही ईश्वर के एकमात्र भक्त हैं। नारद ने कहा, 'मैं सारा दिन आपका नाम भजता रहता हूँ, मेरे जैसा आपका कोई भक्त है ?"

विष्णु ने कहा, "नहीं नारद, ऐसी बात नहीं है। तुमसे भी बड़ा एक भक्त है।"

"वह कौन है ?"

"वह एक ग्रामीण कृषक है। तुम स्वयं जाओ और जाकर देख आओ कि वह मेरा कैसा भक्त है।"

नारदजी पृथ्वी पर आये। उस गाँव में आकर देखा कि एक निहायत ही दरिद्र किसान है। वह सारा दिन खेत-खलिहान में काम करता है। धूल और कीचड़ में खटते-खटते उसे साँस लेने की फुर्सत नहीं मिलती है। रात में सोने के पहले केवल एक बार ईश्वर का नाम लेता है।

नारद ने विष्णु भगवान से आकर कहा, "आपके भक्त को देख आया। वह दिन-भर में मात्र एक बार आपका नाम लेता है और मैं दिन-रात विश्व-ब्रह्माण्ड की परिक्रमा करता हूँ और वीणा बजा-बजाकर आपका नाम जपता रहता हूँ। मुझसे बढ़कर वह किसान ही आपका भक्त है ?"

विष्णु भगवान ने कहा, "तुम एक काम करो नारद। एक कटोरा तेल लेकर सारी पृथ्वी की परिक्रमा कर आओ।"

"क्यों ?"

"तुम्हें बाद में बताऊँगा।"

एक कटोरे में लबालब सरसों का तेल भरकर और उसे तलहथी पर रखकर नारदजी परिक्रमा करने निकले। सारी पृथ्वी की परिक्रमा करने के बाद फिर वहाँ आकर उपस्थित हुए।

विष्णु ने पूछा, "मेरा नाम कितनी बार लिया था नारद ?"

"जी, आपका नाम लेने का समय ही कहाँ मिला ? एक कटोरा तेल लिये चलने में हमेशा यही भय बना रहता था कि कहीं छलक न जाये। सो तेल के चलते ही मैं बुरी तरह व्यस्त रहा।"

विष्णु ने कहा, "तुम्हारी मैंने परीक्षा कर ली नारद। अब उस किसान के बारे में सोचकर देखो तो सही। सारा दिन इतने झंझटों में उलझे रहने पर भी वह मेरा नाम लेने से नहीं चूकता है।"

नुटु के अभावों का कोई अन्त नहीं था। उन लोगों की गृहस्थी पर अभाव और दरिद्रता—दोनों दो पंजों को फैलाये हमेशा आक्रामक की मुद्रा में रहते थे। अभाव और दरिद्रता से बढ़कर प्राणघाती चीज दुनिया में और कुछ भी नहीं है। नुटु का बाप मैदानों का चक्कर काटा करता था। जिस दिन काम मिल जाता था, वह दिन मजे में गुजर जाता था। उसे मजदूरी के रूप में बारह आना मिलता था। जिस दिन काम नहीं मिलता था, उस दिन वह बिलों से मछलियाँ पकड़ा करता था। सारा दिन मछली पकड़ने के खयाल से बैठा रहकर अन्त में एक पोठी पकड़कर घर आता था। लेकिन जब किसी की मौत होती, उस दिन उसके चेहरे पर हँसी उमड़ पड़ती थी। जल्दीबाजी में कन्धे पर एक

अँगोछा रखे वह बाहर निकल जाता था। श्मशान जाने का मतलब था उस दिन के लिए सब-कुछ प्राप्त कर लेना। यानी जिस घर का आदमी मरता था उस घरवाले की ओर से सन्देश-रसगुल्ला से लेकर पान-बीड़ी और शर्बत तक की सप्लाई की जाती थी। जो गाँजा पीता था उसे गाँजा दिया जाता था और जो भाँग पीता था उसे भाँग दी जाती थी। घर से चाँपातल्ला घाट तक बारी-बारी से लाश ढोने पर खाना-पीना सब-कुछ मिलता था। यानी चाँपातल्ला के गंज के होटल में महीन चावल का भात, दो-तीन टुकड़ी मछलियाँ, मछली का शोरबा, शोरबे में आलू-परवल, बरी तथा मूँग की दाल और आलू का भुरता मिलते थे। भात जितना खाना चाहे उतना दिया जाता था—चाहे पेटभर खाये या आकण्ठ खाये। पैसा मृतक के घरवाले चुकाते थे। लाश जलाने के बाद अस्थि-भस्म जल में विर्सजित करना पड़ता था। फिर जो ताड़ी पसन्द करता था उसे ताड़ी और जो ठर्रा पसन्द करता था उसे ठर्रा मिलता था।

लेकिन ऐसा सौभाग्य हर रोज नहीं होता था। मयनाडाँगा में हर रोज आदमी नहीं मरा करता था। कोई बड़ा आदमी जब मरने-मरने पर रहता तो खबर सुनते ही नुटु का बाप वहाँ पहुँच जाता था और पूछता था कि वह आदमी किस हालत में है।

"तुम्हारे मालिक की क्या हालत है जी ?"

अगर सुनता कि अन्तिम साँस ले रहा है तो वहीं जमकर बैठ जाता था। डॉक्टर, वैद्य और होमियोपैथिक डॉक्टर आते थे। नुटु का बाप जो जमकर बैठता तो उठने का नाम नहीं लेता था।

"डॉक्टर ने क्या कहा जी ? मालिक बच जायेंगे न ?" वह बार-बार पूछता था।

घर के आदमी बताते, "कौन जाने, भगवान ही मालिक है। वही बता सकता है।"

नुटु का बाप कहता, "बैठा-बैठा मैं भगवान की ही पुकार कर रहा हूँ। मालिक आदमी के बजाय देवता हैं।"

इसी तरह तीन-चार दिन बीत जाने पर अगर विपत्ति टल जाती तो नुटु के बाप को बड़ी तकलीफ पहुँचती थी। इतनी तकलीफ करने के बावजूद यह मौका हाथ से निकल गया। मर जाता तो कुछ हासिल होता। खाने-पीने के अलावा नुटु के बाप को बहुत-कुछ मिलता। मयनाडाँगा के बड़े आदमी की मृत्यु होने से गाँव के लोगों को सुविधा होती थी।

लेकिन इस तरह की घटना रोज-रोज नहीं घटा करती थी। बड़ी बीमारी की खबर सुनते ही सदर से डॉक्टर आता था, फिर दवा चलती थी, इंजेक्शन दिया जाता था। लेकिन अन्त-अन्त तक बच नहीं पाता था। उस वक्त नुटु का

बाप मृतक के पुत्रों के सामने जाकर बहुत रोना-धोना शुरू कर देता था।

"अहा, वह देवतुल्य पुरुष थे! वह दुनिया से विदा क्या हुए, हम अनाथ हो गये···"

फिर श्मशान जाने से लेकर श्राद्ध तक नुटु के बाप के भाग्य में बेगार खटना लिखा रहता था। उसके बदले उसे एक दिन भरपूर खाना मिलता था—पूरी, दाल, सब्जी, काला जामुन, रसगुल्ला। बस, लोभ की बात इतनी कुछ ही थी, इसके अतिरिक्त कुछ भी नहीं। मयनाडाँगा में उन दिनों नुटु के बाप जैसे लोग उतना ही भर-पाकर खुश हो जाया करते थे।

खाने-पीने के बाद जब वह घर लौटता तो नुटु की माँ जगी रहती थी।

"खाओगे नहीं ?"

नुटु का बाप कहता था, "नहीं, आज ठूंस-ठूंसकर खाया है। सिर्फ चने की दाल के साथ ही बीस पूरियाँ गटक चुका हूँ और उसके बाद तीन हाँड़ी दही···"

"कहाँ खाया ?"

"ईश्वरपुर के यादव कुण्डु के घर में। पहले याद ही नहीं था, बिल्कुल भूल चुका था। मुझे पंचानन ने याद दिलाया। थोड़ी-सी और देर हो जाती तो भोजन ही नसीब नहीं होता। मालूम है, शुद्ध घी की गरम-गरम पूरियाँ पत्तल पर डालता गया और मैं चट करता गया। पेट बड़ा फूल गया है, जरा एक गिलास पानी दो।"

जब मयनाडाँगा में किसी की मौत नहीं होती तो नुटु के बाप को कठिनाई का सामना करना पड़ता था। उस वक्त खेत से मिलनेवाली मजदूरी का ही भरोसा रहता था। उसकी गृहस्थी तीन जनों की थी और चौथा था वैकुण्ठ। लेकिन आठ आना हर रोज रोजगार कर चार-चार पेटों का खर्च चलाते-चलाते नुटु का बाप फटेहाल हो गया था। अन्त में कुछ न कर पाने की वजह से वह हाथ-पैर मोड़कर बैठ गया था और उसके स्वभाव में एक प्रकार की निष्ठुरता की भावना आ गयी थी। नुटु के बाप को जिस दिन बड़ी भूख लगती, रसोईघर से काँसे का बरतन उठाकर ले जाता और बाजार में बेच आता था।

बाजार में पीतल और काँसे का दूकानदार कहता था, "क्यों जी दिगम्बर, फिर क्या लेकर आये हो ?"

"हुजूर, काँसे का बरतन।"

"चोरी का माल है क्या ?"

यह बात सुनते ही दिगम्बर को गुस्सा हो आता था।

"खबरदार, मुँह सँभालकर बात किया करें सेन साहब। ···ब हूँ मगर आपका कर्ज नहीं खाया है कि आप खामखाह गाली-गलौज करें।"

सेन साहब हँस पड़ता था। खागड़े के बरतन का रोजगार करते-करते बाल पक चुके थे। खरीदे हुए पुराने बरतन पर ही कलई चढ़ाकर उसे नये के नाम से चला देता था और कई सालों से यही करता आ रहा था। यह भी उसका व्यवसाय ही था। ऐसे गरीब लोगों से सस्ते में खरीदकर बेचने से लाभ की मात्रा अधिक होती थी।

दिगम्बर की बात से सेन साहब घबराता नहीं था।

"लगता है, तुम सतयुग के युधिष्ठिर हो—कलि के शुक्राचार्य। कहने का मतलब है कि तुमने कभी क्या चोरी नहीं की है ?"

"अगर चोरी करता तो यह हालत रहती सेन साहब ? चोरी करता तो आज मेरे पास घर, खेत-खलिहान सब-कुछ हो जाता। चोरी करना नहीं सीखी इसीलिए आज मेरी ऐसी गयी गुजरी हालत है।"

इतनी बात करने के बाद सवा रुपया मिलता और उससे चावल खरीदकर वह घर लाता और जब तक रसोई न बन जाती थी और वह खाना न खा लेता था, तब तक उसे शान्ति नहीं मिलती थी। फिर वह नुटु को अपने पास बुलाता था, वैकुण्ठ को भी पुकारता था। तब उसके मुकाबले दूसरा भला आदमी मिलना जैसे दुश्वार हो जाता था।

दिगम्बर कहा करता था, "किसान को ग्यारह महीने तक दुख-ही-दुख रहता है और बाकी एक महीना ही सुख मिलता है।"

ऐसे ही समय मैं वहाँ पहुँचा था। सारा दिन मेहनत-मशक्कत करने के बाद घर आने पर इसी तरह का काण्ड हुआ करता था।

उस दिगम्बर के पेट में सम्भवतः एक दाना भी नहीं गया था। उसकी आँखें लाल-लाल थीं। पिछले दिन से ही घर-भर के लोगों की भूख से हालत खस्ता थी। हाट से कसाई उसके घर पर आये थे और टकटकी लगाकर वैकुण्ठ की ओर ताक रहे थे।

नुटु ने लँगड़े पाँवों से ही छलाँग लगायी और वैकुण्ठ को अपनी देह में जड़ लिया।

दिगम्बर सामने आया।

"इसे छोड़ दे···"

नुटु ने कहा, "उसको काटने से मुझे भी काटना पड़ेगा, मुझको भी काटकर दो हिस्सा करना पड़ेगा।"

दिगम्बर ने कहा, "कल से हम लोगों के पेट में अनाज का एक दाना तक नहीं पहुँचा है और तुमको मजाक सूझ रहा है···"

नुटु भी तब मुकाबले के लिए तैयार हो गया था।

"वैकुण्ठ के बदन में हाथ मत लगाइए, देखूँ आपमें कितनी हिम्मत है···"

"तू मुझे आँख दिखा रहा है ?"

आँगन में ही दोनों एक-दूसरे से उलझ गये।

मैं नया आदमी था। चुपचाप खड़ा सब-कुछ देख रहा था। एकाएक नुटु का बाप चिल्ला उठा, "तू नहीं छोड़ेगा ? तू वैकुण्ठ को नहीं छोड़ेगा ?"

नुटु ने बिगड़कर कहा, "नहीं, नहीं छोड़ूँगा।"

नुटु का बाप जोरों से चिल्ला उठा, "फिर खायेगा क्या ? अँगूठा चूसेगा ? अब मैं तुझको नहीं खिला पाऊँगा। खिलाने का कोई उपाय नहीं है। मैं घर छोड़कर चला जाऊँगा, जहाँ दो आँखें ले जायेंगी, चल दूँगा। मुझे क्या ! मैं क्या किसी की परवाह करता हूँ !"

नुटु तब भी जी-जान से वैकुण्ठ को पकड़े था।

अब तक दोनों मुसलमान कसाई वहाँ मौजूद थे। वे लोग इस घर में बड़ी उम्मीद लेकर आये थे। हट्टा-कट्टा भेड़ा था। इस घर में आदमी को खाना नहीं मिलता था लेकिन नुटु ने भेड़े को खिला-पिलाकर मोटा-तगड़ा बना दिया था। उसी भेड़े की ओर ललचाई निगाहों से ताककर वे चले गये। उनके पीछे-पीछे नुटु का बाप दिगम्बर भी बाहर चला गया।

नुटु ने कहा, "धत्तेरे की, दुनिया आँख दिखाती है। अब मैं भी इस घर में नहीं रहूँगा···"

नुटु ने मेरी ओर देखा।

फिर कहा, "चलो जी, चलो, इस महल्ले के नीच आदमी के मकान में अब मैं नहीं रहूँगा। जहाँ वैकुण्ठ के लिए जगह नहीं है, वहाँ मेरे लिए भी जगह नहीं है। चलो, चलें···"

स्थिति देखकर मैं ही नुटु के साथ बाहर निकलने लगा। मेरे लिए तब नुटु जैसा था, उसका बाप भी वैसा ही था। इस अजीब मकान में अजीब तरह की घटना के बीच मैं वहाँ आ पड़ा था। अपने तत्कालीन अनुभवों के बाहर एक नयी दुनिया में आकर मैं डुबकियाँ लगा रहा था। कहाँ मेरा वह मकान जहाँ शुकदेव, दरबान, मास्टर साहब, रघु और बाबूजी थे, खाने को पावरोटी और अण्डे थे, आराम के सारे उपकरण मौजूद थे और कहाँ यह अभाव, दरिद्रता और झगड़ा !

इतनी देर के बाद नुटु की माँ कमरे से बाहर आयी।

"कहाँ जा रहा है नुटु ?"

नुटु को जैसे सुनायी नहीं पड़ा।

देखा, बलखायी रस्सी की तरह एक औरत खड़ी थी। देह में साया-ब्लाउज कुछ नहीं था। फटी साड़ी देह में लपेटे वह खड़ी थी।

नुटु ने कहा, "उधर मत देखो, वह राक्षसी है, मेरे माँ-बाप दोनों राक्षस हैं—

किसी में भलमनसाहत नहीं है। मेरे वैकुण्ठ को वे लोग बेच देना चाहते हैं। अब उन लोगों का मुँह देखना मुझे पसन्द नहीं है। आओ, चलें···"

सुबह से कुछ नहीं खाया था। मुझे जोरों की भूख लगी थी।

नुटु की माँ ने कहा, "अरे, तू कहाँ जा रहा है नुटु ? चावल लाया है ?"

इतनी देर के बाद जैसे याद आया। चावल की थैली आँगन में एक कोने में रखी हुई थी। उसे माँ की ओर फेंकते हुए कहा, "खाओ, जितना भात खाना है, खाओ। अब मैं इस घर में नहीं आऊँगा।"

और वह वैकुण्ठ का गला पकड़े रास्ते पर चला आया।

मैंने कहा, "फिर करोगे क्या नुटु ? खाओगे क्या ? कहाँ रहोगे ?"

नुटु ने कहा, "दुत, खाने की क्या फिक्र ? वीरचक के ईंटखाने में जाऊँगा तो तुरन्त काम दे देगा। हर रोज बारह आना मिलेगा। इतने दिनों से ईंट का मुनीम बार-बार अनुरोध कर रहा है। तुम्हारा भी काम लगा दूँगा। तुम ईंट नहीं ढो सकोगे—सर पर ईंट नहीं ढो सकोगे ? हर खेप में दस ईंट।"

बस, वहीं से पहले-पहल शुरुआत हुई। ज्योतिर्मय सेन के जीवन में वह पूर्णतया एक नया अनुभव था। किताब में पढ़ी दुनिया से इस दुनिया का कोई सामंजस्य नहीं था। उन दिनों आज की तरह इहलोक और परलोक की भावना समाप्त नहीं हुई थी। पुस्तक के पृष्ठों में छपी बातों को लोग वेद-वाक्य के रूप में लेते थे। हरिसाधन बाबू कहा करते थे, "पाप की पराजय अनिवार्य है।" वह यह भी कहा करते थे, "जो असत्य बोलता है उसको अगले जन्म में अवश्य ही नरक-वास करना पड़ता है।"

नरक के सम्बन्ध में मेरी भी एक अस्पष्ट, धुँधली-सी धारणा बन गयी थी।

आज वह धारणा क्या स्पष्ट हो गयी है।

मैं पूछा करता था, "नरक देखने में कैसा होता है सर ?"

नरक देखने में कैसा है, यह हमारे घर से भण्डार-घर में टँगी एक तसवीर में साफ-साफ दिखाया गया था। वह तसवीर कहाँ से आयी थी और उसे किसने टाँगा था, यह मुझे मालूम नहीं था। चक्कर काटते-काटते जब समूचे घर में घूमने के लिए कोई जगह बाकी नहीं बच जाती थी तो आकाश, धूप, हवा और हौज की ओर देखना ही मेरा काम रह जाता था। जब वे सब भी पुराने पड़ जाते थे तो देखी हुई चीजों को ही बार-बार देखता था। देखता कि हम लोगों का दरबान किस तरह रोटी बनाता है, किस तरह हमारी बूढ़ी नौकरानी धूप की ओर पीठ किये बरी बनाती है और किस तरह रघु साबुन से कपड़े फींचा करता है।

और जब वह सब भी अच्छा नहीं लगता तो भण्डार-घर के अन्दर चला जाता था। भण्डार-घर के अन्दर दिन-भर में कभी धूप नहीं पहुँचती थी। अँधेरे वायुहीन स्थान की जैसी एक तीखी बू वहाँ मौजूद रहती थी। एक तरह की

अजीब ही गन्ध। गुड़, मसाला, तेलचिट्टा, तेजपात, चूहा और सरसों-तेल को एक साथ मिला देने से जैसी गन्ध हो सकती है, ठीक वैसी ही गन्ध। उन सारी वस्तुओं को मैंने कभी एकसाथ नहीं मिलाया है, लेकिन मिलाने से ठीक इसी क़िस्म की गन्ध निकलेगी, यह मैं बेझिझक कह सकता हूँ।

उसके अन्दर ही अचार रखा हुआ था—आम का अचार, बेर का अचार और कितनी ही चीजों का अचार। हम लोगों की बूढ़ी महरी को कोई खास काम नहीं रहता था। वह बैठी-बैठी वह सब बनाती रहती थी। इतना अचार कौन खायेगा, किसी को भी मालूम नहीं था। न मैं अचार खाता था और न बाबूजी ही खाते थे। मैं खाना चाहता तो रघु मुझे खाने नहीं देता था। लेकिन मुझे मालूम था कि यह सब कहाँ रखा जाता है। बरी के बड़े-बड़े मर्तबान में हाथ घुसाकर मैं चोरी-चुपके खा लेता था।

चुराकर खाने से जीभ की तृप्ति तो हो जाती थी लेकिन मन तृप्त नहीं होता था, क्योंकि पुस्तक में लिखा था कि चोरी करने से महापाप होता है।

"नरक कैसा होता है सर?" मैं पूछता था।

हरिसाधन बाबू कहते थे, "वहाँ गहरा अँधेरा फैला रहता है। जो चोरी करते हैं, जो झूठ बोलते हैं, वे उसी नरक में जाते हैं।"

भण्डार-घर की दीवार में टँगी उस तसवीर की ओर मैं बहुत देर तक टकटकी लगाकर देखा करता था। यम के दरबान किसी के हाथ-पैर बाँधकर गदा से पीट रहे हैं, किसी को उबलते तेल में डालकर मार रहे हैं और किसी को ओखल से बाँधकर उसे जान से मार रहे हैं। सचमुच वे नारकीय दृश्य थे। रघु ने जिस दिन बताया कि वे नरक के दृश्य हैं, मैंने उसी दिन से अचार चुराकर खाना बन्द कर दिया।

दरअसल १६३६ ईस्वी के पहले तक नरक के सम्बन्ध में मनुष्यों की यही पुरानी धारणाएँ थीं: पाप करने से नरक जाना पड़ता है, चोरी-बटमारी और चोरबाजारी करने से नरक की यातनाएँ सहनी पड़ती हैं। तब उस नरक के भय ने ही बहुतों को साधु बना दिया था। आदमी बिना खाये मर जाता था लेकिन छीना-झपटी नहीं करता था। १६४३ ईस्वी के अकाल के समय लोग भोजन के अभाव में रास्ते पर मर गये लेकिन उन्होंने दुकानें नहीं लूटीं। और ऐसा किया सिर्फ नरक के भय के कारण। पुलिस की गोली से भी भीषण भयावह नरक का भय था। पुलिस की गोली से आदमी एक मिनट में मर जाता है किन्तु नरक में तड़प-तड़पकर मरना पड़ता है। जर्मनी में मार्टिन लूथर ने भी एक दिन ऐसा ही विद्रोह किया था। यह सन् १४८३ से १५४६ के बीच की बात है। वह एक किसान का लड़का था। एक दिन अचानक उसने इस बात का आविष्कार किया कि गिरजाघर के सभी पादरी धूर्त हैं। पादरी को कुछ

रुपये थमाने से ही सारे पाप धुल जाते थे और स्वर्ग जाने की राह आसान हो जाती थी। या पादरी के सामने अपना पाप स्वीकार लेने से सात खून माफ हो जाते थे। लूथर ने कहा, "यह सब झूठी बात है। गिरजाघर कुछ नहीं है, पादरी भी कुछ नहीं है। एकमात्र विश्वास ही बड़ी चीज है। विश्वास यानी 'फेथ' 'The just shall live by faith.'[१] आदमी का एकमात्र रक्षक ईसा-मसीह ही नहीं है और न गिरजाघर ही, बल्कि उसकी आस्था है। आस्था से ही भक्ति होती है और तर्क से उसकी दूरी बढ़ जाती है। उस समय सम्भवतः यूरोप के निवासियों के हृदय से धीरे-धीरे ईश्वर के प्रति आस्था कम हो रही थी। जब लोगों के हाथ में आहिस्ता-आहिस्ता बेहिसाब पैसा आने लगा तब ईश्वर का मूल्य पैसे के मूल्य से विघटित हो गया। इसमें आश्चर्य की कोई बात नहीं है। उन लोगों ने कहना शुरू किया, "परलोक की बात को गोली मारो। बुढ़ापे में जिससे आराम से ज़ीवन बसर कर सकूँ उसके लिए पहले पैसा जमा करने दो। पैसा रहेगा तो सेण्ट फ्रांसिस भी हमारा सम्मान करेगा। तब कोई पराया नहीं रहेगा···"

इसके बाद ही उसके देश में मध्यवित्त समाज का आरम्भ हुआ और सामन्तवाद के पतन की शुरुआत हुई। नुटु जैसे लोग उन लोगों के देश में पैदा हुए होते तो दूसरे को जमीन में मशक्कत कर पेट भरने की मुसीबत से अन्ततः छुटकारा पा जाते। तब उनका अपना-अपना खेत होता और अपनी जमीन में वे मेहनत से फसल उपजाते। क्योंकि भारत में पैदा हुए हैं इसलिए नुटु जैसे लोग चार सौ वर्ष पीछे पड़ गए हैं। चार सौ वर्षों के बाद भी नुटु जैसे लोगों की वैसी ही हालत है।

दोपहर को मुझे मैदान के एक किनारे बिठाकर नुटु ईंट के भट्ठे में काम करने लगा।

"तुम इस पेड़ के नीचे थोड़ी देर बैठो, मैं काम करके आता हूँ।" उसने कहा।

ज्योतिर्मय सेन को उस दिन बेहद भूख लगी थी। भूख किसे कहते हैं, इसका अनुभव उन्होंने इसके पहले कभी नहीं किया था। विष्टु मण्डल के ईंट के भट्ठे में काम करनेवाले लोग भोर में ही पानीदार बासी भात लेकर पहुँच जाते थे। दोपहर में एक घण्टे के लिए छुट्टी मिलती थी। उसी समय कोई चाहे तो घर जाकर भात खा सकता था। सारा दिन सर पर ईंट रखकर गाड़ी में लादनी पड़ती थी और दिन-भर की मजदूरी तीन आने मिलते थे।

उस तीखी धूप में उस दिन एक बबूल के पेड़ के नीचे बैठे-बैठे वह नीम

---

१. आदमी विश्वास के सहारे जियेगा।

बेहोशी की हालत में थे। हा-हल्ला सुनकर ज्योतिर्मय सेन की नींद टूट गयी ग्रौर उन्होंने देखा कि नुटु किसी से झगड़ रहा है।

"ग्रगर नकद पैसा नहीं देना था तो ग्रापने पहले क्यों नहीं बताया ?" जो व्यक्ति ईंट के भट्ठे का मैनेजर था, वह भी बड़ा ही तुनक-मिजाज था।

उसने कहा, "तुम्हें नकद पैसा दे दूं ग्रौर कल तुम ग्राना बन्द कर दो तो फिर मैं क्या करूँ ? तुम क्या सोचते हो कि मैं तुम्हें नहीं पहचानता ? तुममें दायित्व-बोध का नामोनिशान तक नहीं है। तीन ग्राना पैसा ग्रगर मिल जाये तो तीन दिनों तक बबुग्राना ठाठ से बैठे रहोगे। तब तुम्हारा ग्रता-पता नहीं चलेगा…"

"मेरा उचित बकाया ग्राप नहीं चुकाइएगा ?"

वह ग्रादमी पैसा देता था इसलिए किसी का गुस्सा क्यों बरदाश्त करता ?

'सात दिनों के बाद ग्राना, तब दूंगा। ग्रभी जाग्रो, काम करो।"

"मगर मुझे पैसे की ग्रभी तुरन्त जरूरत है। मेरा साथी वहाँ बैठा हुग्रा है। न उसने कुछ खाया है ग्रौर न मैंने ही। पैसा नहीं दीजिएगा तो हम लोग क्या खायेंगे ? हरिनाम का लड्डू खायेंगे ? हम लोगों को भूख नहीं लगती है क्या ?"

उस ग्रादमी की निगाह इतनी देर के बाद बबूल के पेड़ की ग्रोर गयी ग्रौर उसने मुझे देखा।

मैं जमीन पर लेटा हुग्रा था। हो-हल्ला सुनकर तब उठकर बैठ गया था।

"वही है, ग्राँख खोलकर उसकी ग्रोर देखिए। वह मेरे जैसा गरीब का लड़का नहीं है, बल्कि बड़े ग्रादमी का लड़का है। मुझसे दोस्ती हो गयी है, इसीलिए मेरे घर पर ग्राया है, वरना वह मेरे साथ-साथ भूखा क्यों रहता ? उसे कौन-सी मुसीबत है ?"

वह ग्रादमी मुझे उस हालत में देखकर हतप्रभ हो गया। मैदान में सन्नाटा रेंग रहा था। उसी मैदान से मिट्टी काटकर ईंटें बनायी जाती थीं। दूर भट्ठे की ग्राग धधक रही थी ग्रौर धुएँ का गुबार उड़ रहा था। ग्रौर उसके एक किनारे गोंदरी की एक चाल थी। वही चाल विष्टु मण्डल के ईंट के भट्ठे का दफ्तर था। सिर्फ नुटु ही नहीं, बल्कि उसके जैसे बहुत-से लड़के विष्टु मण्डल की ईंट ढोते थे ग्रौर उनकी हड्डी-पसली ढीली हो गयी थीं। विष्टु मण्डल के लिए जी तोड़ मेहनत कर ग्रौर तीन ग्राने पैसे उपार्जन कर मयनाडांगा के जवान बलिवेदी पर चढ़ रहे थे। इतने दिनों के बाद उन बातों की याद ग्राने पर ज्योतिर्मय सेन स्वयं को ग्रपराधी महसूस करते हैं। ग्रब उनके हाथ में प्रतिरोध की ताकत है। ग्राज यदि वह चाहें तो हुक्म दे सकते हैं कि मजदूरों को रोजाना मजदूरी नकद देनी पड़ेगी। या वह इस तरह का कानून पास कर सकते हैं कि

जो मजदूर रोजाना मजदूरी पर खटते हैं उनके साथ न्याय हो रहा है या नहीं, यह देखने के लिए मयनाडाँगा में एक लेबर अफसर या वेलफेयर अफसर रहेगा। हो सकता है कि इससे कोई बात नहीं बनती। चाहे जिसे भी मयनाडाँगा में वेलफेयर अफसर बनाकर भेजते, हो सकता है कि वही रिश्वत लेकर मजदूरी की अपेक्षा मालिक की ही सुख-सुविधा का अधिक खयाल रखता। ऐसा बहुत बार हो चुका है, हो रहा है और होता रहेगा।

उस दोपहर जब नुटु, मैं और वैकुण्ठ— तीनों तीन आने पैसे से उदर-पूर्ति की कोशिश कर रहे थे, नुटु की माँ वहाँ आकर उपस्थित हुई।

माँ चाहे गरीब हो चाहे अमीर, लेकिन माँ, माँ ही होती है। मैंने अपनी माँ को देखा नहीं था लेकिन नुटु की माँ को मैंने देखा था। उसका पति लापरवाह आदमी था। अगर कहीं खाना मिल जाता था तो दीन-दुनिया को भूल जाता था। किसी के घर से पूरी छनने की गन्ध-भर मिलने की देर थी तब दिगम्बर किसी के वश में नहीं रहता था। सीधे उस मकान में जाकर उपस्थित होता था और अपने दाव से बाँस काटना शुरू कर देता था या कुदाल लेकर मिट्टी खोदना।

जो पहचान नहीं पाते थे वे दिगम्बर से पूछते थे, "तुम कौन हो जी ?"

दिगम्बर इस तरह दाँत निपोर देता था जैसे वह कृतार्थ हो गया हो। "जी, मुझे आपने पहचाना नहीं, मैं दिगम्बर हूँ···"

मात्र दिगम्बर कहने से न पहचानना ही स्वाभाविक था। लेकिन फिर भी लोग दिगम्बर को पहचानते थे। उसका हाव-भाव और उसका चेहरा ही उसका परिचय दे देता था। उसको देखने के बाद परिचय की जरूरत नहीं पड़ती थी। बंगाल के संख्यातीत भूमिहीन खेत-मजदूरों में से वह एक था। वैसे मजदूरों को जब खेत में मजदूरी करने का काम नहीं मिलता था, तब वे वीरचक के विष्टु मण्डल के ईंट के भट्ठे में काम करके तीन आना रोजाना के हिसाब से कमाते थे। बरसात के मौसम में वह काम भी बन्द हो जाता था। तब वे श्मशान-यात्रा में शरीक होते थे। कहीं किसी के मरने की खबर सुनते ही श्मशान-यात्रियों के दल में सम्मिलित हो जाते थे। बड़े लोगों की लाश होती तो पूछना क्या !

इस किस्म का जिसका पति था और नुटु जैसा जिसका पुत्र था, वैसी औरत को अगर ठीक से नहीं देखा जाये तो पहचानना मुश्किल होता है। बंगाल के कितने ही घरों में ऐसे लोग जीवन का यन्त्र एक हाथ से परिचालित कर रहे हैं, उसकी शायद कोई गिनती नहीं है। उसी के प्रतिनिधि हैं दिगम्बर, नुटु, वैकुण्ठ और नुटु की माँ। वे लोग सवेरे भात बनाते थे और उस भात को दोपहर में भी खाते थे और रात में भी। लेकिन भात के साथ दाल नसीब नहीं होती थी।

चुटकी-भर नमक मिलता था और उससे एक थाल भात खाना पड़ता था। जो बड़े आदमी होते थे वे भात के साथ दाल खाते थे, जरूरत पड़ती तो तरकारी भी खाते थे। श्राद्ध-घर में निमन्त्रण मिलने पर दिगम्बर को बीच-बीच में आलू, कोंहड़ा, परवल वगैरह मिलते थे। खाकर आने के बाद कभी-कभी उसके बारे में वह बातचीत भी करता था।

दिगम्बर कहता, "आलू-परवल का दम, छेने का पुलाव और साग का भुजिया खाया।"

सुननेवाले लोग कहा करते थे, "और क्या-क्या था ? और कुछ भी नहीं खाया ?"

दिगम्बर और भी अधिक उत्साहित होकर कहता, "चने की दाल थी···"

"और भुजिया ? सिर्फ साग का ही भुजिया मिला ? बैंगन का भुजिया नहीं मिला था ?"

"नहीं, बैंगन का भुजिया नहीं बना था।"

बैंगन का भुजिया नहीं बना था, यह सुनकर उसके दोस्तों का उत्साह ठण्डा पड़ जाता था और वे कहते थे, "फिर निमन्त्रण क्या ? सिर्फ चने की दाल से कैसे खाया ? भुजिया न रहे तो दाल रुचती है कहीं ? और साग का भुजिया भी कोई भुजिया है !"

जो लोग भोजन-परिचर्चा किया करते थे उन सबों की हालत दिगम्बर की हालत जैसी थी। उनमें से सभी के भाग्य में नमक-भात ही लिखा रहता था। लेकिन उनकी युक्ति कुछ और ही थी। वे कहा करते थे, "निमन्त्रण-घर में खराब खाना किस दुख से खायेंगे। जो निमन्त्रण देगा उसे कलिया-पुलाव खिलाना ही पड़ेगा···"

दिगम्बर को भोजन की परिचर्चा बड़ी सुखद प्रतीत होती थी। कभी-कभी परिचर्चा करते-करते तर्क की नौबत आ जाती। तर्क की परिणति अन्ततः गाली-गलौज और मारपीट में होती थी।

"तुम भोजन के बारे में क्या समझते हो ? क्या जानकारी है तुम्हारी ?"

दिगम्बर का गाँजा पीने का दोस्त तारक दे था। तारक दे ने कहा, "मुझे जानकारी नहीं है और तुम सब-कुछ जानते हो ? मालूम है, हम लोग चाँदपाड़ा के दे हैं। हम लोगों के घर में जगद्धात्री पूजा के अवसर पर तीन हजार आदमियों के लिए पत्तलें बिछा करती थीं···"

नुटु के बाप के पुरखों में नामी-गरामी कोई आदमी नहीं हुआ था। फिर भी उसने कहा, "मुँह से वैसी बड़ाई हर कोई कर सकता है। खिलाकर देखो तो समझूँ कि बहुत बड़े खिलानेवाले आये !"

"तुमको क्यों खिलाऊँ ? तुम मेरे कौन होते हो जो खिलाऊँ ? तुम मेरे

मेहमान हो या जाति-बिरादरी के आदमी ? तुम्हें तो लाश जलाने पर भोज मिलता है···"

उसकी बात समाप्त होते न होते दिगम्बर का माथा गरम हो गया। गाँजे के दम से उबला हुआ रक्त था। वह रक्त बड़ा शैतान होता है। जब उसमें उबाल आ जाता है तो सँभालना मुश्किल होता है। उसके हाथ के पास ही गाँजे की चिलम थी। उसी को उठाकर तारक दे के माथे पर दे मारा। फिर रक्त का फव्वारा छूटने लगा। हड़बड़ाता हुआ दिगम्बर घर आया, अपने कपड़े में लगे रक्त के छींटों को धो डाला और दिन दसेक के लिए कहीं लापता हो गया। पुलिस को उसका अता-पता नहीं चला। फिर जब तारक दे का जख्म भर गया, दिगम्बर बाहर निकला, तब पुलिस उसका क्या कर लेगी ? तब तारक दे और दिगम्बर में पुनः मेल-जोल हो जाता था। फिर वे गाँजे के अड्डे पर एकसाथ बैठकर भोजन-परिचर्चा करने लगते थे।

दिगम्बर जब दुबारा निमन्त्रण खाकर लौटता तो कहता, "आलू-परवल का दम खाया···छेने का पुलाव खाया···साग का भुजिया खाया···"

"और क्या-क्या खाया ? और कुछ नहीं मिला ?"

नुटु के घर के लोगों के लिए न खाने की कोई व्यवस्था थी और न उन्हें कोई बंधी-बँधायी आय ही होती थी। छप्पर पर फूस नहीं था, हाँड़ी में चावल नहीं, महाजन का कर्ज चढ़ा रहता था। नुटु की माँ की तबीयत खराब रहा करती थी। वैसी हालत में मेरे जैसा एक अजनबी बालक वहाँ पहुँचा और उसे राज-सम्मान मिलने लगा।

नुटु की माँ अचानक वीरचक के ईंट के भट्ठे में आकर उपस्थित हुई।

मुझे देखकर पूछा, "नुटु ने कुछ खाया है, बेटा ?"

मैंने कहा, "नहीं। न नुटु ने कुछ खाया है और न मैंने ही।"

"उफ् ! मैंने हाँड़ी चढ़ा दी है। मगर जब तक नुटु नहीं खायेगा, तब तक मैं मुँह में कौर नहीं रख सकती हूँ। जरा नुटु को बुला दो।"

नुटु बहुत दूर ईंट का बोझा ढो रहा था। मैं उसके निकट गया और उसे पुकारा।

लेकिन माँ पर नजर पड़ते ही नुटु झल्ला उठा।

"तुम क्यों आयीं ? किसलिए आयीं ? मैंने कह ही दिया था कि तुम लोगों का चेहरा देखना नहीं चाहता हूँ।" उसने कहा।

नुटु की माँ ने कहा, "तुम न खाओगे तो मैं कैसे खाऊँ ? मुझे भूख लगी है, सुबह से मुँह में एक दाना भी नहीं डाला है। मैं भी तो इन्सान ही हूँ। आयु भी ढल चुकी है···"

"फिर तुम लोग मेरे वैकुण्ठ को क्यों कसाई के हाथों बेचने जा रहे थे ?"

वैकुण्ठ तब पेड़ के नीचे बैठा ऊँघ रहा था। उसकी चर्चा छिड़ते ही वह शायद समझ गया और उसने अपनी पूँछ हिलायी। गले के घुंघरू टुन-टुन कर बज उठे।

हम लोगों ने आँख उठाकर वैकुण्ठ की ओर देखा। अपनी-अपनी भूख के कारण हम उसकी बात भुला बैठे थे। जिसके कारण इतना काण्ड हो चुका था वह मेरे पास ही तब चुपचाप बैठा हुआ था, इसका मुझे पता ही नहीं था।

मैंने कहा, "देखो, वैकुण्ठ को बड़ी ही भूख लगी है। उसने सवेरे से कुछ नहीं खाया है।"

शायद वैकुण्ठ के बारे में ही सोचकर नुटु में थोड़ी नरमी आयी। "वह बातचीत नहीं कर सकता है, इसीलिए तुम लोग उस पर गुस्सा उतारती हो।" उसने कहा।

नुटु की माँ ने कहा, "मैं तो कह रही हूँ कि उसे भी खिलाऊँगी। हाँड़ी में दो पैला चावल डाला है।"

"उसको ज्यादा भात देना पड़ेगा।"

"दूँगी। मैंने कब कहा कि नहीं दूँगी?"

फिर नुटु को जैसे मेरे बारे में खयाल आया। "तुम्हें बड़ी ही भूख लगी होगी?" उसने पूछा।

मैंने कहा, "और तुम्हें भूख नहीं लगी है क्या?"

नुटु ने कहा, "मेरी बात छोड़ो। मुझे सहने की आदत हो गयी है..."

फिर उसने माँ की ओर देखा और कहा, "चलो, चलकर निगलूँ। इस अधम पेट के कारण निगलना ही पड़ेगा। आज वैकुण्ठ के कारण ही घर चल रहा हूँ। जानते हो ज्योति, मैं अपने बारे में नहीं सोचा करता हूँ और न माँ-बाप के बारे में ही। यह वैकुण्ठ ही मेरे लिए विपत्ति का कारण बन गया है। इसी के कारण मुझे खटकर खाना पड़ता है वरना बहुत पहले ही घर छोड़कर मैं निकल गया होता..."

वैकुण्ठ न रहता तो नुटु कहाँ चला जाता, यह उसने नहीं बताया। सचमुच, जैसे वैकुण्ठ के लिए ही वह अपने बाप के घर में अटका पड़ा था। जैसे वास्तव में यह गृहस्थी उसकी गृहस्थी नहीं थी। मानो दिगम्बर ने ही अपनी इच्छा से और अपने सुख के लिए यह गृहस्थी बसायी थी।

नुटु की माँ मेरी बगल से चली जा रही थी।

नुटु की माँ ने लड़के के कारण अपने मुँह में सारा दिन एक भी दाना नहीं डाला था। उसका चेहरा उतरा हुआ था।

मेरी ओर मुड़कर नुटु की माँ ने कहा, "देखा न बेटा, मेरे लड़के का गुस्सा। जैसा आदमी है, लड़का भी वैसा ही है। दोनों के दोनों धमकी देकर घर से

निकल पड़ते हैं और दुख-दर्द मुझे झेलना पड़ता है। मानो दुनिया-भर का पाप मैंने ही किया है। मानो मैं मिट्टी का लोंदा हूँ…"

नुटु की माँ सुबकने लगी। मैं तय नहीं कर सका कि क्या करूँ। मैं नुटु के पीछे-पीछे चलने लगा।

इसी तरह बेटे से माँ का झगड़ा होता था और इसी तरह फिर मेल-जोल हो जाता था। इसी को शायद गृहस्थी कहते हैं। सम्भवतः गृहस्थी का यही नियम है। भाव और अभाव। भाव और अभाव के घात-प्रतिघात से संसार का पहिया आदिकाल से आगे की ओर घूम रहा है—इंजन के पिस्टन की तरह। रेलवे स्टेशन पर अनेक बार खड़ा होकर इंजन का चलना देखा है। पिस्टन एक बार आगे की ओर जाता है और एक बार पीछे की ओर। किन्तु पहिये आगे की ओर ही बढ़ते जाते हैं।

नुटु जब खाने बैठा, उसका सारा गुस्सा दूर हो चुका था।

मेरी ओर देखकर उसने कहा, "लो, पेट भरकर खा लो।"

नुटु की माँ ने कहा, "बेटा, तुम राजा के लड़के हो। मेरे घर में मरने क्यों आये?"

मेरे मन में अपराध का बोध होता था। क्यों इनके घर में उस भात को खा रहा हूँ जो इतने कष्ट से उपार्जित किया जाता है। इन लोगों का अनाज बहुत परिश्रम से उपार्जित अनाज है। उस अनाज में भागीदार बनने के कारण ज्योतिर्मय सेन को लज्जा का बोध होता था।

ज्योतिर्मय सेन कहता, "अब मैं यहाँ से चला जाऊँगा भाई।"

"क्यों? तुम्हें खाने की तकलीफ होती है?"

ज्योतिर्मय सेन कहता, "खाने की तकलीफ नहीं होती है, मुझे अच्छा ही लगता है मगर तुम्हारे माँ-बाप क्या सोचते होंगे?"

यह बात सुनते ही नुटु को गुस्सा हो आता था। वह एकाएक चिल्ला पड़ता, "माँ, ए माँ, कहाँ चली गयी?"

लड़के की पुकार सुनकर माँ दौड़ी-दौड़ी आती थी। "क्या बेटा, और भात चाहिए क्या?"

नुटु कहता, "भात देने की कोई जरूरत नहीं है। तुमने फिर ज्योति से कुछ कहा तो मैं तुम्हें मार डालूँगा।"

माँ उसकी बात सुनकर हैरत में आ जाती थी। "मैंने उसे क्या कहा?"

मैं कहता, "नहीं, मौसीजी, नुटु की बात पर आप कान न दें। वह पागल है। पागल की बात पर आप ध्यान मत दें।"

नुटु कहता, "पागल-वागल कहने से कुछ नहीं होगा। यह मत सोचना कि मैं कुछ समझता ही नहीं हूँ। मैं सब समझता हूँ। इस राक्षसी का सारा गुस्सा

वैकुण्ठ और तुम पर है।"

"बाप रे, तुम क्या बकते हो!"

नुटु कहता, "ठीक ही कह रहा हूँ। मैं रोजगार करता हूँ और ये लोग खाते हैं। इसमें तुम नाहक दखल क्यों करती हो? मैं क्या बाबूजी की कमाई खाता हूँ? सुनूँ तो सही, बाबूजी कितना पैसा कमाकर लाते हैं? इस महीने बाबूजी कितना पैसा कमाकर लाये हैं?"

अपने जीवन में ज्योतिर्मय ने सुख कम नहीं जिया है। जब-जब वह दिल्ली गये हैं या कलकत्ते के किसी होटल में पहुँचे हैं—चाहे वह सरकारी मर्यादा के कारण हो या गैर-सरकारी मर्यादा के कारण—आराम और विलासिता को अपना प्राप्य सोचकर भोगा है।

आज भी उसी तरह का सुख और विलासिता वे जी रहे हैं। आज सवेरे से ही उनसे सम्मान के लिए प्रचुर आयोजन किया गया है। नीचे से रसोई की खुशबू आ रही है। शंकर है जो घण्टे-घण्टे वहाँ आता रहता है। दरअसल उसका उद्देश्य है निकटता बनाये रखना। पास रहने से उनके मन में स्थान पा सकेगा। मन में स्थान पाने के लिए ही हर कोई उतावला है। लेकिन मन पर अधिकार पाना क्या दुनिया में इतना आसान है? और एक बार मन पर अधिकार पा लेने से ही क्या हमेशा के लिए कोई उस मन पर शासन कर पाता है?

मैं जानता हूँ कि किसी की राजनीति का हमेशा बोलबाला नहीं रहता है। आज मैं मुख्यमन्त्री हूँ इसीलिए आज मेरा इतना सम्मान हो रहा है। लेकिन पाँच साल बाद अगर मैं चुनाव में हार जाऊँ और दूसरा मुख्यमन्त्री यहाँ आये तो उसे भी वही सम्मान मिलेगा जो सम्मान आज मुझे यहाँ मिल रहा है।

दरअसल दुनियादार लोगों के लिए उपाधि ही सबसे बड़ी चीज होती है। उपाधि रहेगी तो सम्मान मिलेगा। अन्ततः अपने इतने दिनों के अनुभवों से मैंने इस बात को जाना है। किन्तु आज जो ताजा है कल वही बासी पड़ जायेगा। जो उपाधि हर कोई हासिल कर लेता है, उसका मूल्य ही क्या रह जाता है? उस उपाधि का सम्मान ही कितना होता है? मुख्यमन्त्री का पद एक ही है। भाग्यवश यह एक पद है। एक पद है इसीलिए सम्पूर्ण सम्मान केन्द्रीभूत होकर मुझ पर न्योछावर हो रहा है। अन्यथा क्या होता?

बहुत दिन पहले एक बात पढ़ी थी। वास्तव में जीवन में बहुत कुछ पढ़ने के लिए और पढ़कर कण्ठस्थ करने के लिए हुआ करता है। वह पंक्ति मुझे याद है। यह बात साहित्य से सम्बन्ध रखती है। दरअसल ठीक-ठीक साहित्य से नहीं बल्कि कथा-साहित्य से। किसी लेखक ने लिखा है—"Tell me what fiction is, and I will tell you what truth is."

इतने दिनों तक राजनीति में रहने और इतने लम्बे अरसे तक के राजनीति के इतिहास के अध्ययन के आधार पर मैं कह सकता हूँ, 'Tell me what politics is, and I will tell you what treachery is."[२]

यह बात यदि मैं किसी मीटिंग में कहूँ तो सभी मिल-जुलकर मेरा यह पद छीन लें। वास्तव में मैंने इस पद को पाने के लिए क्या नहीं किया है ? अयोग्य रहने के बावजूद मुझे कितने ही व्यक्तियों को नौकरी देनी पड़ी है। केवल पाँच वर्षों के बाद मत पाने के लोभ के चलते मैं एक के बाद दूसरा अन्याय करता आ रहा हूँ।

आज अपने मन्त्रिमण्डल के प्रत्येक सदस्य से क्या मैं पूछने का साहस कर सकता हूँ कि आप लोग छाती पर हाथ रखकर बतायें कि आपने वोट पाने के लिए कितना अन्याय किया है, आप कितना झूठ बोल चुके हैं, आपने कितने बेनामी परमिट और लाइसेंस दिये हैं, १९४७ ईस्वी के पन्द्रह अगस्त के पहले आपके पास कितनी सम्पत्ति थी और आज बीस वर्षों के बाद आपकी सम्पत्ति की परिधि का कितना विस्तार हुआ है ?

मेरे वित्तमन्त्री ने कहा था, "नहीं ज्योतिदा, आप इन बातों को मत उठायें।"

मैंने पूछा था, "क्यों नहीं उठाऊँ ? मैं अगर न भी उठाऊँ, फिर भी हमारे मतदाता इन प्रश्नों को किसी-न-किसी दिन उछालेंगे ही।"

वित्तमन्त्री ने कहा था, "नहीं, वे लोग नहीं उठायेंगे। उस बात के लिए आप निश्चिन्त रहें ज्योतिदा।"

मैंने पूछा था, "लेकिन पाँच वर्षों के बाद हम लोगों को मतदाताओं के दरवाजे पर जाना पड़ेगा।"

वित्तमन्त्री ने कहा था, "इसका डर नहीं है। इस देश के सभी आदमी गधे के गधे हैं। यह बात आपको मालूम ही है ज्योतिदा। हम लोग बहुसंख्यक रहेंगे ही।"

"लेकिन अखबारों और समाचार-पत्रों को कौन रोकेगा ?"

वित्तमन्त्री का एक व्यक्तिगत विशाल कारखाना दमदम में है।

उसने कहा, "आप क्या कह रहे हैं ज्योतिदा, अखबारों को हम कितने रुपयों का विज्ञापन देते हैं, मालूम है ? वह क्या यों ही दिया जाता है ?"

"लेकिन यह भी तो अन्याय ही है शम्भु ! यह भी तो एक तरह से लोगों

---

१. तुम अगर मुझे बता दो कि उपन्यास क्या है तो मैं बता दूँगा कि सत्य क्या है।
२. तुम अगर बता दो कि राजनीति क्या है तो मैं बता दूँगा कि विश्वासघात क्या है।

की आँख में धूल झोंकना हुआ। यह भी एक तरह का विश्वासघात है···"

शम्भु मेरी तुलना में अधिक सफल व्यक्ति है। व्यवसाय की दुनिया में वह बीस सालों के दरमियान बहुतों के घर छाकर करोड़पति हो गया है। वह हँसने लगा और कहा, "ज्योतिदा, आप इतने दिनों से राजनीति कर रहे हैं, आपको हम लोगों ने मुख्यमन्त्री बनाया है और आप इसे विश्वासघात कह रहे हैं। और जब आपने विश्वासघात की बात उठायी तो यह बताइए कि स्टालिन ने त्रात्स्की की हत्या कर विश्वासघात नहीं किया? राजनीति में विश्वासघात क्या कम है? हिटलर ने विश्वासघात नहीं किया? सिकन्दर महान् ने विश्वासघात नहीं किया? विश्वासघात के कारण ही जूलियस सीजर की हत्या नहीं हुई थी? आइजनहावर ने विश्वासघात नहीं किया था? इतनी ही बात क्यों, हम लोगों के महात्मा गांधी ने विश्वासघात नहीं किया था? अन्यथा उनकी हत्या ही क्यों की जाती? और नेहरू की बात? और इन्दिरा गांधी की बात छोड़ ही दें···"

मैं शम्भु की बात सुनकर चुप कर गया। मेरे मन्त्रालय के लोग ऐसे हैं। और ये ही लोग जनता की सभा में त्याग, महानता और ज्ञान की बातें बघारते हैं।

भाग्यवश मन्त्रिमण्डल की मीटिंग थी, इसीलिए राहत मिली। समाचार-पत्रों के संवाददाता वहाँ मौजूद नहीं थे। शम्भु ने कहा, "स्टाफ रिपोर्टर से डरने की बात नहीं है ज्योतिदा! वे लोग हमारे हाथ में हैं। उसका सारा इन्तजाम ठीक है। जो हम लोगों के दल में नहीं रहेगा उसको हम लोगों का विज्ञापन नहीं मिलेगा। और विज्ञापन ही क्या, साल में उन्हें हम अमरीका, इंग्लैण्ड, जर्मनी और रूस घूमने का मौका देते हैं···"

बहुत बार मैंने सोचा है कि अब कितने दिन, कितने महीने और कितने वर्ष?

लेकिन जितना ही मैंने सोचा है, उतना ही मुझे आराम महसूस हुआ है। मुझे श्रद्धा मिली है, सम्मान मिला है और भोग भी मिला है। जीवन का उपभोग करने के लिए जितने प्रकार के आधुनिक उपकरण इस विश्व में मौजूद हैं—मैंने सबको भोगा है। लेकिन फिर भी डर बना रहता है, सोचा है, और कितने दिन, और कितने महीने और कितने वर्ष?

"Tell me what fiction is, and I will tell you what truth is."

लेकिन मेरे दिमाग में एक ही उत्तर चक्कर काट रहा है—"Tell me what politics is, and I will tell you what treachery is."

छः

दिगम्बर के गाँजे की अड्डेबाजी के दोस्त तारक दे का दिमाग उस दिन बड़ा ही गरम हो गया। नशे की झोंक में वह अनाप-शनाप बकने लगा। बहुत दिनों से किसी लाश को जलाने का उन्हें मौका नहीं मिला था।

तारक दे ने कहा, "साले आदमी आजकल मर ही नहीं रहे हैं। लगता है सब-के-सब अमर हो गये हैं।"

दिगम्बर ने कहा, "तुम साले खाते-खाते एक दिन दुनिया से विदा हो जाओगे।"

तारक दे को एकाएक गुस्सा हो आया। "मुँह सँभालकर बात किया करो। दिगम्बर! हम लोग चाँदपाड़ा के दे हैं।"

दिगम्बर को तुरन्त गुस्से में आ जाने की बीमारी पहले से ही थी। एक तो भोजन का लोभ और उस पर क्रोध का उबाल। गाँजा पीते-पीते वह उठकर खड़ा हो गया। "मुझ पर तुम धौंस जमा रहे हो! मैं कौन हूँ, मालूम है?" उसने कहा।

"मालूम है, तुम साले गँवार हो, गँवार···"

"क्या बोले?"

दिगम्बर तब गाँजे का भरपूर दम खींच चुका था। उसके दिमाग में सरूर छाया हुआ था। उसी हालत में गाँजे की चिलम तारक दे की ओर फेंकी। चिलम तारक दे की नस में जाकर लगी और वह तुरन्त बेहोश होकर गिर पड़ा।

"खून, खून···"

जमात के जितने लोगों ने गाँजे का दम लिया था, उन्हें होश आया। तारक दे का चेहरा लहू-लुहान हो गया था। यह देखकर सबों ने भागना शुरू किया। दिगम्बर ने दौड़ लगायी। विष्टु सामन्त की ईंट की चाल को पार करके मयनाडाँगा के गड्ढे को पार किया और रेल की पटरी की ओर दौड़ लगाने लगा। तब उसे कुछ होश नहीं था। दिगम्बर बेतहाशा भागा जा रहा था। पत्नी कहाँ है, लड़का कहाँ है, यह बात सोचने की उसे उस वक्त फुर्सत नहीं थी। वह सीधे एक चलती हुई मालगाड़ी के पास पहुँचा और छलाँग लगाकर उसके अन्दर पहुँचा और लापता हो गया।

इस तरह लापता हो जाना दिगम्बर के लिए कोई नयी बात नहीं थी। जिसका न आगे नाथ है और न पीछे पगहा, उसके लिए घर और बाहर एक जैसा होता है। घरवाले मरें या जिन्दा रहें, उसका उसे खयाल नहीं रहता है। फिर किसी दिन दिगम्बर आकर उपस्थित हो जाता था।

"कहाँ हो जी, तुम लोग कहाँ हो?"

ऐसा भाव रहता था जैसे दुनिया को जीतकर लौटा हो। नुटु की माँ अपने मर्द के चेहरे को देखकर अवाक् हो जाती थी।

दिगम्बर कहता, "क्यों जी, तुम लोग कैसे हो ?"

नुटु की माँ को भी गुस्सा हो आता था। "मरी हूँ या जिन्दा, यही देखने आये हो !"

दिगम्बर कहता, "गुस्सा क्यों हो रही हो जी ! खबर मिली कि तारक दे जिन्दा है, इसी से लौट आया ! वह पट्ठा मुझसे मजाक करने आया था। वह चाँदपाड़ा का दे है तो उससे मेरा क्या आता-जाता है ? मैंने उससे कर्ज लिया है या उसका दिया हुआ खाता हूँ। गाँजे का एक दम लेने में जिसकी आँखें चौंधिया जाती हैं वह चला है मेरी बराबरी करने···"

फिर उसे एकाएक जैसे कुछ याद हो आता और वह पूछता था, "नुटु कहाँ है ? नुटु···"

"नुटु की खोज-खबर करने से तुम्हें क्या फायदा होगा ? तुम उसको खिलाओगे···"

"फिर गुस्सा दिखा रही हो। कुछ दिन नहीं था तो तुम लोगों के लिए अच्छा ही हुआ जी। तुम्हारा चावल बच गया। माँ-बेटे ने ठूँस-ठूँसकर मेरे हिस्से का भात खाया है···"

"क्या खाया है, देखोगे ?"

इतना कहकर नुटु की माँ झटपट रसोईघर को खोलकर दिखाती थी। दिगम्बर देखता था। न चावल रहता था, न दाल और न आलू-कोंहड़ा ही। रहता था अरबी का साग। चूल्हे पर एक हाँड़ी अरबी का साग सीझता हुआ मिलता था।

दिगम्बर को गुस्सा हो आता था। "मैंने तुमसे कहा है न कि मुझे अरबी खाना अच्छा नहीं लगता है। तुम फिर अरबी का साग बना रही हो !"

नुटु की माँ कहती थी, "खाना पसन्द नहीं है तो मत खाना। हम लोगों को अच्छा लगता है, इसीलिए खाते हैं।"

दिगम्बर मजाक समझ नहीं पाता था। "मुझसे फिर मजाक हो रहा है," वह कहता, "लेकिन मैं कहे देता हूँ कि अबकी जाऊँगा तो लौटकर नहीं आऊँगा।"

इतना कहकर वह मिट्टी के ओसारे पर बैठ जाता था। "दो," वह कहता, "चाहे अरबी रहे या घुँइयाँ, दो, खाऊँगा। मान लो, मुझमें समझ नहीं है, मगर पेट तो मजाक नहीं समझेगा।" और वह अरबी का ही गरम-गरम साग निगलने लगता था।

सात

उसी तारक दे से दूसरे दिन फिर गहरा छनने लगती थी। तारक दे फिर से अन्तरंग मित्र हो जाता था। एक ही चिलम से दोनों गाँजा पीते थे और जी खोलकर हँसते थे। एक ही गाँव में आस-पास रहने के कारण जितना झगड़ा होता था उतना ही दोनों में मेल रहता था। दोनों की हालत एक जैसी थी। पेशा भी दोनों का एक ही था। कोई मरता तो अच्छा खाना नसीब होता था, और अगर नहीं मरता था तो नहीं जुटता था।

तारक दे कहता, "साले डॉक्टर लोग ही डाकू हो गये हैं, आजकल किसी को मरने ही नहीं देते।"

मयनाडाँगा के बाबुओं के घर में बूढ़ों पर नजर पड़ने पर वे लोग उनकी ओर टकटकी लगाकर देखा करते थे। अबकी यह बूढ़ा मरेगा! बाबू लोगों के घर के बूढ़े मालिक के मरने की प्रतीक्षा वे लोग बहुत दिनों से कर रहे थे। बूढ़ा पके आम की तरह टपकने-टपकने की हालत में था। जैसे ही बिस्तर पर गिरेगा कि चल बसेगा।

अचानक खबर मिली कि बूढ़ा मालिक बीमार है।

दिगम्बर दरबान के पास जाकर पूछता था, "क्यों भाई, तुम्हारे बूढ़े मालिक का क्या हालचाल है?"

दरबान कहता, "उनकी तबीयत खराब है, डॉक्टर देखने के लिए आया करते हैं।" इसी तरह रोज-रोज जाकर दिगम्बर खबर पूछ आया करता था। आखिर जब साँस तेज चलने लगी तो वह वहाँ से हिलने का नाम नहीं लेता था। फाटक के सामने के बड़े पाकड़ के पेड़ के तले बैठा रहता था और पता लगाता रहता था कि बूढ़े मालिक की हालत कैसी है। डॉक्टर वहाँ से निकलता तो पता लगाता था, "बूढ़े मालिक कैसे हैं डॉक्टर साहब?"

यह बात सिर्फ दिगम्बर के साथ ही नहीं थी बल्कि तारक दे, शशी हाजरा, निमाईदास वगैरह इसी तरह पड़े रहते थे। हर कोई गिद्ध की तरह नजर गड़ाये बैठा रहता था। मयनाडाँगा के गाँजे की मजलिस के जितने यार-दोस्त थे, खबर पाकर एक-एक कर सभी आने लगे।

"क्या दरबानजी, क्या खबर है? तुम्हारे बूढ़े मालिक का क्या हाल-चाल है?"

अन्त में ऐसी हालत हो गयी कि खुशी के मारे वे चिलम-पर-चिलम गाँजा उड़ाने लगे। लेकिन बूढ़ा मालिक मरने का नाम नहीं ले रहा था। जब हालत बहुत बदतर हो गयी तो बूढ़े मालिक के लड़के बाप को लेकर कलकत्ता चले गये। बूढ़ा मालिक मरा लेकिन मयनाडाँगा में नहीं। कलकत्ते में ही उसका

अन्तिम संस्कार हुआ, क्रिया-कर्म हुआ और लोगों ने भरपूर भोज खाया। श्राद्ध बड़े ठाट-बाट से मनाया गया। हर महल्ले के लोगों को न्योता मिला मगर दिगम्बर, तारक दे, शशी हाजरा, निमाईदास वगैरह को बुलाहट नहीं आयी।

जब ऐसी हालत थी ठीक उसी वक्त मैं मयनाडाँगा पहुँचा था।

वह जैसे बिल्कुल विपरीत परिस्थिति थी। ज्योतिर्मय सेन के घर की जैसी हालत थी उससे बिल्कुल विपरीत हालत यहाँ की थी। एक ओर प्रचुरता थी और एक ओर शून्य। या शून्य भी उससे अच्छा कहा जा सकता है। इसे एक ही नाम दिया जा सकता है और वह है 'माइनस'। नुटु और दिगम्बर उसी माइनस दर्जे के व्यक्ति थे—वैसे व्यक्ति जिन्हें देखे बिना आदमी का उलटा पहलू दृष्टिगोचर नहीं हो सकता है।

इसीलिए जब मन्त्रिमण्डल की पहली बैठक हुई तो मैंने कहा, "हम लोगों का पहला काम होगा—जो लोग शत-प्रतिशत माइनस हैं, उनकी हालत सुधारना, उन्हें 'प्लस' के पर्याय से जोड़ना···"

मन्त्रालय के कई सदस्यों ने आपत्ति की थी, "सर, यह आपकी ज्यादती है। बड़े आदमी भी गरीब हैं लेकिन आप उन्हें 'प्लस'-माइनस' मत कहें। इससे कांग्रेस की बदनामी फैलेगी···"

ज्योतिर्मय सेन गुस्से में आ गये थे। "यह तुम लोग क्या कह रहे हो?" उन्होंने कहा था, "कांग्रेस की बदनामी होगी या सी. पी. आई. की बदनामी—यह बड़ी बात है या जिससे गरीबों की भलाई होगी वह बड़ी बात है?"

शम्भु उन दिनों वित्तमन्त्री था। उसने कहा, "आप यह क्या कह रहे हैं ज्योतिदा? आप 'माइनस' की बात करते हैं लेकिन आपने 'माइनस' को कभी देखा है? मालूम है, पिछली जन-गणना के अनुसार हिन्दुस्तान की जनता की आय में कितनी प्रतिशत वृद्धि हुई है?"

"तुम चुप रहो शम्भु।"

शम्भु ने कहा, "नहीं सर, आपको मालूम नहीं है। दिल्ली के 'नेशनल कौंसिल ऑव एप्लाइड एकोनोमिक रिसर्च' ने सभी प्रान्तों का सर्वेक्षण करके लिखा है—"West Bengal enjoys a higher per Capita income (Rs. 281) compared to whole of India····"[1]

ज्योतिर्मय सेन अपने को रोक नहीं सके थे। और उन्होंने कहा था, "सांख्यिकी की बात छोड़ो शम्भु। कितने रुपयों का मनिआर्डर इस प्रान्त के बाहर चला

---

१. समूचे हिन्दुस्तान की तुलना में पश्चिम बंगाल के प्रत्येक व्यक्ति की आय की राशि (२८१ रुपये) अधिक है।

जाता है, इसका पता है ?"

शम्भु को सब मालूम है। सब जानकर भी जो आँख मूँदे रहता है उसी को निहित स्वार्थ कहते हैं। इसी निहित स्वार्थ ने एक दल संगठित किया है और उसी का नाम है कांग्रेस। या दूसरे शब्दों में कहा जा सकता है कि निहित स्वार्थ ने आकर कांग्रेस दल को मजबूत किया है। क्योंकि अभी हम लोगों के हाथ में ताकत है, इसीलिए ये लोग अभी हमारे दल में हैं। जब हम लोगों के दल से इन्हें सुविधा मिलना बन्द हो जायेगा तब ये लोग इस दल को त्यागकर दूसरा दल संगठित करेंगे—ठीक उसी तरह का दल जिस तरह आज बहुत सारे दल झाड़-झंखाड़ की तरह उग आये हैं।

लेकिन नुटु और दिगम्बर जैसे लोग किसी के दल में नहीं हैं। कोई दल उन्हें अपनी ओर खींचकर नहीं लाता है, सिर्फ उस समय, जब वोट की जरूरत पड़ती है हम उन्हें वोट देने के लिए कहते हैं।

नुटु को यह सब मालूम नहीं था। मुझे भी उन दिनों यह सब मालूम नहीं था। इन चीजों का तब रिवाज भी नहीं था।

उन दिनों नुटु और मैं बैलगाड़ी पर चढ़कर महल्ले-महल्ले में रोजाना मजदूरी पर काम किया करते थे। वीरचक के विष्णु सामन्त की ईंट की चाल में जाकर नुटु ईंट पहुँचाता था। हर खेप में दस ईंटें। बारह आना रोजाना मिलता था। फिर बाजार में साहा बाबू का पुआल का गोला था। साहा बाबू के मुनीम केदार को एक आना पैसा देने पर वह नुटु को खेप देता था।

एक दिन मैंने पूछा था, "तुम्हें तकलीफ नहीं होती है नुटु ?"

"क्यों, तुम्हें तकलीफ मालूम होती है क्या ?" नुटु ने कहा था।

कुछ देर तक चुप रहने के बाद मैंने कहा था, "तुम्हें तकलीफ होती ही होगी, वैकुण्ठ को भी तकलीफ होती है।"

यह बात सम्भवतः वैकुण्ठ के कान में पहुंचती थी। अचानक गले के घुंघरू टुन-टुन बज उठते थे। शायद वह भी समझ जाता था और कहता था, "नहीं, नहीं, मुझे तकलीफ नहीं होती है..."

"देखा न, वह भी मेरी बात समझता है। वह भी तुम्हारी ही तरह कह रहा है कि मुझे तकलीफ नहीं होती है..." नुटु कहकर हँसता था।

उस दिन उसकी माँ ने बात फिर से उठायी।

"एक बात सुनेगा बेटा।" उसने कहा।

नुटु ने कहा, "क्या कहना है ? जो कहना है जल्दी से बताओ, मेरे पास वक्त नहीं है।"

नुटु की माँ ने कहा, "तुम लोगों के पास वक्त नहीं है। वक्त है तो सिर्फ मेरे पास ही।"

नुटु ने कहा, "यह सब नखरेबाज़ी छोड़ो। जो कहना है, कहो। बाबूजी कहाँ हैं ?"

नुटु की माँ ने कहा, "किसी की लाश जलाने गया है। परसों लौटेगा।"

नुटु ने कहा, "फिर बाबूजी लाश ही जलाते रहें और मैं खट-खटकर मरता रहूँ। मुझे गृहस्थी से कोई वास्ता नहीं है। जहाँ दो आँखें मुझे ले जायेंगी, सबको छोड़कर मैं भी वहीं चला जाऊँगा।"

"तू चला जायेगा तो कैसे चलेगा ? फिर मैं भी क्या मजदूरी करने निकलूँगी ?"

"निकलो न, कौन तुम्हें मना करता है ? मैं तुम लोगों के लिए खट-खटकर क्यों मरूँ ? मेरी आमदनी से मेरा और वैकुण्ठ का खर्च चल जायेगा। तुम लोगों का बोझा मैं व्यर्थ ही क्यों ढोऊँ ?"

"फिर मैं तेरी कोई नहीं हूँ ?"

नुटु ने कहा, "तुम मेरी कौन हो ? कौन हो तुम ?"

"बाप रे ! तू क्या बोल रहा है रे ! मैं तेरी कोई नहीं हूँ ?"

नुटु ने कहा, "नहीं। तुम कोई नहीं लगती हो। वैकुण्ठ ही मेरा सब-कुछ है।"

फिर उसने मेरी ओर देखकर कहा, "चलो जी, इनमें से कोई मेरा अपना नहीं है। ये लोग सिर्फ मेरी कमाई खानेवाले हैं।"

नुटु की माँ ने मुझे एक तरफ बुलाया, "जरा सुनो तो बेटा !"

मैं उसके पास गया। नुटु की माँ ने कहा, "तुम उसे जरा समझाकर कहो न बेटा, कि कलिमुद्दीन फिर आया था..."

"कलिमुद्दीन ?"

"वही जो बाजार का कसाई है। अब चालीस रुपया देने को तैयार है। कहा है कि रुपया एकमुश्त देगा। तुम जरा समझाओ न बेटा, कि चालीस रुपये हाथ में आ जायेंगे तो चाल की छावनी फूस से करा लूँगी। बरसात का मौसम करीब है, तब घर में रहना मुश्किल हो जायेगा। वे लोग मर्द हैं, बाहर-बाहर रहते हैं। मैं ठहरी औरत जात, घर छोड़कर रात में बाहर सोना मेरे लिए सम्भव नहीं है..."

मैंने कहा, "अच्छी बात है मौसीजी, मैं जाकर उससे कहता हूँ।"

नुटु की माँ ने कहा, "यह बात अभी उससे मत बताना। घर के बाहर जब जाओगे तो बताना।"

रास्ते में चलते-चलते जब एकान्त जगह आयी, मैंने उससे कहा। नुटु का चेहरा गुस्से से लाल हो गया। पूछा, "कौन आयाथा—कलिमुद्दीन मियाँ ? कलिमुद्दीन मियाँ ने कहा है ? ठहरो, उसे मजा चखाता हूँ।" वह बड़ी तेजी

से गाड़ी हाँकने लगा। मैं हैरान था। नुटु कलिमुद्दीन को मारेगा क्या ? उसके चेहरे पर गम्भीरता ठहरी हुई थी। उसने चुप्पी ओढ़ ली। बैलों को मारते-मारते दौड़ाने लगा। नुटु गुस्से से उफन रहा था। पीछे से वैकुण्ठ आ रहा था, उस ओर उसका ध्यान कतई नहीं था। उसके गले के घुँघरू टुन-टुन बज रहे थे। गाड़ी के पीछे-पीछे वह भी दौड़ता हुआ आ रहा था।

चलते-चलते नुटु एकबारगी बाजार में कलिमुद्दीन के कसाईखाने में उपस्थित हो गया। तब बकरी के कई मेमने लटके हुए थे जिनकी खालें उतार ली गयी थीं। कई एक ग्राहक मांस की खरीद-फरोख्त कर रहे थे।

नुटु गाड़ी से नीचे उतरा और चिल्ला उठा, "अबे साले..."

कलिमुद्दीन मांस बेच रहा था। 'साला' सम्बोधन सुनकर उसने आँख उठाकर देखा। उसके हाथ में तेज चाकू था।

मैं बहुत डर गया। कहीं छुरेबाजी की नौबत न आ जाये। कहीं कलिमुद्दीन नुटु की हत्या न कर दे।

आठ

रतन एकाएक कमरे के अन्दर आया और बोला, "हुजूर, आपका खाना परोसा जाये ?"

इतनी देर के बाद ज्योतिर्मय सेन की चेतना वापस आयी। वह कितने दिन पहले की बात है। कितने ही युग पहले की कहानी। इसी मयनाडाँगा में ही उन्होंने कितने ही महीने बिताये थे। तब ज्योतिर्मय सेन राजनीति नहीं करते थे। सहज-सरल आँखों से सीधी-सरल घटनाओं को देखा करते थे। हर घटना का तब उनकी आँखों के लिए कुछ और ही अर्थ था। राजनीति में पड़ने के बाद से वे आँखें खो गयी हैं। इतने दिनों के बाद इस निपट एकान्त परिवेश में निःसंग अस्तित्व से एकाकार होकर वह फिर से व्यतीत में लौट आये थे।

अब फिर से वर्तमान की कठोर यथार्थ की परिस्थिति में लौट आये।

"घड़ी में क्या बजा है रतन ?" मैंने पूछा।

रतन ने बताया, "बारह बजने में बीस मिनट बाकी हैं।"

अचानक ज्योतिर्मय सेन को महसूस हुआ कि आदमी कलायी में जो घड़ी पहना करता है, वह सभ्यता की अभिशाप है। सभ्यता चीज अच्छी होती है। सभ्यता हम लोगों के लिए बहुत-कुछ सुविधा ले आयी है। इसी सभ्यता की बदौलत एक मामूली आदमी कलकत्ते में बैठकर कश्मीर का सेब, केलिफोर्निया

का सन्तरा, ढाके की हिलसा मछली और बलूचिस्तान का अंगूर खा सकता है। देर है तो सिर्फ हुक्म देने की। हो सकता है कि बादशाह अकबर, सम्राट् जूलियस सीजर और बड़े-बड़े राजा-रजवाड़ों को यह सुविधा उपलब्ध नहीं हुई हो। उन्होंने कल्पना तक नहीं की होगी कि किसी दिन सभ्यता की बदौलत मामूली आदमियों को भी पृथ्वी की प्रमुख-प्रमुख वस्तुओं के उपभोग का मौका मिलेगा। लेकिन वास्तव में यही क्या सब-कुछ है ? ऐसे भी आदमी मिलेंगे जो इस भोग की यातना से भागकर जीवन जीना चाहते हैं। ऐसे भी आदमी हैं जो धन-यश की यातना के अत्याचार से ऊब उठे हैं और ऊबकर नींद की गोलियों का सेवन करते हैं।

हो सकता है कि सभ्यता अच्छी चीज है लेकिन नींद भोग की तरह ही अपरिहार्य होती है। ज्योतिर्मय सेन ने एक बार हेनरी फोर्ड की जीवनी पढ़ी थी। हेनरी फोर्ड करोड़ों-अरबों रुपये का मालिक था। मोटरगाड़ी बेच-बेचकर उसने धन कमाया था। किसी दिन उसके जीवन का लक्ष्य था धनोपार्जन। उसने इतना धन पैदा करना चाहा था कि पृथ्वी पर मौजूद सारे सुखों का अनायास उपभोग कर सके। लेकिन हेनरी फोर्ड ने अपने कारखाने में जाकर जब देखा कि उसके कम तनख्वाह पानेवाले कर्मचारी लंच में बड़े-बड़े कौर निगल रहे हैं तो उसके हृदय में उन लोगों के प्रति ईर्ष्या पैदा हुई। उसकी पाचन-शक्ति खराब हो गयी थी। इसीलिए उसने अपनी डायरी में लिखा है, आज "मैंने एक अण्डा खाया और उसे पचाने में सफल हो गया हूँ..."

मोटरगाड़ियाँ बेच-बेचकर जो सारी दुनिया को जीत चुका था उसे स्वयं के सामने पराजय स्वीकारनी पड़ी थी। उसके लिए सभ्यता अभिशाप साबित हुई थी। यही वजह है कि वह गरीब असभ्यों को ईर्ष्या की दृष्टि से देखा करता था।

यह घड़ी ! ज्योतिर्मय सेन ने कहीं पढ़ा था कि घड़ी ही यन्त्रयुग का पहला अवदान है। घड़ी में ही यन्त्रयुग का पहला अभिशाप छिपा है। अन्यथा इसके पहले समय को टुकड़े-टुकड़े में बाँटकर और उसे चूर-चार कर महाकाल का भय घड़ी के अतिरिक्त किसने दिखाया था ? घड़ी ने ही पहले-पहल जानकारी दी, 'सावधान हो जाओ, वक्त बरबाद मत करो, मौत तुम्हारे सामने खड़ी है !' घड़ी ने ही पहले-पहल आदमी को प्रतियोगिता में उतारकर उसकी परमायु कमा दी। घड़ी ने ही सबसे पहले बताया, 'महाकाल अजेय है और आदमी महाकाल के समक्ष एक पराजित नश्वर प्राणी है। प्रतियोगिता में उतरो वरना दूसरे-दूसरे आदमी तुम्हें पीछे छोड़कर आगे बढ़ जायेंगे !'

और उसके बाद से ही आदमी के बौनेपन की शुरुआत हुई—एक व्यक्ति से दूसरे की प्रतियोगिता, एक से दूसरे का संघर्ष, एक से दूसरे की दुश्मनी।

तब मयनाडाँगा का जीवन कितना सुन्दर था। कोई भी घड़ी की ग्रोर नहीं ताकता था, एक-दूसरे से प्रतिद्वन्द्विता में नहीं उतरता था ग्रौर न सोचता था भविष्य की बातें ही। जिस तरह ग्राकाश उदार ग्रौर ग्रकृपण है, मयनाडाँगा के गरीब लोगों की जिन्दगी भी वैसी ही थी। वे लोग ग्राकाश की तरह ही ग्रत्याचार सहते थे। ग्राकाश धुएँ का ग्रत्याचार सहता है, ग्राँधी-तूफान का ग्रत्याचार सहता है। लेकिन ग्राकाश क्या इन बातों को याद रखता है? शरद् ऋतु का ग्राकाश सब भूलकर फिर से शान्त ग्रौर शुभ्र हो उठता है। नुटु वगैरह भी वैसे ही थे। नुटु वगैरह भी कुछ याद नहीं रखते थे। विवाह-घर ग्रौर श्राद्ध-घर से एक बार गले में धक्का देकर निकाले जाने पर भी वे एक दिन पुनः खाने के लोभ में भिखारी की तरह वहाँ पहुँच जाते थे।

"ज्योतिदा···"

ग्रबकी रतन नहीं बल्कि शंकर ग्राया था।

शंकर ने कहा, "ग्रापका खाना तैयार है ज्योतिदा। गोड़रा मछली की मलाई करी बनाने में ही थोड़ी देर हो गयी···"

"गोड़रा मछली? मैं वह सब नहीं खाता हूँ। इस झमेले की क्या जरूरत थी?"

शंकर ने कहा, "मैं क्या करूँ। रथीदा ने छोड़ा ही नहीं। रथीदा ने बताया कि बाँध में गोड़रा मछलियाँ उमड़ ग्रायी हैं—एक-एक मछली एक-एक सेर की, बड़े-बड़े माथेवाली। ग्रौर यहाँ ज्योतिदा ग्राये हैं तो इस ग्रवसर को क्यों छोड़ा जाये···"

"रथी कौन? रथी किसका नाम है?"

शंकर ने कहा, "हुजूर, रथीन सिकदार। उसके मछलियों के बाँध हैं···"

ज्योतिर्मय सेन को रथीन सिकदार की याद ग्रा गयी। वह मुड़ागाछा मण्डल कांग्रेस का भूतपूर्व ग्रध्यक्ष है। "उसे तो छह महीने के लिए जेल की सजा मिली थी न···" मैंने कहा।

शंकर ने कहा, "हाँ ज्योतिदा, ग्रापने ठीक-ठीक पहचान लिया। लेकिन उन्हें दलबन्दी के कारण सजा मिली थी। दरग्रसल वह बहुत भले ग्रादमी हैं। मुड़ागाछा से खुद चुन-चुनकर एक टोकरी मछली ले ग्राये हैं। बताया कि ज्योतिदा के लिए मछुग्रारों से स्पेशल साइज की मछलियाँ पकड़वाई हैं···"

"जेल से उसे कब रिहाई मिली?"

शंकर ने कहा, "वह बहुत बड़ा काण्ड है। बाहर खड़े हैं, बुलाऊँ?"

ज्योतिर्मय सेन ने कहा, "क्यों बुलाग्रोगे? मुझसे क्यों मिलना चाहता है?"

शंकर ने कहा, "उन्हें मनोनीत नहीं किया जा रहा है···"

"कौन नहीं कर रहा है ?"

शंकर ने कहा, "जिला कांग्रेस···"

जिला कांग्रेस मनोनीत नहीं कर रही है तो इसमें मैं क्या करूँ ? और मनोनयन पाने से ही क्या हो जायेगा ? और अधिक रुपया कमाना चाहता है ? मछलियों के और बड़े-बड़े बाँध तैयार करेगा ? मन्त्री बनेगा ? अभी मनोनयन पाने के लिए मेरे पास दौड़-धूप कर रहा है और अन्त में चुनाव में जीत जायेगा तो मन्त्री बनने के लिए दौड़-धूप करेगा। मुझे यह सब मालूम है···"

शंकर से कहा "नहीं ज्योतिदा, वह उस किस्म के आदमी नहीं हैं। उनके पास पैसे की कमी नहीं है। वह अपने जीवन के अन्तिम समय का उपयोग देश-सेवा में करना चाहते हैं।"

"देशभक्त बनना चाहते हैं ?"

"हाँ ज्योतिदा, उनके बाल-बच्चे नहीं हैं, उनका कहना है कि देश के बाल-बच्चे ही उनके बाल-बच्चे हैं।"

ज्योतिर्मय सेन को गुस्सा हो आया, "सुनो शंकर, हमारे देश में देशभक्तों की बाढ़ आ गयी है···"

"आप मजाक कर रहे हैं ज्योतिदा !"

"नहीं, मजाक नहीं कर रहा हूँ। एक बार मैंने पण्डित नेहरू से कहा था कि देशभक्त को देखते ही अगर पुलिस को गोली से मार डालने का हुक्म दे दें तो सम्भवत: देश की हालत सुधर जाये। देशभक्त ही देश के सबसे बड़े···"

एकाएक बाहर कुछ शोरगुल होने लगा। शंकर तुरन्त बाहर चला गया। "आप लोग चुप रहें, ज्योतिदा ऊब रहे हैं।" उसने कहा।

इसके सिवा ज्योतिर्मय सेन को कुछ भी सुनायी नहीं पड़ा। यह सब सहने के वह आदी हो चुके हैं। इतने वर्षों तक मन्त्रिमण्डल में रहने के कारण अब खुशामद, चाटुकारिता और सुविधावाद मुझे ऐसे लगते हैं जैसे मैं उनको पाने का अधिकारी हूँ। हर पाँच वर्षों के बाद चुनाव का सिलसिला चलता है और हर बार चुनाव में मेरी जीत होती है।

मेरे खिलाफ बहुत आदमी बहुत तरह की बातें बोला करते हैं। यही कारण है कि मैं हर बात पर कान नहीं देता हूँ। कान दूँ तो मेरा क्रोध अपना रंग दिखाने लगे। इच्छा होती है कि जो लोग मेरे खिलाफ बोलते हैं, उनसे बदला लूँ लेकिन चुनाव की बात सोचकर चुप्पी ओढ़ लेता हूँ। जरूरत पढ़ने पर उन्हें खुश करने के लिए उनके पास लाइसेंस और परमिट भेज दिया करता हूँ। और यह सब देकर उन्हें अपनी मुट्ठी में कर लेता हूँ।

शंकर सहसा फिर से लौटकर चला आया। उसके पीछे और एक व्यक्ति। शंकर ने कहा, "आप ही रथीन सिकदारजी हैं। आपसे बिना मिले···"

रथीन सिकदार ने आते ही मेरे चरणों की धूल ली और उस धूल को अपने माथे और जीभ से छुलाया।

"क्या बात है ?"

रथीन सिकदार ने कहा, "आपसे एक बात करनी है···"

"क्या ? नोमिनेशन के बारे में आप बात करना चाहते हैं ?"

समझ गया कि वह शंकर के सामने कुछ नहीं कहना चाहता है। मैंने शंकर की ओर देखा और कहा, "शंकर, तुम जरा बाहर चले जाओ।"

शंकर बाहर चला गया। तब बाहर बगल के कमरे में बहुत-से आदमी जमा हो गये थे। शंकर ने उस कमरे के अन्दर जाकर कहा, "सिकदारजी ज्योतिदा से बातचीत कर रहे हैं।"

एक व्यक्ति ने कहा, "मैं कहे देता हूँ शंकर बाबू, यह आखिरी मौका है, अगर ज्योतिदा रथीन बाबू को नोमिनेशन नहीं देंगे तो हम लोग एकसाथ कांग्रेस छोड़ देंगे। सारे चोर-बदमाशों का मनोनयन किया जा रहा है और हम लोगों के मुड़ागाछा के बारे में कन्नी काट रहे हैं। क्यों, हम लोग क्या कांग्रेस के सदस्य नहीं हैं ? हम लोगों ने ज्योतिदा के चुनाव के समय आठ हजार रुपया चन्दा वसूल करके नहीं दिया था ? तब केस्टो हालदार कहाँ था ? केस्टो हालदार कब से कांग्रेस में है ? क्योंकि उसने शराब की दुकान से लाखों रुपया कमाया है इसीलिए आज वह रथीन सिकदारजी से बड़ा कांग्रेसी हो गया है ? सुना है कि केस्टो हालदार को मन्त्रिमण्डल में लिया जायेगा और इस बारे में उसे वचन दिया गया है। अगर ऐसा हुआ तो हम लोग अट्ठारह एम. एल. ए. एकसाथ दल बदलकर विरोधी पार्टी में चले जायेंगे···"

जब मैं बातचीत कर रहा था, शोर-गुल की आवाज मेरे कानों में आ रही थी।

"तुम्हारे साथ कौन-कौन आये हैं रथीन ?" मैंने पूछा।

रथीन सिकदार ने कहा, "हम लोगों के अट्ठारह एम. एल. ए. मेरे साथ आये हैं। अगर मुझे मनोनयन नहीं मिला तो हम लोगों ने तय किया है कि हम लोग विरोधी दल में चले जायेंगे।"

मैं हँस पड़ा। "केस्टो हालदार पर तुम लोगों को इतना गुस्सा क्यों है ?" मैंने पूछा, "वह शराब की दुकान किये हुए है, इसीलिए न ?"

रथीन सिकदार ने कहा, "उसने पार्टी के फण्ड में एक लाख का चन्दा दिया है, सुना है, इसी वजह से उसे मन्त्रिमण्डल में लिया जायेगा। वह शराब चुलाकर बाहर बेचता है, मालूम है आपको ? मुड़ागाछा में उसकी बदनामी फैल गयी है। उसको चुनाव में खड़ा करने से कांग्रेस मटियामेट हो जायेगी। इसी तरह दिन-ब-दिन कांग्रेस बदनाम हो रही है।"

"और तुम्हारा मनोनयन किया जाये तो कांग्रेस जीत जायेगा? तुमने मछली के बाँध बनाकर रुपया पैदा नहीं किया है? आज मुझे खिलाने के लिए तुम एक टोकरी गोड़रा मछली नहीं ले आये? सरकार के रिलीफ फण्ड के पैसे को मार लेने के कारण तुम्हें सजा नहीं हुई थी? तुम्हें मनोनीत कर लेने से तुम जीत जाओगे? उससे कांग्रेस की बदनामी नहीं होगी?"

कुछ देर तक चुप रहने के बाद फिर कहा, "रामकृष्ण देव कहा करते थे कि जिस पर भूत सवार होता है, वह समझ नहीं पाता कि उस पर भूत सवार हो गया है। वह यह भी कहा करते थे किले के अन्दर जाने पर आदमी की समझ में नहीं आता है कि वह ढालू रास्ते से जा रहा है। जब आदमी किले के अन्दर पहुँच जाता है तब उसकी समझ में आता है कि वह कितने नीचे पहुँच गया है। तुम्हारी वही हालत है। तुम कितनी निचाई पर उतर गये हो, अभी यह बात तुम्हारी समझ में नहीं आ रही है रथीन! जब और नीचे उतर जाओगे तब बात तुम्हारी समझ में आयेगी···"

रथीन सिकदार चुप्पी साधे सब सुन रहा था। उसने कहा, "एक बात आपसे कहे जाता हूँ ज्योतिदा, अगर आप मुझे मनोनीत नहीं करेंगे तो मैं विरोधी कैम्प में चला जाऊँगा।"

"अन्त में तुम्हीं फिर कहोगे कि मुझे मन्त्रिमण्डल में नहीं लीजिएगा तो मैं दल छोड़ दूँगा।"

रथीन सिकदार ने कहा, "केस्टो हालदार जब मन्त्री हो सकता है तो मैं क्यों मन्त्री नहीं हो सकता हूँ? केस्टो हालदार को 'मन्त्री' शब्द का हिज्जे लगाने को कहिए तो? उसके आ जाने से कांग्रेस की इज्जत बढ़ जायेगी?"

"अच्छा, अभी तुम जाओ रथीन। मैं इन बातों की चर्चा करने के लिए यहाँ नहीं आया हूँ। तुम्हें मालूम ही है कि मैं यहाँ किसान-सम्मेलन की अध्यक्षता करने आया हूँ···"

"यह क्यों नहीं कहते कि चुनाव के प्रचार के लिए आप आये हुए हैं।"

इतना कहकर रथीन सिकदार हनहनाता हुआ कमरे के बाहर चला गया। एक बार सोचा कि रथीन सिकदार को बुला लूँ। उसके साथ जो अट्ठारह विधायक आये हैं, उन्हें भी बुला भेजूँ। लेकिन मन ने कहा कि रहे! बुला भेजने से क्या होगा? वास्तव में जो दल में नहीं रहना चाहते हैं उन्हें बुला भेजने से लाभ ही क्या है!

"रतन···" मैंने पुकारा।

रतन आया। "शंकर बाबू से कह दो कि अब किसी को भी मेरे कमरे में न आने दें।" मैंने कहा।

एक किसान की जब उम्र ढल गयी तो उसे एक लड़का हुआ। वह उस

बच्चे का बड़ा ही यत्न किया करता था। एक दिन जब वह किसान खेत में काम कर रहा था उसके लड़के की हालत मरने-मरने पर हो गयी। किसान हड़बड़ाकर आया। लेकिन उसके आने के पहले ही उसका लड़का मर चुका था। उसके परिवार के लोग दहाड़ मारकर रो रहे थे। लेकिन किसान की आँखों में आँसू नहीं आये। उसकी पत्नी महल्ले के लोगों के सामने और भी अधिक दुख प्रकट करने लगी। कहने लगी, "तुम लोग देख रहे हो न, इस आदमी के लड़के की मौत हुई है और इसकी आँखों में एक बूंद भी पानी नहीं आया। ऐसा निष्ठुर है यह!"

किसान ने हँसते-हँसते अपनी पत्नी से कहा, "जानती हो, मैं क्यों नहीं रो रहा हूँ? कल मैंने सपना देखा था कि मैं राजा हो गया हूँ और सात लड़कों का बाप हूँ। वे लड़के रूप और गुण में बड़े ही सुन्दर हैं। आहिस्ता-आहिस्ता वे बड़े हुए, पढ़-लिखकर तैयार हुए। इतना देखने के बाद एकाएक मेरी नींद टूट गयी। अब मैं सोच रहा हूँ कि तुम्हारे उस एक लड़के के लिए रोऊँ या अपने सातों लड़कों के लिए रोऊँ···"

केस्टो हालदार को मन्त्री नहीं बनाने से वह दल छोड़ देगा। रथीन सिकदार को भी मन्त्री नहीं बनाता हूँ तो वह भी दल का त्याग करेगा। फिर रोऊँ किसलिए! किसके लिए रोऊँ! रोना है तो एक पार्टी के लिए ही रोना चाहिए। लेकिन पार्टी की भी हालत ऐसी है कि अब जाये कि तब जाये। पार्टी में ही जब घुन लग गया है तब रोने से लाभ ही क्या है!

तीसरे पहर चार बजे किसान सम्मेलन है। उसी सम्मेलन के वक्त नुटु की खोज करनी पड़ेगी। नुटु भी अवश्य ही बूढ़ा हो गया होगा। मैं भी बूढ़ा हो गया हूँ। लेकिन याद दिलाने पर उसे सारी बातें जरूर ही याद हो जायेंगी।

कलिमुद्दीन मियाँ को बड़ा ही सहनशील आदमी कहना चाहिए। उसके हाथ में वही लोहू से लथपथ चाकू था। एक बार चला देता तो काम तमाम हो जाता। "तुम साले मेरे वैकुण्ठ को जबह करना चाहते हो। इससे तो बेहतर है कि मुझे कत्ल कर डालो।"

क्रोध की हालत में नुटु का चेहरा बड़ा ही दयनीय दिख रहा था। वह जितना ही गुस्से में आता था उतना ही अधिक लँगड़ाता था। मैंने डरकर जब नुटु को पकड़ा तो उसने झट से खुद को मेरे हाथ से छुड़ा लिया। "तुम छोड़ दो मुझे, आज मैं उसे देख लूंगा।"

एक आदमी मांस खरीदने आया था। उसने कहा, "अरे छोकरे, गाली-गलौज क्यों बकता है?"

"गाली दूंगा, जरूर दूंगा। वह मेरे वैकुण्ठ को काटेगा?"

"वैकुण्ठ। वैकुण्ठ कौन है?"

नुटु ने वैकुण्ठ की ओर इशारा करके कहा, 'मेरा वैकुण्ठ वह रहा।"

वह आदमी भेड़े को देखकर हँसने लगा। "यह भेड़ा है !" उसने कहा।

नुटु ने कहा, "इसे भेड़ा नहीं कहना चाहिए। तुम लोगों से यह ज्यादा अकलमन्द है।"

कलिमुद्दीन न कहा, "यहाँ हल्ला-गुल्ला मत करो। भागो, यहाँ से भागो।"

उस आदमी ने पूछा, "बात क्या है ?"

नुटु ने कहा, "मेरे बाप से कह आया है कि वैकुण्ठ को बेचने से चालीस रुपया देगा।"

अब उस आदमी ने वैकुण्ठ की ओर गौर से देखा, जैसे उसने परीक्षा की कि चालीस रुपया देने से लाभ होगा या हानि। बहुत देर तक देखने के बाद कहा, "चालीस रुपये तो ज्यादा ही दे रहा है।"

नुटु को गुस्सा हो आया। अचानक उसने वैकुण्ठ के गले को पकड़ लिया और कहा, "इस पर नजर मत लगाओ, कहे देता हूँ, वरना आँख निकाल लूँगा।"

कलिमुद्दीन बहुत देर से सहता आ रहा था। अब वह सीधा खड़ा हो गया और बोला, "भागो यहाँ से। कह रहा हूँ कि यहाँ से भागो···"

"मुझे मारोगे क्या साले ? मारोगे ? मारो तो देखूं कि तुम्हारी देह में कितनी ताक़त है ?"

और वह सीना तानकर खड़ा हो गया—ठीक कलिमुद्दीन के चाकू के सामने।

मैं भय से काँपने लगा। और तत्क्षण नुटु को पकड़ लिया। "क्या कर रहे हो नुटु ? चलो।" मैंने कहा।

लँगड़ा रहने या भरपेट न खाने से ही क्या होगा, नुटु में तेजी की कमी नहीं थी। मेरे हाथों से स्वयं को छुड़ाकर वह लँगड़ाता-लँगड़ाता और भी अधिक आगे बढ़ गया। "दुकान से निकलो साले ! देखूं तुममें कितनी हिम्मत है।"

उस आदमी को अब डर लगा। "इस लँगड़े में तेजी तो कम नहीं है," उसने कहा, "तुम्हारा घर कहाँ है ? किस महल्ले में रहते हो ?" और उसने मेरी ओर देखा और कहा, "तुम्हारा यह कौन लगता है मुन्ना ? तुम्हारा घर कहाँ है ? कसाइयों से झगड़ा और मारपीट करने आये हो, ये लोग चाकू घोंप देंगे।"

मैंने कहा, "देखिए, गलती इसकी नहीं है। उन्हीं लोगों की है। अपने भेड़े को वह बेटे की तरह प्यार करता है। उसे वह बेच नहीं सकता है। चाहे कोई लाख रुपया दे, फिर भी नहीं बेचेगा। उस भेड़े को खरीदने की कोई बात करे तो गुस्सा आना स्वाभाविक है। वह माँ-बाप को छोड़कर कहीं चल दे सकता

है लेकिन वैकुण्ठ को नहीं छोड़ सकता है। देख रहे हैं न, हमेशा इसी के साथ लगा रहता है। खुद नहीं खाता है मगर उसे खिलाता है।"

कलिमुद्दीन ने मेरी बात को काटकर कहा, "मैं उसके भेड़े को खरीदने नहीं गया था बल्कि उसका बाप ही मुझे बुलाकर अपने घर ले गया था।"

"मेरा बाप तुम्हें बुलाकर ले गया था?"

इतनी देर के बाद जैसे नुटु की समझ में बात आयी। मेरी ओर देखकर कहा, "चलो, घर चलें। साले बाप को देख लूंगा। ऐसे बाप के पुरखों का सराध करूँगा तब छोड़ूंगा।"

फिर उसका सारा क्रोध जैसे अपने बाप पर केन्द्रित हो गया। बुड़बुड़ाता हुआ वह घर की ओर जाने लगा। मैं भी उसके पीछे-पीछे चलने लगा और हम दोनों के पीछे-पीछे वैकुण्ठ घुंघरुओं को टुनटुनाता जाने लगा।

नौ

मानो यह दोलचक्र है। अभी तुम ऊपर बैठे हो और मैं नीचे। लेकिन दोलचक्र जब घूमने लगेगा तब मैं फिर से ऊपर चला जाऊँगा और तुम नीचे चले आओगे।

यही स्थिति जीवन की भी है। लेकिन मनुष्य-समाज में ऐसा भी युग आया है कि दोलचक्र को किसी ने घुमाया नहीं। राजा-महराजों ने दोलचक्र को वर्षों तक स्थित और निश्चल बनाकर रखा। राजाओं ने कहा, "हम ईश्वर के प्रतिनिधि हैं। हमारा पतन हो ही नहीं सकता है।"

और पतन न हो इसके लिए गिरजा, मन्दिर तथा पुरोहित, पादरी और मौलवियों से सहायता ली। उन लोगों ने राजाओं की वर्षगाँठ पर मन्दिर-मस्जिद-गिरजाघर में उत्सव मनाये। राजा-महराजों के अन्याय-अत्याचार को उत्साहित कर उनका अभिनन्दन किया। 'दिल्लीश्वर-जगदीश्वरोवा' कहकर अल्लाह तालाह का दर्जा दिया।

इसी तरह का सिलसिला चल रहा था। कोई शिकायत करता था तो बात किसी के कान में नहीं पहुँचती थी। अत्याचार से पीड़ित होने पर भी किसी को आर्तनाद करने का अधिकार नहीं था।

ठीक वैसे ही समय रुपये की ईजाद हुई। रुपया! पृथ्वी के सातवें आश्चर्य के बाद आठवें आश्चर्य की खोज। एडवर्ड तृतीय ने सौ साल की लड़ाई किसके बल पर चलायी थी? रुपये के बल पर ही न! उन रुपयों का इन्तजाम बैंक के मालिकों ने किया था। बैंक के मालिकों ने कहा, "आपको जितने रुपयों की

जरूरत है, आप ले सकते हैं हुजूर। कम ही सूद पर हम रुपया कर्ज देने को तैयार हैं…"

हरिसाधन बाबू ने ये बातें बतायी थीं। तब वह अर्थशास्त्र पढ़ाया करते थे। पढ़ाते-पढ़ाते वह एक दूसरी ही दुनिया में पहुँच जाते थे। किस तरह मध्य-युग में रुपये की ईजाद हुई। पूँजी किस तरह उद्योग धन्धों को चौपट करने लगी और फिर पूँजी किस तरह राजाओं को विनाश के पथ पर ले गयी—उसी का इतिहास।

पढ़ते-पढ़ते ज्योतिर्मय सेन को मयनाडाँगा की बातें याद आती थीं। मयनाडाँगा की बातें और नुटु की बातें। तब मयनाडाँगा के बाबू लोगों के घर के सामने से नुटु जा रहा था और उसके पीछे-पीछे वैकुण्ठ चल रहा था।

मैंने निकट से पुकारा, "नुटु!"

नुटु तब गुस्से से तमतमाया हुआ था। "क्या?" उसने कहा।

"तुमने कलिमुद्दीन से झगड़ा किया और वह अगर चाकू घोंप देता?"

नुटु ने कहा, "घोंपता तो घोंपता, मैं मर जाता और क्या!"

मैंने कहा, "लेकिन तुम्हें बड़ी तकलीफ होती। तुम्हारी देह से रक्त का फव्वारा छूटता, बड़ा ही दर्द महसूस होता…"

नुटु ने कहा, "मर जाने के बाद फिर तकलीफ ही क्या? मरते ही सब-कुछ बेकार हो जाता है।"

"लेकिन तुम्हारे बाप को बड़ा ही दुख होता।"

"बाबूजी को तकलीफ! बाबूजी मुझे कन्धे पर रखकर श्मशान में पहुँचाकर जला देते और जी-भर शराब गटकते।"

"और तुम्हारी माँ?"

नुटु ने कहा, "दुत, दुनिया में कोई किसी का नहीं होता है भाई। दुनिया में रहकर मैंने हर किसी को पहचान लिया है। तुम घर से भागकर यहाँ चले आये हो, तुमसे मेरा बड़ा मेल-जोल है लेकिन मैं मर जाऊँ तो तुम क्या रोओगे? तुम नहीं रोओगे। आदमी के लिए कोई साला दूसरा आदमी नहीं रोता है। अगर रोता है तो उसके पैसे के लिए।"

"नहीं भाई, ऐसी बात नहीं है। मैं जरूर रोऊँगा। यही वजह है कि मैंने तुम्हें कलिमुद्दीन से झगड़ने से रोका।"

नुटु उस कच्ची उम्र में ही दार्शनिक हो गया था। उसने कहा, "दुत, आदमी के लिए अगर कोई रोता है तो वह जानवर ही। वह वैकुण्ठ, मैं अगर मर जाऊँ, तो वह वैकुण्ठ ही मेरे लिए रोयेगा। उस वैकुण्ठ के अलावा कोई साला मेरे लिए नहीं रोयेगा।"

"और मैं मर जाऊँ तो तुम मेरे लिए नही रोओगे?"

नुटु ने स्पष्ट उत्तर दिया, "झूठ बोलने से फायदा ही क्या है भाई ? मैं नहीं रोऊँगा। इसके सिवा तुम मेरे होते ही कौन हो कि मैं तुम्हारे लिए रोऊँ ? तुम बड़े आदमी के लड़के हो। मन में आया तो यहाँ भाग आये। फिर जब मन में आयेगा घर लौट जाओगे। फिर तुम हम लोगों को क्यों याद रखने लगे ? लेकिन वैकुण्ठ को तुम बहकाकर मुझसे दूर ले जाओ तो जानूँ। तब समझूँगा कि तुम्हारी देह में ताकत है।"

सचमुच वैकुण्ठ अगर उसके पास में नहीं सोता था तो नुटु को नींद ही नहीं आती थी। वैकुण्ठ की देह-गन्ध नुटु की नाक में नहीं पहुँचती थी तो उसे जैसे नींद ही नहीं आती थी। नुटु के मकान के ओसारे पर सोने पर मेरी नींद टूट जाती थी, ऐसी घटना बहुत बार हो चुकी थी। नींद टूटने पर देखा करता था कि वैकुण्ठ को अपनी जाँघों से दबाये नुटु गहरी नींद में डूबा हुआ है।

इतना ही नहीं, वैकुण्ठ भी जैसे नुटु की बात समझता था।

प्रेम में सम्भवतः एक प्रकार की अलौकिक क्षमता रहती है। उस क्षमता को दबाकर रखा नहीं जा सकता है। वैकुण्ठ समझता था कि नुटु उसे प्यार करता है। वह एक साधारण-सा भेड़ का मेमना था। नुटु एक पाँव का लँगड़ा है, यह बात वह समझता था। वह नुटु के पैर को गौर से देखता था, जैसे नुटु के लँगड़े पाँव के लिए उसके मन में बड़ी ममता है। जब कोई नहीं रहता था, वैकुण्ठ चुपचाप नुटु के लँगड़े पैर को जीभ से चाटा करता था।

नुटु कहता, "देख रहे हो न !"

"वैकुण्ठ पिछले जन्म में आदमी था।" मैं कहता था।

नुटु कहता, "दुत, वह मेरा भाई था···"

सचमुच नुटु के भाई नहीं था। कहा जा सकता है कि वैकुण्ठ ही उसका सगा भाई था। सगा भाई रहने पर भी कोई उसे इस तरह प्यार नहीं करता है।

नुटु कहता, "तुम लोगों को पैसे का इतना अभाव है तो चालीस रुपये में उसको बेचने के बजाय मुझे ही बेच डालो। मुझे ही बकरे का मांस कहकर बेच दो···"

रास्ते-भर नुटु बुड़बुड़ाता रहा। उसका गुस्सा उफन रहा था।

मैं और वैकुण्ठ उसके आस-पास चले जा रहे थे।

नुटु एकाएक ठिठक गया।

"साँप···साँप···" वह जोरों से चिल्लाया।

एक बहुत ही बड़ा गेहुँअन साँप था जो रास्ता पार कर रहा था। साँप को देखते ही नुटु वैकुण्ठ पर कूद पड़ा। वैकुण्ठ ने साँप को नहीं देखा था।

"अरे साँप है साँप···"

नुटु को चाहे साँप काट ले, कुछ आता-जाता नहीं है, मुसीबत तो तब है जब कि वैकुण्ठ को काट ले। साँप ने वैकुण्ठ का पीछा कर फन उठाया। उसके फन के दोनों ओर खड़ाऊँ की छाप थी।

फन खड़ा कर उसने जोरों से फुफकार छोड़ी।

लेकिन उसके पहले ही नुटु ने वैकुण्ठ को पकड़कर हटा दिया था। जब उसने फन बढ़ाया उस समय वैकुण्ठ वहाँ नहीं था। उसका फन जमीन से जाकर टकराया। उसके बाद शायद अपनी गलती समझकर साँप ने जब अपना मुँह ऊपर उठाया, नुटु ने पेड़ की एक बड़ी डाल उठाकर साँप की ओर निशाना करके फेंकी।

लेकिन गेहुँअन साँप था न! फन मारने में जितना तेज भागने में भी उतना ही तेज। साँप जितनी तेजी से भागने लगा नुटु भी उतनी ही तेजी से उसका पीछा करने लगा। उसको हाथ में जो कुछ मिल जाता था, उसी को उठाकर साँप पर फेंकने लगा। मैदान के बाद जंगल पड़ता था। नुटु जगल के भीतर चला गया।

मुझे डर लगा। नुटु के चलते यह तो बहुत बड़ी विपत्ति आयी।

पीछे से मैंने पुकारा, "नुटु, ओ नुटु···"

नुटु का कोई उत्तर नहीं आया। मैं वैकुण्ठ के कारण ही भारी मुसीबत में फँस गया। वैकुण्ठ भी नुटु के पीछे-पीछे जंगल के अन्दर जाना चाहता था। मैंने वैकुण्ठ के गले को कसकर पकड़ा और उसे रोक रखने की जी-जान से कोशिश करने लगा और पुकारने लगा, "नुटु, ओ नु-टुऽऽ···"

मयनाडाँगा गाँव यों खेत-मैदानों से भरा हुआ था। ज्यादातर हिस्सा खुली जगह ही था। वह बंगाल का एक उजड़ा हुआ गाँव था इसीलिए कुछ मकान खाली पड़े थे। उन झाड़-झंखाड़ों में एक बार घुसने पर बाहर निकलना आसान नहीं था।

वैकुण्ठ शायद बहुत डर गया था। वह भी बें-बें करके चिल्लाकर नुटु को पुकारने लगा। एक भेड़े की देह में इतनी ताकत हो सकती है, मुझे पता नहीं था। क्या भेड़े को भी अन्ततः साँप के गुंजलक में फँसना है।

मेरे कानों में झाड़ी-झुरमुट से पट-पट आवाज आ रही थी।

मैंने चिल्लाकर पुकारा, "नुटु···नु-टुऽ···"

मेरे साथ-साथ वैकुण्ठ पुकारने लगा, "बें···बेंऽऽ···"

दूर से नुटु की आवाज आयी। वह चिल्लाकर पुकार रहा था "ज्योति···इ···ई···"

मैंने जवाब दिया, "मैं यहाँ हूँ···"

नुटु ने वहीं से कहा, "वैकुण्ठ को पकड़े रहो, मैंने साँप को मार डाला है···"

नुट्टु साँप को मार चुका था। मुझे आश्चर्य लगा। लँगड़े पाँव से नुट्टु ने साँप को कैसे मारा !

मैं वैकुण्ठ को पकड़े वहीं खड़ा था। नुट्टु आया। उसके हाथ में पेड़ की एक बहुत बड़ी डाल थी। उसी डाल के सिरे में मरा हुआ गेहुँअन साँप झूल रहा था।

नुट्टु ने मेरे पास आकर बताया, "साले साँप को मार डाला है। साला मेरे वैकुण्ठ को डसने आया था। उसकी यह हिम्मत !"

मैं उस वक्त भी थर-थर काँप रहा था।

मैंने कहा, "तुमने साँप के पीछे क्यों दौड़ लगायी ? अगर तुम्हें डस लेता तो क्या होता ?"

नुट्टु ने कहा, "यह मेरी गलती है या साँप की गलती ? उसने जब मेरा पीछा किया तो मैं पेड़ पर चढ़ गया। पेड़ से डाल तोड़कर मैं उसे नहीं मारता। लेकिन वह वैकुण्ठ को डसने क्यों आया ?"

"साँप से आदमी की कहीं चालाकी चल सकती है ?" मैंने कहा, "साँप अगर तुम्हारा पीछा करता ! तुम उसकी तरह दौड़ नहीं लगा सकते थे।"

"उस बेटे ने मेरा पीछा किया था। यही वजह है कि मैंने उसे मारा।"

नुट्टु के कारनामे सुनकर मैं अवाक् रह गया। वैकुण्ठ की भी यही हालत थी। तब वह साँप की ओर अपलक देख रहा था।

नुट्टु ने कहा, "चलो, अब इस पट्ठे को जलाना होगा। जलाकर पट्ठे को राख कर दूंगा।"

और साँप को सर के सामने नचाते-नचाते वह चलने लगा। उसके साथ-साथ मैं भी जाने लगा और हम दोनों के बीच वैकुण्ठ।

मैंने कहा, "मरे को मारना क्या ? वह तो मर ही चुका है।"

नुट्टु को जब क्रोध आता था तो उसका क्रोध चरम सीमा पर पहुँच जाता था।

उसने कहा, "साँप और दुश्मन—इनमें से किसी की भी आखिरी निशानी नहीं रहने देनी चाहिए। अगर जलाकर इसे राख न कर दूं तो पट्ठा फिर से जी उठेगा और जीकर वैकुण्ठ को डसेगा।"

वह साँप को और जोर से सर पर नचाने लगा।

अचानक शंकर कमरे में आया। उसके साथ थाल लिये रसोईया था।

शंकर ने कहा, "अभी तुरन्त खाना खा लें ज्योतिदा ! घी गरम करके ले आया हूँ। बिल्कुल शुद्ध घी है।"

सचमुच शंकर किसी-न-किसी दिन उन्नति अवश्य करेगा। खुशामद किस तरह करनी चाहिए, शंकर इस कला में दक्ष है।

ज्योतिर्मय सेन ने पूछा, "मैं घी खाना पसन्द करता हूँ, यह बात तुम्हें कैसे

मालूम हुई शंकर ?"

शंकर इस प्रश्न से खुश हुआ। "आप क्या कह रहे हैं ज्योतिदा !" उसने कहा, "आप आज यहाँ खाना खायेंगे। फिर आप क्या खाना पसन्द करते हैं, यह मैं नहीं जानूँ भला ?"

सचमुच यह लड़का उन्नति करेगा।

ज्योतिर्मय सेन ने पूछा, "आजकल घी की दर क्या है शंकर ?"

"घी ? घी मयनाडांगा में नहीं मिलता है। यह घी मैं कलकत्ते से लाया हूँ।"

ज्योतिर्मय सेन को आश्चर्य हुआ। "कलकत्ते से ?" उन्होंने पूछा।

शंकर ने कहा, "हाँ ज्योतिदा, सब-कुछ कलकत्ते से ले आया हूँ। यह जो फूलगोभी है, यह भी यहाँ नहीं मिलती है। गाँव बिल्कुल उजड़ गये हैं ज्योतिदा ! यही वजह है कि हमारी कांग्रेस पार्टी मुश्किल में पड़ गयी है। कलकत्ते में राशन से जो चावल मिलता है, उसकी दर एक रुपया चालीस पैसा है और गाँव में दो रुपये बारह पैसे। इसी से यहाँ के लोग कम्युनिस्ट होते जा रहे हैं। अब उन्हें धोखे में रखना मुश्किल है।"

"वे लोग चले गये ?"

शंकर ने कहा, "नहीं। वे लोग अब तक हैं ही। चुनाव के लिए मनोनीत होना चाहते हैं।"

"अच्छा शंकर···" ज्योतिर्मय सेन ने खाते-खाते पूछा, "पुलिस अभी तक पहरे पर है ?"

"हाँ, पुलिस के बड़े अफसर ने हुक्म दिया है। पहरा क्यों नहीं देगी ?"

"लेकिन इसके बावजूद इतने लोग मेरे पास कैसे पहुँच जाते हैं ? इन लोगों को पुलिस आने देती है। देखो, बात यह है कि यहाँ चार बजे सम्मेलन है, और मैं सवेरे यहाँ इसलिए पहुँचा हूँ कि थोड़ा आराम करूँ, लेकिन तुम लोगों ने मेरे आराम का जरा भी इन्तजाम नहीं किया है।"

शंकर ने उत्तेजित होकर कहा, "मैंने कहाँ किसी को आने दिया है ? कोई अन्दर आया था क्या ?"

ज्योतिर्मय सेन ने कहा, "मैं यह गोड़रा मछली किसी भी हालत म नहीं खाऊँगा शंकर। इसे ले जाओ।"

"क्यों ज्योतिदा, क्या हुआ ? मछली से बदबू आ रही है क्या ?"

ज्योतिर्मय सेन ने कहा, "यह रथीन सिकदार की मछली है। रथीन सिकदार मुड़ागाछा मण्डल कांग्रेस का अध्यक्ष था। उसने छह महीने की जेल की सजा काटी है। अगर मछली देने के पीछे उसका कोई स्वार्थ है तो मैं इसे खा ही नहीं सकता शंकर। अगर खाऊँ तो चुनाव के लिए उसे उम्मीदवार बनाना ही पड़ेगा। यह मछली उसे लौटा दो···"

शंकर की समझ में न आया कि वह क्या करे।

"मैंने आपसे कहा था न ज्योतिदा कि वह आदमी के लिहाज से अच्छे हैं।"

ज्योतिर्मय सेन ने कहा, "काम बनाने के लिए जो रिश्वत देता है वह आदमी कभी अच्छा हो ही नहीं सकता है शंकर। ऐसे लोग सुविधावादी होते हैं। इन्हीं लोगों के चलते आज हमारी पार्टी इतनी बदनाम हो गयी है।"

शंकर ने कहा, "मैंने सिकदार जी से यह बात कही थी ज्योतिदा, लेकिन उन्होंने बताया था कि अगर उन्हें मनोनीत नहीं किया गया तो वह दिल्ली जाकर केन्द्र से मनोनयन ले आयेंगे। यहाँ सिर्फ आप ही ईमानदार आदमी हैं मगर दिल्ली में सब-के-सब ईमानदार हैं। यहाँ बीसेक गोड़रा मछली देने पर काम हासिल नहीं हुआ लेकिन दिल्ली जाकर लाखेक रुपया खर्च करने से मनोनयन प्राप्त हो जायेगा। उनके पास रुपये की कोई कमी नहीं है…"

ज्योतिर्मय सेन ने कहा, "अच्छा, केस्टो हालदार जी को जरा बुलाकर ला सकते हो?"

शंकर ने कहा, "अभी तुरन्त बुला सकता हूँ। आधा घण्टे के अन्दर ही बुला लाता हूँ…"

"तुम केस्टो हालदार जी को पहचानत हो?"

शंकर ने कहा, "अच्छी तरह पहचानता हूँ। हमारे यहाँ जब अनाज का दंगा हुआ था तब उन्होंने दो लाख रुपये की चैरिटी दी थी।"

"दो लाख!"

शंकर ने कहा, "जी हाँ, दो लाख। केस्टो हालदार जी के पास शराब का पैसा है। चाहते तो और रुपया दे सकते थे। लेकिन…"

"लेकिन क्या?"

शंकर ने कहा, "क्योंकि वह शराब का कारोबार करते हैं, लोग उन्हें कलाल कहते हैं। यह बात उन्हें बहुत बुरी मालूम होती है। इसीलिए अबकी बार चुनाव में खड़े होकर वह थोड़ा सम्मान खरीदना चाहते हैं, इसके अलावा उन्होंने पार्टी को कितने लाख रुपये दिये हैं, यह बात आपको मालूम ही है ज्योतिदा।"

ज्योतिर्मय सेन ने कहा, "मन्त्री बनने से ही सम्मान मिल जाता है?"

"मन्त्री होने से ही आदमी वी. आई. पी हो जाता है।"

"लेकिन जब मन्त्री नहीं रहता है?"

शंकर ने कहा, "मन्त्री का पद छिन क्यों जायेगा ज्योतिदा? रुपया रहने पर किसी भी पार्टी की ओर से मन्त्री चुना जा सकता है। रुपये के बल पर पार्टी खरीदी जा सकती है। बिना पैसे कोई पार्टी चल नहीं सकती है। यह सारी बातें मेरे बनिस्बत आप ही अच्छी तरह जानते हैं ज्योतिदा।"

"जानता हूँ," ज्योतिर्मय सेन ने कहा, "लेकिन ये बातें तुम्हारे मुँह से

सुनने में अच्छी लगती हैं। तुम्हें इन बातों की जानकारी कैसे हुई ?"

शंकर ने कहा, "मुझे ? सिर्फ मेरी ही बात क्यों करते हैं ज्योतिदा, मयनाडाँगा का हर किसान-मजदूर यह सब जानता है। जानकर भी वे निरुपाय हैं। चुनाव के पहले उन्हें इतना पैसा मिलता है कि वे गूँगे हो जाते हैं। इस किसान-सम्मेलन की ही बात लीजिए, इसमें यहाँ के पचासेक आदमी में से हर व्यक्ति ने बीस-बीस हजार रुपया कमाया है।"

"कैसे ?"

"एक आदमी को नल-कूप का ठेका मिला है, एक आदमी को बाँस की सप्लाई का आर्डर, एक व्यक्ति को टीन का आर्डर, एक व्यक्ति को···"

अचानक रतन कमरे के अन्दर आया। "और एक अदद राजभोग लीजिए।" उसने कहा।

राजभोग की बात सुनने पर मुझे नुटु का स्मरण हो आया। राजभोग ! नुटु को भात खाने को मिलता नहीं था पर मयनाडाँगा के बाजार की खाने की दुकानों की ओर वह ललचायी निगाहों से देखा करता था।

मैंने एक दिन पूछा था, "क्या देख रहे हो ?"

नुटु ने कहा था, "वह देखो, वो बड़े-बड़े रसगुल्ले हैं न, उनका नाम है राजभोग। इसे बाबू लोग खाते हैं।"

दुकानदार नुटु को देखते ही दुरदुराने लगते थे, "भाग, भाग, यहाँ से भाग जा, नजर मत लगा।"

आश्चर्य है ! सारी जिन्दगी इस पृथ्वी को समझने की कोशिश की जाये तो भी समझना नामुमकिन है। हालाँकि लाखों वर्षों से अपने अधिकार को सुव्यवस्थित करने के उद्देश्य से आदमी संघर्ष करता आ रहा है, फिर उसी संघर्ष को कमजोर बनाने के लिए लाखों वर्षों से आदमी प्रयास भी कर रहा है। जिस राजभोग की ओर ताकना एक व्यक्ति के लिए पाप है, उसी राजभोग को खाने के लिए दूसरे से खुशामद की जा रही है। फिर इसी का नाम क्या ताकत है ? इसी ताकत को उपलब्ध करने के लिए ही क्या मैंने बीस वर्षों तक कारावास की यातना सही है ? इसी ताकत को पाने के लिए ही क्या मैं मुख्यमन्त्री बना हूँ ? और इसी ताकत के लिए ही क्या रथीन सिकदार और केस्टो हालदार में आज होड़ लगी हुई है ?

एकाएक शंकर की बात कान में आयी, "मैं केस्टो हालदार जी को बुला लाता हूँ ज्योतिदा। रतन यहाँ रहा।"

मुझे स्वयं एक प्रकार का आश्चर्य लगा। मैं यहाँ केस्टो हालदार से मिलने नहीं आया था और न रथीन सिकदार से ही। जो लोग राइटर्स बिल्डिंग में मुझसे मिलने को व्याकुल रहते हैं, वे ही लोग मुझसे मिलने के लिए यहाँ आ रहे

हैं। इन्हीं लोगों से जान छुड़ाने के लिए ही मैं मयनाडाँगा आया हूँ। आज किसान-सम्मेलन है। लेकिन एक भी किसान मुझसे मिलने के लिए नहीं आया। किसान जिससे यहाँ नहीं आ सकें इसके लिए बाहर गेट पर मैंने पुलिस का पहरा बिठा दिया है। वे लोग मेरे पास आयें तो कैसे आयें। मैं उन्हें बुलावा नहीं भेज रहा हूँ। यहाँ आकर जिसकी बात मन में सबसे अधिक उमड़-घुमड़ रही है, उस नुटु को भी मैंने बुलावा नहीं भेजा है। इतने दिनों से, हो सकता है कि मैं इसी क़िस्म की धोखाधड़ी करता आ रहा हूँ। "अच्छा, जाओ।" मैंने कहा।

तब मेरा भोजन समाप्त हो चुका था। रतन साबुन और तौलिया लेकर नलघर में मौजूद था। प्लास्टिक के मग में पानी लेकर उसने मेरे हाथ धुलाये। हाथ-मुँह धोकर ज्योतिर्मय सेन पुनः अपनी जगह पर आकर बैठ गये। उन लोगों ने गद्दीदार एक बेहतरीन आराम-कुरसी का इन्तजाम किया था। उन लोगों ने यानी शंकर वगैरह ने। जिला कांग्रेस के अध्यक्ष से लेकर मण्डल कांग्रेस के शंकर तक ने बखूबी सारा इन्तजाम किया था। खाने का इन्तजाम भी इन्हीं लोगों ने किया था। शुद्ध घी, बढ़िया चावल, बढ़िया दाल खरीदकर ले आये थे। साथ-ही-साथ उम्दा किस्म की गोड़रा मछली, बेहतरीन राजभोग। इतना उम्दा खाना बाहरी आदमियों के सामने मुझसे खाया नहीं जाता। मुख्य मन्त्री सबके सामने इतना उम्दा खाना नहीं खा सकता है। खाये तो दूसरे दिन ही विरोधी दलों के अखबार यह खबर छाप देंगे। मैं उन लोगों को राशन में मोटा चावल खाने को देता हूँ और सो भी आधा पेट ही, लेकिन मैं स्वयं इतना बढ़िया खाना खाता हूँ—इस बात का पता अगर बाहरी लोगों को चल जाये तो पार्टी के लिए हानिकारक है ही, साथ-ही-साथ मेरे चुनाव के प्रचार के लिए भी हानिकारक साबित होगी।

और नुटु के घर में खाने को क्या रहता था ?

नुटु की माँ कहती, "तुम तो कुछ खा ही नहीं रहे हो बेटा। तुम्हारी तबीयत खराब है क्या ?"

"नहीं।" मैंने कहा।

नुटु ने कहा, "आज दिन-भर वह कड़ी धूप में घूमा है। जानती हो माँ, मेरे साथ इसने भी ईंट ढोयी हैं।"

"बाप रे ! कह क्या रहे हो ? इससे तुमने ईंटें ढुलवायी हैं ?"

"मैंने मना किया था," नुटु ने कहा, "मगर इसने मेरी बात मानी ही नहीं।"

"क्यों जी, मैंने मना नहीं किया था ? अब सारा बदन टूट रहा है न ?"

"नहीं, नहीं टूट रहा है।" मैंने कहा।

मुंह से तो कह दिया कि नहीं टूट रहा है लेकिन सचमुच सारा बदन टूट रहा था। तब न केवल बदन बल्कि सर भी दुख रहा था। लग रहा था कि उलटी हो जायेगी। मयनाडांगा के मैदान में धूप की तपिश से दिन-भर सर तपता रहा था। और उस पर ईंट की ढुलायी। क्यों ईंट ढोने गया, मालूम नहीं। हो सकता है कि मेरे मन में आया था कि मैं भी हर तरह की परिस्थिति से तालमेल बिठा सकता हूँ। कि मेरा जो 'मैं' कलकत्ता शहर के प्रमुख व्यक्ति का पुत्र है, मेरा वही 'मैं' मयनाडांगा के दरिद्र से दरिद्र व्यक्ति नुटु का मित्र भी है। यह दो सत्ताएँ बिल्कुल अलग रहने पर भी एक पूर्ण सत्ता है। मालूम नहीं, मनोविज्ञान के जगत् के लिए इस रहस्य का उद्‌घाटन करना सम्भव है या नहीं। लेकिन संसार में इस तरह की घटनाएँ इतनी हुई हैं जिनकी कोई सीमा नहीं। इक्ष्वाकु राजवंश की एकमात्र सन्तान होकर किसी को पथ का भिखारी बनने की अभिलाषा हो सकती है, इस बात को इतिहास में बिना पढ़े किसी को इस पर विश्वास नहीं होता। देखने में आया है कि गरीबों की बहुत प्रकार की जातियाँ होती हैं लेकिन अमीरों की एक ही जाति होती है। इस दुनिया में छोटे से बड़े होने के बारे में जितनी कहानियाँ हैं, उसकी अपेक्षा बड़े से छोटे होने की कहानियाँ ही अधिक हैं। नीचे उतरने में तकलीफ नहीं होती, ऊपर चढ़ना ही कठिन होता है। लोग नीचे उतरने की कहानी सुनना पसन्द नहीं करते। वे कहते हैं, "छोटे से बड़ा कैसे हुआ—इसी की कहानी कहो।" लिखित इतिहास में इसी तरह की घटनाओं की प्रधानता है, क्योंकि हर कोई बड़ा बनना चाहता है। राजा मनु ने सिंहासन त्यागकर संन्यास क्यों ग्रहण किया था, इसके इतिहास की हमें जानकारी नहीं है। न हम समझते हैं और न जानना ही चाहते हैं। लाला बाबू के गृह-त्याग या सिद्धार्थ के गृह-त्याग के बारे में जो कविता, कहानी लिखी गयी है, इसका कारण है कि वे दोनों राजा थे या राजा के समान जमींदार के पुत्र। लेकिन संख्यातीत कितने ही मध्यवित्त वंश के पुत्रों ने कंगाल होने के आनन्द में जो त्याग किया है, उसके बारे में किसी ने चर्चा नहीं की है। हम लोगों का कारोबार 'विराट्' को केन्द्र मानकर चलता है। 'विराट्' की कल्पना कर हम रोमांचित होते हैं, 'विराट्' के बारे में ही हम बहुत-कुछ कहते-सुनते हैं। चाहे त्याग हो या भोग—जब तक वह विराट् है तभी तक वह हमारे लिए आलोचना की वस्तु है। एक पैसे के दान का हिसाब कहीं नहीं रहता है और लाख रुपये के दान की प्रशंसा समाचार-पत्र जी खोलकर करते हैं। मोटर पर चढ़कर जानेवाले भिखमंगों को जितने पैसे देते हैं उससे अधिक पैसे दान करते हैं पैदल चलनेवाले। बड़े लोगों का दान बड़ा होता है तो वह 'चैरिटी' कहलाता है और छोटों का छोटा दान 'परोपकार' कहलाता है। जो लोग चैरिटी करते हैं, वे इसलिए करते हैं कि अखबारों में उनका नाम छपे। परोपकार

निःस्वार्थ भावना से किया जाता है। परोपकार का कर्ता और ग्रहीता—दोनों निःशब्दता के भक्त होते हैं। विद्यासागर इसी श्रेणी के व्यक्ति थे। इसीलिए वह चैरिटी नहीं करते थे। करते थे तो उपकार ही करते थे। याद है, बचपन में मैंने पढ़ा था, 'बनना अगर बड़ा है तुमको, तो छोटा बन जाओ…'

यह सत्य नहीं, बल्कि उपदेश है। जिसे न मानने से कोई हानि नहीं होती, उसी को उपदेश कहते हैं। जो छोटे हैं उनका काम है उपदेश का पालन और जो बड़े हैं उनका काम है उपदेश-दान। बड़ा होने से कोई काम नहीं करना पड़ेगा, इसीलिए बड़े बनने का सभी में बड़ा ही लोभ रहता है। ज्योतिर्मय सेन हमेशा बड़े ही रहे हैं, अब और भी बड़े हो गये हैं। लेकिन बड़े होने से उपदेश-दान में वृद्धि होने के बावजूद झंझट-झमेलों में कमी नहीं आयी है।

अचानक नुटु चिल्ला उठा, "तुम्हें बुखार है जी।"

रात में नींद के आवेग के कारण शायद मेरे बदन से उसका हाथ छू गया था। मुझे भी कैसा-कैसा लग रहा था। सर में टीस मालूम हो रही थी। मैं बहुत देर से बेचैनी का अहसास कर रहा था।

"बड़ी प्यास लगी है भाई।" मैंने कहा।

नुटु ने कहा, "ठहरो, पानी लाकर देता हूँ।"

वैकुण्ठ हम लोगों की बगल में सोया करता था। एक ही बिछावन पर हम लोग अगल-बगल सोया करते थे। नुटु को उठते देखकर वैकुण्ठ भी उठा। पानी की कलशी बाहरी ओसारे पर रहती थी। वैकुण्ठ नुटु के साथ जाकर उसके पीछे खड़ा हो गया।

"गिलास कहाँ है वैकुण्ठ?" उसने कहा।

जैसे वैकुण्ठ गिलास खोजकर ला देगा। वैकुण्ठ ने बरतनों की ओर ताका। "तुमसे कोई काम हो ही नहीं सकता है।" नुटु ने कहा और लँगड़ाता हुआ वहाँ गया और गिलास लाकर उसमें पानी भरकर ले आया।

"लो पियो।" उसने कहा।

मुझे पानी पिलाकर उसने गिलास रख दिया और कहा, "वैकुण्ठ किसी भी काम का नहीं है, उससे कोई काम नहीं हो सकता है। वह सिर्फ पीछे-पीछे घूमा करता है।"

फिर उसने मुझसे कहा, "तुमसे कहा था कि धूप में मत घूमो। मेरी तुमने सुनी नही। अब तकलीफ भोगो।"

वैकुण्ठ अपना मुंह मेरे पास ले आया था और कुछ सूंघ रहा था। नुटु ने उसे ढकेलकर कहा, "जाओ, भागो, उसका माथा क्यों सूंघ रहे हो? तुम डॉक्टर हो जो बुखार देखोगे? तुम किसी भी काम के नहीं हो। सिर्फ खाने में बहादुर हो।"

दूसरे दिन मुझे होश नहीं रहा। मुझे जब बुखार आता था तो घर के सारे लोग व्याकुल हो उठते थे, बाबूजी का टेलीफोन मिलते ही कलकत्ते के बड़े-बड़े डॉक्टर दौड़े-दौड़े आते थे, लेकिन आज मैं ज्वर के आवेग के कारण बेहोशी की हालत में मयनाडाँगा की एक अनजान और साधारण झोंपड़ी में पड़ा था। हो सकता है कि अब भी हरिसाधन बाबू मेरे घर में आते होंगे और मेरे बारे में पूछताछ करते होंगे, "ज्योति कहाँ गया? पुलिस ने कोई सूचना दी है या नहीं?"

पुलिस भी क्या कम परेशान होगी!

हो सकता है कि हरिसाधन चटर्जी खुद थाने में गये हों और पुलिस से पूछताछ की हो।

पुलिस का ओ. सी. ओ. लज्जित होगा। गरीबों का लड़का खो जाये तो उनके लिए फिक्र की कोई बात नहीं है। जितनी परेशानी होती है वह सब बड़े लोगों के लड़कों के कारण ही।

तब अंग्रेजों का राज्य था। हो सकता है कि ओ. सी. ओ. कहे "चारों ओर खबर भेज दी है सर। अब तक कोई पता नहीं चला है।"

बाबूजी बैरिस्टर हैं। बाबूजी ने बिगड़कर कहा होगा, "फिर आप लोग हैं ही क्यों? ह्वाट यूआर दे यार फॉर? मैं गवर्नर के प्राइवेट सिक्रेटरी को फोन करूँगा···"

गवर्नर के प्राइवेट सिक्रेटरी तक हर किसी की पहुँच नहीं हो सकती है। जिनकी पहुँच है, उनकी समस्या का समाधान हो जाता है। जिनकी समस्या का उससे भी समाधान नहीं होता है वे अन्त में यह सोचकर सान्त्वना धारण करते हैं कि जहाँ तक उनकी सामर्थ्य है, उन्होंने कोशिश की। सरकार की पुलिस और उसके कर्मचारियों ने आखिर-आखिर तक कोशिश की। लेकिन जो गरीब हैं वे सोचते हैं कि हमारे लिए किसी ने कोई कोशिश नहीं की।

और घर में क्या हालत होगी? रघु की तनख्वाह जरूर ही काट ली गयी होगी। बैंजू की भी वही हालत हुई होगी। बैंजू दरभंगा जिले का आदमी है। विश्वासी भी है। रात-दिन फाटक पर पहरा देता है। वह भी सहमा-सहमा होगा।

और शुकदेव? शुकदेव को लेकर ही पुलिस अधिक खींचतान कर रही होगी। जिरह करते-करते नाकों दम कर दिया होगा।

"तुम जब घर से निकले तो ज्योतिर्मय सेन को अपने साथ क्यों ले गये?"

"गाड़ी के अन्दर कोई और आदमी नहीं था, तुम्हें मालूम है?"

"तुम पर जब छोटे बच्चे की जिम्मेदारी थी तो उसे छोड़कर भागना तुम्हारे लिए क्या उचित था?"

मयनाडाँगा में लेटे-लेटे मैं कल्पना करता था कि मेरे लिए कलकत्ते में हंगामा मच गया है। लेकिन कि... को यह मालूम नहीं है कि मैं अभी यहाँ बेहोश होकर पड़ा हूँ।

इस अज्ञातवास में सम्भवतः एक प्रकार का आनन्द छिपा है। पाण्डवों ने जो अज्ञातवास किया था उसका कोई अवश्य ही अर्थ था। इस अज्ञातवास में सम्भवतः मनुष्य के लिए आत्मान्वेषण सहज होता है। अज्ञातवास में जितनी यातना है उसकी अपेक्षा सुख की मात्रा कहीं अधिक है। जब मैं राइटर्स बिल्डिंग में रहता हूँ तब चाटुकारों की स्तुतियों से अन्धा हो जाता हूँ। लेकिन यहाँ मयनाडाँगा में मँझले बाबू के घर पर भी ये लोग भागे-भागे पहुँच गये हैं। इस मयनाडाँगा का विष्णु घोष रसगुल्ला खिलाकर प्रमाण-पत्र माँगने आया है, रथीन सिकदार गोड़रा मछली खिलाकर मनोनयन माँगने आया है, और आया है···

"कैसी तबीयत है ज्योति ?"

कोई जवाब नहीं मिला। नुटु ने मेरे माथे पर अपना हाथ रखा। उसका हाथ जैसे आग से जल गया। नुटु चौंक पड़ा। वैकुण्ठ भी नुटु की देखादेखी मेरे मुँह के पास अपना मुँह ले आया।

नुटु ने जोरों से धमकाया, "तुम्हारे कारण भारी मुसीबत है। यहाँ से हटो-हटो, देख नहीं रहे हो कि ज्योति बीमार है ?"

वैकुण्ठ बात समझता था। वह अपना सर झुकाये थोड़ा हटकर खड़ा हो गया।

"अरे हट जाओ, उधर हटो। कह रहा हूँ···"

वैकुण्ठ और अलग हटकर खड़ा हो गया।

नुटु ने कहा, "तुम्हारी देह की बदबू से आदमी यों ही भागता है। और वह ठहरा बीमार आदमी। उसे तो उलटी हो जायेगी। खबरदार, कहे देता हूँ कि बीमार आदमी के पास मत जाना।"

वैकुण्ठ अपराधी की तरह माथा झुकाये वहीं खड़ा रहा। सचमुच, अपने अपराध की भीषणता उसकी समझ में आ गयी थी। डाँट-फटकार सुनने के कारण उसकी आँखें छलछला आयी थीं।

नुटु ने फिर डाँटा, "अब रुलायी फूटने लगी। कौन-सी ऐसी अन्याय की बात मैंने कही ? तुम्हारी देह से क्या खुशबूदार साबुन की खुशबू निकलती है कि आदमी तुम्हें गोद में लेकर नाचे ? तुम मेरे घर में आये ही क्यों, सुनूँ तो जरा। बाबू लोगों के घर नहीं जा सके ? वे लोग तुम्हें खुशबूदार साबुन लगाते, तुम्हारी देह में इत्र छिड़कते। वे सब चीजें मैं कहाँ से लाऊँ ? हम लोग गरीब आदमी ठहरे, यह क्या तुम्हें मालूम नहीं है ?"

वैकुण्ठ फिर भी चुप रहा।

अचानक बातों की भनक माँ के कानों में पहुँची । माँ रसोई का इन्तजाम कर रही थी ।

"क्या हुआ नुटु ?"

नुटु ने कहा, "देखो न माँ, मैं चिन्ता के मारे अलग ही परेशान हूँ और इधर वैकुण्ठ रोगी के पास जाकर उसका माथा चाटने लगता है । मैं उसके माथे पर हाथ रखकर बुखार देखूंगा तो वह भी देखेगा । जानवर आखिर कहते हैं किसे…"

माँ ने रसोई बनाते-बनाते कहा, "उसको तुम घर से विदा कर दो ।"

नुटु ने कहा, "मैं भी यही सोच रहा हूँ कि उसे विदा कर दूंगा । वह अब आदमी नहीं हो सकेगा…"

बोलने के लिए तो वह बोल गया लेकिन उसने वैकुण्ठ की ओर गौर से देखा । वह जैसे माथा झुकाये सब सुन रहा था । नुटु आहिस्ता-आहिस्ता वैकुण्ठ के पास गया और जाकर उसके सींगों को पकड़ा । "क्या रे," उसने कहा, "डाँटा है तो तुम्हें गुस्सा हो आया है ?"

फिर माँ को पुकारकर कहा, "ए माँ, देखो-देखो, जानवर कहा है इसलिए वैकुण्ठ गुस्सा गया है । जानवर को जानवर नहीं कहूँ तो क्या कहूँ ? देवता कहूँ ? हम लोगों के देवता ? देवता कहकर आदर करूँ ?"

वैकुण्ठ के गले को पकड़कर नुटु उसे पुचकारने लगा । नुटु उसे जितना ही पुचकारता था, वैकुण्ठ उतना ही अपना मुंह घुमा लेता था । किसी भी हालत में पुचकारने नहीं देता था । उसे गुस्सा नहीं आता क्या ? वह मान नहीं कर सकता है ? वह क्या बेवकूफ है कि कुछ समझता ही नहीं ?

नुटु समझ गया । "क्यों गुस्साये हुए हो वैकुण्ठ ?" उसने कहा, "मैंने तुम्हें कुछ बुरा कहा है ? मुझे क्या एक ही झंझट है ? इधर घर में चावल नहीं, बाप शराब पीकर कहीं पड़ा रहता है और उस पर तुम गँवार की तरह काम करते हो । घर में बड़े आदमी के लड़के को लाकर रखा है और वह बीमार है । मैं कौन-सा मोर्चा सँभालूँ ? बताओ तो सही ।"

वैकुण्ठ अब जैसे हल्की हँसी हँसा, जैसे उसका गुस्सा अब उतरा ।

नुटु के चेहरे पर कितनी हँसी छलक आयी । "माँ, यह देखो," उसने कहा, "अब वैकुण्ठ का गुस्सा उतरा है । वह सब समझता-बूझता है माँ । जानवर होने से क्या होगा, इसको बड़ी समझ है ।"

वैकुण्ठ तब खुश होकर नुटु का गाल चाट रहा था ।

नुटु भी तब उसके लाड़-प्यार से खुश हो रहा था । माँ की बात सुनकर वह अचानक होश में आया । माँ ने कहा, "वैकुण्ठ को दुलारने से ही तेरा पेट भरेगा ? मुझे भात नहीं बनाना है ?"

नुटु उठकर खड़ा हुआ और बोला, "हाँ, अभी तुरन्त जा रहा हूँ।"

फिर उसे याद आया। "ज्योति क्या खायेगा माँ ?" उसने कहा।

माँ झुँझला उठी, "वह क्या खायेगा, मैं क्या जानूँ। अंगूर, बेदाना, सेब खायेगा और क्या खायेगा।"

"क्या कह रही हो माँ ! बीमारी की हालत में कोई अंगूर, बेदाना और सेब कहीं खाता है ! उसके लिए थोड़ा सागूदाना बना दो। बाबू लोगों को ज्वर होता है तो वे सागूदाना खाते हैं। बिन्दावन साव की दुकान में देखा है कि ज्वर होने पर लोग सागूदाना खरीदते हैं।"

माँ ने कहा, "बाबू लोगों के घर में किसी को ज्वर होता होगा तो वह सागूदाना खाता होगा। मुझे जब ज्वर हुआ था तो मैंने क्या सागूदाना खाया था या तुमने ही मेरे लिए सागूदाना ला दिया था ?"

"लेकिन माँ, ज्योति क्या हम लोगों की तरह है ? उसका ज्वर कहीं बढ़ गया तो ?"

"फिर डॉक्टर बुलाओ। सागूदाना ले आओ, दवा लाओ। तुम्हारे पास पैसा है, तुम डॉक्टर बुलाओगे, दवा लाओगे, इसमें मेरा क्या !"

नुटु उस ताने को समझ गया। बात सुनकर वह कुछ क्षणों तक खामोश रहा। फिर बोला, "तुम इस तरह क्यों बतिया रही हो ? बिना ताना मारे आदमी से बात नहीं की जा सकती है ?"

"ताना न मारूँ तो क्या करूँ ! जिसे खाने के लिए अनाज नहीं जुटता है, उसके लिए बड़े आदमी के लड़के को शौक से रखना शोभा देता है ?"

नुटु ने तीखी आवाज में कहा, "उसका यहाँ कोई नहीं है तो वह क्या बेमौत मरे ?"

माँ ने कहा, "मरेगा या नहीं, सो तुम जानो। मैं उसके बारे में क्या जानूँ ? मुझे क्या परवाह ! मैं उसे ले घर आयी हूँ या उसका पालन-पोषण कर रही हूँ ?"

"बार-बार तुम एक ही बात करोगी ! मुझे क्या उस वक्त मालूम था कि वह इस तरह बीमार हो जायेगा !"

"नहीं मालूम था तो इस पाप को मरने के लिए घर उठाकर क्यों ले आये ?"

"माँ !" नुटु चिल्ला उठा। फिर कुछ क्षणों तक चुप रहने के बाद बोला, "खबरदार ! कहे देता हूँ, ऐसी बात मत बोलना।"

"क्यों नहीं बोलूँगी, सुनूँ तो जरा। तुम तो खेत में मजदूरी करने जा रहे हो। घर पर मुझे ही रहना है। मुझे ही तो सब करना पड़ेगा। फिर कहूँ क्यों नहीं ?"

"नहीं, तुम नहीं बोल सकती हो। तुम्हारे मुँह से अपशकुन की बातें मैं दुबारा नहीं सुनना चाहता हूँ।"

"जरूर कहूँगी। अलबत्ता कहूँगी। बड़े ही कमाऊ पूत हैं मेरे। तब मानती जब दोनों जून दो मुट्ठी खाना लाकर देते। जो खाना नहीं दे सकता है उसकी इतनी फरमायश ही क्यों। मुझसे सागूदाना बनाना नहीं हो सकेगा। जरूरत है तो खुद सागूदाना खरीदकर ले आओ और बनाओ।"

नुटु तब गुस्से से उबल रहा था। "आखिरी बार कहे देता हूँ माँ, मुझे गुस्सा मत दिखाओ, गुस्सा आया तो मैं लंकाकाण्ड मचा दूँगा..."

"क्या लंकाकाण्ड मचाओगे ? मचाओ न, घर में आग लगा दो न, छुटकारा मिल जायेगा।"

ऐसे में झूमते-झामते दिगम्बर वहाँ आ पहुँचा।

"क्या हुआ, इतना हो-हल्ला किसलिए हो रहा है ?"

वह भीगे कपड़े पहने था। कन्धे पर भीगा अँगोछा और दोनों आँखें लाल-लाल।

"फिर झगड़ा क्यों शुरू हुआ ?"

माँ ने कहा, "देखो न, तुम्हारा बेटा पता नहीं किसके लड़के को घर पर लाकर पाल रहा है। अभी वह ज्वर से बेहाल है। उसके लिए अभी सागूदाना बनाना पड़ेगा और उसक. तीमारदारी करनी पड़ेगी। मैंने कहा कि मुझसे नहीं बन पड़ेगा तो मुझे आँखें दिखा रहा है। कह रहा है कि घर में आग लगा देगा।"

एक तो दिगम्बर ने रात-भर जगकर नसाखोरी की थी और उस पर घर में यह अशान्ति। गाँजे का दम लगाने के कारण उसकी आँखें लाल-लाल थीं। बात सुनकर वह वहाँ नहीं रुका। सीधे अपने लड़के की ओर बढ़ा। "हरामी का बच्चा," उसने कहा, "घर में तू आग लगायेगा, तेरी यह हिम्मत !"

नुटु लँगड़ाते-लँगड़ाते एक कदम पीछे हट गया। फिर बोला, "कहे देता हूँ, अब आगे मत बढ़िए वरना मारकर धराशायी कर दूँगा।"

"क्या कहा हरामजादे !"

दिगम्बर की लाल-लाल आँखें और भी लाल हो गयीं।

"जो कह रहा हूँ, ठीक ही कह रहा हूँ। अब आगे मत बढ़िए, आगे बढ़िएगा तो आपका सर फोड़ दूँगा। मेरा दिमाग अभी ठिकाने नहीं है।"

दिगम्बर तब होश-हवास गँवा बैठा था। "कहाँ गया पट्ठा ? देखूँ, उसे किस तरह का ज्वर है ? मैं पट्ठे का ज्वर उतार देता हूँ..."

"बाबूजी !"

नुटु चिल्ला उठा। "ज्योति के बदन को छुआ तो फिर आपकी जान रहेगी

या मेरी ही जान रहेगी। मैं सागूदाना लाने जा रहा हूँ, डॉक्टर को भी बुलाना है। लौटकर अगर पाया कि ज्योति को कुछ हुआ है तो आप दोनों को देख लूंगा···कहे देता हूँ।"

इतना कहकर उसने वैंकुण्ठ को पुकारा, "चलो वैंकुण्ठ।"

वैंकुण्ठ के गले के घुंघरू टुन-टुन बज उठे। जैसे उसने भी इत्मीनान की साँस ली। फिर उसने बैलों को गाड़ी में जोता। गाड़ी चलने लगी। पीछे-पीछे वैंकुण्ठ भी घुंघरुओं को टुनटुनाते हुए जाने लगा। मयनाडाँगा के स्टेशन के रास्ते के बायें से एक रास्ता सीधे बाजार की ओर जाता था। बाजार के अन्दर साहा बाबू की आढ़त थी।

नुटु लँगड़ाता हुआ गद्दी में हाजिर हुआ।

"परणाम साहा बाबू।"

साहा बाबू के पास उतना वक्त नहीं था कि जब-तब इसका-उसका प्रणाम स्वीकार करे। उसने नजर उठाकर एक बार नुटु की ओर देखा और वह हिसाब के खाते में डूब गया। हिसाब में थोड़ी भी चूक हो जाये तो रुपया-आना-पाई में गलती हो जायेगी।

हाथ की उंगली में हासिल के पैसे को अटकाये साहा बाबू ने कहा, "ए केदार, फिर यह शैतान क्या कहने आया है। पूछो।"

केदार मुनीम आगे बढ़कर उसके सामने आया।

"क्या जी, क्या चाहते हो ?"

नुटु ने विवश बालक की तरह विनम्रता के साथ कहा, "आज खेप नहीं मिलेगी ?"

केदार ने आवाज धीमी करके कहा, "तुम कितनी खेपें चाहते हो ?"

नुटु ने कहा, "आप जितनी दे सकें। काम-धन्धे में बड़ी कमी आ रही है मुनीमजी ! घर में मुसीबत का दौर चल रहा है। अगर कुछ पेशगी दें तो घर पर सागूदाना पहुँचा आऊँ। घर पर बीमारी का सिलसिला चल रहा है।"

केदार मुनीम ने अपनी आवाज को और भी धीमी करके कहा, "साहा बाबू तुम पर बिगड़े हुए हैं, मालूम है न ? उस बार तुम्हें खेप देने के कारण कई वैगन खाली लौट गये थे।"

नुटु ने कहा, "यह सब बात मैं नहीं सुनना चाहता हूँ मुनीमजी ! आपको जो नजराना लेना हो ले लें। मुझे एक रुपया चाहिए। आपके पैर पकड़ता हूँ···"

"अरे कर क्या रहे हो ? सुबह-सुबह छू दिया।"

"न होगा तो आप नहा लें हुजूर। मुझे एक रुपया देना ही पड़ेगा। जब तक न देंगे मैं आपका पैर नहीं छोड़ूंगा।"

उस तरफ से साहा बाबू की आवाज आयी, "केदार, वह क्या बक-बक कर रहा है ? क्या चाहता है ?"

केदार ने कहा, "खेप माँग रहा है मालिक !"

"मत देना, हरगिज मत देना । पट्ठे को जरा होश में आने दो । कहे देता हूँ मत देना ।"

केदार ने आँख मटकायी । फिर धीमी आवाज में कहा, "लो, रुपये को छिपा लो । मालिक दोपहर में जब खाने चले जायेंगे, तब आना । खेप दूँगा । लेकिन अब चार आने से काम नहीं चलेगा । साढ़े चार आना नजराना देना पड़ेगा ।"

"उतना ही दूँगा मुनीमजी । आपके पैरों पड़कर कहता हूँ कि देह से खटकर मैं वसूल कर दूँगा । गरीबों को देने से आपकी भलाई होगी । आप दीजिए ।"

केदार मुनीम के हाथ से नुटु ने झपट्टा मारकर रुपया ले लिया और लँगड़ाता हुआ दौड़ने लगा । वैकुण्ठ भी उसके पीछे-पीछे दौड़ने लगा । जब तक वह बाजार के विन्दावन हाजरा की दुकान में नहीं पहुँच जाता है, तब तक उसकी दौड़ थमने की नहीं है ।

"क्या जी केदार, वह पट्ठा क्या कह रहा था ?"

केदार मुनीम ने कहा, "कहेगा क्या, खेप माँग रहा था ।"

"खेप नहीं दी है न ?"

केदार ने कहा, "आप पागल हुए हैं ! उस हरामजादे को अब खेप दूँगा ? हरामजादे के चलते एक बार गद्दी का नुकसान हो चुका है । अब दूँ भला ।"

"अच्छा किया, बहुत ही अच्छा ।" साहा बाबू फिर हिसाब के कत्थई खाते में डूब गये । रुपया-आना-पाई···"

"कौन ?"

महीन खादी का चुन्नटदार कुरता पहने हुए है । दूध की तरह सफेद देह का रंग । मोटा-सोटा बदन । आते ही मेरे पैरों को छूने लगा ।

"यह क्या कर रहे हैं ? कौन हैं आप ?" मैंने कहा, "शंकर कहाँ है ? रतन ?"

रतन और शंकर दोनों दौड़े-दौड़े आये ।

"आप कौन हैं ?" मैंने कहा, "मैंने केस्टो हालदार को बुलाने को कहा था न ।"

शंकर ने कहा, "केस्टो हालदारजी खाना खाने गये हैं । खाकर तुरन्त आयेंगे । और आप हैं मन्मथ बाबू । यहाँ के मँझले बाबू । आपसे इनके बारे में कहा था । यह मकान इन्हीं का है । जमींदारी तो चली गयी है न ! अब इन

लोगों ने कलकत्ते में कब्जे का कारखाना खोला है।"

"बैठिए।" मैंने कहा।

मन्मथ बाबू प्रसन्न हुए। खुलकर मुसकराते हुए बोले, "आपको यहाँ कोई तकलीफ तो नहीं हो रही है ज्योतिदा ? आप आइएगा, यह सुनकर मैंने समूचे मकान में सफेदी पोतवाई है। अब यहाँ नहीं रह रहा हूँ···सारे फर्निचर का इन्तजाम कर दिया है···"

फिर वही खुशामद। मैंने उसके चेहरे की ओर देखा। एक जैसा ही चेहरा। इन चेहरों से ज्योतिर्मय सेन परिचित है। ऐसे लोगों को खुशामद की कला आती है और खुशामद कर मन्त्रियों से परमिट और लाइसेंस वसूल सकते हैं। उतनी दूर कलकत्ते से वह यों ही नहीं आया है। ये ही लोग थे नुटु और दिगम्बर के बाबू। कभी इन लोगों के इसी मकान में मोर था, काकातुआ था और कुत्ता था। आज यह मकान खाली पड़ा है। इन बाबुओं ने जमींदारी बेचकर लाखों रुपये से कलकत्ते में नया मकान बनवाया है। हो सकता है कि उस मकान में बाबू लोग रेडियो, रेडियोग्राम और रेफ्रिजेरेटर रखे हुए हैं। अमरीका, जर्मनी और इंग्लैण्ड में जो-जो चीजें बनती हैं, सब रखे हुए हैं। नहीं रखे हैं तो केवल मोर, काकातुआ और कुत्ता···

"तकलीफ हो तो बतायें, लजाने की जरूरत नहीं है। इसे अपना ही घर समझें ज्योतिदा···"

दस

मन्मथ बाबू का चेहरा देखते ही समझ में आ जाता है कि कभी ये लोग जमींदार रहे होंगे। लेकिन ज्योतिर्मय सेन को लगा कि जमींदारी चली जाने के बावजूद इन लोगों की जमींदारी नहीं गयी है। क्षतिपूर्ति के रूप में मोटी रकम पाकर मोटा लाभ हुआ है। बस मोटे लाभ के रुपयों को और भी बड़ी जमींदारी में लगाकर अब और मोटा लाभांश प्राप्त कर रहे हैं अन्यथा चेहरा-मोहरा इतना सुडौल क्यों रहता !

ज्योतिर्मय सेन हँस पड़े। इन बातों पर हँसना ही चाहिए। वह हँसी तृप्ति और आनन्द की हँसी थी। जब से राजनीति कर रहे हैं, तब से इस तरह की हँसी हँसना उन्होंने सीखा है। मन में चाहे जितना आक्रोश उबलता हो, जितनी घृणा हो जितनी शत्रुता हो, लेकिन बाहर से हँसी ओढ़कर रहना पड़ेगा। इसी से काम बनता है। जनप्रियता बनी रहती है। और जनप्रियता ही एकमात्र पूँजी है।

"इस गाँव की हालत देख रहे हैं न !"

ज्योतिर्मय सेन ने कहा, "कैसे देखूं, सुबह से मैं तो यहीं बैठा हुआ हूँ।"

"लेकिन कुछ-न-कुछ अवश्य ही सुना होगा।"

ज्योतिर्मय सेन ने कहा, "खबर राइटर्स बिल्डिंग में पहुँच ही जाया करती है।"

"सो तो पहुँचेगी ही। हम लोग जब तक इस गाँव में थे, यहाँ के लोगों की ऐसी बदतर हालत नहीं थी। मेरे पिताजी पूजा के अवसर पर हर व्यक्ति को एक-एक कपड़ा दिया करते थे।"

"तब यह क्यों नहीं कहते कि आप लोगों के चले जाने से गाँव के लोगों की बहुत बड़ी हानि हुई है।"

मन्मथ बाबू ने बात को दूसरी ओर मोड़ दिया। "मेरे कहने का यह मतलब नहीं है। आप गाँव के लोगों से पूछकर देख लें कि उनका क्या कहना है। वे अब अच्छी हालत में हैं या तब अच्छी हालत में थे।"

"फिर आप क्या कहना चाहते हैं कि जमींदारी प्रथा फिर से लौट आये ?"

मन्मथ बाबू को जैसे लज्जा का बोध हुआ।

"छि:-छि: ! घड़ी की सूई क्या उलटी दिशा में घूम सकती है ? मैं आपसे यह सब नहीं कहने आया हूँ। यों ही आपके दर्शन को चला आया। हमारे घर में आप जैसे व्यक्ति के चरणों की धूल गिरी है, यह क्या हम लोगों के लिए कम सौभाग्य की बात है। मुझे सिर्फ यही पूछना था कि आपको कोई असुविधा तो नहीं हो रही है।"

फिर वही खुशामद। इस तरह की खुशामद सुनने के ज्योतिर्मय सेन आदी हो गये हैं। जब से ताकत हाथ में आयी है तब से यह सब देख-सुन रहे हैं। इसीलिए तो आदमी ताकत चाहता है। ताकत में बड़ा ही मोह रहता है। उसके सामने रुपया-पैसा, मान-सम्मान और स्वास्थ्य तुच्छ हैं। ताकत के लिए ही आदमी संन्यास ग्रहण करता है। ताकत के लिए ही आदमी अर्थ को अनर्थ के रूप में लेता है। इसीलिए ताकत दुनिया में सबके लिए हानिकारक साबित होती है।

अचानक शंकर ने कमरे में प्रवेश किया।

"ज्योतिदा, आप तो आराम नहीं कर सके।" उसने कहा।

ज्योतिर्मय सेन ने कहा, "कहाँ कर पाया।"

"आपसे मिलने के लिए इतने आदमी आ रहे हैं कि उन्हें रोककर रखना मुश्किल हो रहा है।"

"मैं इसका अभ्यस्त हो गया हूँ शंकर।"

आज ज्योतिर्मय सेन जिस स्थान पर पहुँच चुके हैं, शंकर वगैरह भी उसी स्थान पर पहुंचने के लिए प्राणपण से कोशिश कर रहे हैं। जिस दिन वहाँ

पहुँचने में असफल हो जायेंगे, उस दिन मेरा सम्मान करना भी छोड़ देंगे। तब दूसरे ज्योतिर्मय सेन को पकड़ेंगे। उसकी भी खुशामद इसी तरह करेंगे। इसी तरह सम्मान भी करेंगे। यही तो नियम है। इसके बारे में सोचकर मन खराब नहीं करना चाहिए। सच तो यह है कि मन किसी भी वजह से खराब नहीं करना चाहिए। मन खराब होता है तो स्वास्थ्य भी बिगड़ता है और स्वास्थ्य के बिगड़ते ही अधःपतन की शुरुआत हो जाती है।

जब किसी आदमी का जीवन से सम्बन्ध टूट जाता है तो उसमें भय की शुरुआत होती है। जीवन का अर्थ व्यक्ति है। व्यक्ति का अर्थ मनुष्य। मनुष्य से सम्बन्ध का अर्थ ही जीवन से सम्बन्ध है। जीवन की शुरुआत में यह सहज है। मसलन शंकर। शंकर के जीवन की यह शुरुआत है। घर-द्वार छोड़कर मुझसे सम्बन्ध-सूत्र जोड़े हुए है। चुनाव में उतरेगा तो मेहनत करेगा, प्रचार करेगा लेकिन जब उम्र ढल जायेगी तब मेरी ही तरह उसको भी आराम की जरूरत महसूस होगी। अभी वह नहीं खाता है या नहीं सोता है तो कोई [illegible] नहीं होता। लेकिन तब उसे इन शंकर जैसे लोगों पर निर्भर करना होगा। इन्हीं लोगों की मेहनत और ईमानदारी पर निर्भर कर अपनी प्रतिष्ठा सुरक्षित रखनी पड़ेगी।

"लेकिन एक बार हमारी हालत पर गौर करें ज्योतिदा।"

एकाएक सपना जैसे चकनाचूर हो गया। "आप लोगों की हालत क्या इन दिनों खराब हो गयी है?" मैंने पूछा।

"खराब क्यों नहीं हुई है? पहले इस तरह की फिक्र नहीं रहती थी। पहले जितनी आमदनी होती थी उससे हम आराम से जीवन जीते थे और भविष्य के लिए चिन्ता नहीं करनी पड़ती थी।"

"लेकिन अब तो आप लोगों की आमदनी बहुत बढ़ गयी है। आपने कलकत्ते में कब्जे की फैक्टरी बनायी है न? विलायती कब्जे का आयात बन्द हो जाने के बाद आप लोगों का एकाधिकार कारोबार रह गया है।'

"लेकिन वही होने से क्या होगा ज्योतिदा! तब हड़ताल का डर नहीं था। तब जमींदारी की तालाबन्दी की बात तक दिमाग में नहीं थी। अभी कोई यह गारण्टी नहीं दे सकता है कि कल मेरी फैक्टरी खुलेगी या बन्द रहेगी। खुल भी सकती है और नहीं भी खुल सकती है। यह भी तो एक तरह की अशान्ति ही है। यह अशान्ति और भी अधिक भयंकर है।"

"रुपया पैदा कीजिएगा और अशान्ति से घबड़ाइएगा?" मैंने कहा।

"मैं इस तरह रुपया पैदा नहीं करना चाहता हूँ ज्योतिदा, हम लोग सुरक्षा चाहते हैं। भविष्य में अगर सुरक्षा ही नहीं रही तो इतना रुपया रहने से क्या फायदा?"

ज्योतिर्मय सेन मन-ही-मन हँसे। जैसे सोचने के लिए उन्हें एक नयी विषयवस्तु मिली हो। पहले जमींदारी में कम रुपया मिलता था लेकिन सुरक्षा थी और आज दस गुना अधिक रुपया मिल रहा है लेकिन सुरक्षा गायब हो गयी है।

"जानते हैं, यूनियन के आदमी आजकल हमें धमकी देते हैं। पहले प्रजा हम लोगों के सामने चूँ शब्द तक नहीं कर सकती थी। माथा जमीन पर टेक-कर प्रणाम करती थी।"

"इसके लिए क्या सरकार जिम्मेदार है?" मैंने पूछा।

मन्मथ बाबू ने कहा, "सरकार ही इन्हें बढ़ावा देती है। सरकार इस तरह की अराजकता के लिए उन्हें दबा नहीं सकती है?"

मैंने कहा, "सरकार जिस तरह आपके लिए है, वैसे गरीबों के लिए भी तो है।"

"रहे, सरकार गरीबों के लिए रहे। लेकिन अन्याय और जुल्म सरकार क्यों बर्दाश्त करती है?"

ज्योतिर्मय सेन को अब ऊब महसूस हुई। "सरकार का अपना एक कानून है। उस कानून को देश के ही आदमी बनाते हैं। आप लोगों के मन-पसन्द आदमी ही उस कानून को बनाते हैं। कानून को मानकर चलना सरकार का काम है।"

"लेकिन..."

मन्मथ बाबू कुछ कहना चाहते थे पर उन्हाने अपने को रोक लिया। शंकर एकाएक वहाँ आया।

"क्या बात है शंकर?"

शंकर ने कहा, "सर, बाहर बड़ी भीड़ लग गयी है। सुनने में आया है कि दक्षिणपाड़ा से एक जुलूस आ रहा है।"

"जुलूस? क्यों? किस चीज का जुलूस?"

"कम्युनिस्टों का जुलूस।"

"कम्युनिस्ट का मतलब? कौन-सी कम्युनिस्ट पार्टी? सी. पी. आई. या जनसंघ?"

"इसके बारे में अब तक सूचना नहीं मिली है। मैं पुलिस के बड़े अफसर को यह खबर पहुँचाने गया था। फाटक पर जो दो-चार पुलिसवाले हैं, उनसे काम नहीं चलेगा।"

ज्योतिर्मय सेन ने पूछा, "वे लोग क्या चाहते हैं?"

शंकर ने कहा, "और क्या चाहेंगे, यहाँ आकर सिर्फ चिल्लायेंगे और आपको तकलीफ पहुँचायेंगे।"

"उन लोगों की क्या-क्या माँगें हैं ?"

"माँगों का कोई अन्त रहे, तब न सर। हर कोई सिर्फ माँग ही करता है और काम करने के समय जी चुराता है। चिल्लाना उन लोगों का पेशा है।"

कुछ देर तक चुप रहने के बाद फिर कहा, "चिल्लाने से कोई हर्ज नहीं है सर। कहीं रोड़े-पत्थर न फेंकने लगें..."

"क्यों, रोड़े-पत्थर क्यों फेंकेंगे ?"

"चाहे आपने उनका कुछ भी नहीं बिगाड़ा है, लेकिन आप मुख्यमन्त्री हैं, यह उनकी निगाह में अपराध है। और कारण क्या हो सकता है !"

ज्योतिर्मय सेन ने कहा, "लेकिन एक बात है शंकर ! पुलिस के बड़े अफसर से कह दो—चाहे वे हंगामा करें या रोड़ेबाजी, लेकिन गोली नहीं चलनी चाहिए।"

मन्मथ बाबू जैसे अपराधी हों, उसी तरह उठकर खड़े हो गये। हाथ जोड़कर बोले, "मैं चलूँ ज्योतिदा, आपको व्यर्थ ही तंग किया। कुछ अन्यथा नहीं लें। अच्छा, नमस्कार।"

लगा, बहुत दूर से लोगों की एक बड़ी जमात का शोरगुल आ रहा है। वे लोग चिल्ला-चिल्लाकर कुछ नारे लगा रहे हैं जो स्पष्टतया सुनायी नहीं पड़ रहे हैं। लेकिन इतना जरूर लग रहा है कि उस आवाज में विक्षोभ है।

ग्यारह

ज्योतिर्मय सेन यह सब बहुत देख चुके हैं और वह भी अंग्रेजों के जमाने से ही। किसी दिन वे ही लोग लाट साहब के भवन के सामने जुलूस लेकर जाते थे और नारे लगाते थे। कलकत्ते के मैदान में जाकर, कस्बों में पहुँचकर कानून तोड़ते थे और माथे पर लाठी का वार झेलते थे। इसलिए इसके चलते उनके लिए डरने की कोई बात नहीं है।

आज उन्हें इतना आराम और इतना सम्मान उपलब्ध है। उस जमाने में कभी-कभी सिर्फ चाय पीकर ही दिन बिताना पड़ा है। जिन दिनों मेदनीपुर में बाढ़ आयी थी, दो दिनों तक भोजन भी नसीब नहीं हुआ था।

पार्टी का काम करने के लिए निकलने पर खाने-पहनने की बात सोचने से काम नहीं चल सकता है !

मेदनीपुर के पुलिस के बड़े अफसर ने उन्हें एक दिन हवालात में रोके रखा था। उस दिन उन्हें पीने के लिए एक गिलास पानी तक नहीं मिला था। प्यास से कण्ठ सूख रहा था। पानी के लिए उन्होंने शोरगुल मचाया था। वे सब बातें

उन्हें क्या अब याद हैं ! अब शीत-ताप नियन्त्रित भवन में डनलपपिलो की गद्दी-मढ़ी कुरसी पर बैठकर जब सचिवालय की फाइलें देखा करते हैं तब मेदनीपुर हवालात के बड़े-बड़े मच्छरों के दंश की कल्पना करने में भी भय का अहसास होता है।

एक दिन जुलूस निकालकर उन्होंने अंग्रेज लाट साहब के भवन के सामने नारे लगाये थे। आज ये लोग आकर उनके मकान के सामने नारे लगा रहे हैं।

हो सकता है कि इसी तरह इतिहास के पहिये घूमा करते हों। लेकिन इतिहास है क्या चीज ? इतिहास क्या केवल उनके अतीत की स्मृतियाँ हैं ? यदि केवल अतीत की स्मृति ही होता तो फिर वह भी ऐतिहासिक ही हैं। वह राजनीतिक होने के बजाय ऐतिहासिक हो सकते थे। लेकिन हुए नहीं। अतीत की स्मृतियों को लेकर जो अतीत और वर्तमान में समन्वय की स्थापना कर अपने एक स्वाधीन दर्शन का आविष्कार कर सके, ऐतिहासिक उसी को कहते हैं।

गिब्बन की बात याद आयी। इतिहास लिखकर किसी और को इतनी ख्याति मिली हो, ज्योतिर्मय सेन को सुनने में नहीं आया है। वही इतिहास की बातें। वर्तमान के तीर पर बैठकर एक द्रष्टा की तरह उसने अतीत के रेशे-रेशे को इस तरह उधेड़कर देखा था जैसे वह उस युग में जीवित था। उसी अतीत युग में बैठकर उसने वर्तमान के विश्व-निवासियों को सम्बोधित करके कहा था, 'शृन्वन्तु विश्वे···'

बाहर जुलूस की आवाज स्पष्ट से स्पष्टतर हो रही है।

कभी यह मयनाडाँगा कितना निस्तब्ध था ! तब मयनाडाँगा में एक मकान यहाँ था तो दूसरा मकान उससे एक मील की दूरी पर।

याद है, बीमारी के समय जब मैं चुपचाप लेटा रहता था, लगता जैसे मरुभूमि में हूँ। बीच-बीच में अपने घर की याद आती थी, बाबूजी की याद आती थी, मास्टर साहब की याद आती थी। रघु याद आता था, बैजू भी और ड्राइवर शुकदेव भी। यह भी याद आता था कि अभी अगर वहाँ रहता तो दवा, डॉक्टर और नर्स से घर भरा रहता।

लेकिन यहाँ दूसरी ही बात थी।

पहले दिन नुटु ने कालमेघ के पत्ते का रस पीने के लिए दिया।

नुटु ने कहा, "यह ज्वर पेट की गरमी के कारण है। हम लोगों को जब ऐसा होता है तो हम कालमेघ के पत्ते का रस पीते हैं।"

नुटु ने बहुत तरह की चीजें खिलायीं। कालमेघ, चिरायता वगैरह। जिन चीजों को पैसे से नहीं खरीदना पड़ता है, उन्हीं चीजों को उसने लाकर मुझे खिलाया।

हो सकता है कि वे लोग इन चीजों से अच्छे हो जाते हों। डॉक्टर या वैद्य

मयनाडाँगा के लिए विलासिता थी। मन्मथ बाबू जैसे लोग डॉक्टर-वैद्य बुलाते थे। उन लोगों के लिए बोतल में लाल रंग की दवा रखी रहती थी, बर्फ आती थी, आइस-बैग मँगाया जाता था।

नुटु को जब-जब वक्त मिलता वह मेरे पास आकर बैठ जाता था।

"कैसी तबीयत है।" वह पूछता था।

तब मुझमें इतनी ताकत नहीं रह गयी थी कि अच्छी तरह बोल सकूँ।

मैं सिर्फ माथा हिलाता था और मेरी आँखों से आँसू की बूँदें ढुलक पड़ती थीं।

नुटु चिल्लाकर पूछता, "माँ, नुटु को सागूदाना दिया था ?"

माँ जवाब देने में देर करती तो वह और जोर से चिल्ला उठता था। "माँ," वह कहता, "मैं बोल रहा हूँ और बात तुम्हारे कानों तक नहीं पहुँच रही है। तुम बहुत सर पर चढ़ गयी हो।"

माँ कहती, "देती हूँ। सागूदाना बना देती हूँ बाबा। मुझे एक काम रहे तब न।"

नुटु चिल्लोकर कहता, "तुम्हारा काम ही बड़ा है। सारा काम छोड़कर पहले सागूदाना बना दो। इधर एक आदमी ज्वर से बेहाल होकर उपवास कर रहा है और तुम्हारा ध्यान कहीं और है। जितने वाहियात काम हो सकते हैं, सब तुम्हारे ही पास हैं···"

फिर वह मन-ही-मन बुड़बुड़ाने लगता, "मैं केदार बाबू को नजराना देकर बिन्दावन हाजरा की दुकान से सागूदाना ले आया और उसे तुमने एक किनारे रख दिया। इस घर का कारोबार आलतू-फालतू आदमी से चल रहा है।"

वह बुड़बुड़ाता हुआ रसोईघर के अन्दर चला जाता था। अन्त में अपने हाथों से सागूदाना बनाकर मुझे पिलाता था।

"लो पियो," वह कहता, "मुँह खोलो।"

मुझे अरुचि हो गयी थी। सागूदाना में न नींबू का रस रहता था और न मिसरी ही। सागूदाना का नाम सुनते ही मुझे मितली आने लगती थी।

"मुँह खोलो, खोलो···"

एक दिन मैंने नुटु की देह पर ही उल्टी कर दी। उफ्, कितनी तकलीफ महसूस हो रही थी !

नुटु ने कहा, "दुत, तुमसे सकना मुश्किल है। मेरा कपड़ा बरबाद कर दिया न। मेरे पास एक ही कपड़ा है। अब क्या पहनूँ।"

लेकिन उस दिन मैं होश में नहीं था। मेरी संज्ञा लुप्त हो गयी थी। सुना था, तब मेरी आखिरी हालत हो गयी थी। मैं चेतनाशून्य की स्थिति में था। कहते हैं, मेरी साँस और नाड़ी की भी गति रुक गयी थी।

मेरी हालत देखकर नुटु अपने को रोक नहीं सका। वह दौड़ा-दौड़ डॉक्टर के पास पहुँचा। ज्योति अब जिन्दा नहीं रहेगा, यह बात उससे बर्दाश्त नहीं हो रही थी।

माँ ने पूछा, "कहाँ जा रहे हो ?"

नुटु ने दौड़ते-दौड़ते कहा, "भाड़ में..."

उसके बाद मुझे कुछ याद नहीं है। तब मैं शिथिल-शून्य पड़ गया था।

अचानक हो-हल्ला सुनकर ज्योतिर्मय सेन चौंक पड़े।

"गरीबों का शोषण, मन्त्री का पोषण, नहीं चलेगा, नहीं चलेगा..."

एकमंजिले के सदर फाटक पर भीषण शोर-गुल की शुरुआत हो गयी थी। एक नेता चिल्ला-चिल्लाकर नारा लगा रहा था, "गरीबों का शोषण, मन्त्री का पोषण..."

"नहीं चलेगा, नहीं चलेगा।" बाकी लोग उसी तेजी से चिल्ला रहे थे।

बारह

उन लोगों के द्वारा कोई चीज किसी भी हालत में नहीं चलेगी। गरीबों का शोषण, मन्त्री का पोषण, नहीं चलेगा। बात तो बड़े मार्के की है, लेकिन उन्हीं लोगों का नेता यदि मन्त्री बन जाये तब वे लोग क्या नारा लगायेंगे ? चिरन्तन काल तक मन्त्री भी रहेंगे और गरीब भी रहेंगे। इतिहास में कोई ऐसा युग नहीं मिलता कि जिसमें न मन्त्री हों और न गरीब। गरीबों और मन्त्रियों की लड़ाई का ही एक दूसरा नाम इतिहास है। इसी लड़ाई के बीच पृथ्वी अपनी धुरी पर घूमती रहेगी। कुछ आदमी आराम करेंगे और ज्यादातर आदमी का मटियामेट हो जायेगा। विनाश में ही जीवन की उर्वर मिट्टी में फसल पैदा होगी और फिर उसी फसल के कारण आदमी-आदमी में छीना-झपटी की शुरुआत होगी। तब क्रम-परिवर्तन के नियम के आधार पर कोई नया नारा बनाया जायेगा। फिर लड़ाई की शुरुआत होगी और फिर ध्वंस का सिलसिला चलेगा।

आज सवेरे से मैं यहाँ बैठा हुआ हूँ, लेकिन मैंने कितना सरकारी काम किया है, मुझे मालूम नहीं। आराम करने के अतिरिक्त मैंने किया ही क्या है। लेकिन राइटर्स बिल्डिंग में पहुँचने के बाद खर्च का बिल मुझे ही पास करना है। उस बार बाढ़ आ जाने के कारण मैं गाँव के लोगों की दुर्दशा देखने गया था। जाने का मकसद था अपनी आँखों से देखकर असहायों को सेवा पहुँचा सकूँ। लेकिन मेरे घूमने-फिरने में ही चालीस हजार रुपये का खर्च बैठ गया। उन रुपयों को बाढ़-पीड़ितों की सहायता में लगाया जाता तो उनकी भलाई होती।

एक बार पण्डित नेहरू से मैंने कहा था, "आप इतना भ्रमण क्यों करते हैं ? इसमें भी तो खर्च होता है। आप यदि भ्रमण न करें तो भ्रमण में जो खर्च होता है वह तो बच जाये।"

नेहरूजी ने कहा था, "मैं अपनी आँखों से हिन्दुस्तान का चप्पा-चप्पा देखना चाहता हूँ। बिना देखे गलती होने की सम्भावना रहती है।"

लेकिन उस गलती की सम्भावना की रोकथाम के लिए देश के आदमी को किराया चुकाना पड़ता है। पैसा तो उन्हीं का खर्च होता है। एड़ी-चोटी का पसीना एक कर वे जो पैसा कमाते हैं, वही पैसा प्रधानमन्त्री के भ्रमण में खर्च होता है। मैंने भी आज वही अपराध किया है। आज मेरी खातिर कई घण्टों के अन्दर कम-से-कम दस-बारह हजार रुपया खर्चा होगा। मैं कई घण्टों में दस-बारह हजार रुपया क्या कमा सकता था ? मैं यदि इंजीनियर या बैरिस्टर होता या व्यवसायी या कि डॉक्टर तो यह क्या मेरे बूते की बात थी कि कई घण्टे में इतना पैसा कमा लेता ?

दरअसल मैं एक अपराधी हूँ।

यह बात मैं अपने मन्त्रालय की बैठक में नहीं कह सकता हूँ। संवाददाता सम्मेलन में भी खोलकर नहीं कह सकता हूँ। कारण है कि हम लोग किसी के सामने अपना हृदय नहीं खोलते हैं। लेकिन मैंने स्वयं अपने-आपसे कई बार पूछा है कि मैं ईमानदार हूँ या बेईमान ? मैं सच्चा हूँ या झूठा ?

कभी-कभी मैं मन-ही-मन एक सूची बनाया करता हूँ कि जीवन में मैंने कौन-कौन से अच्छे और कौन-कौन से बुरे काम किये हैं। लेकिन बुरे कामों की तालिका ही लम्बी और बड़ी हो जाती है।

फिर भी नुटु के लिए तो मैंने अच्छा ही किया है। मेरी बीमारी के समय नुटु ने जो किया वह कोई बाप अपने पुत्र के लिए नहीं करता है। लेकिन मैंने क्या किया ? मैंने उसके लिए जो किया वह काम क्या कोई मित्र अपने मित्र के लिए करता है ?

दरअसल शुभ इच्छा ही शायद सबसे बड़ी चीज होती है। इच्छा ही मनुष्य के लिए उसकी सिद्धि ला देती है। मनुष्य का मन उस इच्छा का वाहन होता है।

एक बार विजयकृष्ण गोस्वामी को एक अजीब ही अनुभव हुआ था। तब महापुरुष के रूप में उन्हें स्वीकृति नहीं मिली थी। महापुरुषत्व के लिए तब वह जमीन तैयार कर रहे थे। गायक होने के लिए जिस तरह एक दिन शिष्यत्व ग्रहण करना पड़ता है जीवन के हर क्षेत्र में यही बात होती है। लेखक बनने के लिए क्या शिष्यत्व ग्रहण नहीं करना पड़ता है ? खिचड़ी-फरोश के दुकानदार को भी शिष्यत्व ग्रहण करके अनुभव हासिल करना पड़ता है।

वह एक दिन दार्जिलिंग गये हुए थे।

शहरी सभ्यता और जनता की भीड़ से अलग हटकर एक एकान्त और निर्जन पहाड़ी जंगल में जाते ही उन्हें एक तीक्ष्ण प्रकाश दिखायी पड़ा। वह समझ नहीं सके कि उस निर्जन स्थान में वह रोशनी कहाँ से आयी।

जहाँ से वह प्रकाश आ रहा था उस ओर ध्यान से देखने पर उन्हें एक ध्यानमग्न साधु बैठा हुआ दिखायी पड़ा। उसके मस्तक से वह प्रकाश आ रहा था।

देखकर विजयकृष्ण दंग रह गये।

उन्होंने उस साधु को पुकारा और उसका ध्यान भंग हो गया। साथ-ही-साथ वह प्रकाश भी बुझ गया।

तब विजयकृष्ण को और भी अधिक आश्चर्य हुआ।

"आपके मस्तक से यह प्रकाश क्यों निकलता है ?"

साधु ने कहा, "मैं जब ध्यानमग्न होता हूँ तो यह प्रकाश निकलता है।"

विजयकृष्ण ने कहा, "उस प्रकाश को फिर से आप निकाल सकते हैं ?"

"हाँ।"

और वह फिर से ध्यानमग्न हो गया और तत्काल उसके मस्तक से प्रकाश निकलने लगा।

इसी को इच्छा कहते हैं। मन को अपने वश में कर लेने से मस्तक ही क्या, सम्पूर्ण शरीर से प्रकाश निकल सकता है। इच्छा-मृत्यु की तरह इच्छा-जीवन और इच्छा-यौवन भी प्राप्त किया जा सकता है। इन सारे तथ्यों को पुस्तकों में पढ़ा है। लेकिन मुझमें यदि वैसी शक्ति होती तो मैं इस बात की इच्छा करता कि पृथ्वी पर जितने मनुष्य हैं, सबकी भलाई हो। पृथ्वी सुख और समृद्धि से परिपूर्ण हो जाये। समस्त पृथ्वी का अगर न हो सके तो कम-से-कम बंगाल के लोगों का मंगल हो।

बहुत दिन पहले, बचपन में मैंने चाहा था कि नुटु की भलाई हो। उसका लँगड़ा पैर अच्छा हो जाये। नुटु का बाप नशा छोड़ दे। नुटु के मकान का छप्पर टूटा हुआ न रहे। उसे दोनों जून दो मुट्ठी अनाज जुटे।

इतने दिन पहले मेरी जो बात थी वह अवश्य ही अब पूरी हो गयी होगी। क्योंकि मुख्यमन्त्री बनते ही मैंने मयनाडाँगा के एस. डी. ओ. से रिपोर्ट माँगी थी।

मिस्टर राय समझ नहीं सका था कि मैं बार-बार मयनाडाँगा के बारे में क्यों पूछताछ करता हूँ।

मिस्टर राय ने कहा था, "गाँव के लोगों की हालत आम तौर से जैसी हुआ करती है, वैसी ही हालत है।"

मैंने पूछा था, "पहले के बनिस्बत अच्छी है या खराब ?"

"पहले के बनिस्बत जरूर ही अच्छी है।" मिस्टर राय ने कहा था।

"कोई ऐसा मामला है कि खाना न जुटता हो ?"

"नहीं सर। खाना न जुटने की बात क्यों रहेगी। चावल दो रुपया चालीस पैसा किलो मिलता है। उससे सस्ता और क्या हो सकता है। इसके अलावा हर किसी को धान का बीज खरीदने के लिए कृषि-ऋण दिया जाता है। इस बार धान की पैदावार भी काफी हुई है। अब किसी को कोई शिकायत नहीं है। मैंने थाने को आदेश दिया है कि कोई भूख से न मरे, इस पर कड़ी निगरानी रखे।"

मैंने कहा था, "मयनाडाँगा के बारे में मुझे व्यक्तिगत अनुभव है। वहाँ के लिए मैं उद्विग्न रहता हूँ। आप जरा खास खयाल रखिएगा मिस्टर राय। मैं नहीं चाहता हूँ कि वहाँ कोई भूखा रहे।"

मिस्टर राय ने कहा था, "जरूर-जरूर, मैं खास निगरानी रखूँगा सर।"

फिर बहुत तरह के कामों में व्यस्त रहने के कारण मयनाडाँगा के बारे में सोचने की मुझे फुरसत ही नहीं मिली। मेरे कामों का कोई अन्त है भला। तीन-तीन बार मुझे यूरोप और अमरीका जाना पड़ा है। यह भी क्या मामूली काम है! इसके अलावा अपनी पार्टी की बैठक, दल को सही रास्ते पर रखना, खाना-पीना। अपनी कुरसी को बरकरार रखने के लिए ही मुझे क्या कम काम करना पड़ता है! सभी मेरी कुरसी पर नजर गड़ाये हुए हैं। जैसे मैंने यहाँ अनधिकार प्रवेश किया हो। हालांकि इतने दिनों तक देश के लिए मैंने जो त्याग किया है फिर भी जैसे वह समाप्त हो गया है। जैसे मैं उड़कर आया और यहाँ बैठ गया। जैसे देश की स्वाधीनता-प्राप्ति में मेरा कोई अवदान नहीं है।

मेरे मन में कम-से-कम यह सान्त्वना तो अवश्य थी कि इस मयनाडाँगा के लिए मैंने काफी कुछ किया है। जब चावल का अकाल पड़ा था तो मैंने यहाँ लंगरखाना खुलवा दिया था। गाँव के लोगों को पानी की तकलीफ हो रही है, यह देखकर मैंने मुख्यमन्त्री के कोष से नलकूप लगवा दिये थे, हालाँकि कोई यह नहीं कह सकता है कि मयनाडाँगा मेरा चुनाव-क्षेत्र है। मैं यहाँ से चुनाव में खड़ा नहीं हुआ हूँ।

चाणक्य ने अवश्य ही कहा है कि 'वेश्या वारांगना इव राजनीति'। सो कहे, लेकिन राजनीति के क्षेत्र में आकर मैंने वेश्यावृत्ति की है, यह कोई नहीं कह सकता है। मानता हूँ, मैंने देशवासियों के लिए बहुत-कुछ नहीं किया है लेकिन यह भी सही है कि बहुत-कुछ किया है।

नुटु के लिए भी कुछ नहीं किया है!

याद है, उस दिन मेरी हालत बहुत खराब थी। तब मेरे शरीर का तापमान

एक सौ पाँच डिग्री था। ज्वर के उत्ताप से तब मैं बेहोशी की हालत में था।

उस समय नुटु पागल जैसा हो गया था।

सदर का बड़ा डॉक्टर कलकत्ते से डॉक्टरी की परीक्षा पास कर आया था।

नुटु उसके पास पहुँचा।

डॉक्टर को इतनी फुरसत कहाँ थी कि वह नुटु जैसे लोगों से बातचीत करे।

"रोगी कहाँ है ? ले आये हो ?" उसने कहा।

नुटु ने कहा, डॉक्टर साहब, "रोगी को हिलाने-डुलाने से वह मर जायेगा। आप खुद एक बार चलकर देख लें।"

बड़ा डॉक्टर एक दूसरे रोगी की जाँच कर रहा था। उसी हालत में उसने कहा, "मयनाडांगा यहाँ से बहुत दूर है, चालीस रुपया देना पड़ेगा।"

नुटु ने कहा, "हुजूर, हम लोग गरीब आदमी ठहरे, रुपया देने की हममें सामर्थ्य नहीं है। गरीब पर दया करें···"

"दया !"

बात सुनकर डॉक्टर ने एक बार आँख उठाकर नुटु की ओर देखा। उसके बाद कहा, "दया नाम की चीज मुझमें नहीं है। समझे ! चालीस रुपये का इन्तजाम करके आओ, फिर मैं चलूँगा।"

"हुजूर, चालीस रुपये मैं कहाँ से लाऊँ ? मुझे काट भी डाला जाये तो चालीस रुपया नहीं निकलेगा।"

लेकिन सदर के डॉक्टर के पास इतना वक्त कहाँ कि जिससे-तिससे बातचीत करे। "जाओ यहाँ से," उसने कहा, "यहाँ खड़े रहकर परेशान मत करो। मेरे पास इतना वक्त नहीं है।"

नुटु तब भी छोड़नेवाला जीव नहीं था।

"भगवान आपका मंगल करेगा डॉक्टर साहब ! आप एक बार चलिए···"

"विभूति !"

विभूति बड़े डॉक्टर का कम्पाउण्डर था। पुकारते ही सामने आया। डॉक्टर ने कहा, "देखो, यह छोकरा यहाँ खड़ा होकर बक-बक कर रहा है, इसे यहाँ से बाहर जाने को कहो।"

विभूति भी बड़ा व्यस्त रहता था। उसका वक्त भी कीमती था। नुटु के सामने आकर कहा, "यहाँ से निकलो, निकलो···"

"हुजूर, एक बार मेरी बात सुन लें, फिर मैं निकल जाऊँगा।"

और थोड़ी देर हो जाती तो विभूति गले पर हाथ धरकर निकाल देता। उसके चेहरे की ओर देखने पर नुटु को ऐसा ही प्रतीत हुआ।

"कम्पाउण्डर साहब, एक बार मेरी बात आप सुन लें···"

"निकलो, पहले तुम यहाँ से निकलो, फिर बातें करूँगा।"

इतना कहकर उसने सचमुच नुटु के गले पर हाथ रखकर उसे कमरे के बाहर निकाल दिया।

नुटु कुछ देर तक ठिठककर खड़ा रहा। उसका शरीर सुन्न होने लगा। उसे महसूस हुआ जैसे किसी ने उसके शरीर पर लाठी से प्रहार किया है। हो सकता है कि ज्योति अभी ज्वर से कराह रहा है। उसके पेट में दवा की एक बूंद भी नहीं गयी है। अब तक सागूदाना खिलाने से भी कुछ नहीं हुआ। बड़े आदमी का ज्वर कहीं केवल सागूदाने से जाता है। ज्योति बड़ा आदमी है।

अकस्मात् उसकी दृष्टि नुटु पर गयी जो उसके पास ही खड़ा था।

दृष्टि पड़ते ही उसका माथा चकराने लगा। उसकी मुट्ठी में ही तो चालीस रुपये हैं।

नुटु अब वहाँ नहीं रुका। वहाँ से वह तीर के वेग की तरह आगे बढ़ा।

वैकुण्ठ उसके पीछे-पीछे दौड़ने लगा। नुटु की आँखों के सामने तब सारी दुनिया दनादन चक्कर काट रही थी। उसे लग रहा था कि जरा भी देर हुई कि पृथ्वी की सारी चीजें उलट-पुलट जायेंगी। दौड़ते-दौड़ते वह सीधे मयनाडाँगा के बाजार में पहुंचा। साहा बाबू की दुकान से मुड़कर कलिमुद्दीन मियाँ की दुकान के सामने पहुँचकर उसने साँस ली।

कलिमुद्दीन मियाँ दत्तचित्त होकर मांस काट रहा था।

"मियाँजी !"

कलिमुद्दीन ने ज्यों ही चेहरा उठाकर देखा, वह स्तम्भित रह गया।

"मियाँजी, तुमने कहा था कि मेरे वैकुण्ठ को खरीदना चाहते हो।"

तब तक वैकुण्ठ भी घुंघरुओं को टुनटुनाता वहाँ पहुंच चुका था और हाँफ रहा था।

लेकिन उतने दिन पहले की बात याद रखना कलिमुद्दीन के लिए मुश्किल था।

"वैकुण्ठ कौन ?" उसने पूछा।

"यही है, यही।"

अब उस कसाई के बेटे को याद आया।

"हाँ, तो फिर क्या है ? उसने कहा।"

"मैं इसको बेचना चाहता हूँ। कितना दोगे ? तब तुमने बताया था कि चालीस रुपया दूंगा।"

"देने को राजी हूँ।"

"दो, यह रहा वैकुण्ठ। नकद चुकाना पड़ेगा। मुझे अभी तुरन्त पैसे की जरूरत है। रुपया लेकर मैं सदर के डॉक्टर के पास जाऊँगा..."

"सर, वे लोग आये हैं।"

"कौन आये हैं?"

ज्योतिर्मय सेन जैसे अब तक सपना देख रहे थे। शंकर को देखते ही चौंक पड़े।

वे लोग जो अब तक नारा लगा रहे थे।

अब सारी बातें उन्हें याद आयीं।

ज्योतिर्मय सेन ने पूछा, "वे लोग किस दल के हैं?"

शंकर ने कहा, "कम्युनिस्ट पार्टी के।"

"वे लोग क्या चाहते हैं? अब तक वे लोग शोर-गुल क्यों मचा रहे थे? 'गरीबों का शोषण, मन्त्री का पोषण, नहीं चलेगा, नहीं चलेगा' कहकर वे लोग चिल्ला क्यों रहे थे? मैंने क्या मयनाडाँगा के गरीबों के लिए कुछ भी नहीं किया है? मैंने यहाँ के एस. डी. ओ. मिस्टर राय को अकाल के समय नकद डोल देने को कहा था। मैंने ही यहाँ नलकूप लगाने को कहा था..."

शंकर ने कहा, "ये सारी बातें मैं उन्हें बता चुका हूँ सर, लेकिन वे सुनें तब न! उनका कहना है कि वे एक बार आपसे मिलना चाहते हैं। उनके पाँच नेताओं का एक शिष्ट-मण्डल आपसे मिलना चाहता है।"

ज्योतिर्मय सेन ने कहा, "ठीक है, उन लोगों को यहाँ ले आओ।"

तेरह

उन लोगों में से पाँच व्यक्ति कमरे के अन्दर आये। उनका चेहरा शान्त-शिष्ट और हँसी से भरा था। जो अन्दर-अन्दर चंचल रहते हैं वे बाहर से साधारणतः शान्त रहा करते हैं। चेहरे पर हँसी ओढ़कर वे भीतर की चंचलता को ढकने की कोशिश करते हैं। जो हँसते नहीं हैं, वे पहचान में आ जाते हैं। लेकिन जो हमेशा नहीं हँसते हैं वे जब हँसा करते हैं तब समझ में आता है कि वे हँस रहे हैं। सुना है कि चीनी लोग हँसते नहीं हैं। हँसते भी हों तो चेहरा देखकर समझ में नहीं आता है कि हँस रहे हैं। अंग्रेजी में दो तरह की हँसी होती है। एक को 'लाफ' और दूसरे को 'स्माइल' कहते हैं। लेकिन बंगालियों की हँसी एक ही है। बंगाली केवल हँसा करते हैं। बहुत हँसते हैं—जितनी हँसी की जरूरत पड़ती है उससे भी ज्यादा। इसी से बंगालियों की हँसी देखते ही मुझे डर लगने लगता है। लगता है कि इस हँसी के पीछे कोई अर्थ है। कहते हैं, जो हँसते हैं और हँसाते हैं उनकी आयु लम्बी होती है। हँसी स्वास्थ्यप्रद है।

लेकिन हर किस्म की हँसी अच्छी नहीं होती है। जिस कहकहे से घर-द्वार गूंज उठे वही हँसी स्वास्थ्यप्रद होती है।

शेक्सपियर ने अपने 'हैमलेट' के प्रथम अंक में हैमलेट से कहलाया है, "One may smile, and smile, and be a villain"[१]

उन लोगों को देखकर पहले-पहल मुझे ऐसा ही महसूस हुआ। सचमुच, इतनी हँसी अच्छी नहीं होती है। हँसी को अन्त के लिए जमा करके रखना चाहिए। जो अन्त में हँसता है उसी की हँसी सार्थक होती है। तुलसीदास ने इसीलिए कहा है कि 'इस दुनिया से विदा लेने के समय तुम हँसते हो और दुनिया तुम्हारे लिए रोती है।'

नुटु को भी हँसने की कला आती थी। लेकिन उस दिन उसके चेहरे पर हँसी लौटकर नहीं आयी। कलिमुद्दीन ने वास्तव में चालीस रुपये देकर वैकुण्ठ को खरीद लिया।

नुटु ने कहा, "बिना रुपया चुकाए मेरे वैकुण्ठ को क्यों खींच रहे हो?"

वैकुण्ठ तब उसके पीछे खड़ा था। उसको मालूम नहीं था कि उसे नुटु बेच रहा है। उसका सर आहिस्ता-आहिस्ता हिल रहा था। शायद उसके मुँह पर मक्खी बैठी हुई थी। मुँह पर मक्खी बैठ जाये तो किसी को भी बेचैनी का अहसास हो सकता है। लेकिन एक क्षण के बाद उस मुँह में ही जब अनुभूति नहीं रह जायेगी तो मक्खी का बैठना एक जैसा हो जायेगा!

कलिमुद्दीन मियाँ उस वक्त भी भेड़े की ओर अपलक ताक रहा था। हो सकता है, वह सोच रहा था कि चालीस रुपया देने पर उसे कितना लाभ होगा। या वजन करने पर मांस का तौल कितना होगा।

"लो, रुपया निकालो।"

तब नुटु एक तरह के द्वन्द्व के दौर से गुजर रहा था।

"देख क्या रहे हो मियाँजी, पैसा निकालो। तुम्हें नुकसान नहीं होगा।"

पैसा मिलते ही नुटु ने नोटों को मुट्ठी में ऐसे दबोचा जैसे शेर किसी को दबोच लेता है। फिर वह क्या करे, उसकी समझ में नहीं आया। नुटु पैसा लिये चला आ रहा था। एकाएक वैकुण्ठ की तैरती आवाज उसके कानों में पहुँची। उसने चिल्लाना शुरू कर दिया था। अजी मुझे अपने साथ लिए चलो। इन लोगों ने मुझे पकड़ रखा है। मुझे छोड़ नहीं रहे हैं। मैं तुम्हारे साथ जाऊँगा···

वैकुण्ठ की आवाज क्रमशः तीव्र से तीव्रतर होकर उसके कानों में आने लगी···

---

१. कोई मुसकराता रहकर भी खलनायक हो सकता है।

ग्रौर भी तीव्र ग्रौर भी···

ग्रन्ततः नुटु को इच्छा हुई कि एक बार वह मुड़कर देखे। फिर वह दृश्य उसकी ग्राँखों के सामने तैरने लगा। कलिमुद्दीन ग्रपनी तेज कटारी निकाल रहा है। बार-बार रेत पर रगड़कर सान चढ़ा रहा है। ग्रब भी वैकुण्ठ बाँ-बाँ कर चिल्ला रहा है। वैकुण्ठ समझ गया है क्या ? वैकुण्ठ यों सब-कुछ समझता है। कटारी पर सान चढ़ाते हुए देखकर बात उसकी समझ में ग्रा गयी होगी। वह डर गया होगा। ग्रौर इसीलिए डर से चीख रहा है, "ग्रजी, तुमने मुझे इस तरह कसाई के हाथ बेच डाला। चन्द रुपयों के कारण ग्राज मैं तुम्हारे लिए पराया हो गया ?"

"नुटु···नुटु···"

नुटु ने हाथों से ग्रपने कानों को बन्द कर लिया जोर से ग्रौर जोर से ग्रौर वह बेतहाशा दौड़ने लगा।

"नुटु···नुटु···"

उँगलियों के बीच के छेद से ग्रब भी वैकुण्ठ की ग्रावाज उसके कानों में ग्रा रही थी। नुटु भी बेतहाशा भागा जा रहा है। ग्ररे भैया, ज्योति बीमार है न। वह बेहोश होकर पड़ा हुग्रा है। यह रुपया लेकर जब तक डॉक्टर के हाथ में नहीं थमाता हूँ, वह नहीं देखेगा···

लँगड़े पाँवों से ग्रच्छी तरह दौड़ भी नहीं पा रहा है। फिर भी नुटु बेतहाशा दौड़ा जा रहा है।

एकाएक उसे लगता है जैसे पीछे वैकुण्ठ के गले के घुंघरुग्रों की ग्रावाज हो रही है टुन···टुन···। फिर वैकुण्ठ भाग ग्राया क्या ? कलिमुद्दीन के हाथों से खुद को छुड़ाकर भाग ग्राया है।

पीछे की ग्रोर मुड़ते ही उसकी नजर वैकुण्ठ पर पड़ती है।

"वैकुण्ठ तुम ग्रा गये ?"

वैकुण्ठ मुंह उठाकर उसके निकट ग्राता है। नुटु के लँगड़े पाँव पर मुँह टिकाकर कहता है, "तुमने मुझे बेच डाला था ?"

नुटु उसे पुचकारकर कहता है, "तुम ग्रन्यथा मत लेना। ज्योति बहुत बीमार है। डॉक्टर बिना पैसे लिये नहीं देखेगा। मैं क्या करूँ ? रुपया कहाँ से लाऊँ, तुम्हीं बताग्रो···"

वैकुण्ठ रोने लगता है।

नुटु उसका सर सहलाने लगता है।

"मत रो भाई, मत रो।" वह कहता है, "तुम जो भाग ग्राये, ग्रच्छा ही किया। ग्राग्रो, मेरे साथ चलो···"

"ग्ररे तुम फिर ग्रा धमके ?"

एकाएक वह चौंक पड़ा। देखा, वैकुण्ठ नहीं था। सामने कम्पाउण्डर खड़ा था। फिर वह क्या सदर के डॉक्टर साहब के बाहरी कमरे की बेंच पर बैठा-बैठा अब तक सपना देख रहा था ?

विभूति कम्पाउण्डर ने पूछा "रुपये ले आये हो ?"

नुटु ने अपनी मुट्ठी खोलकर नोटों को दिखाया।

"यह रहे।" उसने कहा।

विभूति नोटों को लेकर एक-एक कर गिनने लगा।

"लोहू के दाग लगे नोट कहाँ से ले आये ? बाजार में चलेंगे न ?"

सचमुच नोटों पर खून के छींटे थे।

विभूति ने कहा, "तुम चले जाओ। डॉक्टर साहब साइकिल पर चढ़कर तुम्हारे घर जायेंगे।"

चौदह

मैं उस वक्त भी अचेत पड़ा था। कब डॉक्टर आया, कब नुटु दवा ले आया, कब मुझे दवा पिलायी—मुझे बिल्कुल याद नहीं है।

नुटु बीच-बीच में मेरे पास आता था और नीचे झुककर मेरे माथे को सहलाता था।

"अब कैसा लग रहा है ?"

मैं क्या कहता। तब बोलने-चालने की सामर्थ्य मुझमें नहीं थी। किसी तरह आँखें खोलकर नुटु की ओर देख लेता था। सब-कुछ सूना-सूना लगता था। कुछ सोचने की कोशिश करता तो माथा भारी लगने लगता था और मैं आँखें बन्द कर लेता था। आहिस्ता-आहिस्ता फिर से आँखों को खोलता था और कमरे के इर्द-गिर्द ताकता था। पुआल की चाल की सूराख से धूप आकर मेरे बिछावन पर छलाँग लगाती थी। मैं धूप के चकत्ते को पकड़ना चाहता था लेकिन वह छलाँग लगाकर मेरे हाथ पर बैठ जाता था। मैं पुनः पकड़ने की कोशिश करता और वह आकर मेरी देह पर बैठ जाता था।

उसके बाद एक-एक कर सब-कुछ याद आने लगा। घर से एक दिन मैं मयनाडाँगा भाग आया था। मेरे बाबूजी बड़े आदमी हैं—एक बहुत बड़े बैरिस्टर। मैं नुटु के घर में आकर उतरा था। नुटु से मेरी दोस्ती हो गयी है। वह मुझे प्यार करता है। नुटु के बाप दिगम्बर, उसकी माँ और वैकुण्ठ—एक-एक कर सबका स्मरण आने लगा।

एक दिन नुटु सहसा मेरे कमरे के अन्दर आया।

"क्यों भाई, कैसी तबीयत है ?" उसने पूछा।

"अब थोड़ा अच्छे लगता है।" मैंने कहा।

उसने कहा, "जल्दी-जल्दी अच्छे हो जाओ भाई, अब मुझे अकेलापन काटने को दौड़ता है।"

"वैकुण्ठ कहाँ है जी ?" मैंने पूछा, "उसे देख नहीं रहा हूँ।"

उस बात का उत्तर न देकर नुटु ने कहा, "तुमने दवा नहीं पी है ?"

"बड़ी ही कसैली लगती है भाई," मैंने कहा, "पीने में अब अच्छी नहीं लगती है।"

"दवा नहीं पियोगे तो अच्छे कैसे होगे ? कैसे चलेगा ?"

उसने खुद शीशी से एक खुराक दवा गिलास में ढाली और मेरे पास आया।

"लो पियो, मैं पानी दे रहा हूँ।"

दवा पीते ही उसने मेरे मुँह में पानी डाल दिया और फिर मेरा मुँह पोंछकर कहा, "अब तुम सो रहो। मैं आया..."

"कहाँ जा रहे हो ?"

"मैं बैठा रहूँ तो कैसे चले भाई ? मुझे बहुत काम रहता है।"

"आजकल तुम क्या काम करते हो ?"

नुटु ने कहा, "रात-दिन काम किये जा रहा हूँ, अभी-अभी ईंट के भट्ठे से लौटा हूँ, अब पुआल की खेप लेने जा रहा हूँ। बीच में आकर तुम्हें दवा पिला जाऊँगा। तुम अपने से दवा भी नहीं पी पाते हो ?"

फिर मेरी देह पर चादर रखते हुए उसने कहा, "सो रहो, मैं चला। अच्छा..."

और नुटु चला गया। मैं चुपचाप लेटा रहा। लेकिन तब लेटे रहना मुझे अच्छा नहीं लग रहा था। लेटे रहने के कारण मेरा शरीर दुख रहा था। सारा मकान निस्तब्धता ओढ़े हुआ था। पूरा मुहल्ला खामोशी में डूबा हुआ था। चाल पर बैठा एक कौवा काँव-काँव कर रहा था। दीवाल पर एक छिपकली रेंग रही थी। मैं उसकी ओर अपलक निहारने लगा। बीच-बीच में वह छिपकली भी मेरी ओर टकटकी लगाकर देखती थी। बीच-बीच में उसके गले के आसपास का हिस्सा धड़कता था और फिर वह अपनी पूँछ हिलाती-डुलाती थी। शायद वह मन-ही-मन किसी मतलब की टोह में थी। क्योंकि मैं कोई बाधा नहीं डालता था इसलिए घूम-फिरकर मेरी ओर ताकती थी। हो सकता है कि वह विस्मय में डूबने-उतरने लगती थी। विस्मित होकर सोचती थी कि यह आदमी रात-दिन लेटा क्यों रहता है ? दुनिया में जब हर व्यक्ति को खटकर खाना पड़ता है तो इस व्यक्ति के दिन-रात लेटे रहने का कारण उसकी समझ में ठीक-ठीक नहीं आ रहा था। फिर एक बार छलाँग मारकर उसने एक कीड़े

को पकड़ा और पकड़कर उसे पल-भर में निगल गयी। निगल चुकने के बाद उसे एक प्रकार की निश्चिन्तता का बोध हुआ। छिपकली की ओर ताकते-ताकते मैंने अपने शरीर में भी एक अजीब किस्म के लिजलिजेपन का अनुभव किया। लगा जैसे मैंने ही उस कीड़े को निगल लिया है। फिर पूरे जिस्म में मुझे कमजोरी का अहसास होने लगा और मैं अनजाने ही नींद की बाँहों में खो गया।

अब उन बातों को सोचते ही मुझे लगता है कि हम लोग भी सम्भवतः छिपकली की तरह ही हैं। मौका मिलते ही हम हरेक को निगलने का प्रयत्न करते हैं। किस तरह दूसरे का सर्वनाश कर अपने स्वार्थ की पूर्ति करें—इसी की चेष्टा।

नुटु पूछता, "अकेले रहने में तकलीफ महसूस होती है?"

"नहीं, तकलीफ क्यों होगी!" मैं कहता।

"तकलीफ तो थोड़ी होती ही होगी। मन मारकर किसी तरह कुछ दिन पड़े रहो, फिर तुम्हें साथ लेकर बाहर निकला करूँगा।"

उस दिन मैंने उससे दुबारा पूछा, "वैकुण्ठ कहाँ है जी? वैकुण्ठ, दिखता नहीं है।"

नुटु ने कहा, "वैकुण्ठ की बात छोड़ो। वह भाग गया।"

मैं अचम्भे में पड़ गया। "भाग गया कहने का मतलब?" मैंने पूछा।

नुटु ने कहा, "दरअसल वह एक जानवर ही तो था और जानवर को अकल रहती ही कितनी है! यहाँ उसे भरपेट खाना नसीब नहीं हो रहा था फिर भागे न तो क्या करे। भागा तो अच्छा ही हुआ, मैं बेहद खुश हूँ···"

"भागकर कहाँ चला गया?"

नुटु ने कहा, "वैकुण्ठ की बात छोड़ो। मुझे भी वह अच्छा नहीं लग रहा था। दिन-रात पीछे-पीछे घूमता रहे तो ऐसे में कहीं काम [illegible]ता है भला?"

"तुम्हें खोया-खोया-सा महसूस नहीं होता है?" मैंने पूछा।

उस बात का उत्तर न देकर नुटु ने कहा, "तुम सो जाओ। मैं चलूँ, बहुत काम करने को पड़ा है।"

लेकिन उस दिन सारी बातें मेरे सामने स्पष्ट हो गयीं। तब मैं बहुत-कुछ अच्छा हो चुका था। उस दिन मुझे पथ्य में भात खाना था। नुटु की माँ ने मेरे लिए पानी गरम कर दिया। नहा-धोकर मैं फर्श पर खाने बैठा था। गरम-गरम भात था। बहुत दिनों के बाद भात खाने को मिल रहा था। खुशी के मारे मेरी आँखों से आँसू चूने लगे। लग रहा था, एक हाँड़ी भात खाकर खत्म कर ले सकता हूँ।

लेकिन जब खाने बैठा तो खाया नहीं गया।

नुटु की माँ ने कहा, "क्या बात है बेटा, तुम खा क्यों नहीं रहे हो ?"

"अब और खाना अच्छा नहीं लग रहा है मौसीजी !" मैंने कहा।

नुटु की माँ ने कहा, "यह क्या ! नुटु ने तुम्हारे लिए महीन चावल का इन्तजाम किया। तुम आज भात खाओगे यह जानकर वह कल से पुराने चावल के लिए चक्कर काट रहा था।"

"नुटु कहाँ है ?"

नुटु की माँ ने कहा, "वह मुँह-अँधेरे गाड़ी लेकर निकला है।"

"आजकल इतने तड़के नुटु निकल जाता है ?"

नुटु की माँ ने कहा, "उतने तड़के निकलता है और आधी रात बीतने पर घर लौटता है।"

"क्यों आधी रात तक वह क्या करता है ?"

नुटु की माँ ने कहा, "चाहे जैसे भी हो, जी-जान से पैसा कमाने की कोशिश करता है ? तुम्हारी बीमारी के समय उसने कम मेहनत की है ?"

"और वैकुण्ठ कहाँ है ? वैकुण्ठ को आजकल देख नहीं रहा हूँ मौसीजी ?"

नुटु की माँ ने कहा "वैकुण्ठ को कैसे देखोगे बेटा ! वह अब नहीं है।"

"नहीं है का मतलब ? भाग गया ? खाना न मिलने के कारण भाग गया ?"

"उसे नुटु ने बेच दिया।"

"बेच दिया ?"

"हाँ, बाजार के कसाई के हाथों चालीस रुपये में बेच दिया। तब मैंने बेचने को कितनी बार कहा था लेकिन नहीं बेचा। तब वह हम लोगों को जो-सो गाली-गलौज करता था। तुम्हारी बीमारी के समय जब डॉक्टर को पैसा देने की जरूरत पड़ी तो उसे बेच डाला।"

पन्द्रह

उन बातों को सुनकर शरीर के भीतर की सारी चीजें अस्त-व्यस्त हो गयीं। इतिहास के पृष्ठों में स्वार्थ-त्याग की बड़ी-बड़ी घटनाओं का उल्लेख मिलता है। देश के लिए, दस के लिए, नारी के लिए, प्रेम के लिए जो त्याग किये गये हैं, उनके उदाहरणों की कोई कमी नहीं है। चैतन्यदेव ने अपने विद्यार्थी जीवन में न्याय-शास्त्र की एक पुस्तक लिखी थी। वह पुस्तक बेहद परिश्रम का प्रतिफल था। नदी के किनारे से होकर जाते-जाते उन्होंने अपने एक मित्र से यह बात

बतायी और उसे पाण्डुलिपि दिखायी। लेकिन उसे देखते ही मित्र का चेहरा उदास हो गया।

चैतन्यदेव को विस्मय हुआ। उन्होंने पूछा, "सुनकर तुम्हें कष्ट हुआ क्या ?"

मित्र ने कहा, "नहीं भाई। लेकिन मैंने भी बहुत परिश्रम से न्यायशास्त्र की एक पुस्तक लिखी है। तुम्हारी पुस्तक प्रकाशित हो जायेगी तो मेरी पुस्तक कौन पढ़ेगा ? तुम्हारी विद्वत्ता से मेरी कोई तुलना नहीं हो सकती है।"

चैतन्यदेव कुछ देर तक मौन रहे। फिर उन्होंने कहा, "ठीक है। मैं अभी तुरन्त अपनी पुस्तक को नष्ट कर देता हूँ..."

और उन्होंने उस पाण्डुलिपि को पानी में बहा दिया। बेहद परिश्रम और निष्ठा का वह फल हमेशा के लिए नदी के गर्भ में समा गया।

हो सकता है कि यह किंवदन्ती है। हो सकता है कि इसके पीछे कोई ऐतिहासिक तथ्य नहीं है। लेकिन गौड़ीय वैष्णव समाज इस कहानी को सुनाकर ही चैतन्यदेव के माहात्म्य का भजन-कीर्तन करते हैं। लेकिन दरअसल यह माहात्म्य है या अपराध ? सारी दुनिया के करोड़ों आदमियों को न्यायशास्त्र के ज्ञान से वंचित कर एक व्यक्ति से मित्रता निभाना—इसे त्याग कहें या प्रवंचना ? तब प्रश्न खड़ा होता है कि व्यक्ति बड़ा है या व्यष्टि ?

लेकिन नुटु का त्याग ? उस लँगड़े नुटु बिहारी ने पाले-पोसे अपने वैकुण्ठ को कसाई के हाथों किस महान त्याग से प्रेरित होकर बेचा था ? मैं उसका कोई नहीं था। मेरे लिए उसने जो त्याग किया था, उसे कोई भी गौड़ीय समाज गौरव के साथ नहीं भजेगा। इसके अतिरिक्त उसके त्याग से विशाल मानव समाज की भी कोई क्षति नहीं हो रही है। इस महत्त्व की तुलना रामायण-महाभारत में मिल सकती है लेकिन आधुनिक युग में इसका दृष्टान्त कहाँ मिलेगा ? इतने दिनों से देखता आ रहा हूँ। कांग्रेस का चार आने को स्वयं-सेवक भी बनकर देखा है, कांग्रेस का अध्यक्ष बनकर भी। और अब एक प्रान्त का मुख्यमन्त्री भी बनकर देख रहा हूँ। मिसाल के बतौर रथीन सिकदार और केस्टो हालदार का ही झगड़ा लें। मनोनयन किसका किया जायेगा, इसी के कारण इतनी खुशामदें चल रही हैं और इतना भय दिखाया जा रहा है। एक आदमी के पास मछली के बाँधों का पैसा है और दूसरे के पास शराब की भट्ठी का। वे पैसा देकर नेता बनना चाहते हैं। और केवल उन दोनों की ही बात क्यों की जाये ! वह आदमी जो रेलवे स्टेशन में रसगुल्ले का वेंडर है, वह भी अपने हाथों से बनाये रसगुल्ले को खिला कर प्रमाण-पत्र लेने आया था।

एक बार एक साहित्यिक महोदय भी प्रमाण-पत्र लेने आये थे। वह एक सुप्रसिद्ध साहित्यिक हैं। सुनने में आया है कि उनकी किताबों की भी बाजार में

खपत होती है।

ज्योतिर्मय सेन उन्हें देखकर अचकचा गये थे।

"आप भी आखिर पहुँच ही गये ?" उन्होंने कहा था।

सब-कुछ सुनने के बाद उन्होंने अन्त में कहा था, "देखिए, रवीन्द्रनाथ और शरतचन्द्र की लिखी पुस्तकों के अलावा मैंने किसी की भी पुस्तक नहीं पढ़ी है और न पढ़ने का वक्त ही मेरे पास है। आपने किताबें लिखी हैं, यह अच्छी बात है। हो सकता है कि आप भी एक बड़े लेखक हैं। लेकिन आप अपनी पैरवी के लिए क्यों आये हैं ? आपका आना अच्छा नहीं दिखता है।"

साहित्यिक महोदय ने कहा, "आपके पास न आऊँ तो कहाँ जाऊँ ? पुराने जमाने में राजा-बादशाह कवि, कलाकार और साहित्यिकों का भरण-पोषण किया करते थे, उनकी जगह आजकल आप लोग देश के कर्णधार हैं। अब आप ही लोगों को हम लोगों का कर्ण सँभालना है। आप लोग हम लोगों की देख-भाल नहीं कीजिएगा तो फिर कौन करेगा ?"

मजाक के स्वर में कहने के बावजूद ज्योतिर्मय सेन को उसका गूढ़ार्थ समझने में कठिनाई नहीं हुई थी। फिर उन्होंने कहा था, "आप घर जायें, जो करने का होगा, मैं करूँगा।"

उसके बाद शिक्षा-सचिव को बुलाकर कहा था कि उस वर्ष का रवीन्द्र पुरस्कार उसी व्यक्ति को दे दें।

शिक्षा-सचिव ने फिर भी एक बार विनम्रता के साथ कहा था, "कमेटी के सदस्य अगर न मानें फिर क्या किया जाये सर ?"

ज्योतिर्मय सेन ने कहा था, "कमेटी वगैरह छोड़ो। मैं जो कह रहा हूँ, वही करो।"

वही हुआ। उस वर्ष उन्हीं को पुरस्कार मिला। इसके चलते किसी ने कुछ नहीं कहा था। कहेगा ही क्या ? जब तक मैं अपनी कुरसी पर हूँ तब तक कोई क्या कहेगा ?

लेकिन असली बात यह नहीं है। जिस युग में आदमी निर्लज्ज हो गया है, जिस युग में आदमी ने साधारण बुनियादी बातों को बिलकुल तिलांजलि दे दी है, उसी युग में इसी प्रकार आत्मीयों को सन्तुष्ट करके उनका पोषण किया जाता है। वास्तव में उन्हें लगता है कि यदि वह इस कुरसी पर नहीं बैठे हुए होते तो आदमी की नीचता और हीनता की इस तरह निर्लज्ज रूप में देखने से वह वंचित रह जाते। यह जो शराब की भट्ठी का मालिक केस्टो हालदार है और वह जो मछलियों के बाँध का मालिक रथीन सिकदार—जो जैसे-तैसे रिश्वत देकर और डराकर मन्त्रिमण्डल में सम्मिलित होने के लोभ से मनोनीत होना चाहते हैं—उनमें और उस साहित्यिक महोदय में ही कौन-सा अन्तर है ?

आज चाहे उसने भीख माँगकर पुरस्कार लिया, लेकिन अगर उसे पुरस्कार नहीं मिलता तो कल वह कम्युनिस्ट पार्टी में सम्मिलित होकर कांग्रेस को गाली-गलौज करता।

लेकिन इस तरह वह कितनों को प्रमाण-पत्र देंगे ? कितने लोगों को नौकरी देंगे ? कितने लोगों को मन्त्रिमण्डल में लेंगे ? कितने लोगों को रवीन्द्र पुरस्कार देंगे ? कितने लोगों को दान देने से उनकी पार्टी बनी रहेगी ? किस तरह अपनी कुरसी पर वह निश्चिन्तता के साथ बने रहेंगे ?

और इन लोगों के सामने गाँव का एक अनपढ़ आदमी नुटु है। वह नुटु किसी दिन उनके पास नहीं आया। किसी दिन उसने आकर यह नहीं कहा, "ज्योति, तुम मुख्यमन्त्री बन गये हो, मेरे लिए कुछ करो।"

लेकिन अगर वह सचमुच आता और आकर अनुरोध करता ? अगर वह आकर कहता, "मैंने तुम्हारा इलाज कराने के लिए अपने वैकुण्ठ को कलिमुद्दीन के हाथों बेच दिया और तुमने मेरे लिए कुछ भी नहीं किया ?"

यह घटना कितने दिन पहले की है। समय हवाई जहाज के चक्के की तरह लुढ़ककर कितना आगे बढ़ गया है। घण्टे में हजार मील की रफ्तार से समय आगे निकल गया है। इस जेट-युग में वह समय सचमुच जेट-विमान की तरह दूर चला गया है। इतने दिनों तक उन्हें अवकाश नहीं मिला कि मयनाडाँगा के बारे में सोचें। इस कुरसी पर जब से वह बैठे हैं, उन्हें एक हाथ से अपनी पार्टी को सही रास्ते पर रखना पड़ा है और दिल्ली के आला कमान को सन्तुष्ट रखना पड़ा है तथा दूसरे हाथ से शासन की बागडोर सँभालनी पड़ी है। प्रजा भी अब पहले की तरह निरीह नहीं है।

और सिर्फ प्रजा की ही बात क्यों ? मैंने जिन लोगों को चुन-चुनकर मन्त्रि-मण्डल में रखा है, थोड़ी-सी भी चूक हो जाती है तो वे मेरे खिलाफ षड्यन्त्र करना शुरू कर देते हैं।

लेकिन नुटु उन लोगों की तरह नहीं है। वही मेरा वास्तविक शुभाकांक्षी और हितैषी है। उसके कानों में मेरे मुख्यमन्त्री बनने की बात नहीं पहुँची होगी ! वह एक बार भी क्यों नहीं आया ?

या हो सकता है कि आया हो। नौकरी या खैरात के लिए नहीं भी आया हो, लेकिन कम-से-कम मिलने के लिए आया होगा। अखबारों में मेरी तसवीर हर रोज निकलती ही है। मेरा नाम, मेरा भाषण सब-कुछ हर रोज छपता है। मेरा नाम न जानते हों, ऐसे कितने लोग पश्चिम बंगाल में होंगे ? चाहे वह खुद पढ़ने में असमर्थ हो, लेकिन दूसरों से अवश्य ही सुना होगा। सुनने के बाद हो सकता है कि वह राइटर्स बिल्डिंग भी आया हो।

हो सकता है कि आकर पूछा हो, "मुख्यमन्त्रीजी किस कमरे में रहते हैं ?"

सुरक्षा-पुलिस ने पूछा होगा, "तुम कौन हो ? उनसे क्यों मिलना चाहते हो ?"

नुटु ने कहा होगा, "वह मेरे मित्र हैं।"

"मित्र !"

नुटु का चेहरा देखकर कौन सोचेगा कि वह मुख्यमन्त्री का मित्र हो सकता है ! कौन इस बात पर विश्वास ही कर सकता है !

उन लोगों ने कहा होगा, "यहाँ से भागो···"

नुटु ने फिर भी खुशामद-चिरौरी की होगी, "एक बार उनके पास आप लोग खबर तो पहुँचा दें।"

लेकिन आज की सभ्यता पोशाक पर टिकी है। पोशाक के मूल्य के तारतम्य पर ही सम्मान और प्रसन्नता कमोबेश रूप में निर्भर करते हैं। उसी का नाम पैसा है। पैसे से पोशाक का घनिष्ठ सम्बन्ध है, यह कौन नहीं जानता ! पोशाक ही तो चपरास है। पुराने जमाने की चपरास जनेऊ था और आधुनिक काल की चपरास पोशाक है। मेरी राइटर्स बिल्डिंग में किसको कितनी तनख्वाह मिलती है, यह मुझे मालूम है ! मैं उन्हें अच्छी तनख्वाह नहीं दे पाता हूँ, यह भी मुझे मालूम है ! लेकिन तनख्वाह बढ़ा ही दी जाये तो क्या उनकी गृहस्थी सुख से चलेगी ? हो सकता है कि ऐसा न हो सके। उन्हें कपड़े-लत्ते की सुविधा हो जायेगी। एक किरानी कम-से-कम ढाई सौ रुपये की पोशाक पहनकर दफ्तर में आता है। मेरी पोशाक के बनिस्बत उनकी पोशाकें कीमती हुआ करती हैं। शायद यही वजह है कि चिन्तक आज के आदमी को 'ननबिइंग' (असत्) कहते हैं। सर पी. सी. राय जब गांधीजी को हावड़ा स्टेशन में ट्रेन पर चढ़ाने पहुँचे तो फाटक पर के टिकट-कलक्टर ने उन्हें प्लेटफार्म के अन्दर नहीं जाने दिया। उसी पोशाक को देखकर वाराणसी के पण्डों ने उन्हें अपमानित किया था।

नुटु, कोई सर पी. सी. राय नहीं है और न महात्मा गांधी ही। उससे मिलकर वह बीते दिनों के सारे अपराधों के लिए क्षमा माँग लेंगे।

"नुटु, वह बातें मैं भूला नहीं हूँ भाई !" वह कहेंगे, "तुमने मेरे लिए क्या-क्या किया है, सब-कुछ मुझे याद है—सिर्फ कामों के दबाव के कारण साँस लेने तक का मुझे मौका नहीं मिला था। यकीन मानो, केवल कामों के दबाव के कारण···"

नुटु की समझ में यह बात कैसे आयेगी कि मुख्यमन्त्री के सर पर कितनी जिम्मेदारी रहती है, उसे कितनी तरह की चिन्ताएँ रहती हैं। नुटु की तरह जो लाखों आदमी हैं—उनकी बातें उन्हें सोचनी पड़ती हैं। बंगाल में क्या नुटु जैसा व्यक्ति एक ही है। इसके अतिरिक्त केवल नुटु की ही बातें वह सोचा करें तो कैसे चले ? नुटु जैसे लोगों को चुन-चुनकर अगर नौकरी दी जाये तो

लोकसभा में प्रश्नों की झड़ी लग जायेगी। विरोधी दल धिक्कारेगा। उन्हें उस पहलू पर भी सोचना पड़ता है।

याद है, उस दिन नुटु ज्यों ही आया, मैंने उससे पूछा, "नुटु, तुमने वैकुण्ठ को कसाईखाने में ले जाकर बेच दिया?"

नुटु के कानों में जैसे यह बात पहुँची ही नहीं। उसने पूछा, "भात खा चुके हो?"

मैंने कहा, "नुटु, तुमने मेरे लिए जो किया, मैं जीवन-भर भूल नहीं सकूंगा···"।

नुटु ने कहा, "जानते हो, मैंने अब तक भात नहीं खाया है।"

"तो तुम भात खा आओ न, तुम्हें थोड़े ही भात खाने से रोक रहा हूँ। लेकिन तुमने वैकुण्ठ को कसाईखाने में क्यों बेच दिया?"

नुटु एकाएक अजीब तरह का लगने लगा। "अबेर में मुझे रुलाने से तुम्हें कौन-सा लाभ हुआ? मैं जितना भूलना चाहता हूँ···"

और वह वहाँ खड़ा नहीं रह सका। लँगड़ाते-लँगड़ाते वह एक निमिष में कमरे से बाहर चला गया। मुझे लगा जैसे वह मेरी आँखों की ओट होकर जी गया।

सोलह

ज्योतिर्मय सेन ने ही पहले बातचीत की शुरुआत की, "कहिए, आप लोग क्या कहना चाहते हैं?"

चारों व्यक्तियों में से एक व्यक्ति बड़ा ही मृदुभाषी था। उसने कहा, "आज यहाँ जो किसान-सम्मेलन हो रहा है, वह किसकी भलाई के लिए किया जा रहा है, हम लोग आपसे यही जानना चाहते हैं?"

ज्योतिर्मय सेन ने कहा, "जो लोग किसान हैं, उन्हीं लोगों की भलाई के लिए।"

"लेकिन किसान कौन हैं? आप किन लोगों को किसान कहते हैं—जो खेत जोतते हैं वे, या जो खेतों के मालिक हैं?"

ज्योतिर्मय सेन ने कहा, "इस बात की चर्चा सम्मेलन में ही की जायेगी। आप लोग इसी बात को कहने के लिए नारे लगाते हुए मेरे पास आये हैं? या इस सम्मेलन को असफल बनाने के लिए आप लोगों का यह जुलूस निकला है?"

"हम लोग सिर्फ यही जानना चाहते हैं कि इस सम्मेलन का उद्देश्य क्या है।"

ज्योतिर्मय सेन ने कहा, "उद्देश्य यही है कि मैं जानना चाहता हूँ कि

किसानों की क्या-क्या समस्याएँ हैं। उनके अभाव और अभियोग क्या-क्या हैं। सरकार किसानों के लिए जो लाखों रुपये खर्च कर रही है, उससे उनकी समस्याओं का कहाँ तक निदान हुआ है।"

एक मुख्य वक्ता ने कहा, "किसान-सम्मेलन में लाखों रुपये खर्च किये बगैर वह बात क्या नहीं जानी जा सकती थी ?"

"जनता को जागरूक बनाने के लिए सम्मेलन करना ही पड़ता है। दुनिया के हर मुल्क में यही होता है।"

"दुनिया की सभी जगहों में जो कुछ होता है, हो, लेकिन समाजवादी मुल्कों में ऐसा नहीं होता है, हिन्दुस्तान जैसे गरीब मुल्क के लिए यह सम्मेलन क्या विलासिता नहीं है ?"

ज्योतिर्मय सेन को गुस्सा आ रहा था लेकिन गुस्साने से राजनीति करना मुश्किल है। उन्होंने कहा, "किसानों के लिए जो भी किया जाये वह विलासिता नहीं है। अभी हम लोग खेती के लिए सब-कुछ खर्च करने को तैयार हैं।"

"लेकिन इस सम्मेलन के लिए लाखों रुपया खर्च किया गया है। उसमें से कितनी रकम किसानों की जेब में पहुँची है और कितनी चोरबाजारी करनेवालों की जेब में—यह आपको मालूम है ?"

"बड़ा काम होगा तो कुछ बरबादी भी होगी। विवाह-घर में बहुतों को न्यौता दिया जाता है, निमन्त्रितों के अलावा उसमें कुछ हिस्सा भिखमंगों को भी मिलता है।"

एक दूसरे मुख्य वक्ता ने अब अपनी जबान खोली।

"सम्मेलन के लिए नलकूप लगाने के लिए डेढ़ लाख रुपये का जो ठेका दिया गया है, वह ठेका किसी किसान को दिया गया है या जिला-परिषद् के चेयरमैन शशी माइति को ?"

'यह बात मैं नहीं बता सकता हूँ। मेरे पास फाइल नहीं है। सिंचाई मन्त्री से पूछना पड़ेगा···"

"और बाँस ? सत्तर हजार रुपये के बाँस का जो ठेका दिया गया है, उसके लिए भी क्या आपको किसी मन्त्री से पूछना पड़ेगा ?"

उनकी बगल में जो सज्जन बैठा था, वह बोला, "और हम यह जानना चाहते हैं कि यहाँ के अस्पताल के एम. बी. डॉक्टर को जो तीन लाख रुपये की टीन का ठेका दिया गया है, क्या वह उन्हें इसलिए दिया गया है कि वह टीन के विशेषज्ञ हैं या इसलिए कि उनके पास चालीस हजार रोगियों के वोट हैं ?"

अचानक शंकर ने कमरे में प्रवेश किया।

शंकर जैसे वक्त को पहचानकर कमरे के अन्दर आता है। ज्योतिर्मय सेन ने सर उठाकर उनकी ओर देखा। यानी क्या कहना चाहते हो ?

शंकर ने कहा, "आपसे मिलने के लिए और लोग भी बैठे हुए हैं।"

"वे लोग कौन हैं ?"

शंकर ने कहा, "केस्टो हालदारजी और···"

"वह क्या चाहते हैं ?"

केस्टो हालदार के बारे में स्मरण हो आया। रथीन सिकदार ने बताया था कि केस्टो हालदार शराब चुलाने का कारोबार करता है और उसे मन्त्रि-मण्डल में लेने से मन्त्रालय की बदनामी होगी, कांग्रेस की बदनामी होगी। वह मन्त्री शब्द का हिज्जे तक नहीं कर सकता है। लेकिन अगर हिज्जे नहीं कर पाता है तो उसमें हानि ही क्या है। प्रजातन्त्र में शिक्षित-अशिक्षित सभी को अधिकार प्राप्त है। केवल पागल नहीं होना चाहिए।

वह एक लाख रुपया पार्टी-फण्ड में देगा। यह भी क्या कम रकम है! बिना पैसे के कहीं पार्टी चल सकती है। याद है, जब ज्योतिर्मय सेन जिला कांग्रेस कमेटी के अध्यक्ष थे, उस समय एक साधारण स्वयंसेवक ने उनसे पूछा था, "अच्छा ज्योतिदा, गांधीजी यह जो पूंजीपतियों से लाखों रुपया ले रहे हैं, हिन्दुस्तान जब आजाद होगा तो वे क्या सूद-मूल के साथ इन रुपयों को वसूलेंगे नहीं ? फिर क्या होगा ?"

ज्योतिर्मय सेन ने कहा था, "तुम्हारी अक्ल कैसी है। हिन्दुस्तान जब आजाद हो जायेगा, पूंजीपतियों को लाठी मारकर निकाल दिया जायेगा। राज-नीति इसी को कहते हैं। अभी लड़ाई चल रही है, इसीलिए पैसा लिया जा रहा है। मुल्क जब आजाद हो जायेगा तो चन्दे की जरूरत नहीं पड़ेगी।"

सचमुच, राजनीति इसी को कहते हैं। राजनीति अगर 'नीति' होती तो चाणक्य इतने बड़े राजनयिक होकर यह क्यों कहते, "राजनीति वेश्या वारां-गणा इव···!' राजनीति की नीति क्या कोई एक निर्दिष्ट वस्तु है। समय और सुयोग के साथ-साथ जो नीति बदलती रहती है, उसी को राजनीति कहते हैं। आज तुम्हारे हाथों में पैसा और ताकत है, इसीलिए आज मैं तुम्हारी शय्या-संगिनी हूँ, कल जब तुम्हारे हाथ में पैसा नहीं रहेगा तब तुमसे अधिक क्षमतावान् दूसरे व्यक्ति की शय्या-संगिनी बनूंगी।

लेकिन राजनीति चाहे जो भी हो, मैंने हमेशा राजनीति के साथ मानवता के समन्वय की स्थापना करने का प्रयत्न किया है। मैंने मनुष्य की भलाई करना चाहा है। वह इकाई के रूप में नहीं, बल्कि सामूहिक रूप में। मेरा यही व्रत रहा है कि जो गिरी हुई हालत में हैं, उनका कल्याण करूँ। जिस तरह कभी अंग्रेजों के जमाने में विदेशी शक्ति के खिलाफ लड़ाई लड़ा हूँ, आज स्वाधीनता के युग में उसी तरह अन्याय के खिलाफ लड़ाई लड़ूँगा। लेकिन कितने अन्यायों को रोकने में मैं सफल हो सका हूँ ? अन्याय की रोकथाम के लिए मैंने कितने

अफसरों को बरखास्त किया है ? यह तो जिला परिषद् के चेयरमैन को नलकूप बिठाने के लिए यहाँ ड़ेढ़ लाख रुपये का ठेका मिला है, यह जो सदर अस्पताल के एम. बी. डॉक्टर को टीन के लिए तीन लाख रुपये का ठेका दिया गया है, उसी तरह की किसी पार्टी को जो बाँस के लिए सत्तर हजार का ठेका दिया गया है, उसकी रोकथाम क्या मैं नहीं कर सकता था ? लेकिन रोकथाम करने जाऊँ तो मुझे ही हटना पड़े। मेरी जगह कोई दूसरा आदमी आकर इसी तरह का सिलसिला चालू रखेगा। मैं चला भी जाऊँ फिर भी अन्याय की रोकथाम की कोई उम्मीद नहीं है। और मेरी बात छोड़ भी सकते हैं, लेकिन पण्डित नेहरू जो प्रधानमन्त्री बनने के पहले इतनी लम्बी-चौड़ी हाँकते थे, वह भी क्या किसी अन्याय की रोकथाम कर सके थे ?

लेकिन राजा मनु ने कैसे रोकथाम की थी ? जब कोई रोकथाम नहीं कर सके, उन्होंने सिंहासन, संसार और मुकुट--सबको त्याग दिया और वन में तपस्या करने के लिए चले गये। उससे हो सकता है कि मनु को मुक्ति मिली हो लेकिन मनुष्य-समाज को क्या लाभ हुआ ?

हो सकता है कि लाभ हुआ हो। चाहे सभी को न मिले लेकिन कुछ लोगों को मुक्ति मिली थी। यह मनुसंहिता का फल है कि हमें चैतन्यदेव, शंकराचार्य, रामकृष्ण परमहंस देव, राममोहन राय, विद्यासागर और रवीन्द्रनाथ ठाकुर मिले। और भी कितने ऐसे मिले हैं जिनकी कोई गणना नहीं है।

फिर क्या मैं मन्त्री का पद त्याग दूँ ?

इस सम्मेलन का समाचार कल ही समाचार-पत्रों के प्रथम पृष्ठ पर बड़े-बड़े अक्षरों में छपेगा। ऊपर मेरी तसवीर रहेगा। फिर वह भाषण, जो मेरे सचिव ने लिख दिया है, मेरे ही नाम से छपेगा। सिर्फ यही बात नहीं है। अभी मेरा सम्मान करने के लिए बंगाल के सभी लोग व्याकुल हैं, मेरी कृपादृष्टि के लिए हर कोई उत्कण्ठित रहता है। लेकिन तब क्या होगा ?

आश्चर्य की बात है, मुझे अभी लग रहा है कि वे दिन ही अच्छे थे। इस ख्याति, इस सम्मान और इस खुशामद से परे वह जीवन ऐसा जीवन था जिसमें सहजता और स्वाभाविकता थी। सच नुटु, आज जब तुमसे मुलाकात होगी, मैं तुम्हें यहाँ इसी कमरे में ले आऊँगा। पुलिस या स्वयंसेवक कोई तुम्हें कुछ नहीं कहेगा। तुम्हें मैं अच्छी तरह से समझा दूँगा कि आज मैं क्यों सुखी नहीं हूँ। तुम्हारे मकान में मैं जब बीमार हो गया था और मेरे इलाज का खर्च चलाने के लिए तुमने जो रात-दिन परिश्रम किया था—यहाँ तक कि अपने इतने दुलारे वैकुण्ठ तक को बेच दिया था--वह मैं भूला नहीं हूँ। भूला नहीं हूँ इसीलिए इतने लम्बे अरसे के बाद आया हूँ। मैं तुम्हारे मुँह से तुम लोगों की दुख-दुर्दशा का इतिहास सुनूँगा और यह भी सुनूँगा कि इस सम्मेलन के चलते तुम्हें क्या

मिला और क्या फायदा हुआ । पता चलेगा कि जिला परिषद् के चेयरमन आदि व्यक्तियों के पास पैसा हो जाने से तुम लोगों को क्या लाभ या नुकसान हुआ है । क्या मैंने तुम लोगों की कोई भलाई नहीं की है ?

"फिर हम लोगों को क्या कहते हैं ?"

ज्योतिर्मय सेन ने कहा, "आप लोग एक लिखित बयान देते जायें, मैं राइटर्स बिल्डिंग जाकर उसका इन्तजाम करूँगा ।"

"लेकिन आज अगर सम्मेलन के पण्डाल में कोई हंगामा मचे तो इस पर हमारा कोई जोर नहीं ।"

ज्योतिर्मय सेन ने कहा, "सरकार अमन-चैन बनाये रखना चाहती है और अमन-चैन जिससे बना रहे इसका इन्तजाम भी वह कर सकती है ।"

चारों व्यक्तियों ने खड़े होकर नमस्कार किया । "ठीक है, नमस्कार···" उन लोगों ने कहा ।

ज्योतिर्मय सेन ने पुकारा, "शंकर !"

शंकर ने सामने आकर कहा, "कहिए, सर ।"

ज्योतिर्मय सेन ने कहा, "पुलिस के बड़े अफसर को एक बार मेरे पास बुला लाओ और यहाँ के एस. डी. ओ. मिस्टर राय को अभी तुरन्त बुलाकर ले आओ ।"

"सर, केस्टो हालदारजी बहुत देर से बैठे हुए हैं ।"

"उन्हें क्या काम है, पूछ आओ । उन्हें मनोनीत तो कर लिया गया है, फिर क्यों आये हैं ?"

"उन्होंने बताया है कि वह एक बार आपको नमस्कार करके चला जाना चाहते हैं ।"

ज्योतिर्मय सेन चिल्ला उठे, "केवल नमस्कार और नमस्कार । मुझे नमस्कार करने से ही उन्हें स्वर्ग मिल जायेगा ? इधर एक व्यक्ति नमस्कार करने के लिए धरना दिये हुए है और उधर एक दल पण्डाल में आग लगाने की धमकी दे गया । जाओ, पहले एस. डी. ओ. को खबर भेजो । जल्दी···"

शंकर ने कहा, "इसीलिए कहा था सर, कि टेलीफोन की लाइन···"

बाहर तब जोरों से आवाज हो रही थी, "गरीबों का शोषण, मन्त्री का पोषण, नहीं चलेगा, नहीं चलेगा···"

सत्तरह

मैंने अपने जीवन में क्या कोई अच्छा काम किया है ? किसी का कोई उपकार किया है ? मैंने क्या केवल स्वार्थी व्यक्ति की तरह अपनी ताकत बढ़ाने की ओर ध्यान दिया है और देश-सेवा का भान किया है ? जानता हूँ, जो मेरे प्रति सम्मान प्रकट करते हैं वे मेरी कुरसी की खुशामद करते हैं। यह भी जानता हूँ कि यह कुरसी जिस दिन छिन जायेगी उस दिन मेरे इर्द-गिर्द मँडरानेवाले लोग भी एक-एक कर चुपचाप हट जायेंगे। यही नियम है। लेकिन अगर यह सही भी हो तो क्या मेरा सारा कुछ छलनाओं से भरा-पूरा है ? आदमी होकर जब जन्म लिया है तो देवता नहीं हो सकता हूँ, यह जानी हुई बात है। लेकिन मेरे इस मन में क्या सोने का थोड़ा-सा भी अंश नहीं है ?—सब-का-सब मिलावट ही है ? और अगर मिलावट भी है तो वह क्या चौदह कैरेट का सोना है ?

छुटपन से ही लोगों से प्रशंसा और प्यार मिला है। सम्मान और प्रेम पाते-पाते मैं उनका अभ्यस्त हो गया हूँ। बीच-बीच में मुझे लगा है कि यह सब पाना क्या लाभप्रद है ? और प्राप्त हो भी तो इतनी मात्रा में प्राप्त होना क्या ठीक है ? इसको पाने के ही कारण न पाने के आनन्द से वंचित रह गया हूँ। माँगने पर न मिले, इस तरह के दुख का साक्षात्कार नहीं हुआ है, और शायद यही कारण है कि प्राप्ति को मैंने उचित मर्यादा नहीं दी है। दैवयोग से मैं शहरी आदमी हूँ और बड़े आदमी के घर पैदा हुआ हूँ। लेकिन बड़े आदमी की सन्तान रहने के बावजूद क्यों मैं त्याग का गौरव अर्जित नहीं कर सका ? मन-ही-मन मुझे इस बात का गौरव है कि मैं महान् हूँ। हर कोई महान् के रूप में ही मेरा वर्णन करता है। यों मेरी निन्दा करनेवाले भी हैं। कौन ऐसा है जिसकी निन्दा करनेवाले नहीं होते ? मेरी कृपा से जो लाभान्वित हुए हैं, वे इस निन्दा को महत्त्व नहीं देते। उनका कहना है कि यह ईर्ष्या का ही दूसरा रूप है। लेकिन वह ऐसा क्यों करता है, मैं जानता हूँ। उसका कारण है कि वे मेरे कृपाकांक्षी हैं और मेरी कृपा से लाभान्वित हो चुके हैं। मैंने उनमें से किसी को टैक्सी का परमिट दिया है, किसी को नौकरी और किसी को अन्य तरह की सुविधा। और समाचारपत्र ? वे तो मेरी मुट्ठी में हैं। मैं जिसे सरकारी विज्ञापन दूँगा वही मेरी निन्दा करने से कतरायेगा। नमक खाने से मेरा गुण गाना ही पड़ेगा। लेकिन कितनों को नमक खिलाऊँ ? मेरे नमक का भण्डार क्या अशेष है ?

यह हुई अन्य पहलू पर बात। लेकिन और एक दूसरा पहलू भी तो है। जहाँ मैं एक मनुष्य के रूप में हूँ वहाँ न कोई तमगा है, न कोई पद, पदवी या उपाधि याकि कोई सचिव ही। वहाँ मैं खासा एक उपाधिहीन व्यक्ति हूँ। उस

व्यक्ति पर किसी की दृष्टि जाती है ? उस व्यक्ति पर किसी ने कभी दृष्टि डालने की कोशिश की है ?

चाहे कोई देखे या न देखे या देखने की चेष्टा भी न ही करे, लेकिन नुटु ने भी क्या नहीं देखा है ?

उसने मेरे पद या पदवी को नहीं देखा है, मेरी राइटर्स बिल्डिग के समारोह ग्रौर चमक-दमक को नहीं देखा है या उसे देखने का मौका नहीं मिला है लेकिन कम-से-कम मेरी ग्रस्मिता को उसने ग्रवश्य ही देखा है ।

सच, नुटु ने मुझसे कहा था कि मैंने उसके लिए क्या नहीं किया ।

याद है, जब मेरा बुखार उतर गया ग्रौर मैं स्वस्थ हो गया तो मैं जैसे नुटु का ग्रौर भी ग्रधिक ग्रपना हो गया । मुझे लगने लगा कि नुटु से बढ़कर ग्रपना मेरे लिए कोई दूसरा नहीं है । मेरे लिए जो व्यक्ति ग्रपने वैकुण्ठ को कसाई के हाथों बेच सकता है, उसके प्यार के कर्ज को लौटाने का मैं जैसे इस जीवन में दुस्साहस न करूँ ।

नुटु कहता, "तुम मेरे साथ-साथ क्यों घूमते हो ? दुबारा कहीं ज्वर न ग्रा जाये ।"

मैं कहता, "चाहे ज्वर क्यों न ग्रा जाये लेकिन घर पर लेटे रहना ग्रच्छा नहीं लगता है ।"

नुटु गुस्से में ग्रा जाता था । "लेकिन ग्रब तुम बीमार पड़ोगे तो मैं तुम्हारी देखभाल नहीं कर पाऊँगा । मेरे पास उतना वक्त नहीं है ।" वह कहता ।

"ग्रब तुम्हें देखने की जरूरत नहीं है ।"

"देखने की जरूरत नहीं है का मतलब ? मैं तुम्हारी देखभाल न करूँ तो फिर कौन करेगा ? तुम्हारा यहाँ ग्रपना कौन है ? तब सारी परेशानी मेरे मत्थे पड़ेगी । फिर कराह-कराहकर रोना मत ।"

मैं नुटु की ग्रोर गौर से देखता । तब मैं कच्ची उम्र का था । उन दिनों मनुष्य के चरित्र के बारे में मुझे उतना ज्ञान नहीं था । लेकिन इतना समझ जाता था कि नुटु की बातों के पीछे प्यार का कितना ग्रावेग है । मैं फिर चुप कर जाना था । उसके साथ-साथ मैदान में घूमता-फिरता था । मेरे सर पर धूप की तपिश लगती तो नुटु बिगड़ता, "फिर धूप लगा रहे हो न !"

"उससे कुछ भी नहीं होगा ।" मैं कहता ।

"ठीक है, तुम-जी भर धूप में घूमो । मैं ग्रभी कुछ नहीं कहूँगा । ग्रगर फिर से ज्वर ग्राया तो देखना कि मैं क्या करता हूँ ।"

"क्या करोगे ?"

"तुम्हारे लिए मैं डॉक्टर नहीं बुलाऊँगा ग्रौर न दवा ही खरीदकर लाऊँगा । फिर देखना क्या होता है ।"

मैं नुटु की बातें सुनकर मन-ही-मन हँसा करता था। वह नुटु के मन के अन्दर की बातें नहीं थीं। दरअसल वह मेरी भलाई चाहता था और मेरी शुभ-कामना करता था।

और न केवल धूप ही थी बल्कि उसके साथ-साथ बारिश की झड़ी भी थी। मैं पानी से भीगता था और धूप से भी तपता था। फिर भी घर की याद कतई नहीं आती थी। लगता था यही बढ़िया है। कलकत्ते में अपने घर में मेरी जो हालत थी उसके बनिस्बत यह अच्छा है। यहाँ खाने और रहने की तकलीफ थी लेकिन उस छुटपन में मुझे वे तकलीफें तकलीफ जैसी लगती ही नहीं थीं।

नुटु मेरे लिए रात-दिन जी-तोड़ परिश्रम किया करता था। और वह इसलिए कि हाथ में दो पैसे आ सकें। वह विष्टु बाबू के ईंट के भट्ठे में जाकर झगड़ता था, बाजार में गाड़ी की खेप के बारे में बिगड़ता था। मैं कुछ भी नहीं बोला करता था। एक तो मैं उसका दिया खा रहा था, और उस पर अगर मैं कुछ बोलता तो वह और भी अधिक गुस्से में आ जाता। उसका हमेशा का साथी वैकुण्ठ भी उन दिनों नहीं था। उसका अभाव मुझे बड़ा ही अखरता था। लेकिन जबान खोलकर मैं कुछ नहीं कह पाता था। वैकुण्ठ के नाम का उच्चारण करता तो नुटु मुझे तत्क्षण मार डालता।

उन दिनों मेरे लिए करने को कोई काम नहीं था। नुटु जो कहता उसे सर झुकाकर मान लेना ही मेरा कर्त्तव्य हो गया था।

लेकिन एक दिन एक काण्ड हो गया।

उस दिन नुटु बाजार गया हुआ था। वह व्यापारियों से दर-दाम कर रहा था। मैं दुकान की गद्दी से एक अखबार लेकर उसे उलट-पलट रहा था। आम-तौर से मयनाडाँगा में कोई आदमी अखबार नहीं पढ़ता था। यहाँ तक कि अखबार उनकी नजरों से गुजरता भी नहीं था। और तब अखबारों का उतना चलन भी नहीं था।

अखबारों की प्रयोजनीयता के बारे में भी लोगों ने चर्चा-परिचर्चा की है। अखबार क्या वास्तव में एक जरूरी चीज है? साधु रामानन्द का कहना था, "अखबार ही इस युग की अशान्ति का मूल कारण है।" आन्द्रे जिद ने अपने जर्नल में एक जगह लिखा है, "कई सालों से अखबार न पढ़ने के कारण मैं शान्ति से जी रहा हूँ। मेरी कोई हानि नहीं हो रही है।"

लेकिन उस दिन, उस कच्ची उम्र में मुझे लगा कि अखबार न रहता तो मुझे किसी भी बात की जानकारी नहीं होती। अखबार वे ही पढ़ते हैं जो राजनीति के शिखर पर बैठे हैं। अखबार पढ़ने से उन्हें इस बात का पता चलता है कि उनकी स्थिति क्या है—लोगों की दृष्टि के बैरोमीटर में वे नीचे उतर रहे हैं या ऊपर की ओर चढ़ रहे हैं।

साहा बाबू की आढ़त में तब गाहकों की भीड़-भाड़ थी। साहा बाबू जितना व्यस्त था उसका मुनीम केदार भी उतना ही व्यस्त था। तब उसके लिए भी काम से जी चुराना मुश्किल था।

"तुम कौन हो जी ?"

काम की व्यस्तता के बीच ही केदार मुनीम की नजर ज्योतिर्मय सेन पर पड़ी।

"क्या चाहते हो ?"

ज्योतिर्मय सेन ने कहा, "कुछ भी नहीं, यों ही···"

"यों ही का मतलब ?"

ज्योतिर्मय सेन ने कहा, "मेरा दोस्त नुटु बाजार गया है। वह काम करने गया है और मैं यहाँ जरा अखबार देखने के लिए बैठा हूँ···"

पता नहीं क्यों, केदार मुनीम के हृदय में दया उपजी। या उसे ठीक-ठीक दया भी नहीं कहा जा सकता है। उसे सिर्फ इस बात का पता चल गया कि यह लड़का लिखना-पढ़ना जानता है और बिल्कुल गँवार नहीं है। इसीलिए उसने फिर कुछ नहीं कहा।

छोटे पाये की एक चौकी थी। उसके ऊपर एक फटी चटायी बिछी हुई थी। उसी के ऊपर वह अखबार रखा हुआ था। बहुत दिनों से कोई समाचार जान नहीं पाया था। पढ़ते-पढ़ते अकस्मात् एक जगह मेरी दृष्टि ठिठक गयी।

बड़े-बड़े अक्षरों के शीर्षक के नीचे की पंक्तियाँ पढ़कर मैं अवाक् हो गया। कलकत्ते से बाबूजी ने विज्ञापन निकलवाया था कि उनका लड़का खो गया है। उस लड़के का नाम ज्योतिर्मय सेन है। देखने में स्वस्थ और सुन्दर है। उस लड़के का पता जो लगा देगा उसे दस हजार रुपये इनाम देंगे···

पढ़ते-पढ़ते मैं अभिभूत हो गया। यह तो मैं ही हूँ। कोई मुझे यहाँ देख ले ? कोई पहचान ले ? मेरे चेहरे से इस तसवीर की समानता का पता लगा ले ?

मैंने केदार मुनीम की ओर गौर से देखा। इस तसवीर को केदार मुनीम ने देख लिया है क्या ? लेकिन वह काम में इतना व्यस्त है कि सम्भवतः सवेरे से उसे अखबार पढ़ने की फुरसत नहीं मिली होगी। साहा बाबू की भी यही हालत रही होगी। साहा बाबू ने पुआल बेच-बेचकर पैसा कमाया है। उसका ध्यान पुआल बेचने में ही लगा हुआ है। अखबार क्योंकि रखना पड़ता है इसलिए रखता है। फिर काम-काज से अगर फुरसत मिलेगी तो अखबार के पृष्ठों को एक बार उलट-पलटकर देख लेगा। उसके पहले केवल हिसाब करता रहेगा। मयनाडाँगा बाजार के पुआल के व्यापारी साहा बाबू की नजर केवल कत्थई खाते पर ही लगी रहती है। हिसाब में कहीं कोई भूल-चूक न हो जाये। पृथ्वी में कहीं कोई भूल-चूक रहे तो रहे, मेरे हिसाब का सिलसिला ठीक

रहना चाहिए। हिसाब के बाहर साहा बाबू की नजर कहीं किसी दूसरी दिशा में नहीं रहती है।

"ए केदार, यह लड़का क्या चाहता है ?"

केदार तब पुआलों की खेप का हिसाब जोड़ रहा था। "मुझे कुछ कह रहे हैं मालिक ?" उसने कहा।

"हाँ, कह रहा था कि यह कौन है और क्या चाहता है ?"

ज्योतिर्मय सेन ने कहा, "मैं कुछ भी नहीं चाहता हूँ।"

"नहीं चाहते हो तो फिर बैठे हुए क्यों हो ? पुआल लेना है ?"

ज्योतिर्मय सेन ने कहा, "नहीं। नुटु मेरा दोस्त है, वह मुझे यहाँ बिठाकर बाजार में काम करने गया है। इसीलिए···"

"तुम्हारा घर कहाँ है ?"

"जी···"

कहते-कहते मैं एकाएक रुक गया। अगर परिचय दूँ और पहचान लें तो ?

"कलकत्ते में···" मैंने बताया।

"कलकत्ते में है तो यहाँ क्या करने आये हो ?"

"नुटु के पास आया हूँ।"

"नुटु के पास ? दिगम्बर का लड़का नुटु न ? नुटु तुम्हारा कौन लगता है ?"

अचानक मुझे बहुत डर लगने लगा। उसकी नजर अखबार पर पड़ी है क्या ? कई दिनों से मेरी तसवीर छप रही है। कई दिनों से लापता होने की खबर छप रही है।

मैंने कहा, "नुटु मेरा दोस्त है।"

साहा बाबू ने कई बार मुझे आपाद-मस्तक देखा। जैसे उसको सन्देह हो रहा हो। मुझे लगा कि वह मेरी ओर तीक्ष्ण दृष्टि से देख रहा है। दस हजार रुपये का लोभ है। वह मुझे पकड़वा देगा। मेरा पता बताकर दस हजार रुपया इनाम लेगा।

साहा बाबू ने कहा, "मेरे पास आओ।"

"क्यों ?" मैंने पूछा।

"अरे, तुम तो बड़े बेअदब लड़के लग रहे हो। तुम्हें आने के लिए कहता हूँ तो तुम कहते हो क्यों।"

उसी वक्त वहाँ नुटु लँगड़ाता हुआ आया।

"आओ, चलें।" उसने कहा।

मैं बिना किसी ओर ताके नुटु की ओर बढ़ गया।

पीछे से साहा बाबू ने पुकारा, "ए नुटु, नुटु, सुनो।"

नुटु साहा बाबू की ओर जा रहा था। "कहिए, क्या कह रहे हैं ?" उसने

पूछा ।

"तुम्हारे साथ यह जो लड़का है, वह कौन है ?"

मैंने फुसफुसाते हुए नुटु से कहा, "नुटु, चले आओ ।"

नुटु ने मेरी बात नहीं मानी । "क्यों, आप यह जानकर क्या कीजिएगा ?" उसने पूछा ।

"कह रहा हूँ कि वह तुम्हारा कौन होता है ?"

नुटु खेप न देने के कारण पहले से ही साहा बाबू पर बिगड़ा हुआ था । "वह मेरा साथी है ।" उसने कहा ।

"सो साथी तो समझा । लेकिन वह तुम्हारा साथी कैसे हुआ ? उसका मकान कहाँ है ?"

साहा बाबू का इतना कौतूहल ठीक नहीं मालूम पड़ रहा था ।

मैं दुबारा नुटु की बाँह खींचने लगा । "नुटु, चलो ।" मैंने कहा ।

फिर भी मेरा इशारा नुटु की समझ में नहीं आया । वह साहा बाबू की ओर देखकर बोला, "उसका अता-पता क्यों जानना चाहते हैं । आप उसे खेप देंगे ?"

"हाँ, दूंगा । उसे इधर आने को कहो । मैं उसे अच्छी तरह देखना चाहता हूँ ।"

नुटु को खींचता हुआ मैं वहाँ से चला आया । मुझे एक तरह का डर लगने लगा । कहीं मुझे साहा बाबू पकड़वा न दें ।

उसके दूसरे दिन से मैंने मयनाडाँगा के बाजार में निकलना बन्द कर दिया । लेकिन नुटु को निकलना ही पड़ता था । वह या तो बाजार जाता था या विष्टु सामन्त के ईंट के भट्ठे में । मैं कहता, "मैं बाजार की ओर नहीं जाऊँगा भाई ।"

नुटु पूछता, "क्यों, वहाँ तुम्हारा कौन है ?"

मैं कहता, "तुम जाओ, मैं नहीं जाऊँगा ।"

वह बाजार के रास्ते से जब केतुपुर की ओर जाता, मैं उतर पड़ता था और घुमावदार रास्ते से कुछ दूर तक पैदल चलकर फिर से गाड़ी में बैठ जाता था । केतुपुर में नया पक्का मकान बन रहा था । वहाँ बैलगाड़ी से ईंट ढोकर ले जाना पड़ता था । बाजार से चूना और ईंट ले जाना पड़ता था । केतुपुर में कई-एक मकान बन रहे थे और वहाँ लोगों की आबादी बढ़ रही थी ।

लेकिन हर आदमी को बाजार आना ही पड़ता था । मयनाडाँगा में दो दिन हाट लगती थी— मंगलवार और शनिवार को । उस दिन जिसे काम रहता था वह तो आता ही था, साथ-ही-साथ जिसे काम नहीं रहता था वह भी आता था । किसान केले, मूली और बैंगन लेकर बैठते थे । शहर से विक्रेता आते थे

और थोक भाव में खरीदकर ले जाते थे। नुटु का बाप दिगम्बर भी हाट जाया करता था। चाहे काम रहे या न रहे, फिर भी वह जाता था, उस दिन एक दूसरे गाँव के अपने दोस्त बख्शी दे से उसकी मुलाकात हो गयी। बीड़ी वगैरह मुफ्त में पीने को मिलेगी। सहूलियत हुई तो हाट के बाद गाँजे का दम लगाने का मौका भी हासिल होगा।

उस दिन हाट के बाद साहा बाबू की नजर उस पर पड़ी। "क्यों रे दिगम्बर, कैसे हो ?" उसने पूछा।

साहा बाबू इस तरह पुकारकर कभी दिगम्बर से बातचीत नहीं किया करता था। दिगम्बर आनन्द से गद्गद हो गया।

"किसी तरह जी रहा हूँ हुजूर।"

साहा बाबू ने बीड़ी बढ़ाकर कहा, "लो, पियो।"

वह बीड़ी न होकर अमृत हो जैसे। साहा बाबू के हाथ से मिली बीड़ी लेकर दिगम्बर ने साष्टांग प्रणाम किया।

"हुजूर की दया से ही जिन्दा हूँ सरकार।" उसने कहा।

"सो तो हो हीं, लेकिन देख रहा हूँ कि तुम्हारा लड़का बड़ा लायक हो गया है।"

दिगम्बर ने साहा बाबू की हाँ में हाँ मिलाते हुए कहा, "उस साले की बात मत करें हुजूर। वह साला बिल्कुल बरबाद हो चुका है।"

साहा बाबू ने कहा, "किसी को भी श्रद्धा-भक्ति की दृष्टि से नहीं देखता है। उस दिन पुकारा तो बात तक न की।"

दिगम्बर ने बीड़ी का कश लिया और धुआँ छोड़ते हुए कहा, "आप तो पराये आदमी ठहरे हुजूर, और मैं हूँ उसका जन्मदाता बाप। मेरी ही बात नहीं सुनता है ..."

"तो ऐसे लड़के को घर से निकालकर बाहर क्यों नहीं कर देते हो ?"

दिगम्बर ने कहा, "मैंने तो उसे घर से बाहर निकालकर छोड़ा था हुजूर, मगर उसकी माँ सुने तब न।"

'तुम वैसी माँ की बात सुनते ही क्यों हो ? तुम ठहरे घर के मालिक। फिर तुम बड़े हो या तुम्हारी बीवी ?"

दिगम्बर ने कहा, "उससे कौन कहने जाये हुजूर ! आप अकलमन्द आदमी हैं, सब समझते हैं। उस साली के दिमाग में अकल नाम की चीज रहे तब न। उन सालों का खानदान ही खराब है। यही वजह है कि मैं घर में नहीं रहता हूँ।"

साहा बाबू अवाक् हो गया।

"तुम घर में नहीं रहते हो ?"

दिगम्बर ने कहा, "नहीं। वह घर के बजाय नरक है।"

"फिर कहाँ रहते हो ?"

दिगम्बर ने कहा, "जहाँ भी मरजी होती है। कभी श्मशान में, कभी हाट-बाजार में और कभी जिसके-तिसके दरवाजे पर पड़ा रहता हूँ। मेरे रहने का कोई ठीक-ठिकाना नहीं है हुजूर।"

"तुम्हारे लड़के के साथ वह कौन घूमा-फिरा करता है ?"

दिगम्बर ने कहा, "वह हरामजादा कहीं से आ टपका है।"

"कौन है ?"

दिगम्बर ने कहा, "मालूम नहीं हुजूर। काम-धाम तो कुछ करता नहीं, सिर्फ ढेर सारा भात निगलता रहता है। उसी साले के चलते मैंने घर-द्वार छोड़ दिया है।"

"वह आया कहाँ से है ?"

दिगम्बर ने कहा, "वह कहीं से उड़कर चला आया है और जमकर बैठ गया है। न जाता है और न देह से मेहनत ही करता है।"

"उसका घर कहाँ है, यह तुम्हें मालूम नहीं है ? किसका लड़का है, यहाँ क्यों आया है, कुछ भी नहीं जानते हो ?"

दिगम्बर ने कहा, "कहता तो है कि कलकत्ते में घर है और बड़े आदमी का लड़का है।"

"बड़े आदमी का लड़का है तो तुम्हारे घर में क्यों पड़ा है ?"

दिगम्बर ने कहा, "यही बात तो मैं अपने लड़के से कहा करता हूँ। मेरा बेटा साला नम्बरी हरामजादा है।"

"तुम्हारा लड़का क्या कहता है ?"

दिगम्बर ने कहा, "मेरा लड़का इस बात का कोई जवाब ही नहीं देता है हुजूर। मेरा लड़का आदमी रहे, तब न हुजूर। आदमी नहीं है बल्कि हरामजादा है, हरामजादा।"

साहा बाबू ने एक दूसरी बीड़ी आगे बढ़ा दी। "लो, और एक बीड़ी पियो दिगम्बर," उसने कहा, "तुम्हारी तकदीर बड़ी खोटी है।"

दिगम्बर ने कहा, "मेरी तकदीर का ही दोष है हुजूर। आपसे यों ही कहता हूँ कि मुझे कोई काम-धन्धा दें ? मैं आपके चरणों का दास बनकर रहूँगा।..."

"दूँगा, तुम्हें कोई काम दूँगा। तुम्हारे जैसा आदमी भूखों मरे, यह तो कोई अच्छी बात नहीं है। तुम मेरे यहाँ आकर रहो और काम किया करो।"

दिगम्बर ने हाथ बढ़ाकर साहा बाबू का पैर छुआ और उसे माथे से लगाया।

"अहाहा, कर क्या रहे हो ! छोड़ो, छोड़ो···" और साहा बाबू ने अपने दोनों पैर भली भाँति उसके सामने बढ़ा दिये ।

"तुम अपने लड़के को एक बार मेरे पास ला सकते हो ?"

दिगम्बर ने कहा, "ले आऊँगा, चाहे जैसे भी हो, ले आऊँगा···"

"और उस छोकरे को···"

अचानक शंकर कमरे के अन्दर आया । उसके पीछे-पीछे मिस्टर राय, मयनाडाँगा का एस. डी. ओ. ।

"नमस्कार सर ।"

ज्योतिर्मय सेन ने कहा, "नमस्कार ! बैठिए ।"

मिस्टर राय बैठ गया ।

ज्योतिर्मय सेन ने कहा, "बाहर हंगामा मचा हुआ है, यह देख लिया है न ? आज के सम्मेलन में जिससे कोई गड़बड़ी न हो, इसके लिए आप कौन-सी कार्रवाई कर रहे हैं ?"

अठारह

पहले-पहल जब मन्त्रिमण्डल गठित हुआ था तब मेरे सामने यही समस्या थी कि किसको कौन-सा विभाग दूं । कूड़ेदान में फेंके गये जूठन को लेकर जिस तरह भिखमंगों के बीच छीना-झपटी शुरू होती है, मन्त्रियों में विभाग के लिए भी वैसी ही छीना-झपटी मच गयी थी । कृषि-विभाग को कोई भी पसन्द नहीं करता था । उनका कहना था कि उससे सम्मान नहीं मिलता है । मन्त्रियों में भी मैंने देखा है कि सम्मान का तारतम्य विभाग के तारतम्य पर निर्भर करता है । जिसके हाथ में गृह-मन्त्रालय रहता है उसको सबसे अधिक सम्मान मिलता है और जिसके हाथ में कृषि-मन्त्रालय रहता है उसका सम्मान सबसे कम होता है हालांकि तनख्वाह, मान, सुयोग और सुविधा हर किसी को एक जैसी मिलती है । यह बहुत कुछ अंग्रेजी में एम. ए. और बंगला में एम. ए. के तारतम्य की तरह है । तुमने एम. ए. पास किया है, मानता हूँ, लेकिन किस विषय में एम. ए. किया है ? मन्त्रियों के सन्दर्भ में भी यही बात है । तुम मन्त्री बने हो, मानता हूँ, लेकिन किस विभाग के मन्त्री हो ? अगर सुनने को मिले कि कृषि-विभाग का है तो मेरे चेहरे पर तिरस्कार की रेखा खिच जायेगी । हर जगह यही स्थिति है । किसी भी मन्त्री के बाल-बच्चे हिन्दुस्तान के स्कूल-कॉलेजों में नहीं पढ़ते हैं । वे

पढ़ने के लिए या तो अमरीका या इंग्लैण्ड जाते हैं। हिन्दुस्तान में लिखने-पढ़ने से बाल-बच्चों के पिता की प्रतिष्ठा पर आँच आती है। लोगों के सामने परिचय देने में लज्जा का बोध होता है।

खैर, यह बात रहे। मैंने पहली बार ही कृषि-विभाग का भार ग्रहण कर लिया था।

सभी ने पूछा, "आपने यह क्या किया ज्योतिदा ? इससे आपकी प्रतिष्ठा धूल में मिल जायेगी।"

इस प्रश्न का मैंने उत्तर नहीं दिया था। लेकिन मैंने कृषि-विभाग को अपने हाथों में क्यों लिया, इस बात को चाहे कोई न भी जाने लेकिन अन्तर्यामी जानता है।

मिस्टर राय योग्य एस. डी. ओ. हैं। ज्योतिर्मय सेन ने मिस्टर राय को चुनकर मयनाडाँगा में भेजा है। राइटर्स बिल्डिंग में बुलाकर बहुत तरह का उपदेश दिया था। "बड़ा ही गरीब जिला है वह," उन्होंने कहा था, "मैं चाहता हूँ कि आप उस जिले का प्रशासन अच्छे ढंग से करें।"

मुख्य सचिव ने भी कहा था, "नजर रखिएगा मिस्टर राय, मुख्यमन्त्रीजी ने चुनकर आपको ही वहाँ का कार्य-भार दिया है। वह चाहते हैं कि आप वहाँ के प्रशासन में खास दिलचस्पी लें।"

हर किसी का उद्देश्य अच्छाई पर टिका रहता है। लेकिन बाहर से जो अच्छा मालूम पड़ता है वह व्यावहारिक रूप में क्या सदैव अच्छे रूप में साबित होता है। अच्छा काम घोषित कर हम लोग हर रोज कितने ही बुरे काम किया करते हैं। हम लोग क्या अपराधी को रिहा कर सकते हैं ? जो हमारी बुराई करता है उसको हम क्षमा कर पाते हैं ? हो सकता है सत्य युग में यह सब सम्भव हो। प्रह्लाद से भगवान् ने कहा, "वर माँगो प्रह्लाद।"

प्रह्लाद ने कहा, "भगवन् ! आपके दर्शन प्राप्त हुए हैं, यही मेरे लिए सब-कुछ है, अब मुझे कुछ नहीं चाहिए।"

भगवान् फिर भी नहीं माने।

तब प्रह्लाद ने कहा, "यदि वरदान देना ही है तो यही वर दें कि मुझे जिन लोगों ने कष्ट दिया है, उन लोगों को कभी कोई हानि न हो।"

ऐसा मन और ऐसी मनःस्थिति लेकर मैं कैसे देश का प्रशासन करूँगा ? फिर से सारा देश चोर, बदमाश और गुण्डों से भर जायेगा। फिर भी खासकर मयनाडाँगा की बात मैंने मिस्टर राय को याद दिला दी थी। देखिएगा, कांग्रेस की कोई बदनामी न हो···

मयनाडाँगा मैं मैंने देखा था कि गरीबों पर बड़े आदमी कितना अत्याचार करते हैं। एक ओर नुटु जैसे लोग अर्थाभाव से पीड़ित थे और दूसरी ओर

साहा बाबू जैसे लोग उनका शोषण करते थे। मयनाडाँगा में कितने ही लोगों को भरपेट भोजन नसीब नहीं होता था। वहाँ केवल दिगम्बर ही वैसी स्थिति में न था बल्कि दिगम्बर जैसे बहुत-से लोग थे।

उस दिन साहा बाबू की मीठी बातों से दिगम्बर द्रवित हो गया।

उसने कहा, "नुटु मेरी बात सुनता तो मुझे चिन्ता ही क्या रहती।"

साहा बाबू ने कहा, "मेरे पास एक बार बुलाकर उसे ला नहीं सकते हो? मैं उसे काम दूँगा। तुमको भी नौकरी दूँगा और तुम्हारे लड़के को भी।"

दिगम्बर ने कहा, "तब मैं आपका खरीदा हुआ गुलाम बनकर रहूँगा हुजूर।"

"फिर अपने लड़के को लेते आओ।"

उसके बाद दिगम्बर वहाँ रुका नहीं। दौड़ता हुआ अपने घर लौट आया।

"नुटु, नुटु…"

दिगम्बर चिल्लाता हुआ घर के अन्दर घुसा।

"नुटु कहाँ है?"

नुटु की माँ रसोईघर में कपड़े उबाल रही थी। दिगम्बर ने उसके पास आकर पूछा, "नुटु कहाँ है?"

नुटु की माँ ने कहा, "मालूम नहीं।"

"कहाँ गया है, यह तुम्हें मालूम नहीं?"

नुटु की माँ ने कहा, "मैं कैसे जानूँ? वह कहाँ जाता है मुझे थोड़े ही बता जाता है! तुम्हीं ने कभी बताया है?"

दिगम्बर ने कहा, "भारी विपत्ति की बात है। साहा बाबू ने कहा है कि वह नुटु को पुआल की आढ़त में नौकरी देगा। आज से ही नौकरी करनी पड़ेगी।"

इतनी देर के बाद नुटु की माँ को जैसे होश आया।

"क्यों जी, एकाएक नौकरी देने को क्यों तैयार हो गया?"

दिगम्बर ने कहा, "बड़ा आदमी है न। मन में दया उपज गयी। फिर नौकरी नहीं देगा। मैंने आज साहा बाबू के पैर पकड़ लिये। उससे कहा, मेरा लड़का बरबाद हो रहा है। कोई काम-काज न देंगे तो कैसे चलेगा। मेरे घर के सभी लोग भूखों मर रहे हैं।"

"तो आज से ही नौकरी दे रहे हैं?"

"फिर मैं कह क्या रहा हूँ? आज से ही, अभी तुरन्त…"

दिगम्बर के हाथ में जैसे आकाश का चाँद आ गया था। "मैं लड़के के लिए दौड़-धूप कर मर रहा हूँ और वह आराम से बदन में हवा लगा रहा है। वह हरामजादा दोस्त ही उसके लिए काल साबित हो रहा है।"

और वह वहाँ रुका नहीं। "जाऊँ", उसने कहा, "साले को खोज लाऊँ…" जैसे ही वह बाहर निकला वैसे ही तुरन्त लौट भी आया।

उन्नीस

नुटु ने उस दिन सोचा था कि वह फिर घर लौटकर नहीं आयेगा। सुबह से ही वह इधर-उधर घूम रहा था। मैं भी उसके साथ-साथ घूम रहा था। नुटु ने कहा, "चलो, अब घर चलें।"

मैंने कहा था, "अगर साहा बाबू पकड़ लें?"

नुटु की समझ में कुछ नहीं आया था। "क्यों?" उसने पूछा था, "हम क्या साहा बाबू के नौकर हैं? चलो, मैं अभी साहा बाबू की आढ़त के सामने के रास्ते से चलता हूँ। देखूँ, वह क्या कर लेता है।"

मैंने कहा, "तुम जाओ। मैं नहीं जाता।"

उन दिनों नुटु विष्टु सामन्त के ईंट के भट्ठे में काम करता था। सर के आखिरी बोझ को सर से उतारकर बदन का पसीना पोंछ रहा था। "तुम क्यों नहीं जाओगे?" उसने पूछा।

मैंने कहा, "साहा बाबू मुझे देखते ही पकड़ लेगा।"

नुटु ने कहा, "तुम्हें पकड़ लेगा? क्यों? तुमने साहा बाबू का क्या बिगाड़ा है? मैं जब तक जिन्दा हूँ किसी साले में हिम्मत नहीं है कि तुम्हें छू ले। मेरे साथ आओ।"

और वह मेरा हाथ खींचता हुआ चलने लगा।

मैंने कहा, "मेरा हाथ छोड़ दो, मैं नहीं जाऊँगा।"

मैं जितना ही मना करने लगा, वह उतना ही खींचने लगा।

नुटु ने कहा, "मेरे साथ आओ। मैं देखना चाहता हूँ कि वह बेटा तुम्हारा क्या बिगाड़ लेता है?"

"छोड़ो, मुझे छोड़ दो।" मैंने कहा।

अन्त में मेरा हाथ छोड़कर नुटु ने कहा, "फिर तुम पहले यह बताओ कि माजरा क्या है? तुम साहा बाबू की आढ़त के सामने क्यों नहीं जाना चाहते हो?"

मैंने कहा, "तुम मुझे अखबार लाकर दे सकते हो?"

"अखबार? अखबार लेकर क्या करोगे? तुम अखबार पढ़ लेते हो?"

"हाँ, पढ़ लेता हूँ", मैंने कहा, "चाहे जहाँ से हो, मेरे लिए एक अखबार ला दो। आज का अखबार···"

तब भी नुटु की समझ में कुछ नहीं आया। "फिर रेलवे स्टेशन चलो," उसने कहा, "वहाँ स्टेशन मास्टर के पास अखबार है।"

हम लोग वहीं पहुँचे। स्टेशन मास्टर उस वक्त रेलवे के काम में बहुत ज्यादा व्यस्त था। वह ज्यों ही एक फोन उठाता कि दूसरा फोन घनघना उठता

था। बात करने की उसे फुरसत नहीं थी। न जाने कहाँ-कहाँ से गाड़ी, ग्रसबाब ग्रौर खबरें ग्रा रही थीं ग्रौर स्टेशन मास्टर उत्तेजाना में जी रहा था।

"कौन ?"

किसान के एक लँगड़े लड़के को देखकर उसी स्थिति में पूछा, "तुम कौन हो ? क्या चाहते हो ? ग्रभी कलकत्ते के लिए कोई गाड़ी नहीं है।"

नुट्टु ने कहा, "सरकार, गाड़ी के लिए नहीं ग्राया हूँ..."

"गाड़ी के लिए नहीं ग्राये हो तो फिर ग्राना क्यों हुग्रा है ? यहाँ भीख-वीख नहीं मिलेगी। यह सरकारी दफ्तर है।"

"हुजूर, ऐसी बात नहीं है। ग्रापके पास ग्रखबार है ?"

"ग्रखबार ! ग्रखबार लेकर तुम क्या करोगे ? ग्रखबार पढ़ना जानते हो ? निकलो, यहाँ से निकलो..."

फिर भी उसे बाहर निकलते न देखकर स्टेशन मास्टर पुकारने लगा, "लालधनी, कहाँ हो जी..."

याद है, सरकारी कर्मचारी पहले जैसे हुग्रा करते थे, ग्राज भी वैसे ही हैं। बहुत पुकारने पर भी नहीं ग्राया। लगा, लालधनी शायद प्वायण्ट मैन है। या चौथे दर्जे का कोई रेलवे कर्मचारी। उसको स्टेशन मास्टर के काम के लिए ही रखा गया था। लेकिन पुकारते ही ग्रा जाये तो फिर वह रेलवे की नौकरी करने ग्राया ही क्यों है ?

लेकिन इस बीच स्टेशन मास्टर के पास फिर फोन ग्रा गया। वह बातचीत करने में मशगूल हो गया।

नुट्टु ने बाहर ग्राकर कहा, "नहीं जी, ग्रखबार मुझे नहीं देगा। चलो।"

मैंने कहा, "इतने बड़े गाँव में ग्रखबार नहीं मिलेगा ?"

क्या किया जाये। कोई उपाय नहीं था। स्टेशन के प्लेटफार्म से बाहर निकल ग्राया। नुट्टु ने कहा, "देख रहे हो न, बाबू लोग गरीबों को ग्रादमी समझते ही नहीं। हर कोई हमें ठुकराते हैं।"

मैंने कहा, "ग्रखबार देने से उसका कोई पैसा तो नहीं खर्च हो रहा था। फिर भी तुम्हें क्यों नहीं दिया ?"

सोचा, शायद यही बात है। क्यों देगा ? देने से कहीं किसी ग्रादमी की भलाई न हो जाये। बहुत दिनों के बाद एक बार 'रामकृष्ण कथामृत' पढ़ा था। एक जगह लिखा है, 'किसी को जब ग्रहंकार हो जाता है तो वह फिर कुछ नहीं कर पाता है। जानते हो, ग्रहंकार किस प्रकार की चीज है ? वह जैसे मिट्टी का ढूह है जहाँ बरसात का पानी जमता नहीं, बल्कि बहकर निकल जाता है। नीचे की जमीन में पानी जमता है ग्रौर ग्रंकुर फूटता है। फिर वहाँ पेड़ जन्म लेता है ग्रौर उसमें फल लगते हैं।

लेकिन मैं ही क्या अहंकार से मुक्त हो सका हूँ ? आज लगता है जैसे ताकत पाने के कारण शायद मैंने भी उसी स्टेशन मास्टर की तरह सबको कमरे से बाहर निकाल दिया। नुटु की भाषा में हमने उन्हें 'ठुकरा' दिया है। अन्यथा बाहर से वह आवाज आती ही क्यों, 'गरीबों का शोषण, मन्त्री का पोषण, नहीं चलेगा, नहीं चलेगा।' यदि मैंने ऐसा न किया होता तो वे फूलों की माला लाकर मेरे गले में पहना जाते। या बात यह है कि न तो पहले का वह गांव है, न पहले का वह आदमी और न पहले की दुनिया ही। सम्भवत: बात यही है। या बात ऐसी नहीं है। मैं जिस मयनाडांगा में पहले आया था, यह मयनाडांगा सम्भवत: पहले जैसा नहीं है। उस मयनाडांगा के आदमी भी अब नहीं हैं। आज अभी, तीसरे पहर हो सकता है कि सभा में जाने पर देखने को मिला कि यहाँ का सब-कुछ बदल गया है। अब यहाँ रेडियो और ट्रांजिस्टर आ गये हैं। हो सकता है कि ये लोग अब तंग मोहरी की पैण्ट पहनकर हिन्दी फिल्मों के गीत गाते हों। हो सकता है कि अब इन लोगों ने बीड़ी के बदले सिगरेट पीना शुरू कर दिया हो। अब ये लोग अपने दावे को अच्छी तरह समझने लगे हैं। राजनीति की भाषा जब यहाँ आकर पहुँच चुकी है तो उसके साथ-साथ अन्यान्य लक्षणों का पहुँचना भी क्या सम्भव है ? त्रात्स्की ने कहा है, "Every State is formded on force,"[1] हर राज्य अगर ताकत से ही कायम किया जाता है तो यहाँ के निवासियों को जोर-जबर्दस्ती करने का हक है।

मैकाईवर ने कहा, "The State is considered the sole source of the 'right' to use violence. Hence 'politics' for us means striving to share power or striving to influence the distribution of power, either among States or among groups in within a State."[2]

पुराने जमाने में जैसी स्थिति थी आधुनिक काल में भी वही स्थिति है। उस युग में देश के राजा-महाराजे किसी को कारावास में ठूँसकर और किसी को उपाधि से विभूषित कर अपने अधीन रखा करते थे। इस युग में भी हम लोग वही काम करते हैं। किसी को कारावास में ठूंस देते हैं और किसी को पद्मश्री की उपाधि से विभूषित करते हैं। उद्देश्य एक ही है। हर किसी को अपने अधीन कर अपने खेमे में ले आना। जो इस पर भी अधीनता स्वीकार

१. हर राज्य की स्थापना ताकत से ही की जाती है।

२. राज्य को हिंसा करने का एकमात्र अधिकार है, ऐसा समझा जाता है। अत: हम लोगों के लिए राजनीति का अर्थ है शक्ति के विभाजन की तड़प या शक्ति के विभाजन में अपने प्रभाव को उपयोग में लेने की तड़प—चाहे वह राज्य-राज्य के बीच हो अथवा किसी राज्य के दलों के बीच हो।

नहीं करता उसे हम विद्रोही कहते हैं, कम्युनिस्ट कहते हैं, अपने हाथों में ताकत बरकरार रखने के लिए हम लोग जिस तरह बन्दूक उठाकर मुंह से अहिंसा की वाणी निकालते हैं, वे लोग भी उसी तरह कह रहे हैं, 'गरीबों का शोषण, मन्त्री का पोषण, नहीं चलेगा।' यह ताकत की लड़ाई है। दुनिया के इतिहास का अर्थ ही है ताकत की लड़ाई का इतिहास।

आज इस किसान सम्मेलन में ताकत की लड़ाई का ही निर्णय होनेवाला है। चाहे वे जीतें या हम जीतें। हम लोगों के दल में उपाधिकारी, बन्दूकधारी और पदवीधारी पुलिस तथा मिलेट्री ठेकेदार हैं, उन लोगों के दल में है लाठी, रोड़े, आग, नारेबाजी और अगनित साधारण जनता। अब देखना है कि जीत किसकी होती है। उनकी या हमारी ? हालाँकि सोचा जाये तो हम लोग किनके लिए गद्दी पर बैठे हुए हैं ? हम और वे क्या अलग-अलग हैं ?

मिस्टर राय ने कहा, "आप चाहें तो पाँच हजार पुलिस कान्स्टेबल जमा कर सकता हूँ सर। अभी-अभी, जैसा कि अगले दफा किया था..."

ज्योतिर्मय सेन ने कहा, "सो तो हो सकता है। लेकिन इतनी संख्या में पुलिस ले आने से सरकार की बदनामी होगी। बिना पुलिस कान्स्टेबल बुलाये अमन-चैन कायम रखा जा सके, इसका उपाय बताइए।"

मिस्टर राय ने कहा, "वैसा करने के लिए अब वक्त नहीं है सर।"

"लेकिन चुनाव निकट है, यह भी तो आपको ध्यान में रखना पड़ेगा। फिर बन्दूक और पुलिस के जोर से वोट तो इकट्ठे नहीं किये जा सकते हैं।"

मिस्टर राय ने कहा, "इसके लिए दूसरा उपाय है सर।"

"कौन-सा उपाय ?"

"उस बार चुनाव होने के छः महीने पहले से ही हम लोगों ने चावल का दाम कमा किया था, कण्ट्रोल के राशन की तादाद बढ़ा दी थी और इसके अलावा दो सौ नलकूप लगवा दिये थे। इस बार दो सौ नलकूप और लगवा देंगे।"

"उससे ही क्या हवा का रुख बदल जायेगा ?"

मिस्टर राय ने कहा, "जरूर बदल जायेगा सर! नकद पैसा मिलते ही आदमी पहले का सारा कष्ट भुला बैठता है। मनुष्य की स्मरण-शक्ति बड़ी क्षीण होती है। आपको अच्छी तरह मालूम ही है सर..."

ज्योतिर्मय सेन ने एक क्षण सोचा और कहा, "अच्छा मिस्टर राय, आपका खयाल है कि यह सब करने से वे लोग शान्त हो जायेंगे ?"

"क्यों नहीं होंगे ? जिस दिन यहाँ के लोग समझेंगे कि कांग्रेस देश के लोगों की भलाई चाहती है, उसी दिन कांग्रेस को वोट देंगे।"

ज्योतिर्मय सेन ने कहा, "आज अगर गोली या अश्रुगैस का प्रयोग किया जाये तो लोग हमारे खिलाफ नहीं हो जायेंगे ?"

"लेकिन वे लोग जब हिंसा पर उतर आयेंगे तो हमें भी उतरना पड़ेगा।"

"ब्रिटिश सरकार भी यही बात कहा करती थी। वे लोग भी यही दलील दिया करते थे। फिर उनमें और हममें अन्तर ही क्या है? मैं कहूँ, इससे तो अच्छा यही होगा कि आप सब-कुछ तैयार रखें। अगर हालत वैसी हुई तो फिर देखा जायेगा। मुझे लगता है कि आज कोई बड़ी गड़बड़ी होने जा रही है।"

मिस्टर राय ने कहा, "आप जैसा हुक्म देंगे वैसा ही किया जायेगा।"

ज्योतिर्मय सेन को घड़ी की ओर देखते हुए पाकर मिस्टर राय उठकर खड़ा हो गया। "नमस्कार! फिर मैं चलूँ। आपके लिए मैंने सफेद लिबास के सौ पुलिस का इन्तजाम कर दिया है..."

ज्योतिर्मय सेन ने आपत्ति करते हुए कहा, "नहीं-नहीं, यह सब करने की कोई जरूरत नहीं।"

मिस्टर राय ने कहा, "नहीं सर, मैं जोखिम नहीं उठा सकता हूँ। आप इस पर आपत्ति नहीं कर सकते हैं। यहाँ के लोग बड़े ही खराब हैं। आज पहले का वह मयनाडाँगा नहीं रहा।"

"लेकिन इसकी वजह क्या है मिस्टर राय? ऐसा क्यों हुआ?"

मिस्टर राय ने कहा, "इसके बारे में मैंने आपके पास राइटर्स बिल्डिंग में रिपोर्ट भेजी थी। पहले इन लोगों में समझ नाम की चीज नहीं थी। लेकिन अब इन लोगों की आँखें खुल चुकी हैं। वे समझ गये हैं कि उनके हाथों में सरकार के हथियार के बनिस्बत बड़ा हथियार है।"

ज्योतिर्मय सेन खामोश रहे। समझ गये। ऐसा होगा, यह बात उन्हें पहले ही जान लेनी चाहिए थी। उन्हें मालूम ही था कि हमेशा ये लोग ऐसे नहीं रहेंगे। तब महात्मा गांधी के नाम पर ही हम लोगों का सारा काम बन जाता था। तब जवाहरलाल नेहरू का भाषण सुनकर लोग तालियाँ पीटा करते थे। अब नेहरू का नाम लेते ही लोग जल-भुन जाते हैं। ऐसा होगा ही, यह तो उन्हें मालूम ही था।

"अच्छा, फिर चुनाव में मेरी पार्टी हार जायेगी क्या?"

मिस्टर राय अंग्रेजों के जमाने का अफसर था। "इसका उत्तर मुझसे मत माँगें सर!" उसने कहा।

"मछली के बाँध के मालिक, शराब की दुकान के मालिक वगैरह हमारी पार्टी के जो सदस्य बने हैं, इसको लेकर जनता आलोचना किया करती है?"

मिस्टर राय इसका उत्तर क्या देता, पता नहीं, लेकिन उत्तर देने के पहले ही शंकर ने कमरे में प्रवेश किया।

"ज्योतिदा, तीन बज चुके हैं, चाय ले आऊँ?" उसने कहा।

ज्योतिर्मय सेन कुछ कहें कि इसके पहले ही मिस्टर राय उठकर खड़ा हो

गया ।

"मैं अभी चलूं सर," उसने कहा, "उधर का सारा इन्तजाम देखना है ।"

और वह चला गया । बाहर जो जुलूस था, वह चला गया था । शंकर तब उनके सामने खड़ा था । ज्योतिर्मय सेन आराम-कुरसी से उठकर आंख मूंदे बहुत सारी बातें सोच रहे थे । उन्हें अपने बीते दिनों की बातें याद आयीं— वही नमक सत्याग्रह की बातें । पुलिस की लाठी की चोट से वह बेहोश हो गये थे । अब भी शायद लाठी की चोट का निशान है । फिर जेल में आमरण अनशन की घटना उन्हें याद आयी । आज शायद वह इतिहास झूठा हो गया है । उनके व्यतीत का सब-कुछ अब मिथ्या है । अभी एकमात्र आगत ही सत्य है— राइटर्स बिल्डिंग का यह आज का जीवन !

रास्ते के मोड़ पर आते ही नुटु ने कहा, "ठहरो, मैं अभी अखबार ले आया ।" और वह एक घर के अन्दर चला गया ।

मैंने पूछा, "यह किसका घर है जी ?"

नुटु ने कहा, "यह डाकघर है । डाकघर के चपरासियों से मेरा हेल-मेल है । देखूं, यहाँ अखबार है या नहीं ।"

नुटु थोड़ी देर बाद अखबार लिये लौटा ।

"जल्दी पढ़ लो, अभी तुरन्त लौटाना है ।" उसने कहा ।

पृष्ठों को उलटकर ठीक जगह पर आते ही देखा कि मेरी वही तसवीर थी । नुटु पढ़ना नहीं जानता था । लेकिन मेरी तसवीर पर नजर पड़ते ही उसने कहा, "यह भी तुम्हारी तसवीर है ज्योति !"

"हाँ," मैंने कहा ।

नुटु ने पूछा, 'तुम्हारी तसवीर इसमें क्यों छपी है जी ?"

मैंने कहा, "मेरे बाबूजी ने यह तसवीर छपवायी है। लिखा हुआ है कि जो मेरा पता लगा देगा उसे दस हजार बतौर इनाम देंगे ।"

"दस हजार रुपया !"

आश्चर्य से शब्दातीत की स्थिति में आकर नुटु मेरी ओर अपलक ताकने लगा ।

मैंने कहा "तुम्हें अभी तुरन्त दस हजार रुपये मिल जायेंगे अगर तुम मेरा पता मेरे बाबूजी के पास पहुंचा दो । हाँ, दस हजार रुपये ।"

बीस

दस हजार रुपये। बाबूजी के लिए उस जमाने में भी दस हजार रुपये की कीमत कोई ज्यादा नहीं थी। उस जमाने में भी बाबूजी की आय असाधारण थी। बाबूजी के पास कम पैसा था या ज्यादा—उस कच्ची उम्र में मेरे लिए जानने का कोई उपाय नहीं था।

और सत्य कहने में हर्ज ही क्या है। आज की अपेक्षा उन दिनों पैसा बहुत महँगा था। रुपया महँगा था लेकिन चीजें अपर्याप्त थीं। अपर्याप्त थीं इसी कारण रुपये का मूल्य रहने के बावजूद आदमी आज की अपेक्षा बहुत उदार होते थे। जब जिस चीज की जरूरत होती थी, दुकान में पैसा फेंककर लोग खरीद लातें थे। चीजें प्रचुर मात्रा में मिलती थीं लेकिन रुपये की कमी थी। करोड़ों रुपये विदेश चले जाते थे। जो पैसे बाकी रहते थे उन्हें देश के मुट्ठी-भर लोग आपस में बाँटकर अपनी-अपनी जेबों के हवाले करते थे। बाबूजी उन मुट्ठी-भर लोगों में से एक थे।

सवेरे से दो व्यक्तियों के लिए जितने आदमियों को तनख्वाह मिलती थी, जितने आदमी सुबह से शाम तक खटते रहते थे, उन लोगों को भरपेट वैसा खाना नसीब नहीं होता था। उन लोगों को सिर्फ तनख्वाह ही मिलती थी। अपना पैसा खर्च करके उन्हें अपने लिए रसोई बनानी पड़ती थी। उन लोगों से सिर्फ पैसे का ही रिश्ता था। बाबूजी उन्हें पैसा देकर उनसे सेवा खरीदा करते थे।

लेकिन अपने लड़के के लिए दस हजार ही क्या, बीस हजार खर्च करने में भी उन्हें अखरता नहीं था। लेकिन किसी भी कर्मचारी की तनख्वाह दो रुपया बढ़ाने में उन्हें रुपये की कमी महसूस होने लगती थी।

सुखदेव ने एक बार तनख्वाह बढ़ाने की माँग की थी।

"क्यों, बीस रुपये तनख्वाह पाने पर भी तुम्हारा नहीं चलता है ?" बाबूजी ने कहा था।

सुखदेव यों भी शर्म से गड़ा रहता था। बाबूजी की बात सुनकर उसने कहा था, "हुजूर, देश की जमीन छुड़ानी है। बहुत दिन पहले सुखदेव के बाप ने जमीन बन्धक रख दी थी। उसका सूद बढ़कर काफी हो गया था। लगभग सात सौ रुपये। दरअसल सूद की रकम हजार गुनी बढ़ गयी थी और जमीन हाथ से निकल जाने को थी। लेकिन कोई चारा नहीं था। वह बीस रुपये तनख्वाह पर कलकत्ता शहर में नौकरी करने आया था। सुखदेव को खाना अलग से मिलता था। उसके लिए उसे अलग से रसोई नहीं बनानी पड़ती थी। उसे दिन-भर काम रहता था और उसको रसोई बनाने का वक्त नही मिलता

था। उसे जो बीस रुपये तनख्वाह में मिलते थे, सारी रकम वह कर्ज वसूलने के लिए देस भेज देता था। फिर भी वह नौकरी छोड़ नहीं पाता था। नौकरी छोड़कर वह जाये भी तो कहाँ जाये ? रात हो या दिन उसे छुट्टी ही कहाँ मिलती थी ? बाबूजी जहाँ-जहाँ जाते थे, उसे वहाँ-वहाँ जाना पड़ता था। जब बाबूजी को कलकत्ते से बाहर जाना पड़ता था तब सुखदेव को आराम मिलता था। वह रात-दिन पड़ा-पड़ा सोया रहता था।

याद है, बाबूजी के काम का सिलसिला दिन-दिन बढ़ता ही जा रहा था। सुबह से रात दो-तीन बजे तक बाबूजी कब किस नशे में कहाँ-कहाँ काम करते रहते थे, यह बात मुझे मालूम नहीं थी। किसके लिए बाबूजी काम करते थे, इसका भी हिसाब-किताब किसी के पास नहीं था। यह काम का नशा था या रुपये का नशा ! अगर नशा रुपये का था तो बाबूजी किसके लिए रुपया इकट्ठा कर रहे थे, किसी को मालूम नहीं था। यह फिर क्या काम का नशा था ?

काम का भी एक किस्म का नशा होता है। मैं सब-कुछ छोड़-छाड़कर यह जो पार्टी का काम कर रहा हूँ, यह किस चीज का नशा है ! इस काम में तो पैसा नहीं है, रुपया नहीं है, यह जान-सुनकर भी मैं इस क्षेत्र में आया हूँ। शायद यह ताकत का नशा है। हिटलर का बैंक-बैलेंस एक भी पैसा नहीं था। एक बार उसे एक छाते की जरूरत थी। उसका मूल्य उसे सरकार से मंजूर कराना पड़ा था। एक मामूली छाता खरीदने का पैसा जिसके पास नहीं था, उसके बाहु-बल से सारी दुनिया भय से थरथराती थी, यह बात हर किसी को मालूम नहीं है।

दरअसल ताकत हथियाने के लिए ही मैं आज राजनीति में हूँ। आदमी की भलाई करना मेरा उपलक्ष्य है और लक्ष्य है ताकत पर अधिकार प्राप्त करना।

उस दिन नुटु के बाप ने एकाएक उसे पकड़ लिया।

"ए, कहाँ था ? तेरी खोज में चप्पा-चप्पा छान गया हूँ।"

नुटु ने कहा, "क्यों-क्यों ? आप मेरी तलाश क्यों कर रहे थे ?"

"साहा बाबू ने कहा है कि वह तुझे नौकरी देगा और इधर तेरा कोई पता ही नहीं। चल, अभी तुरन्त मेरे साथ चल…"

नुटु ने कहा, "मैं नहीं जाऊँगा।"

"नहीं जाओगे ? नहीं जाऊँगा कहने से ही हो गया ? फिर यहाँ खाना नहीं मिलेगा।"

नुटु भी तैश में आ गया।

"मैं क्या आपका दिया खाता हूँ," उसने कहा, "आप मुझे खाना देते हैं ? मैं खटकर खाता हूँ।"

दिगम्बर और अधिक गुस्से में आ गया। उसने कहा, "तेरा दिमाग इतना चढ़ा हुआ है, हरामजादे कहीं के। मैं नहीं रहता तो तू पैदा कैसे होता? इतना बड़ा जवान लड़का घर पर रहे और मैं भूखों मरूँ? बूढ़े बाप को खिलाना-पिलाना तेरी जिम्मेदारी नहीं है?"

नुटु ने कहा, "आप चाहे जितना गाली-गलौज करें, मैं आपकी बात में नहीं आनेवाला हूँ।"

"फिर तुम्हारे कहने का मतलब यही है न कि मैं जिन्दगी-भर खट-खटकर मरूँ?"

नुटु ने कहा, "आप मर जाइए न, आपको जिन्दा रहने को कौन कहता है? अभी तुरन्त मर जाइए। मैं हरि-सभा में जाकर बतासे लुटाऊँगा।"

"फिर साले···"

और दिगम्बर एक ही छलांग में वहाँ आ गया। नुटु भी तैयार था। वह भी मुक्का कसकर बाप पर कूद पड़ा।

"साले का आप बाप बने हैं, इसीलिए इतना ख्वाब देख रहे हैं। मैं आपका ख्वाब तोड़ देता हूँ···"

उसके बाद मेरी आँखों के सामने ही बाप-बेटे में गुत्थमगुत्था शुरू हो गयी। नुटु लँगड़ा था लेकिन देह की ताकत में डौढ़ा पड़ता था। उसने अपने बाप को जमीन पर पटक दिया और फिर उसकी छाती पर घुटने रखकर बैठ गया।

"साले बाप बनने का गुमान मुझे दिखाओगे?" उसने कहा।

मैंने मन-ही-मन स्वयं को अपराधी के रूप में लिया और भय से काँपने लगा।

फिर मैं स्वयं को रोक नहीं सका।

तत्क्षण वहाँ पहुँचकर मैं नुटु का हाथ पकड़कर खींचने लगा। "नुटु, ओ नुटु, उठो," मैंने कहा, "बाप को छोड़ दो, छोड़ो···"

मनुष्य की शिक्षा की अवश्य ही कोई कीमत होती है। शिक्षा मनुष्य को संयत करती है। जीव-जन्तुओं की दुनिया में एक तरह का प्राणी होता है। जिसे आप मसल भी डालें तो वह कोई विरोध नहीं करेगा। मसलन केंचुआ। इसे सात्विकता नहीं कहा जा सकता है। इसे जड़ता कहते हैं। दूसरी ओर और एक तरह का प्राणी होता है जिसे आप चोट पहुँचाएँ तो वह काट लेगा। मसलन मधुमक्खी, बर्रा और चींटी। लेकिन मनुष्य का स्वभाव और ही प्रकार का होता है। वह कहता है, मैं तुम्हारी अधीनता नहीं स्वीकारूँगा, तुम चोट पहुँचाओगे तो बदले में मैं चोट नहीं पहुँचाऊँगा, बल्कि तुममें जो पशुता है, उसका विनाश करूँगा। तुम अपने स्वार्थ की सिद्धि के लिए मुझ पर जो पाशविक प्रवृत्ति का प्रयोग कर रहे हो, मैं तुम्हारी उस पाशविक प्रवृत्ति को ही चूर-चूर कर डालूँगा।

लेकिन इस तरह की शिक्षा नुटु जैसे लोगों को कौन दे ? तब मयनाडाँगा में शिक्षा देने का सुयोग ही कहाँ था ? और शिक्षा दे भी तो किसको ? उन लोगों की पढ़ने-लिखने की जो उम्र होती है, उसमें भिक्षावृत्ति भी करें तो अधिक आय की सम्भावना रहती है।

बहुत कष्ट से मैंने नुटु को अलग किया। लेकिन उस वक्त दिगम्बर प्रायः अचेतावस्था में पहुँच गया था। एक तो बूढ़ा और नशाखोर, उस पर कभी भरपेट खाना खाने का मौका नहीं मिला था। मैं एक लोटा पानी ले आया और उसे दिगम्बर के मुँह में डाला। पानी पीकर दिगम्बर ने कई बार हिचकियाँ लीं। फिर आहिस्ता से उठ बैठा :

लेकिन उस वक्त भी वह तैश में था। कुछ देर तक वह गाली-गलौज बकता रहा, "साला, हरामजादा, बेईमान कहीं का···"

मैंने नुटु को संयत किया। देखा, वह पुनः आक्रमण करने के लिए प्रस्तुत है। मैं उसी क्षण नुटु को खींचकर बाहर ले आया।

"छिः-छिः," मैंने कहा, "बूढ़े बाप को मारना क्या शोभा देता है ! वह तुम्हारा बाप है न !"

नुटु का तब गुस्से से बुरा हाल था।

'बाप-बेटे के झगड़े में तुम नाक क्यों घुसेड़ते हो जी ? मैं अपने उस बाप का कमाया खाता-पहनता हूँ जो वह मुझे गाली-गलौज देगा ? आज तुम पकड़ न लेते तो आज मैं उस बेटे को ठिकाने लगा देता।"

मैंने कहा, "क्यों बेवजह टण्टा बढ़ा रहे हो ? मैं कह रहा हूँ न, कि तुम्हें दस हजार रुपये दिला दूंगा। जिन्दगी में तुम्हें खाने-पहनने की कोई चिन्ता नहीं रह जायेगी।"

"मैं तुम्हारा पैसा क्यों लूं ?" उसने कहा।

"वह मेरा पैसा नहीं है, बल्कि मेरे बाप का पैसा है। अखबार में नहीं देखा ?"

"सर !"

शंकर के आकस्मिक प्रवेश से ज्योतिर्मय सेन चौंक पड़े।

"चाय ले आया हूँ। यह चाय पीकर देखें, बीस रुपये पाउण्ड की है।"

ज्योतिर्मय सेन ने कहा, "इतनी कीमती चाय का इन्तजाम क्यों किया ? हम लोगों ने बारह-चौदह साल जेल में काटे हैं। तब हजम करने की ताकत थी लेकिन खाना नहीं मिलता था। अब यह बढ़िया-बढ़िया खाना जीभ को रुचता नहीं है।"

और मैंने चाय की प्याली से घूंट लिया। मुंह से हालांकि मैंने विनम्रता प्रकट की लेकिन चाय पीने में अच्छी लगी। बड़ा ही अच्छा स्वाद था।

सिर्फ चाय ही नहीं थी, बल्कि वह कहीं से बढ़िया बिस्कुट भी ले आया था।

"यह सब लाने की क्या जरूरत थी ?" मैंने कहा।

शंकर ने मेरी बात काटकर कहा, "आप क्या कह रहे हैं ज्योतिदा। आप मयनाडाँगा आये हैं, मयनाडाँगा के लिए यह सौभाग्य की बात है। एक बार जबकि यहाँ आपके चरणों की धूल गिर चुकी है, हमारे लिए अब कोई दुख नहीं रह गया…"

मैंने कहा, "अच्छा शंकर, तुम्हारे यहाँ इतनी उत्तेजना क्यों फैली हुई है ? यहाँ भी क्या वे दाखिल हो गये हैं ? वे कम्युनिस्ट लोग ?"

शंकर ने कहा, "हाँ ज्योतिदा, उन्हीं लोगों ने किसानों और मजदूरों को भड़काया है। अन्यथा यहाँ उतने अखबार भी नहीं आते हैं, और न किसानों के पास रेडियो या ट्रांजिस्टर ही हैं। उन लोगों ने ही आकर इतने तरह के आन्दोलन छेड़ दिये हैं। जब तक वे अनपढ़ थे तब तक सब-कुछ ठीक-ठाक था…"

"अब वे लोग शिक्षित हो गये हैं ?" मैंने पूछा।

शंकर ने कहा, "बस यहाँ एक स्कूल है, इतना-भर ही। पढ़ता कौन है ?"

"क्यों, कोई पढ़ता क्यों नहीं है ?"

"पढ़ेगा-लिखेगा तो खायेगा कैसे ? पढ़ने-लिखने का जो वक्त है, उसमें मजदूरी करने से दो पैसे मिलते हैं। पढ़कर उन लोगों को क्या फायदा होगा ? पढ़ने से उनका नुकसान ही है।"

"लेकिन अब छोटे-छोटे बच्चों को काम करने नहीं दिया जाता है, वे लोग तो लिख-पढ़ सकते हैं ?"

"यहाँ छोटे-छोटे बच्चे भी काम करते हैं। सस्ते भी मिल जाते हैं इसलिए कारोबार करनेवाले उन्हें ही काम देते हैं। वैसे लोग ही अब बढ़कर बड़े हो चुके हैं और उनकी समझ में यह बात आ गयी है कि उनसे कम पैसे में मजदूरी कराकर महाजन लोग पैसेवाले हो गये हैं।"

"यह सब समझने की उनमें अकल आ गयी है ?"

"यह सब समझने की अकल नहीं आयी है, लेकिन वामपन्थियों ने उन्हें यह सब समझा-बुझा दिया है। उन्हीं लोगों के चलते मयनाडाँगा में इतनी अशान्ति फैली है ज्योतिदा। आज जो यहाँ इतनी हलचल मची हुई है, वह वामपन्थियों की वजह से ही है। वरना यहाँ कांग्रेस कहते ही लोग भक्ति से माथा नवाते थे।"

"तुम लोग उन्हें अच्छी तरह क्यों नहीं समझाते हो ? तुम लोग उन्हें क्यों नहीं समझाते कि चीन और रूस में वोट नामक कोई चीज नहीं है। कांग्रेस ने ही उन्हें वोट देने का अधिकार दिया है।"

ज्योतिर्मय सेन जैसे और अधिक उत्तेजित हो उठे।

"यह तुम्हीं लोगों की गलती है शंकर," उन्होंने कहा, "उन लोगों की

कोई गलती नहीं है। तुम लोगों को समझाना चाहिए कि आजादी पाने के बाद कांग्रेस ने देश के लिए कौन-कौन-सा अच्छा काम किया है। उन्हें क्यों नहीं समझाते कि पहले करोड़ों रुपये खर्च कर रेल के इंजिन बाहर से मँगाये जाते थे, अब लगभग हर चीज हम लोगों के देश में ही तैयार होती है। और इंजिन ही क्या, बिजली के पंखे, सिलाई की मशीन, बल्ब, हीटर—सब-कुछ हमारे कारखानों में तैयार होते हैं। इसके कारण देश के कितने ही आदमियों को नौकरी मिलती है। अब हम लोग दूसरे देशों पर निर्भर नहीं हैं। यह सब कांग्रेस ने ही किया है। पहले पानी का अभाव था, अब कांग्रेस ने नलकूप लगवा दिये हैं। दामोदर घाटी बाँध बनवाकर लोगों को बाढ़ से राहत दी है।"

शंकर ने कहा, "वे लोग गँवार हैं। दिमाग में गोबर ही गोबर है।"

ज्योतिर्मय सेन ने कहा, "नहीं, गोबर उन लोगों के दिमाग में नहीं है, बल्कि तुम लोगों के दिमाग में है। तुम लोग कांग्रेस के सदस्य हो लेकिन तुम लोग उन्हें भली-भाँति समझा नहीं पाते हो। तुम लोग जनता के बीच ठीक से काम नहीं कर पाते हो। तुम लोगों की उम्र के जब हम लोग थे, हमने जनता के बीच कितना काम किया है, मालूम है? गाँव-गाँव की सैर करके हम किसानों के साथ पानीदार बासी भात खाते थे। अनेकों बार हमें भूखों रह जाना पड़ा है। हम लोग उन्हीं के तबके के आदमी बनकर उनसे मिलते-जुलते थे। वे लोग हमें अपनी जमात के आदमी समझते थे। जब-जब जेल जाना पड़ा है, पुलिस के हाथों से हमने बेहद जुल्म बरदाश्त किये हैं। और तुम लोग···"

ज्योतिर्मय सेन कुछ देर तक शंकर की ओर अपलक ताकते रहे। जैसे चारों ओर वामपन्थियों ने जो तहलका मचा रखा है, उसके लिए एकमात्र शंकर ही जिम्मेदार है।

"हाँ, जिम्मेदार तुम्हीं लोग हो," उन्होंने कहा, "तुम लोग केवल नेताओं की खुशामद और खातिर करना जानते हो। उन्हें बीच रुपये पौण्ड की चाय, बड़ी-बड़ी गोड़रा मछली और बढ़िया शुद्ध घी खिलाने में व्यस्त रहते हो। क्यों? हमारी सेवा करने से देश की जनता की क्या भलाई होती है? उन लोगों की सेवा में तुम लोग कितना वक्त लगाते हो? तुम लोग मन्त्री बनने के लिए ही कांग्रेस में आये हो! केवल रुपया कमाने के लिए ही आये हो!"

शंकर माथा झुकाये खड़ा रहा।

"मैं, ज्योतिदा", कुछ देर के बाद उसने कहा, "बचपन से ही कांग्रेस में हूँ।"

ज्योतिर्मय सेन ने कहा, "मैं तुम्हारी बातें नहीं कर रहा हूँ, बल्कि सबके बारे में कह रहा हूँ। कोई संस्था क्या यों ही बरबाद हो जाती है? उसके पीछे बहुत सारे कारण होते हैं। आज जितने भी शराब की दुकान और मछली के बाँधों के मालिक हैं, वे सब-के-सब हमारे दल में घुस पड़े हैं, और हम लोग

भी उन्हीं लोगों को मनोनीत कर रहे हैं…"

दीवार की घड़ी एक बार बज उठी—टन् ! ज्योतिर्मय सेन ने देखा, साढ़े-तीन बज चुके हैं। सम्मेलन शुरू होने में अब आधे घण्टे की ही देर है।

उन्होंने फिर से कहना शुरू किया, "तुम अन्यथा मत लेना शंकर। बहुत दुख के कारण ही आज तुमसे यह सब बात कह रहा हूँ। मैंने सोचा था कि यहाँ आकर चुपचाप विश्राम करूँगा। और…और एक इच्छा थी…"

"क्या इच्छा थी ज्योतिदा ?"

ज्योतिर्मय सेन उस बात को दबा गये। कहना चाहते थे, पर कहा नहीं। नहीं, रहे, जो बात मन के अन्दर है वह मन के अन्दर ही रहे। वे लोग नहीं समझेंगे। उनकी समझ में कुछ भी नहीं आयेगा। जो आदमी राजनीति में रहता है उसे सभी गलत ही समझते हैं। मुझमें भी माया-ममता, दया-करुणा रह सकती है, इसकी कोई कल्पना तक नहीं करेगा। सभी जानते हैं कि आम लोगों से पुजकर मैं आदमी की श्रेणी में नहीं रह गया हूँ। मेरा जैसे कोई व्यक्तिगत जीवन नहीं है। मैंने विवाह नहीं किया, सम्पत्ति नहीं बनायी। फिर भी मैं आदमी नहीं रह गया हूँ। कारण यह है कि मैं शक्ति के शिखर पर विराजमान हूँ। शक्ति के शिखर पर आसीन होने के कारण एक ओर जैसी निरर्थक भक्ति मिलती है, दूसरी ओर वैसी ही अकारण ईर्ष्या। मुझे दोनों ही चीजें प्राप्त हुई हैं। जो नहीं प्राप्त हो सका वह है प्यार। हालाँकि प्यार पाने के लिए मेरा मन अभी छटपटा रहा है। मेरी कुरसी इतनी ऊँची हो गयी है कि वहाँ प्यार की पहुँच नहीं हो सकती है। कारण यह है कि ख्याति, अर्थ, प्रतिष्ठा और प्राप्ति मनुष्य को सिर्फ पराया ही बनाती है और ठेल-ठालकर दूर भगा देती है। उसे आदमी के निकट नहीं लाती है। निकट खींचकर जो लाते हैं वे हैं प्रीति, प्रेम और सौहार्द। ये चीजें मुझे कब प्राप्त होंगी !

नुटु, आज जब तुमसे भेंट होगी मैं तुम्हें सारी बातें बताऊँगा। तुमने ही पहले-पहल मुझे प्यार किया था। बिना किसी चीज की आशा किये तुमने मुझे प्यार किया था, प्यार करनेवाले प्रथम और अन्तिम व्यक्ति तुम्हीं हो। मैं भूला नहीं हूँ नुटु, कि तुमने मेरी खातिर अपने वैकुण्ठ को कसाई के हाथों बेच दिया था। यह बात जब तक मैं जीवित रहूँगा, नहीं भूलूंगा। यकीन करो नुटु, प्राण जाते मैं नहीं भूलूंगा।

पहले नुटु डर गया था। उतनी चौड़ी सड़क के किनारे तीनमंजिला मकान देखकर नुटु सहम गया।

"यही तुम्हारा मकान है ?" उसने पूछा।

मैंने कहा, "हाँ ।"

नुटु ने कहा, "तुम लोग इतने बड़े आदमी हो। मयनाडाँगा के बाबुओं से भी बड़े आदमी । तुमने मुझे तो कुछ बताया नहीं था ?"

नुटु गाँव का लड़का था। बढ़िया कपड़े-लत्ते भी नहीं पहने था। हम दोनों ट्रेन से सुबह के वक्त स्यालदा स्टेशन पहुँचे थे। जीवन में नुटु ने कभी कलकत्ता शहर नहीं देखा था। फिर हम लोग पैदल चलते-चलते घर के सामने पहुँचे थे।

मैंने फटे अखबार के टुकड़े को उसके हाथ में थमाकर कहा, "इसे ले जाकर मेरे बाबूजी को दिखाओ। कहना कि आपके लड़के को मैं ले आया हूँ। मुझे दस हजार रुपया दीजिए।"

"फिर ? फिर तुम्हारे बाबूजी अगर पूछें कि ज्योति कहाँ है तो मैं क्या करूँ ?"

"फिर मैं वहाँ जाकर उपस्थित हो जाऊँगा। अभी मैं यहीं ठहरता हूँ।"

इतने पर भी नुटु साहस नहीं बटोर सका। फिर वह आहिस्ता-आहिस्ता आगे बढ़ने लगा।

"दरवाजे पर पहरा लगा हुआ है", उसने कहा, "दरबान कुछ नहीं कहेगा ?"

मैंने कहा, "मैं जो हूँ। अगर रोकेगा तो मैं कह दूँगा। जाओ।"

मेरी बात से हिम्मत बाँधकर नुटु ने लँगड़ाते-लंगड़ाते सड़क पार की और फाटक के सामने पहुँचा।

मिस्टर सेन साधारण बैरिस्टर नहीं थे। अपनी असाधारणता को अपने मुवक्किलों की अपेक्षा वह स्वयं अधिक जानते थे। जो लोग अपने बड़प्पन के प्रति सजग रहते हैं, उनमें एक प्रकार का सहजात अहंकार रहता है। उसको अहंकार भी कहा जाता है और आत्मविश्वास भी। उनके जो प्रेमी होते हैं, इस भाव की प्रशंसा करते हैं, वे आत्मविश्वास के प्रेमी होते हैं। लेकिन जो व्यक्ति किसी विषय में सफल होता है, उसके शत्रु भी हुआ करते हैं। शत्रुओं का वही दल उस चीज को अहंकार कहकर उस पर दोष मढ़ता है। यह दृष्टिकोण का अन्तर है। अपने-अपने तर्क की पुष्टि के लिए यह युक्ति पेश करने जैसा है, उसके अतिरिक्त और कुछ नहीं।

मेरे पिताजी के साथ भी यही बात लागू हो सकती है।

और यही कारण है कि वह हर क्षण सतर्क रहा करते थे। ऐसे लोगों को हमेशा एक तरह का डर रहता है। मेरी प्रतिष्ठा, मेरा गौरव सब धूल में मिल जायेगा। इसी कोटि का भय था। भय या सचेतनता उन्हें दूसरे-दूसरे लोगों से

दूर रखे रहते हैं। यही वजह है कि बाहर के आदमी उन्हें गलत समझ बैठते हैं। वे कहते हैं, मेरी ओर आँख उठाकर भी नहीं देखा।

न केवल बाबूजी के मुवक्किल बल्कि हरिसाधन बाबू भी इसी वजह से मेरे बाबूजी से बातचीत नहीं करते थे। बाबूजी भी व्यस्त रहने की बहानेबाजी किया करते थे। और इसे बहानेबाजी ही क्यों कहूँ? बाबूजी के पास कामों की कोई कमी तो थी नहीं।

मेरे बाबूजी उस जमाने के साहब थे। साहब कहने का अर्थ है पूरे साहब। बाबूजी 'स्टेट्समैन' छोड़कर दूसरा समाचार-पत्र नहीं पढ़ते थे। मैंने घर के अन्दर 'स्टेट्समैन' छोड़कर दूसरे समाचार-पत्र को आते नहीं देखा था।

स्वदेशीपन देखते ही बाबूजी क्रुद्ध हो जाते थे। कोई अगर चन्दा माँगने आता तो उसे बुरी तरह झिड़ककर निकाल देते थे।

"खादी पहनने से तुम्हें क्या फायदा होता है?" वह कहते थे, "देश को आजाद करना है, आजादी हासिल होने से तुम्हें क्या फायदा होगा?"

देश-सेवक कहते, "आप यह क्या कह रहे हैं? आप देश की आजादी नहीं चाहते हैं?"

बाबूजी कहते, "नहीं। ऐसे ही बेहतर हालत में हूँ।"

"जलियाँवाला बाग में ऐसा काण्ड हुआ और आप फिर भी ऐसी बात कह रहे हैं?"

बाबूजी कहते, "स्वाधीन देशों में पुलिस क्या गोली नहीं चलाती है? कानून तोड़ने पर गोली चलायी जाये तो इसमें कौन-सा अन्याय है? तुम लोग अंग्रेजों पर गोली चलाओगे और वे लोग चुपचाप बैठे रहेंगे? कोई भी सभ्य देश यह बरदाश्त कर सकता है? कोई आदमी यह बरदाश्त कर सकता है?"

बुढ़ापे में बाबूजी को रायबहादुर का खिताब मिला था। ब्रिटिश सरकार की सेवा करने के फलस्वरूप बाबूजी को उससे उचित पुरस्कार मिला था। लेकिन पाने से ही क्या होता है। बाबूजी को बड़ी से बड़ी सजा उनके पुत्र ने दी थी और वह पुत्र मैं था। कभी देश-सेवकों को अपमानित करके बाबूजी ने जो पाप किया था, पुत्र होने के नाते मैंने उनके पापों का प्रायश्चित्त किया था। अच्छा किया या बुरा, मुझे मालूम नहीं। यह भी मालूम नहीं कि बाबूजी ने गलत काम किया था या मैंने। बाबूजी जिस जमाने के आदमी थे, जिस परिवेश और वातावरण में पले थे, उन्हीं से ताल-मेल रखकर वह बड़े हुए थे।

तब मैं छोटा था। बाबूजी ही मेरे लिए सहारा और बाधा दोनों थे। जिसको आदमी सहारा समझे वही अगर बाधा बन जाये तो आदमी के जीवन में निश्चिन्तता कहाँ रह सकती है? मानविक सम्बन्ध की इस जटिलता पर बहुत-से मनीषियों ने अनेकों ग्रन्थ लिखे हैं। न केवल रक्त के सम्बन्ध पर बल्कि

सामाजिक सम्बन्धों पर भी उन्होंने जो खोज की है, उसका कोई अन्त नहीं। जन्मगत उत्तराधिकार और सामाजिक कर्तव्य—इन दोनों के संघर्ष का क्षेत्र मनुष्य का मन ही है। हर आदमी को जिन्दगी-भर यह लड़ाई लड़नी पड़ती है। हो सकता है आदमी की यही नियति हो। इस संघर्ष से बचने के लिए कोई शराब पीकर नशाखोर हो जाता है और कोई संन्यास धारण कर लेता है। इस संघर्ष की यातना को कम करने के लिए बहुत-से आदमी बहुत सारे उपायों का सहारा लेते हैं। इसे ही कामशक्ति का विस्थापन (Libido-displacement) कहते हैं। यानी कोई विज्ञान, कोई साहित्य और कोई धर्म-कर्म में डूब जाता है। यह भी एक तरह का पलायन ही है।

बाबूजी के लिए वह पलायन-वृत्ति उनकी जीविका थी। बात ऐसी नहीं थी कि वह बैरिस्टरी को प्यार करते थे। लेकिन वह बैरिस्टरी नहीं करते तो और क्या करते ?

और रुपया-पैसा ?

रुपया-पैसा तो बहाना मात्र था। उसी बहानेबाजी के भुलावे में आकर आदमी असम्भव की ओर दौड़ लगाता है, मृत्यु की ओर दौड़ लगाता है और मन-ही-मन सोचता है कि जीवन की ओर दौड़ लगा रहा हूँ। जीवन के छद्म-वेश में मृत्यु ही आदमी को हाथ के इशारे से बुलाती है।

और ताक़त ? ताकत भी मृत्यु ही है। ताक़त बार-बार आदमी को मृत्यु की दिशा में ठेल दिया करती है। ताकत आदमी से मात्र इतना ही कहती है, 'मेरी तरफ आओ, मैं तुमको शान्ति दूंगी···'

शान्ति कहाँ है। शान्ति देनेवाले मालिक को अगर एक बार देख पाता तो उससे पूछता, "तुम्हारे कितने नाम हैं ? लोग तुम्हें कितने नामों से पुकारते हैं। कोई करुणानिधान कहता है, कोई पतित-पावन और कोई कल्पतरु। लेकिन बाबूजी की किसी इच्छा की तुमने क्या पूर्ति की थी ? या मेरी ही किस आशा को तुमने सफल किया ?"

बाबूजी कहते, "अभी आप जाइए। अभी मिलने का वक्त मेरे पास नहीं है।"

बाबूजी के पास वक्त नहीं रहता था। या बाबूजी वक्त नहीं निकाल पाते थे, यही विचारणीय विषय था। जिसके पास वक्त नहीं रहता है, उसी के पीछे भीड़ उमड़ी रहती है। उस चीज को बाबूजी समझते थे इसीलिए वक्त को संकुचित बनाकर वह उसकी कीमत बढ़ाते थे। बाबूजी के वक्त का मोल अशर्फियों से कूता जाता था। सत्रह अर्शफियों से सत्ताईस अशर्फी और सत्ताईस अर्शफियों से चौवन अशर्फी। देश के लोगों के हाथ में जितने ही कम पैसे आते थे, मामले-मुक़दमों की उतनी ही भीड़ लग जाती थी और बाबूजी की अशर्फी की दर उतनी ही बढ़ने लगती थी। न केवल अशर्फी की दर बढ़ती जाती थी

बल्कि सम्मान और पद-मर्यादा में भी उतनी ही वृद्धि होती जाती थी।

और पद-मर्यादा जितनी बढ़ती जाती थी, वक्त का भी उन्हें उतना ही अभाव होता जाता था।

फिर भी बाबूजी ने नुटु को जो थोड़ा-सा वक्त दिया वह नुटु के तौर-तरीके के कारण ही। उतने दरबान, उतने ठाठ-बाट सबको पार करके नुटु अन्ततः जो मेरे बाबूजी के पास पहुँच पाया, उसमें मेरी बातों का ही प्रभाव काम कर रहा था।

मैंने उससे कह दिया था, "तुम किसी भी हालत में डरना मत, सीधे बाबूजी के कमरे के अन्दर पहुँच जाना।"

नुटु ने ठीक वही काम किया। किसी की बात पर ध्यान दिये बगैर बाबूजी के पैरों पर जाकर गिर पड़ा।

"कौन ? कौन हो तुम ?"

अच्छी तरह अजनबी को देखने के बाद उन्हें लगा कि इसे 'तुम' के बजाय 'तू' कहना चाहिए था।

"हुजूर, आपके लड़के ज्योतिर्मय सेन की खबर लेकर मैं आया हूँ। इस अखबार में आपने विज्ञापन छपवाया था न !"

"देखूं, वह कहाँ है ?"

"वह बाहर सड़क पर खड़ा है।"

और कोई बातचीत नहीं हुई। मिस्टर सेन चिल्ला-चिल्लाकर सभी को पुकारने लगे। रघु, कैलास—हर कोई वहाँ पहुँच गया।

मिस्टर सेन ड्रेसिंग गाउन पहने हुए ही सड़क पर निकल आये। दरबान खड़ा था, वह भी अवाक् रह गया। वह सोच रहा था कि ड्यूटी में चूक हो जाने के कारण उसे ही डाँट-फटकार सुननी पड़ेगी।

मैं तब दूसरे किनारे के प्लेटफार्म पर खड़ा था।

बाबूजी मेरी ओर दौड़कर आये।

"कहाँ था ? इतने दिनों तक तू कहाँ था ?" उन्होंने पूछा।

नुटु की ओर इंगित करके कहा, "इन्हीं लोगों के घर पर।"

अब उन्होंने नुटु को गौर से देखा।

"वह कौन है ?" उन्होंने पूछा।

"यह नुटु है।" मैंने कहा।

'नुटु ? इससे तेरी जान-पहचान कैसे हुई ? इसका घर कहाँ है ?"

"मयनाडांगा में।"

"मयनाडांगा में ? मयनाडाँगा कहाँ है ?"

"बर्दवान में।" मैंने कहा।

"बर्दवान में ? वहाँ किसलिए गया था ?"

"यों ही।"

"यों ही का मतलब ? वहाँ किसने तुमसे जाने को कहा था ?"

"किसी ने नहीं कहा था। मैं यों ही चला गया था।"

बाबूजी और कुछ नहीं बोले। मेरा हाथ पकड़कर उन्होंने सड़क पार की और घर के अहाते में घुसे। नुटु को साहस ही नहीं हुआ कि अन्दर आये। वह बाहर ही खड़ा रहा।

मैंने कहा, "वह भी मेरे साथ आयेगा।"

"वह कौन ?"

"नुटु।"

"नो, नेवर, किसी भी हालत में नहीं। वह एक लफंगा है। तुम उसके साथ हिल-मिल नहीं सकते हो।"

बाबूजी ने कैलास से कहा, "जा, उस छोकरे को जाने को कह दे।"

मैंने जिद ठान ली। "नहीं, वह मेरे साथ ही आयेगा।"

मेरी जिद देखकर बाबूजी पहले अचकचा उठे। जैसे वह अपने लड़के को भी एक क्षण के लिए पहचान नहीं रहे हैं। जिस बच्चे को जनमते देखा है, जिसकी भलाई के बारे में बहुत-कुछ सोचा है उसी लड़के से सम्भवतः इस तरह का व्यवहार पाकर हतप्रभ हो गये। जैसे वह स्वयं से ही पराजित हो गये हैं और स्वयं को भी जैसे एक क्षण के लिए पहचान नहीं पा रहे हैं।

याद है, उस दिन बाबूजी के मन में मैंने बहुत बड़ी चोट पहुँचाई थी। एक तो रायबहादुर, स्टेट्समैन के पाठक और उस पर अंग्रेजों की ईमानदारी और चरित्र-बल पर अगाध भक्ति। उन्हीं का लड़का गाँव के एक लड़के के प्रति आकर्षण रखे ? और लड़का भी वैसा कि मैले-कुचैले कपड़ों में लिपटा एक लँगड़ा आदमी। यह अवश्य ही बुरे लक्षण का सूचक है। यह तो बरबादी की सूचना है।

लेकिन मिस्टर सेन ने जब यह देखा कि उनके पुत्र में भी व्यक्तिगत मत नामक कोई चीज हो सकती है तो उन्हें खुश होना चाहिए था। लड़का भी एक दिन बड़ा हो सकता है, यह बात शायद वह कुछ देर के लिए भुला बैठे थे। यह भूलना कोई विचित्र बात नहीं है। युधिष्ठिर को नरक का दर्शन करना पड़ा था, यह बात हर किसी को याद है लेकिन लोग उनकी सच्चाई, क्षमा, धैर्य, विवेक, वैराग्य, त्याग और तितिक्षा को भुला बैठे हैं। मनुष्य व्यक्तिगत स्वार्थ के कारण दूसरे मनुष्य का वह पहलू, जिसमें अच्छाई रहती है, भूल ही जाता है।

"ठीक है, आये, मगर वह क्या चाहता है ?"

"आपने जो दस हजार रुपये का इनाम घोषित किया था, वह इसे देना

पड़ेगा।"

"क्यों ?"

"वही मेरी खबर आप तक पहुंचा आया था।"

अबकी सम्भवतः बाबूजी अपने कानून के दाँव-पेंच में स्वयं ही उलझ गये थे। लेकिन आदमी की अदालत में कानून के दाँव-पेंच, उसकी धाराएँ और संशोधन रहने के बावजूद संसार की भी एक अलग अदालत है। उस अदालत का कहना है—मेरा कानून ही कानून है। न उसमें कोई धारा है और न उसका संशोधन ही हो सकता है। उसके लिए उसके पास एक ही व्याख्या है। उस व्याख्या के अन्तर्गत अगर तुम अपराधी हो तो तुम्हें दण्ड भोगना पड़ेगा। चाहे परोक्ष रूप में हो अथवा प्रत्यक्ष रूप में, लेकिन फलाफल तुम्हें भोगना ही पड़ेगा। केवल समय की प्रतीक्षा है। तब बाबूजी के लिए भी उस समय का आगमन नहीं हुआ था। अन्यथा जो फाँसी के मुजरिम को कानून के दाँव-पेंच से साफ बचा लेते थे, वे ही कानून के दाँव-पेंच के शिकंजे में कैसे आ गये !

दरअसल वह वही 'मैं' था।

रामकृष्णदेव ने कहा है, " 'चोर-चोर' खेल में बुढ़िया को पकड़ना पड़ता है। खेल की शुरुआत में ही कोई बुढ़िया को छू देता है तो वह खुश नहीं होता है। ईश्वर की इच्छा है कि खेल कुछ देर तक चले।"

अध्यात्म रामायण के अयोध्याकाण्ड में लिखा है—नारद ने राम से कहा, "राम, तुम अयोध्या में ही बैठे हो, फिर रावण का बध कैसे होगा ? तुमने रावण-वध के लिए ही धरा-धाम में अवतार लिया है।"

राम ने कहा, "नारद, समय होने दो, रावण की सुकीर्ति का विनाश होने दो, तब उसके बध का प्रयास किया जायेगा···"

बाबूजी का वही 'मैं' तब जगा हुआ था। पूर्ण मात्रा मे मौजूद था। इसीलिए उस समय भी ऊँच-नीच, गरीब-अमीर का भाव उनके मन से दूर नहीं हुआ था। किसी का एकमात्र लड़का भाग जाये तो भी यह भाव नहीं होता है। यहाँ तक कि एकमात्र सन्तान की मृत्यु हो जाये तो भी किसी-किसी के मन से यह भाव दूर नहीं होता है। कोई-कोई आसानी से अस्मिना को त्याग देता है। लाला बाबू ने 'समय बीत रहा है' सुनते ही अस्मिता को त्याग दिया था। तब उन्होंने कहा था, "मारे राम, जिलाये राम ! वही राम विद्या और अविद्या दोनों रूप में वर्तमान है। अविद्या की माया से वह मरता है और विद्या की माया से जिलाता है।"

याद है, बहुत दिन पहले जब मैं खादी आश्रम में रहता था, समय मिलते ही रामकृष्ण परमहंस देव का वचनामृत पढ़ा करता था। जब कारावास पहुँचा उस समय भी दूसरी-दूसरी चीजों के साथ 'रामकृष्ण कथामृत' की भी पाँचों

जिल्दों की मैंने माँग की थी।

मेरे साथ जो लोग कारावास में थे वे मेरा कथामृत पढ़ना देखकर चकित हो गये थे।

एक दिन त्रैलोक्यदा ने कहा, "ज्योति, तुम इन पुस्तकों को क्यों पढ़ा करते हो ?"

मैंने कहा, "भाईजी, मुझे पढ़ना अच्छा लगता है।"

त्रैलोक्य ने कहा, "लेकिन तुम ठहरे राजनीति के आदमी। यह पुस्तक पढ़ने से तुम्हें क्या लाभ होगा ? इससे बेहतर है कि इतिहास और समाजवाद की पुस्तकें पढ़ा करो। मिल बेंथम को पढ़ो, पढ़ने से अपने भविष्य को बनाने के काम में आयेगा।"

मैंने कहा, "वह भी पढ़ता हूँ।"

त्रैलोक्यदा ने कहा, "इस तरह की पुस्तकें मत पढ़ा करो जी। अन्ततः साधु-संन्यासी बन जाओगे और अंग्रेजों से लड़ नहीं पाओगे। तब लगेगा कि यह सब माया है···"

और वह कहकहों में डूब गये थे।

लेकिन मैंने पढ़ना बन्द नहीं किया। मेरी शुरू से ही यही धारणा बनी हुई थी कि अपनी अस्मिता को पहचानने के लिए सिर्फ इतिहास, अर्थशास्त्र या समाजवाद पढ़ने से काम नहीं चलेगा बल्कि ईसा मसीह, बुद्धदेव और रामकृष्ण को भी पहचानना पड़ेगा। आदमी के सामने जो सब समस्याएँ हैं, उनके सामने भी ये समस्याएँ थीं।

आज जो सवेरे से मैं यहाँ बैठा हुआ हूँ, बैठे-बैठे मैंने कौन-सा काम किया है ? कुछ भी नहीं। शंकर से बातचीत की है, रथीन सिकदार और केस्टो हालदार से बातचीत की है। एस. डी. ओ. मिस्टर राय से भी बातचीत की है। जिसको जो आदेश देना था, दिया है। दूसरों की बातें भी सुनी हैं। सब-कुछ तो मेरी ही बातें हैं। इसी को आत्म-चिन्तन कहते हैं। स्वयं साक्षात्कार करने के लिए ही आत्म-चिन्तन किया जाता है, स्वयं को अनेकों के बीच आस्वादित करना पड़ता है। स्वयं को जानने के बाद ही 'अनेक' को जाना जा सकता है। उस 'अनेक को अपने अन्दर टटोलने के लिए ही मैंने आत्म-चिन्तन किया है।

"ज्योतिदा···"

शंकर की बात सुनकर मैं पुनः चेतना में लौट आया।

"आपने बताया था कि आपकी और कोई इच्छा थी।"

"हाँ, इच्छा थी कि यहाँ के किसानों से थोड़ी बातचीत करूँ।"

शंकर ने कहा, "नहीं ज्योतिदा, उन लोगों से बातचीत मत करें। किसान अब पहले जैसे नहीं हैं, अब वे कुछ और ही तरह के हो गये हैं। हो सकता है

कि बातचीत करते-करते आपको अपमानित कर दें।"

"क्यों, अपमानित क्यों करेंगे ?"

"इसलिए कि आप मन्त्री हैं और न केवल मन्त्री, बल्कि मुख्यमन्त्री।"

"मैं मुख्यमन्त्री हूँ, यही क्या मेरा अपराध है ? मैं अगर मुख्यमन्त्री नहीं रहता तो कोई-न-कोई मुख्यमन्त्री रहता ही। कोई तरक्की करे उसी पर उन्हें गुस्सा है ?"

शंकर ने कहा, "नहीं ज्योतिदा, आप उन लोगों से मत मिलें। आखिर क्या से क्या हो जायेगा···"

फिर उसने कहा, "ठहरिए, मैं वहाँ का हाल-चाल देख आता हूँ ?"

और वह कमरे के बाहर चला गया।

नुटु तब फटी-फटी आँखों से चारों ओर देख रहा था। जिस-जिस पर उसकी निगाह पड़ती थी, उसे देखते ही वह विस्मय में डूब रहा था। हम लोग इतने बड़े आदमी हैं, नुटु ने इसकी कल्पना तक न की थी। इतने नौकर-चाकर, इतने दरबान, इतनी गाड़ियाँ, रेडियो और चमक-दमक जैसे उसकी आँखों में चकाचौंध पैदा करने लगी थीं।

सारी चीजों को गौर से देखते हुए उसने कहा, "तुमने मुझे बताया नहीं था ज्योति, कि तुम लोग इतने बड़े आदमी हो। तुम लोग तो मयनाडांगा के बाबू लोगों से भी बड़े हो जी।"

इक्कीस

नुटु की दृष्टि में मयनाडाँगा के बाबू लोग ही बड़े आदमी थे। कारण यह था कि उसने शहर नहीं देखा था। नुटु को यह मालूम नहीं था कि जितने भी बड़े आदमी हैं, शहर में वास ही करते हैं। वास करते हैं और गाँव के लोगों का शोषण करते हैं। शहर और गाँव—दोनों जगह के लोग टैक्स चुकाते हैं। लेकिन जीवन की सारी सुख-सुविधाएँ शहरवाले जीते हैं। गाँव के लोगों के टैक्स के रुपये से शहर-वासियों को अलकतरा की सड़कें, बिजली की बत्ती, अस्पताल, नल का पानी और बहुत सारी चीजें मिलती हैं। दरअसल मुझे बराबर इस बात का अनुभव हुआ है कि अंग्रेजों ने हम लोगों का जितना शोषण किया है उससे कहीं अधिक हम लोगों ने ही अपने गाँवों के निवासियों का शोषण किया है।

ये बातें उस दिन मैं नुटु को समझा नहीं सका था और न इन बातों को

समझने की अकल ही मुझमें थी। और अकल होती भी तो नुटु को न तो समझा पाता और न नुटु ही समझ सकता था। तब हरिसाधन बाबू मुझे जो समझाते थे, मैं वही समझा करता था।

लेकिन हरिसाधन बाबू भी उसी जमाने के आदमी थे। वे उस जमाने की पुस्तकें ही पढ़कर पण्डित हुए थे। हम लोगों ने उस जमाने में बाइबिल, गीता, महाभारत, रामायण और उपनिषद् का पाठ किया था। लेकिन इलियट नहीं पढ़ा था। इलियट के कहने के पूर्व हमें नहीं मालूम था कि हम खोखले व्यक्ति (Hollow men) के अतिरिक्त और कुछ नहीं हैं। उन्नीसवीं शताब्दी में किर्कगार्द और नीत्शे को हमने नजर-अन्दाज कर दिया था। सोचा था, वे पागल हैं। लेकिन सार्त्र ने जब 'नौशिया' और 'नो एक्ज़िट' लिखा तब हमें लगा बात तो सही है। इरेसमस या वालतेयर ने अपने युग के परिप्रेक्ष्य में जो लिखा था, हम लोगों के युग के परिप्रेक्ष्य में सार्त्र ने भी वही बात कही है।

लेकिन मुझे तब आश्चर्य लगता है जब मैं देखता हूँ कि छोटे-छोटे बच्चे पहले की तरह ही खेलते हैं, हँसते हैं और गीत गाते हैं। एक युवक और एक युवती लेक के किनारे बैठकर पहले की तरह ही एक-दूसरे के अन्तरंग हो जाते हैं। लड़ाई के समय जब बम-विस्फोट से शहर नष्ट-भ्रष्ट हो जाता है, उस समय भी मलबे से हरी घास की फुनगी मस्तक ऊँचा कर सूर्य की ओर ताकती है और ताककर मुसकराती है। तब लगता है कि निराश होने का कोई कारण नहीं है। इसी को सम्भवतः 'Theology of Crisis' कहते हैं।

याद है, खादी-आश्रम में बैठकर जब मैं चरखा चलाया करता था, तब मन-प्राणों से विश्वास करता था कि इसी चरखे के द्वारा मनुष्य को स्वतन्त्रता प्राप्त होगी। लेकिन 'स्वतन्त्र' बड़ा ही अधूरा शब्द है। स्वतन्त्रता का क्या अर्थ है, यह बात तब हमारी समझ में क्या स्पष्टतः आयी थी ? स्वतन्त्रता किसके लिए ? समूची दुनिया के लोगों के लिए ? स्वतन्त्रता किससे ? लेकिन उन्नीस सौ चौदह ईस्वी के अगस्त महीने में अंग्रेजी की क्या कम दुर्दशा हुई ? उन्नीस सौ उनचालीस ईस्वी के सितम्बर की पहली तारीख को क्या कम दुर्दशा हुई ? हमारे प्रभुओं की स्वतन्त्रता की क्या हालत हुई ?

दुनिया के सभी दार्शनिक और चिन्तक आज भय से काँप रहे हैं। उनका कहना है कि आदमी आज यन्त्र युग के जिस छोर पर पहुँच गया है, उसकी रक्षा का कोई भी उपाय नहीं दिख रहा है। कोई ऐसा नहीं है जो उसे जीवित रखे। हम लोगों के सामने केवल पुरानी दुनिया, अतीत का ऐतिह्य और भविष्य की भयावह उद्विग्नता है। अगर हमें जिन्दा रहना है तो इस विपत्ति के बीच ही हमें आनन्द का अन्वेषण करना पड़ेगा। हमें जरथुस्ट्र की तरह ही कहना

पड़ेगा, "Joy is deeper still than heart's grief"[1] या काम् की तरह ही 'सिसिफस' को भी सुखी समझना पड़ेगा। और यह भी सोचना पड़ेगा कि 'The struggle itself, towards the height is enough to fill a man's heart."[2]

शंकर एकाएक कमरे के अन्दर आया।

"देख आया सर, सब ठीक है।" उसने कहा।

ज्योतिर्मय सेन ने पूछा, "सब ठीक है का मतलब ?"

शंकर ने कहा, "एस. डी. ओ. मिस्टर राय ने सारी तैयारियाँ कर रखी हैं।"

"क्या तैयारियाँ की हैं ? साफ-साफ बताओ।"

शंकर ने कहा, "पुलिस तैयार है। लगभग पाँच सौ पुलिसों को सादा लिबास में रखा गया है। बर्दवान जिले के हर कोने से प्रतिनिधि आ गये हैं। हर कैम्प में जासूसों की सूचना देनेवाले रखे गये हैं। खाने-पीने की व्यवस्था देखकर प्रतिनिधिगण बहुत खुश हैं। क्योंकि आप आये हैं और सम्मेलन का उद्घाटन करेंगे इसलिए वे बहुत ही उत्साह का अनुभव कर रहे हैं। आप इसके पहले कभी यहाँ नहीं आये थे···"

"लेकिन वे लोग···विरोधी दल के लोग कहाँ हैं ?"

शंकर ने कहा, "अभी उन लोगों का कोई पता नहीं है। देखिए, अन्त-अन्त तक क्या होता है !"

ज्योतिर्मय सेन ने कहा, "और क्या होगा। गड़बड़ी होगी ही।"

"क्या कह रहे हैं सर," शंकर ने कहा, "जो गड़बड़ी करने आयेगा वह जिन्दा नहीं लौट सकता है।"

"यह क्या ! क्या कह रहे हो तुम !"

शंकर ने कहा, "हाँ सर, वैसी ही व्यवस्था की गयी है—सम्मेलन जिससे शान्तिपूर्वक सम्पन्न हो, उसी की व्यवस्था की गयी है। आप कुछ न सोचें···"

ज्योतिर्मय सेन मुसकराये। "तुम बच्चे हो शंकर। इसीलिए इस तरह की बात कर रहे हो।"

"क्यों सर ? मैंने क्या गलत कहा है ? हम लोगों के हाथ में पुलिस है। हम लोग फिक्र क्यों करें ?"

---

१. आनन्द अब भी हार्दिक पीड़ा से व्यापक है।

२. संघर्ष जब ऊँचाई पर पहुँच जाता है तो वह आदमी के हृदय को परिपूर्ण बनाने के लिए अपने-आपमें काफी है।

ज्योतिर्मय सेन ने कहा, "अंग्रेजों के हाथ में भी सेना थी, पुलिस थी फिर भी वे इस सोने के देश को छोड़कर क्यों चले गये ?"

शंकर इस प्रश्न का कोई उत्तर नहीं दे सका।

ज्योतिर्मय सेन ने कहा, "ऐसा होना सम्भव नहीं है क्योंकि सारी दुनिया की शक्ल बदल चुकी है। उन्नीस सौ चौदह ईस्वी में जिस दिन युद्ध छिड़ा उसी दिन से सब-कुछ बदलने लगा है। वह किस तरह बदला है, इसकी तुम कल्पना तक नहीं कर सकते हो शंकर !"

उन्होंने अपना कथन जारी रखा, "खैर, इन बातों को छोड़ो। अब भी एक घण्टे का समय बाकी है। उसके पहले तुम मुझे और एक प्याली चाय दे जाना।"

"अभी ले आया सर, अभी तुरन्त···"

आदेश-पालन की खुशी में वह दौड़ता हुआ अन्दर चला गया।

यह शंकर अभी तक इस बात पर विश्वास करता है कि अगर वह ठीक से मेरी खुशामद करे तो मैं उसे राजा बना दूंगा। राजा अगर न बना सकूं तो कम-से-कम मन्त्री अवश्य बना दूंगा। लेकिन बेचारे को मालूम नहीं है कि आज मेरा सिंहासन ही हिल-डुल रहा है। न केवल मेरा ही बल्कि दुनिया में जितने भी आदमी कला, साहित्य, दर्शन और राजनीति के उच्च सिंहासन पर आसीन हैं, उनमें से हरेक का सिंहासन आज दुविधा और सन्देह से हिल-डुल रहा है। आज की इस नयी दुनिया में हर वस्तु का मूल्य परिवर्तित हो गया है, इसकी खबर शंकर जैसे लोगों के कानों में नहीं पहुँची है और इसीलिए वह अब भी मेरा सम्मान किये जा रहा है। यही वजह है कि वह मुझे बीस रुपये पाउण्ड की चाय पिला रहा है, भावी मन्त्रीगण गोड़रा मछली भेंट चढ़ा रहे हैं और स्टेशन का वेण्डर खास किस्म का रसगुल्ला दिखाकर सर्टिफिकेट वसूलना चाहता है।

बहुत दिन पहले दास्तोवस्की की 'ग्रेट इनक्वीजिस्टर' पुस्तक में पढ़ा था, "All that men seeks on earth is someone to worship, some-one to keep his conscience and some means of uniting all in one unanimous and harmonious ant-heap, for the craving for universal unity is the third and last anguish of men. Mankind as a whole has always striven to organise a universal state."[१]

---

१. आदमी की दुनिया में यही तलाश है कि वह किसी को पूजना चाहता है, किसी को अपने सद्विचार का आधार बनाना चाहता है एवं कुछ ऐसे उपायों की टोह में रहता है जिससे कि सभी को सर्व-सम्मत एवं शान्तिपूर्ण विश्वबन्धुत्व के सूत्र में बाँस सके। सार्वभौम एकता की तड़प आदमी की तीसरी और अन्तिम पीड़ा है। समग्र मानव में हमेशा से एक सार्वभौमिक राज्य की स्थापना की तड़प रही है।

बातें अच्छी लगी थीं। अतः उस दिन उन्हें रेखांकित कर दिया था। दास्तोवस्की उस जमाने का आदमी था। आज उसकी बातों का प्रभाव समाप्त हो चुका है। इसके अतिरिक्त आज जो लोग सिरमौर हैं, वे क्या पहले के सिरमौरों की तरह अपने धर्म का पालन कर रहे हैं? इस जमाने में ऊँच-नीच का भी अर्थ बदल गया है। लेकिन शब्दकोश में वही पुराना अर्थ मिलता है। मूल्य-परिवर्तन हुआ है लेकिन शब्दकोश नहीं बदला है। नये युग के युवाजन देख कुछ और रहे हैं, पढ़ रहे हैं कुछ और ही।

नुटु के लिए हमारा मकान एक नया अनुभव था। नल में कहाँ से पानी आता है, बिना दियासलाई के भी बत्ती किस तरह जल जाती है—ये चीजें उसे अपार विस्मय में लाकर छोड़ देती थीं।

एक दिन उसने कहा, "मुझे बड़ी लाज लगती है भाई!"

"क्यों?" मैंने पूछा।

नुटु ने कहा, "मेरे घर जाकर तुम्हें कितनी ही तकलीफें झेलनी पड़ी हैं।"

"तकलीफ होती तो मैं खुद चला आता।"

एक दिन उसने पूछा, "तुम लोगों के पास इतने नौकर-चाकर हैं। इन लोगों को तो वेतन देना पड़ता होगा?"

"न दें तो ये लोग काम क्यों करें और खायें ही क्या?"

"महीने में कितना वेतन मिलता है?"

"मालूम नहीं," मैंने कहा, "तब भी हाँ, दस, पन्द्रह या बीस रुपये अवश्य मिलते होंगे।"

नुटु चौंक पड़ा। "इतना थोड़ा काम और इसके लिए बीस रुपया वेतन? फिर तो साहा बाबू की आढ़त के केदार बाबू से भी ज्यादा मिलता है जी।"

"यह कलकत्ता शहर है न।" मैंने कहा, "गाँव के बनिस्बत शहर में अधिक वेतन मिलेगा ही।"

नुटु ने जैसे कुछ सोचा। "मैं अगर शहर के आदमी के घर में जन्म लेता तो अच्छा होता। कहो, ठीक कह रहा हूँ न? तुम्हारी तरह ऐश-आराम से भात खाता और कोई कुछ नहीं कहता।" नुटु ने कहा।

वह एक क्षण चुप रहा और फिर बोला, "तुम पैसा नहीं कमाकर लाते हो, इसके लिए तुम्हारा बाप तुम्हें कुछ भी नहीं कहता है?"

"नहीं।" मैंने कहा।

"तुम अगर एक भेड़ा पाल लो तो तुम्हारे बाबूजी तुम्हें कुछ भी नहीं कहेंगे?"

"नहीं।"

"अगर मोर पालो ?"

"नहीं, तब भी मुझे कोई कुछ नहीं कहेगा।"

नुटु ने गौर से मेरी ओर देखा। जैसे वह मुझसे ईर्ष्या कर रहा है। या उसे आश्चर्य लग रहा है। या कि वह आनन्दित हो रहा है। "मैं तुम्हारे घर पर बैठा-बैठा जो खा रहा हूँ, इसके लिए भी कोई तुम्हें डाँट-फटकार नहीं सुनायेगा ?"

"नहीं, कोई नहीं डाँटेगा।"

नुटु ने कहा, "मुझे और कितने दिनों तक ठहरने दोगे ?"

"तुम जब तक ठहरना चाहो।"

नुटु ने कहा, "लेकिन मेरे चलते तुम लोगों का बहुत ज्यादा खर्च हो रहा है।"

"मैंने भी तो तुम्हारा बहुत खर्च कराया है। वह तुम क्यों नहीं कहते हो ?"

नुटु का चेहरा बड़ा ही दयनीय दिखने लगा। "चल हट, क्या बक रहे हो," उसने कहा, "कितने मोटे चावल का भात रहता था। और वह भी क्या तुम्हें पेट-भर वहाँ खिला पाता था ? इस तरह मांस-मछली-अण्डे खिला पाता था ? तुम्हारी तरह घी खिला सका था ? सन्देश, रसगुल्ला, चाय—कुछ भी दे पाया था ?"

नुटु का चेहरा और भी दयनीय लगने लगा।

मैंने कहा, "तुमने जो मुझे दिया है, वह मैं तुम्हे कहाँ दे पा रहा हूँ ?"

"मैंने क्या दिया है ?"

"तुमने मुझे उतना बड़ा मैदान, बगीचा और धान के खेत दिये थे। उतनी खुली हुई हवा, मीठा रास्ता, बँसवारी और पक्षी। वह सब क्या मैं तुम्हें दे पा रहा हूँ ? वे चीजें रुपयों से खरीदी नहीं जा सकती हैं..."

नुटु फटी-फटी आँखों .. मेरी ओर ताकता रहा। उसकी समझ में एक बात भी नहीं आयी।

नुटु को मालूम नहीं था कि जो चीजें पैसे से खरीदी जा सकती हैं, उनकी अपेक्षा उन चीजों का मूल्य कहीं अधिक है जो बिना पैसे के उपलब्ध हैं। अगर उन चीजों को पैसे से खरीदा जा सकता तो जो धनी-मानी हैं वे मांस, मछली, अण्डे, चाँदी-सोना और हीरे की तरह धरती की सारी धूप, सारी हवा, सारा प्रकाश, सम्पूर्ण आकाश और समस्त पक्षियों के गीतों को खरीदकर सेफ डिपाजिट के वोल्ट में बन्द करके रख देते। भाग्य कहिए कि अभी तक ये चीजें ऐसी नहीं हैं कि खरीदी जा सकें।

खबर मिलते ही हरिसाधन बाबू पढ़ाने आये। उन्होंने सारी बातें मेरे मुँह से सुनीं। "तुम बच्चे हो, इसीलिए समझ नहीं सके। जब तक दाँत रहते हैं तब तक कोई उसके महत्त्व को नहीं समझता। इसमें तुम्हारी गलती नहीं है। पिता का सहारा क्या चीज है, इसे तब समझोगे जब बड़े होगे।"

हरिसाधन बाबू को कहने का जो अधिकार था, उन्होंने कहा और मुझे जो सुनना चाहिए था, मैंने भी सुना।

फिर नुटु को देखकर उन्होंने नाक-भौंह सिकोड़ी।

"यह कौन है ?" उन्होंने पूछा।

मैंने कहा, "यही तो नुटु है—मेरा दोस्त, जिसके बारे में आपको कहा था।" हरिसाधन बाबू ने नुटु को आपाद-मस्तक देखा—उसका चाल-चलन, हाव-भाव, लँगड़ा पाँव।

फिर उन्होंने नुटु से कहा, "तुम अभी दूसरे कमरे में जाओ। ज्योति को पढ़ना है।"

नुटु ने सहमकर मेरी ओर ताका। मेरी अनुमति लेकर वह चुपचाप बगल के कमरे में चला गया। हरिसाधन बाबू नुटु के लँगड़ाते पैर की ओर एकटक देखते रहे। जब तक वह दिखायी पड़ा तब तक उसकी ओर देखते रहे और फिर उनके चेहरे पर जैसे घृणा की लकीरें उभर आयीं।

उसके बाद मेरी ओर मुड़कर कहा, "इस छोकरे को तुम अपने घर पर क्यों ले आये ?"

उनकी बात सुनने में मुझे अच्छी नहीं लगी। मैंने कहा, "यों ही···"

हरिसाधन बाबू फिर भी चुप नहीं रहे। "यों ही का मतलब क्या हुआ ?"

"उसे अपने घर पर ले आना मुझे अच्छा लगा।" मैंने कहा।

"लेकिन वह तो एक लफंगा है—अनपढ़, भद्दा और लफंगा। जात का सम्भवतः किसान है···"

मैंने उनकी बात का संशोधन करते हुए कहा, "नहीं सर, किसान नहीं, बल्कि उससे भी निचले दर्जे का है। मजदूर···"

"फिर ? मैं तो उसकी शक्ल देखकर ही समझ गया। उससे अब मेल-जोल मत बढ़ाओ। उसे अभी तुरन्त घर से निकल जाने को कहो। कहीं ऐसा न हो कि आराम मिलने की वजह से जाना ही नहीं चाहे। भगाने से भी नहीं भागेगा।"

"नहीं सर," मैंने कहा, "बात ऐसी नहीं है। वह शुरू से ही जाने को तैयार है। इतना आराम उसे अच्छा नहीं लगता है और इसीलिए मैंने उसे

रोक रखा है।"

"क्यों ? रोक क्यों रखा है ? यह मुसीबत टल जाये तो बेहतर। हटाओ, उसे यहाँ से हटाओ। मिस्टर सेन ने कुछ भी नहीं कहा ?"

"हाँ, कहा है।"

"क्या कहा है ?"

"वही जो आपने कहा। बाबूजी ने भी कहा है—अनपढ़, बदशक्ल और लफंगा।"

"मिस्टर सेन ने तो ठीक ही कहा है। कोई गैरवाजिब बात नहीं कही है। वह कहाँ सोता है ?"

"मेरे साथ ही।" मैंने कहा।

"एक ही बिस्तर पर ?"

"हाँ।"

"खाना-पीना कहाँ करता है ? एक ही साथ खाते हो क्या ?"

"हम लोग एक ही मेज पर खाने बैठते हैं।"

हरिसाधन बाबू ने कहा, "बहुत बुरी बात है, बहुत ही बुरी ! तुम्हें उसे इतना सर पर नहीं चढ़ाना चाहिए था। तुमने एक बुरी मिशाल पेश की है। इसके बाद अगर उसे जमीन पर नहीं बिठाकर खिलाओगे तो वह आपत्ति करेगा, विद्रोह करेगा। तब सारी चीजों का बराबर हिस्सा माँगेगा।"

"माँगने दें।"

"क्या कह रहे हो तुम ! वह तुम्हारी चीज़ों का हिस्सा लेगा। इतने दिनों तक तुम्हें लिखाया-पढ़ाया और तुम्हारी अक्ल का यह नमूना है ? वह और तुम ! एक मजदूर के लड़के से एक बैरिस्टर के लड़के की तुलना कर रहे हो ! आर यू मैड—तुम पागल हो गये हो ?"

आज इतने दिनों के बाद जब उन बातों की याद आ रही है तो हँसने का मन कर रहा है। आधुनिक काल के जिस विष-वृक्ष को आज हम देख रहे हैं उसका पौधा सम्भवतः उसी युग में रोपा गया था। अन्यथा बाबूजी की बात छोड़ ही दें, लेकिन मेरे मास्टर साहब तो हम लोगों की तरह धनी-मानी नहीं थे। फिर उनमें गरीबों के प्रति विद्वेष-भावना क्यों थी ? दरअसल मैंने देखा है कि धनी-मानी व्यक्ति गरीबों को बरदाश्त नहीं कर पाते हैं, साथ-ही-साथ गरीब भी गरीब को बरदाश्त नहीं कर पाते। यानी विकसित देशों से अविकसित देशों का जैसा सम्बन्ध रहता है। जो देश अविकसित हैं उन्हें हमेशा संघर्ष करना पड़ेगा। वे जिससे विकसित नहीं हो जायें इसके लिए सहायता करनेवाले देश उन्हें हमेशा दबाकर रखेंगे। उन्हें दो मोर्चों पर लड़ना पड़ेगा : एक मोर्चा है सम्पन्न देश-समूह और दूसरा मोर्चा अविकसित देश-समूह। नुटु जैसे

लोग हमेशा के लिए अविकसित ही रह जायेंगे। बाबूजी वगैरह तो उनके शत्रु हैं ही, हरिसाधन बाबू जैसे लोग भी उनके शत्रु हैं। सचमुच नुटु जैसे लोगों के लिए यह कम यातना की बात नहीं है।

उस दिन बाबूजी के कमरे में मैं बिना कहे-सुने अकस्मात् पहुँच गया।

बाबूजी मुझे देखकर अचकचाये। इस तरह मैंने कभी उनके चेम्बर में प्रवेश नहीं किया था। मैंने बिना किसी भूमिका के उनसे पूछा, "आप नुटु को रुपया कब देंगे?"

"किस चीज का रुपया? नुटु कौन है?"

बाबूजी का बाहरी मुखौटा तब भी नहीं उतरा था। सभी बड़े आदमियों के पास एक-एक मुखौटा रहता है। उस मुखौटे को कोई उतारना नहीं चाहता है। और न उतारने का कारण यह है कि उतारते ही उसकी गिनती साधारण लोगों की कोटि में होने लगेगी। जो आदमी साधारण रहता है, वही असाधारण व्यक्ति बनने के लिए मुखौटा लगाये रहता है। लेकिन मैं पुत्र होकर अपने पिता को न पहचान सकूँ तो फिर उनका पुत्र हुआ ही क्यों?

मैंने कहा, "आपने लिखा था कि जो मेरा पता लगा देगा उसे आप दस हजार रुपये देंगे।"

बाबूजी को ऊब का अहसास हुआ। अपनी फाइल को देखते हुए वह व्यस्तता का भान करने लगे।

"वह तो खेतिहर का बेटा है," उन्होंने कहा, "दस हजार रुपया लेकर वह क्या करेगा? उसने कभी एक हजार रुपया भी अपनी आँखों से देखा है?"

मैंने कहा, "लेकिन जिसने अपनी आँखों से एक हजार रुपया नहीं देखा उसे आप रुपया नहीं देंगे, यह तो आपने नहीं कहा था।"

यह बात बाबूजी को अदालत के वकील की बात जैसी मालूम पड़ी। उन्होंने कहा, "मैं अगर रुपया न दूँ तो वह क्या कर सकता है? मान लो मैं रुपया नहीं देता हूँ…"

"लेकिन आपको उसे रुपया देना ही पड़ेगा। आपको मैं वादा-खिलाफी नहीं करने दूँगा।"

"क्यों? मैं अगर उसे रुपया नहीं देता हूँ तो तुम्हें सर-दर्द क्यों? तुम उसके कौन होते हो?"

उसी आयु में मेरी अस्मिता सम्भवतः बहुत जाग्रत हो चुकी थी। अन्यथा इतने बड़े दबंग बैरिस्टर के मुँह पर मैं इस तरह की बात क्यों कर पाता? हो सकता है कि इसी वजह से एक दिन मैं ब्रिटिश शासन के खिलाफ विद्रोह कर सका था। उसी आयु में मेरी समझ में यह बात आ गयी थी कि बाबूजी ब्रिटिश शक्ति के प्रतिनिधि हैं और उसके द्वारा उन्हें रायबहादुर की उपाधि दी गयी है।

उनकी धारणा थी कि अंग्रेज प्रभुओं ने उनकी प्रतिभा पर मुग्ध होकर उन्हें उपाधि से विभूषित किया है। दरअसल बाबूजी को यह मालूम नहीं था कि उपाधि तो उपाधि, जो कुछ भी भौतिक वस्तुएँ हैं वे यथास्थान तब तक नहीं पहुँच पाती हैं जब तक आदमी का अहम् हर वस्तु को अपना प्राप्य समझकर उसे ग्रसित करता रहता है।

अचानक मैंने कहा, "आप अगर उसे रुपया नहीं देंगे तो मैं दुबारा घर से बाहर चला जाऊँगा।"

और मैं बाबूजी के कमरे से बाहर निकल आया।

मैं ज्यों ही बाहर निकला नुटु लँगड़ाता हुआ मेरे पास आया।

उसने कहा, "क्यों भाई, मेरी खातिर तुम अपने बाबूजी से क्यों झगड़ पड़े? इससे तो बेहतर यही है कि मैं चला जाता हूँ।"

मैंने कहा, "मैं भी तुम्हारे साथ जाऊँगा भाई। मैं भी इस घर में अब नहीं रहूँगा।"

नुटु ने कहा, "तुम क्यों जाओगे? यह घर, यह मकान, ऐसा आराम छोड़कर चले जाओगे? तुम्हें कौन-सा दुख है?

मैंने कहा, "जहाँ तुम्हारा मान-सम्मान नहीं, वहाँ मेरे लिए भी ठौर नहीं है।"

बाईस

"सर!"

ज्योतिर्मय सेन चौंक पड़े। "क्या?"

"चाय बनने में देर हो गयी। आप कुछ अन्यथा न लें।"

"क्या ही आश्चर्य है। मैं अन्यथा क्यों लेने लगा!"

शंकर ने कहा, "सब साले चोर हैं। दुनिया में कोई भला नहीं है। आपके लिए एक डिब्बा बिस्कुट लाया था। सो भी विलायती बिस्कुट। मैं कलकत्ते के न्यू मार्केट से खरीदकर ले आया था। अवैध तरीके से विदेश से मँगाया हुआ बिस्कुट था। देखा, सालों ने सब खाकर खत्म कर डाला है।"

"लेकिन मैंने तो बिस्कुट नहीं माँगा था शंकर। मैंने तो सिर्फ चाय की माँग की थी।"

शंकर ने कहा, "सिर्फ चाय कहीं दी जाती है भला! लेकिन देखिए तो सही, साले कितने बदमाश हैं कि आपके लिए लाया गया बिस्कुट खाकर खत्म कर दिया। इतने चोरों के गिरोह में रहने से कहीं काम चल सकता है? मैं

अभी आया।"

और वह आंधी की तरह बाहर चला गया।

शंकर मेरे लिए चाय का इन्तजाम करने के लिए बाहर चला गया। उसमें यह धारणा घर कर गयी है कि वह मेरे लिए जितनी मेहनत करेगा मैं भी उस पर उतना ही प्रसन्न हूँगा। प्यार नामक चीज बेशक अच्छी होती है। श्रद्धा भी अच्छी चीज होती है। इसे दिखाना या प्रकट करना और भी अच्छी चीज है। 'मैं तुम्हें प्यार करता हूँ' यह बात मुँह से कहने के बजाय प्यार के प्रमाण में स्वार्थ का त्याग करना और भी अधिक प्रभावोत्पादक होता है। नुटु जो मुझ प्यार करता था, इस बात को उसने अपने मुँह से कभी नहीं कहा। अपने प्यार का प्रमाण उसने स्वार्थ को त्यागकर दिखा दिया था। वैकुण्ठ को वह अत्यधिक प्यार करता था, यह बात हर किसी को मालूम थी। लेकिन जब जरूरत पड़ी तो उसने अपने प्यार की वस्तु को त्यागने में एक क्षण की भी देर न की।

लेकिन मैं शंकर से नुटु की तुलना कर ही क्यों रहा हूँ?

आज मैं क्योंकि मुख्यमन्त्री हूँ इसीलिए शंकर में इतनी भक्ति उमड़ आयी है। और जब मैं कुछ भी नहीं था तब नुटु ने अपने किस स्वार्थ की सिद्धि के लिए मुझे प्यार किया था?

कारावास में रहकर ज्योतिर्मय सेन ने बहुत सारी पुस्तकें पढ़ डाली थीं। वैष्णव कविता का एक स्थल-विशेष उन्हें बड़ा ही अच्छा लगा था:

> आत्मेन्द्रिय प्रीतिइच्छा, कहलाती है काम।
> कृष्णेन्द्रिय प्रीतिइच्छा कहलाती प्रेम का नाम॥

कृष्ण-प्रेम ही असली प्रेम है। बाकी प्रेम आत्मरति है।

लेकिन यह कृष्ण ही कौन है?

अर्जुन ने कृष्ण से यही बात एक बार पूछी थी, "तुम कौन हो?"

कृष्ण ने कहा था, "मैं समस्त भूतों में आदि, अन्त और मध्य हूँ। आदित्य में मैं विष्णु के रूप में हूँ, ज्योतिष्क में सूर्य के रूप में, नक्षत्रों में चन्द्रमा के रूप में, देवताओं में इन्द्र के रूप में, रुद्र में शंकर के रूप में, और वायु में मरीचि के रूप में हूँ। मेरे आदि तत्त्वों का ज्ञान देवताओं को भी नहीं है क्योंकि मैं देवताओं का भी आदि कारण हूँ..."

यह सब तात्त्विक बातें उस दिन ज्योतिर्मय सेन की समझ में नहीं आयी थीं। हर आदमी क्या हर चीज समझ पाता है? फिर भी अपने मन की खुशी के लिए उन्होंने मन-ही-मन एक अर्थ लगा लिया था कि भारतवर्ष के ऋषियों ने इस ब्रह्माण्ड को और एक नाम दे रखा है और वह नाम है कृष्ण। कृष्ण को यदि पौराणिक व्यक्ति या प्रतीक के रूप में लेने में कोई हानि नहीं है। चाहे

जिस रूप में ले। वह व्यक्ति-व्यक्ति की अभिरुचि पर निर्भर करता है।

लेकिन हम लोग सामाजिक प्राणी हैं। हम लोग वह सब समझ नहीं पायेंगे। हम लोगों में आकांक्षा, वासना, ईर्ष्या, क्रोध, दुख, यातना सब-कुछ है। हम लोगों का कारोबार समाज को केन्द्र मानकर चलता है—उस समाज को जिस समाज में हम लोग सृष्टि के प्रारम्भ से संघर्ष करते चले आ रहे हैं। हममें त्याग के प्रति कोई स्पृहा नहीं है लेकिन भोग के प्रति पूर्ण आसक्ति है। और जब तक यह मौजूद है और जब तक हम इसे जीत नहीं पायेंगे तब तक राजनीति और समाज-नीति के बीच ही हमें सारी समस्याओं के समाधान की तलाश करनी है। जब तक हम जीवित रहेंगे तब तक जीवन की ग्लानि से स्वतन्त्र होने के लिए हर तरह का प्रयत्न करते रहेंगे।"

उस दिन पढ़ाते-पढ़ाते हरिसाधन बाबू ने एकाएक पूछा, "वह छोकरा चला गया ?"

"कौन ? आप किसके बारे में पूछ रहे हैं ?"

"वही ! क्या तो नाम था उस छोकरे का ?"

उन्हें नाम याद नहीं आया। या यों कह सकते हैं कि नाम याद रखना उन्हें अपमानजनक प्रतीत हुआ।

एक दिन उन्होंने कहा, "तुम अभी समझ नहीं रहे हो ज्योति ! तुम्हारे सर पर वटवृक्ष की छाँह है इसलिए तुम निश्चिन्तता और आराम के साथ हो। कितने लड़कों के पास नौकर, दरबान, ड्राइवर और रसोइये हैं ? इतना कुछ रहने पर भी तुम्हारा मन नहीं भरता है !"

मैंने कहा, "मेरे अकेले का मन भरने से कैसे चलेगा मास्टर साहब !"

हरिसाधन बाबू ने कहा, "लेकिन तुम कितनों का दुख दूर कर पाओगे ?"

मैंने कहा, "संख्या उन्हीं लोगों की अधिक है मास्टर साहब। वे लोग कब तक हमारी गाड़ी, मकान और नौकर-चाकर बरदाश्त करेंगे ? जिस दिन उन लोगों की आँखें खुल जायेंगी उसी दिन आग लगाकर सब-कुछ राख कर देंगे और तभी उन्हें चैन मिलेगा।"

"तुम अकेले कोशिश करके यह नहीं कर सकते हो," हरिसाधन बाबू ने कहा, "तुम्हारे बाबूजी भी कोशिश करें तो नहीं कर पायेंगे। इसके लिए तो सरकार है ही।"

"वह तो विदेशी सरकार है। अंग्रेज तो हमारे अपने नहीं बल्कि पराये हैं।

"जब मुल्क आजाद होगा तो उस दिन की बात आनेवाले समय पर ही छोड़ दो। अंग्रेजों ने कच्ची गोलियाँ नहीं खेली हैं। उन लोगों ने इतने दिनों

से यहाँ इतना पैसा लगाया है, उस पैसे को वे बिना वसूल किये छोड़ेंगे ?"

वह एक क्षण तक चुप रहे फिर बोलना शुरू किया, "और इसके अलावा अंग्रेजों में खराबी ही क्या है ? वे लोग क्या बुरे हैं ? कितने भले हैं, मालूम है ? बड़े-बड़े कितने ही विद्वानों ने इस देश के बारे में इतिहास लिखा है। हमारे देश के किसी आदमी ने लिखा है ? अंग्रेजों पर लोगों को क्यों इतना गुस्सा है, यह बात मेरी समझ में नहीं आती। यह जो तुम्हारे बाबूजी···"

हरिसाधन बाबू ने निःश्वास लिया।

फिर उन्होंने कहना शुरू किया, "यह जो तुम्हारे पिताजी हैं, उन्हें रायबहादुर का खिताब मिला है। तुम्हारे बाबूजी में गुण हैं और अंग्रेजों ने उस गुण की कद्र की और उन्हें रायबहादुर का खिताब दिया। इस देश के आदमी रहते तो देते ? देशी आदमी अपने आत्मीय स्वजनों को देखेंगे या पराये को ?

उस दिन एक अजीब ही घटना घट गयी।

मैं और नुटु तीसरे पहर घर के आँगन में खेल रहे थे। बाबूजी से कहकर नुटु के लिए मैंने नयी कमीज और पैण्ट बनवा दिये थे। मेरी कमीज जैसी थी, ठीक उसी तरह की कमीज। एकाएक घर के प्रांगण में एक गाड़ी आयी जिसमें एक महिला बैठी हुई थी।

मैं हैरान हुआ। वह देखने में बड़ी खूबसूरत थी। उसके ठाट-बाट भी देखने लायक थे।

गाड़ी के आते ही हमारा खेल बन्द हो गया। हमारा ड्राइवर सुखदेव और नौकर रघु घबराकर उस ओर दौड़ पड़े और वहाँ जाकर अदब से कुछ बातचीत करने लगे। उन लोगों के व्यवहार में अत्यधिक श्रद्धा और भय का पुट था।

उस महिला ने हमारी ओर इंगित करके कुछ पूछताछ की।

रघु और सुखदेव ने भी मुड़कर हमारी ओर देखा और उनसे कुछ कहा।

और फिर गाड़ी जिस तरह आयी थी उसी तरह बाहर निकलकर चली गयी। गाड़ी जब चली गयी तो मैंने रघु से पूछा, "वह कौन थीं रघु ?"

रघु को उत्तर देने में दुविधा का अनुभव हुआ।

मैंने दुबारा पूछा, "वह मेरी ओर इशारा करके क्या पूछ रही थीं ?"

रघु ने कहा, "वह पूछ रही थीं कि मुन्ना कब वापस आया।"

"वह कौन है ? बाबूजी की मुवक्किल हैं क्या ?"

रघु ने कहा, "नहीं।"

"फिर कौन हैं ?"

रघु ने उस बात का उत्तर नहीं दिया और दूसरी ही बात छेड़ दी। मैं

लेकिन छोड़नेवाला जीव नहीं था। मेरे किशोर मन में एक तरह का सन्देह जगा। वह अगर मुवक्किल होतीं तो मेरे बारे में क्यों पूछतीं! उस महिला को इसके पहले कभी मैंने नहीं देखा था। फिर भी मुझे लगा कि मेरे प्रति उनका कौतूहल अस्वाभाविक है।

नुटु इन बातों में अधिक कौतूहल प्रकट नहीं करता था। वह इस मकान में मेरे साथ रहकर जो हर चीज को समान रूप से उपभोग कर रहा था, इसके कारण वह संकुचित बना रहता था। मेरी खाट के कीमती बिस्तर पर लेटने के बाद वह शान्ति से सो नहीं पाता था। वह दिन-दिन निर्जीव होता जा रहा था जैसे मछली को पानी से बाहर लाकर सूखी जमीन पर रख दिया गया हो।

मैंने एक दिन पूछा, "तुम्हें क्या यहाँ अच्छा नहीं लगता है?"

संजीवचन्द्र ने 'पालामौ' पुस्तक में लिखा है, 'वन्य प्राणी वन में सुन्दर लगते हैं और शिशु माता की गोद में'। नुटु जैसे लोग शहर में बेमानी लगते हैं। सभ्य और भव्य साज-सज्जा और उजले धुले कपड़ों से नुटु जैसे लोग तालमेल नहीं बिठा पाते हैं। मैं उसे जितना ही सहज बनने को कहता वह उतना ही संकुचित होता जा रहा था।

एक दिन उसने कहा, "मैं कब मयनाडाँगा लौटकर जाऊँगा भाई?"

मैंने पूछा, "क्यों, यहाँ तुम्हें अच्छा नहीं लग रहा है?"

नुटु ने कहा, "मगर मैं यहाँ और कितने दिनों तक रहूँ?"

मैंने कहा, "हमेशा के लिए। जब तक मैं इस घर में रहूँगा तब तक।"

"वे लोग अगर कुछ कहें?"

"कौन क्या कहेगा?"

"तुम्हारे घर के नौकर-चाकर सभी मुझसे पूछते रहते हैं।"

"क्या पूछते हैं?"

"यही कि मैं यहाँ से कब जाऊँगा।"

मुझे बड़ा ही गुस्सा हो आया। "तुमसे किसने यह बात कही है, बताओ," मैंने कहा, "मैं फौरन उसे बुलाकर डाँटूँगा। मैं उसकी नौकरी ले लूँगा। किसमें इतनी हिम्मत है कि तुमसे यह कहे! बताओ, किसने तुमसे कहा है। उसका नाम बताओ।"

नुटु बेहद शर्म से गड़ गया। एक तो वह इस घर में अवांछित तत्त्व है और उस पर नौकरों की शिकायत की है। यह उसे अच्छा न लगा। शिक्षा-दीक्षा न रहने से क्या होता है, आत्म-सम्मान का बोध अनेकों में सम्भवतः जन्मजात रहता है। यही आत्म-सम्मान का बोध आदमी को आदमी बनाता है। उसने किसी भी हालत में किसी आदमी का नाम नहीं लिया। बाबूजी के जितने कर्मचारी थे—नौकर-चाकर, नौकरानी, ड्राइवर, दरबान, रसोइया—सबको मैंने

अपने कमरे के अन्दर बुलाया।

उन सबों को सम्बोधित करके मैंने कहा, "देखो, नुटु मेरा दोस्त है। जो कोई इसके प्रति असम्मान का भाव दिखायेगा, उसे मैं घर से निकाल दूँगा। बाबूजी से कहकर उसकी नौकरी ले लूँगा। उसमें और मुझमें कोई फर्क नहीं है। इस पर नजर पड़ते ही आज से तुम लोग इसे सलाम करोगे।"

नुटु की आँखों में आँसू आ गये। "नहीं ज्योति, नहीं," उसने कहा, "तुम्हारे पैरों पड़ता हूँ, मैं उन लोगों से सलामी नहीं ले पाऊँगा। मैं भैया, गरीब आदमी का लड़का हूँ—उन लोगों से भी गरीब आदमी का लड़का। मुझे बेहद शर्म महसूस होगी।"

मैंने कहा, "तुम चुप रहो।"

बचपन से ही मुझमें एक प्रकार की जिद आ गयी थी। मुझे केवल यही लगता था कि गरीब व्यक्तियों को ओछी निगाह से देखने से एक दिन हम भी उनकी निगाहों में गिर जायेंगे।

एक दिन मास्टर साहब से भी मैंने यही बात कही थी।

हरिसाधन बाबू ने कहा था, "मैं गरीबों को ओछी निगाह से देखता हूँ, यह बात तुमसे किसने कही? मैंने तुम्हें रवीन्द्रनाथ की कविता नहीं पढ़ाई है: 'हे दुर्भागा देश किया जिसका तुमने अपमान / अपमानों में उनके होना होगा तुम्हें समान।"

मैंने कहा था, "फिर आप नुटु को क्यों बरदाश्त नहीं कर पाते हैं? उसने कौन-सी गलती की है? वह गरीब का लड़का है, यही न! वह लँगड़ा है इसीलिए न!"

हरिसाधन बाबू मेरी बात सुनकर शुरू में सकते में आ गये। उनसे कुछ उत्तर देते न बना। फिर उन्होंने स्वयं को सँभालकर कहा था, "मैंने तो तुमसे यह बात नहीं कही थी। मैंने तो यही कहा था कि एक गरीब को घर पर लाने से ही तुम गरीबों की कितनी भलाई कर पाओगे? इसके लिए सरकार है, निर्धन-भण्डार है, सरकार के द्वारा बनाया गया अस्पताल है। वहाँ इसे भर्ती करा दो। मालूम है, इस कलकत्ता शहर में चालीस हजार आदमी फुटपाथ पर सोकर रात गुजारते हैं और पन्द्रह हजार आदमी भीख पर गुजारा करते हैं।"

"फिर उन लोगों की क्या हालत होगी?"

तुम अकेले कितने लोगों की दुर्दशा दूर कर पाओगे? यह काम तुम्हारे अकेले के बूते का नहीं है। इसीलिए तो सरकार टैक्स वसूलती है—इनकम-टैक्स की शुरुआत इसी काम के लिए हुई है।"

मैंने कहा, "सरकार अपने कर्तव्य का पालन कर रही है लेकिन मैं अगर अपना कर्तव्य न करूँ तो कौन करेगा?"

हरिसाधन बाबू को क्रोध हो आया। उन्होंने कहा, "जो मालूम नहीं है उस पर तर्क मत करो। तुम बच्चे हो, बच्चे की तरह ही रहो। अभी अपनी पढ़ाई पर ही ध्यान दो।"

हरिसाधन बाबू अन्त में मुझ पर बहुत ही झल्ला उठते थे। वजह या बेवजह तीखी बातें बोलने लगते थे। "दानव-वंश में ऐसा प्रह्लाद जनमेगा, यह मालूम नहीं था!"

बुरे लड़कों से जिससे न मिलूँ, इसके लिए बाबूजी ने क्या कम कोशिश की थी? यहाँ तक कि मुझे स्कूल भी इसीलिए न भेजते थे कि कहीं मैं स्कूल के लड़कों की कुसंगति में पड़कर खराब रास्ते पर न चला जाऊँ। लेकिन रोग का यह लक्षण कहाँ से आ गया, यह बात बाबूजी को भी मालूम नहीं थी। मास्टर साहब को भी इसका कुछ पता नहीं था।

उस दिन हरिसाधन बाबू पिताजी के पास पहुँचे। "आपसे एक बात कहने आया था..."

"कहिए।"

"मैं ज्योति के बारे में कहने आया हूँ। जानते हैं, आजकल ज्योति बड़ा अशिष्ट हो गया है..."

काम करते-करते बाबूजी ने कहा, "यही वजह है कि आपको रखा गया है।"

हरिसाधन बाबू ने कहा, "आपको कहकर रखना ही ठीक होगा। कहीं से एक किसान के बेटे को उठाकर ले आया है और वह इसे खराब रास्ते पर ले जा रहा है। मेरी बात तक नहीं सुनता है।"

"आपकी बात जिससे सुने, इसीलिए आपको रखा गया है।"

"आप तक बात पहुँचा देना मैंने उचित समझा, इसीलिए कह रहा हूँ। पहले वह ऐसा नहीं था। तब मैं जो कहता था वही करता था। आप उस लड़के को यहाँ से निकाल दें। फिर सब ठीक हो जायेगा।"

मिस्टर सेन ने एक क्षण के लिए कुछ सोचा, फिर कहा, "आप उसे भगा नहीं सकते हैं?"

"आप अनुमति दें तो जरूर भगा सकता हूँ।"

"ठीक है, भगा दें, मुझे कोई आपत्ति नहीं है।"

हरिसाधन बाबू को अब साहस हुआ। "ठीक है, आपसे अनुमति मिल गयी। अब मेरे लिए डरने की कोई बात नहीं है।"

तब मैं समझता नहीं था लेकिन अब समझ रहा हूँ। वह युग सम्भवतः यह सब समझने का था भी नहीं। मनुष्यों की भलाई के बारे में मनुष्य ने जितना सोचा है, उतना और किसी भी चीज पर नहीं सोचा है। उस युग में हरिसाधन बाबू जैसे लोग यह बात नहीं समझ पाते थे कि किसी व्यक्ति के पड़ोस में अगर

अशान्ति रहेगी तो एक न एक दिन उस व्यक्ति की शान्ति में भी बाधा पड़ेगी। जिसे हम भूख, दरिद्रता, निरक्षरता, शोषण और बेकारी कहते हैं—ये चीजें जब तक इस दुनिया में मौजूद हैं तब तक दुनिया में शान्ति आ ही नहीं सकती है। इसीलिए डेनिलो डोलची ने कहा है—"Under privilege is a source of conflict."[1]

मानव इतिहास की इस अशान्ति के उत्स की तलाश में आदमी धीरे-धीरे सामाजिक व्यवस्था को बदलने का प्रयत्न कर रहा है—यहाँ तक कि चुपचाप शब्दकोश में परिवर्तन ला रहा है। देखते-देखते अंग्रेजी शब्दकोश के कितने ही शब्द बदल गये। पहले जिसे 'कमाण्ड' कहा जाता था उसे अब 'का-डिनेशन' कहते हैं। पहले शब्द था 'पावर' अब उसे 'रेसपान्सबिलिटी' कहा जाता है। इस तरह 'ओबे' शब्द 'कानसेण्ट', 'मेरिट', 'कैपेबिल्टी', 'पनिशमेण्ट', 'ट्रिटमेण्ट' और 'राइट्स', 'एफेक्टिव कैपेसिटी' हो गया है। 'एक्सप्लाइटेशन' शब्द अब 'फुलफिटमेण्ट' हो गया है। पहले जिसे 'अण्डरडेवड' कहा जाता था उसे अब 'डेवलपिंग' कहा जाता है। बंगालियों के बहुत-से घरों में अब महरी को महरी कहना प्रचलित नहीं है बल्कि उसे 'लड़की' कहा जाता है और नौकर के बदले 'लोग' का व्यवहार होने लगा है।

यह आखिर हुआ क्यों?

बहुत छले जाने के बाद, अजस्र रक्तपात करने के बाद, इतिहास की अनेकानेक उन्नति-अवनति के बीच समाज में समन्वय की स्थापना की जाती है। फिर भी कहीं-न-कहीं कोई गलती रह ही जाती है। और उसी गलती को सुधारने के लिए किसी दिन ईसा मसीह जैसे लोगों की हत्या की जाती है और सुकरात जैसे लोगों को जहर दिया जाता है।

और समस्याएँ तो रात-दिन एक के बाद दूसरी खड़ी हो ही जाती हैं। मेरे पहले लार्ड कार्ल माइकेल जब बंगाल का गवर्नर था, तब ऐसी समस्याएं नहीं थीं। पहले से अगर मालूम हो जाये कि कौन-सी समस्या कब उठ खड़ी होगी तो उसके निदान की व्यवस्था भी पहले से ही की जा सकती है।

उस दिन मुझे एकान्त में पाकर नुटु ने फुसफुसाकर मुझसे पूछा, "क्यों, तुम्हारे मास्टर साहब तुमसे क्या कह रहे थे?

उस प्रसंग को दबा देने के खयाल से मैंने कहा, "कुछ नहीं।"

"शायद मेरे बारे में कुछ कह रहे थे।"

मैंने कहा, "हाँ, लेकिन कोई जरूरत नहीं है कि तुम यह सब सुनो। मैं जब तक तुम्हारे साथ हूँ तुम्हारे लिए डरने की कोई बात नहीं है। तुम कोई फिक्र मत करना ··"

---

१. अर्थविशेषाधिकार झगड़े का मूल कारण होता है।

तेईस

उस रात मेरी आँखों में नींद आयी ही नहीं। मैं आँख मूंदे चुपचाप पड़ा रहा। मुझे अपने बाबूजी पर गुस्सा आ रहा था। अपने घर में ही मुझे कोई अधिकार नहीं। यह मैं क्योंकर बरदाश्त करूँ ?

हमने जो बगावत की थी, उसकी याद आज भी आती है। केवल मैंने ही विद्रोह नहीं किया था बल्कि नुटु भी मयनाडांगा में अपने बाप के अत्याचारों के खिलाफ रात-दिन विद्रोह किया करता था। शायद उन दिनों हर लड़के की यही हालत थी। हम लोग जब अपने-अपने पिता के अत्याचारों से ऊबकर स्वतन्त्रता की तलाश कर रहे थे, गांधीजी ने भी स्कूल-कॉलेज, कचहरी-अदालत छोड़कर बाहर आने का आदेश दिया। और घर से निकलकर गांधीजी की पुकार मानने का अर्थ ही था जेल के सीखचों में बन्द होना।

जेल भी तब हम लोगों के लिए स्वर्ग के समान था। उन दिनों कितनों ने देश को आजाद करने के खयाल से स्कूल-कॉलेज छोड़े थे, मालूम नहीं, लेकिन हम लोगों में से बहुतों को माँ-बाप के अत्याचार से मुक्ति मिली थी। तब घर हम लोगों के लिए नरक के बराबर था। घर में रहने का अर्थ ही था डाँट-डपट सहना, बहुत सारी जिम्मेदारियाँ ढोना और परीक्षा में पास होने का झमेला। उनके बनिस्बत जेल कहीं अच्छा था। वहाँ न तो परीक्षा में पास होने की जिम्मेदारी थी और न कोई ऐसी समस्या ही कि कल क्या खाना मिलेगा!

बाबूजी के प्रति घृणा न रहने का कोई कारण नहीं था। मेरे लिए यह जैसे एक आविष्कार था।

रघु को उस दिन पुकारा और पूछा, "उस दिन गाड़ी से कौन आयी थीं?"

रघु समझ गया लेकिन उसने न समझने का बहाना किया।

मैंने कहा, "कहो, तुम्हें कहना ही पड़ेगा।"

रघु ने एक बार चारों ओर निगाह दौड़ायी और जब वह निश्चिन्त हो गया तो उसने कहा, "तुम्हारी माँ···"

"मेरी माँ ? मेरी माँ तो मर चुकी हैं।"

रघु अब बात दबाकर रख नहीं सका। वह हँस दिया। "तुम्हारी नयी अम्मा थीं।"

फिर भी बात मेरी समझ में नहीं आयी। "बाबूजी ने फिर से कब शादी की ?" मैंने पूछा।

रघु ने कहा, "शादी नहीं की, यों ही···"

मैंने रघु से इससे ज्यादा कुछ नहीं पूछा। रघु जब वहाँ से हटा तो उसकी

जान में जान ग्रायी। घर के प्रति मुझमें जो ग्राकर्षण बाकी था वह भी खत्म हो गया।

उसी दिन से मेरा तृतीय नेत्र जैसे खुल गया। मैंने दीन-दुनिया को समझना सीख लिया। स्वयं को भी पहचानने लगा। उसी दिन मैंने निर्णय किया कि किसी महान् कार्य के लिए स्वयं को विसर्जित कर दूंगा।

उस दिन लेटे-लेटे मैं यही सब बातें सोच रहा था। यह गृहस्थी जैसे बाबूजी के लिए नहीं है, उसी तरह मेरे लिए भी नहीं है। जैसे बाबूजी की एक ग्रलग गृहस्थी है, उसी तरह मेरे लिए भी एक बाहरी दुनिया है। क्या ही ग्राश्चर्य है! श्रीमद्भागवत के एकादश ग्रध्याय में ग्रर्जुन ने भगवान् से कहा है:

मदनुग्रहाय परमं गुह्यमध्यात्मसंज्ञितम्।
यत त्वयोक्तं वचन्तेन मोहोहयं विगतो मम॥

—यानी तुमने मेरे प्रति ग्रनुग्रह करके जिस नितान्त गोपनीय तत्त्व का वर्णन किया, उससे मेरा मोह दूर हो गया।

उस दिन तीसरे पहर ग्राँगन में गाड़ी में बैठी हुई उस महिला पर दृष्टि न पड़ती तो मेरा मोह क्या दूर होता? मैं किसी दिन शराब की दुकान पर धरना धरता? उस दिन मैं जेल गया था ग्रतः मेरे गुणगान का कोई ग्रन्त नहीं है। लोग कहते हैं, मैंने बहुत स्वार्थ-त्याग किया है। ग्रपने धनी-मानी पिता की एकमात्र सन्तान होने के बावजूद मैं कांग्रेस के प्रति प्रतिबद्ध रहा। इसका पुरस्कार भी देश ने मुझे दिया है। लेकिन दरग्रसल मैं कौन हूँ? मैंने स्वार्थ-त्याग किया है या स्वार्थ-सिद्धि? इनमें से मैंने कौन-सा काम किया है?

चौबीस

ग्रचानक मुझे लगा कि नुटु मेरी बगल से उठकर चुपचाप बैठ गया। मेरी ग्रोर उसने गौर से देखा ग्रौर मुझे गहरी नींद में खोया हुग्रा समझा। फिर वह चुपचाप बिछावन से नीचे उतरा ग्रौर कमरे के दरवाजे के पास जाकर छिटकिनी इस तरह खोली कि कोई ग्रावाज न हो।

उसका काम देखकर मैं हैरत में ग्रा गया। यह क्या, वह कहाँ जा रहा है? वह चोर की तरह बाहर क्यों जा रहा है?

नुटु बाहर के बरामदे से होता हुग्रा जीने से उतर पड़ा ग्रौर फाटक की ग्रोर जाने लगा।

मैं दबे पाँवों उसके पीछे-पीछे जा रहा था।

वह ग्रागे-ग्रागे जा रहा था ग्रौर मैं पीछे-पीछे।

वह सदर फाटक पर पहुँचा।

देखा, सदर फाटक के दरबान ने नुटु को देखते ही चुपचाप फाटक खोल दिया। मैं और भी अधिक आश्चर्य में डूबने-उतरने लगा।

और फिर नुटु सड़क पर आकर आँखों से ओझल हो गया।

मैं अब अपने को रोक नहीं सका। मैं दौड़ता हुआ सड़क पर आया और जोर-जोर से पुकारने लगा, "नुटु, नुटु..."

मेरी आवाज सुनते ही नुटु ने दौड़ना शुरू किया। लेकिन लँगड़े पाँवों से वह दौड़ ही कितनी दूर सकता था? मुझसे रुकना मुश्किल था।

मैंने उसके पास पहुँचकर ज्यों ही उसे पकड़ा कि वह अपराधी की तरह रोने लगा।

"तुम कहाँ जा रहे हो?"

नुटु ने कुछ जवाब नहीं दिया।

"तुम जा क्यों रहे थे, बताओ?" मैंने कहा।

नुटु ने कहा, "मुझे छोड़ दो ज्योति भाई, मैं चला जाना..."

"क्यों, तुम्हें क्या हुआ? यहाँ तुम्हें कौन-सी तकलीफ हो रही है? मुझे बिना बताये तुम क्यों जा रहे हो?"

नुटु रोने लगा। इसके पहले मैंने नुटु को कभी रोते नहीं देखा था। उसने रोते-रोते कहा, "मास्टर साहब ने मुझे डराया-धमकाया है..."

"डराया-धमकाया है?"

"हाँ, कहा है कि यहाँ से अगर मैं नहीं जाऊँगा तो वह मुझे मार डालेंगे। मुझे पुलिस के हवाले कर देंगे।"

"तुम मास्टर साहब की बात पर क्यों जा रहे थे? मास्टर साहब इस घर के कौन होते हैं?"

नुटु का चेहरा उस आधी रात में बहुत उतरा हुआ-सा लगा। उसने अपनी जेब से दस रुपये का एक नोट बाहर निकालकर मुझे दिखाया।

"यह नोट कहाँ से आया? किसका है? तुम्हें किसने दिया?"

नुटु ने कहा, "तुम्हारे मास्टर साहब ने।"

पच्चीस

मैं नुटु को पकड़कर घर ले आया। लँगड़े पाँवों खड़ा वह थर-थर काँप रहा था। जैसे वह मुझसे डर गया था। मैं तो मैं था लेकिन जिस 'मैं' ने उसे अपना बना लिया था उस 'मैं' पर से भी जैसे उसका विश्वास उठ गया था।

ऐसा ही होता है।

मैंने सोचकर देखा है, उस दिन नुटु की कोई गलती न थी। हम लोग भी क्या सदैव अपने पर विश्वास करते हैं? विश्वास का भी एक स्तर होता है। पूरा विश्वास, आधा विश्वास और चौथाई विश्वास। स्वयं पर अगर पूरा विश्वास कर पाते तो हम स्वतन्त्र हो जाते। पूरे विश्वास की बात छोड़ ही दें, चौथाई का चौथाई विश्वास भी हम हर वक्त रख पाते हैं? मैं क्या कह सकता हूँ कि मेरे 'मैं' पर मुझे चवन्नी-भर विश्वास है? जो यह कहता है वह दरअसल अहंकार प्रदर्शित करता है। इस अहंकार और विश्वास में जमीन-आसमान का फासला है। अहंकार कभी-कभी विश्वास का छद्मवेश धारण कर हमें ठगता है। इसलिए हमें बड़ा ही सतर्क रहना पड़ता है कि मिथ्या विश्वास कहीं हमें बुरे रास्ते पर न पहुँचा दे।

नुटु की ठीक वैसी ही हालत थी।

नुटु ने कहा, "मुझे छोड़ दो भाई। मैं अब तुम लोगों के घर में नहीं रहूँगा···"

मैंने पूछा, "क्यों नहीं रहोगे? मैं जब तक हूँ तब तक तुम्हारे लिए डर की क्या बात है? तुम मुझ पर भी विश्वास नहीं करते हो? मुझे भी तुम पराया समझते हो? इतने दिनों से हिल-मिलकर भी तुम मुझे पहचान नहीं सके?"

नुटु ने कहा, "तुम और मैं एक नहीं हैं भाई। तुम अलग हो···"

"अलग किस बात में?"

नुटु ने कहा, "मैं गरीब हूँ, मैं लँगड़ा हूँ···"

उसकी आँखों से तब टपटप कर आँसू की बूँदें चू रही थीं। मुझे लगा कि मेरी ही एक सत्ता नुटु का रूप धारण कर मेरे सामने खड़ी है और रो रही है। एक 'मैं' में ही अनेक 'मैं' का वास रहता है। अनेक के संयोग से ही तो एक होता है। और उस एक का ही अर्थ है 'मैं'—यानी अहं।

दुर्वासा मुनि ने कण्व मुनि के आश्रम में आकर कहा था, "अयं अहम् भो···"

एक 'मैं' प्रश्न पूछता है और दूसरा 'मैं' उस प्रश्न का उत्तर देता है। बंकिमचन्द्र के उपन्यास में सुमति और कुमति जिस तरह एक ही हैं, उसी तरह मैं भी एक है दो नहीं। कभी-कभी एक ही 'मैं' अनेक 'मैं' हो जाता है। अनेक 'मैं' जुड़कर एक 'मैं' हो जाता है और वही 'मैं' मुझको, तुमको, सभी को भूत, भविष्यत् और वर्तमान में प्रसारित करके महाकाल की ओर परिचालित करता है।

मैंने उस दिन और विलम्ब नहीं किया। सवेरे नींद टूटते ही नुटु को लेकर बाबूजी के चेम्बर में पहुँचा। बाबूजी प्रातःकाल ही सोकर उठने के अभ्यस्त थे। वह हम दोनों को एकसाथ देखकर अवाक् हो गये।

दरअसल बाबूजी को मालूम नहीं था कि नुटु मेरा 'मैं' ही है।

बाबूजी ने पूछा, "तुम्हें क्या चाहिए ?"

मैंने कहा, "आप मुझे रुपया क्यों नहीं दे रहे हैं ?"

बाबूजी ने पूछा, "इसे लेकर क्यों आये हो ?"

"यह नुटु है।" मैंने कहा।

बाबूजी ने कहा, "तुममें क्या बुद्धि नाम की चीज नहीं है ? इतना लिखने-पढ़ने के बावजूद तुममें यही अकल आयी है ? तुमको लिखाने-पढ़ाने का यही नतीजा हुआ ?"

मैंने कहा, "लिख-पढ़कर मैंने यही सीखा है कि कभी झूठ नहीं बोलना चाहिए।"

"ह्वाट ? तुम क्या कहना चाहते हो कि मैं झूठ बोलता हूँ ? एम आई ए लायर ?"

मैंने कहा, "आपने अपने वचन का पालन नहीं किया। आप वचन का पालन न करें इसका अर्थ है कि आप जबान देकर मुकर रहे हैं। यह आपको मालूम नहीं है ?"

बाबूजी को सुबह के वक्त ही ज्यादा काम रहता था। सारा दिन कचहरी में काम करने के बाद घर आया करते थे और तभी मुवक्किलों का आना-जाना शुरू होता था। रात के जब दस बज जाते तो लोग अपने-अपने घर लौट जाते थे। फिर बाबूजी ब्रिफ-केश में डूब जाया करते थे। कौन धोखा देकर जायदाद हथियाना चाहता है, कौन किसके नाम से जायदाद खरीदकर अपना दखल जमाना चाहता है, कौन भाई-बहन पैतृक सम्पत्ति के लिए आपस में मामला-मुकदमा कर रहे हैं—इन्हीं सारी बातों के परामर्शदाता मेरे पिताजी थे जो विशुद्ध कूटनीति, कौशल और चालाकी में पूर्ण निपुण थे।

बाबूजी कहा करते थे, "ईमानदारी या बेईमानी नाम की कोई चीज नहीं है। मैं कानून को मानता हूँ। 'Law is respects of persons.' कानून के सामने न कोई बड़ा होता है और न कोई छोटा, न कोई गरीब और न कोई अमीर। कुछ भी नहीं।"

बाबूजी और एक बात कहा करते थे, "अंग्रेजों ने हिन्दुस्तानियों को तीन चीजें दी हैं और इसके लिए हिन्दुस्तानियों को उनका अहसानमन्द होना चाहिए।"

हरिसाधन बाबू पूछते, "वे चीजें क्या-क्या हैं ?"

"नम्बर एक है अंग्रेजी साहित्य—दुनिया में सबसे बेहतरीन साहित्य। नम्बर दो क्रिकेट—लार्ड लोगों का खेल। लेकिन सबसे कीमती चीज क्या है बताइए तो सही ?"

हरिसाधन बाबू ने भी अंग्रेजी साहित्य में फर्स्ट डिवीजन में एम. ए. किया था। ढूंढ़ने पर उन्हें उत्तर नहीं मिलता था।

बाबूजी कहते, "इण्डियन पैनल कोड।"

दुनिया में बाबूजी जिसे सबसे अधिक श्रद्धा की दृष्टि से देखा करते थे, वह न तो उनके पिताजी थे, न स्वर्गगता माँ ही, न रामकृष्ण परमहंस देव और न स्वामी विवेकानन्द और न शिव, ईसा मसीह और तथागत बुद्धदेव ही। वह था हाईकोर्ट का चीफ जस्टिस, जितने भी चीफ जस्टिस हो चुके थे, बाबूजी के पुस्तकालय में उन लोगों की फोटो टँगी थीं। बाबूजी की धारणा थी, हो सकता है, पृथ्वी, चन्द्रमा, ग्रह और नक्षत्र भी एक दिन सूर्य की परिक्रमा करने में गलती कर सकते हैं, सूर्य भी किसी दिन पूर्व दिशा के आकाश में उगने में देर कर सकता है, भूकम्प होने से पल-भर की गलती से पृथ्वी भी ध्वस्त हो सकती है लेकिन हाईकोर्ट का जज कभी गलती नहीं कर सकता है। सम्राट् सीजर की पत्नी की तरह जज समस्त भूल-त्रुटि, पदस्खलन और सन्देह से परे है।

इस तरह की हाईकोर्ट के प्रति भक्ति शायद मेरे विधि-मन्त्री में भी नहीं है। दिल्ली के विधि-मन्त्री भी सम्भवतः उच्च-न्यायालय के प्रति इतनी भक्ति नहीं रखते हैं। जजों के प्रति भक्ति रखने के कारण ही सम्भवतः बाबूजी रायबहादुर हुए थे। और मजे की बात यह है कि इण्डियन पैनल कोड ने ही उस पिता के पुत्र को दो वर्ष के कारावास की सजा दी।

याद है, जिस दिन मैं जेल के अन्दर गया, उस दिन हजारों आदमी मुझे अभिनन्दित करने के लिए चिल्ला पड़े थे—'वन्दे मातरम्।'

फिर दो वर्षों के बाद जब मैं रिहा हुआ, उस दिन भी हजारों आदमियों ने चिल्ला-चिल्लाकर नारा लगाया था—'वन्दे मातरम्'।

वही वन्दे मातरम् एक दिन 'जयहिन्द' बन गया।

'जयहिन्द' शब्द में कितना जोश भरा था। 'जयहिन्द' कहते ही लोग पागल हो जाते थे। जो जयहिन्द कहता था उसे ही हम कन्धे पर बिठा लेते थे। हर पार्क में सभा होती थी और सभा का अन्त जयहिन्द नारा लगाने के बाद होता था। भाषण का भी अन्त 'जयहिन्द' शब्द के साथ होता था।

लेकिन आदमी सम्भवतः हमेशा से ही बूढ़ों का प्रतिपक्ष रहा है। पुरातन को वह बरदाश्त नहीं कर पाता है। घर में पुराने फर्निचर रहने पर गृह-स्वामी की इज्जत में बट्टा लगता है। बड़े-बड़े आदमी हर साल गाड़ी बदलते रहते हैं। चूंकि पत्नी बदलने का कानून नहीं था इसीलिए इतने दिनों तक इसका स्थायी प्रबन्ध था। लेकिन 'हिन्दू कोड' बिल के पास हो जाने से उसके लिए भी दरवाजा खुल गया है। हम लोग कचहरी में जाकर पत्नी बदलने का आवेदन पत्र देते हैं—हम सिर्फ पत्नी ही नहीं बदलते, पति भी बदलते हैं।

इसीलिए पुराने 'जयहिन्द' को बदलकर हम 'लाल सलाम' ले आये हैं।

मेरे बाबूजी ने वन्दे मातरम् तक को ही देखा था। वह वन्दे मातरम् के गौरव को देख चुके थे। मैंने वन्दे मातरम् और जयहिन्द दोनों को देखा है। अब लाल सलाम भी देख रहा हूँ। अगर और कुछ दिनों तक जिन्दा रहा तो लाल सलाम को भी जाते देखूंगा। तब कौन-सा नया नारा आयेगा, मालूम नहीं। कौन आयेगा ? इसका उत्तर एकमात्र इतिहास ही दे सकता है और किसी दूसरे में देने की सामर्थ्य नहीं है।

बाबूजी के एक मुंशीजी भी थे। बैरिस्टर के मुंशी। उनका नाम हजारी चौधरी था। हजारी बाबू बीच-बीच में हमारे घर पर भी आया करते थे। शायद उन्हें बहुत ही कम तनख्वाह मिलती थी, क्योंकि उनके कपड़े-लत्ते बिलकुल साधारण रहा करते थे। वह बाबूजी को बहुत भय और भक्ति की दृष्टि से देखा करते थे। दुनिया में कोई-कोई ऐसा आदमी होता है जो अपने अस्तित्व के लिए हमेशा विपत्तिग्रस्त रहा करता है। जूते के मामूली फीते के लिए भी जिनमें बड़ी ममता होती है, जो देह के साधारण फोड़े को भी कैंसर समझकर दहशत में जीते हैं, हजारी बाबू वैसे लोगों में से एक थे।

उस दिन हजारी बाबू अकेले ही हमारे घर पर आये थे। बाबूजी तब नहीं थे।

मुझे देखकर उन्होंने चारों ओर निगाह दौड़ाकर परीक्षा की कि कोई है या नहीं, फिर मुझे पुकारा।

"सुनो, क्या बात है, बताओ तो सही ?" उन्होंने पूछा।

मैंने कहा, "क्यों ?"

हजारी बाबू ने कहा, "साहब आज चेम्बर में बहुत बिगड़ रहे थे। घर में तुम लोगों से कुछ झंझट हुआ है ?"

मैंने उन्हें सारी बातें खोलकर बतायीं। सुनकर हजारी बाबू थर-थर काँपने लगे।

"ओह, यह बात है ! हम लोग जितने आदमी चेम्बर में थे, सभी शंकाकुल हो उठे थे। तुम ? यह सब क्यों सोचते हो ? एक काम करो।"

"क्या ?"

हजारी बाबू ने कहा, "तुम बच्चे हो। बाप से कहीं झगड़ा-झंझट करना चाहिए ? साहब कितने विद्वान् हैं ! कितने अक्लमन्द ! तुम उनसे झगड़ने क्यों गये ? किताब में तुमने पढ़ा नहीं कि पिता धर्म, पिता स्वर्ग···"

सुना था, हजारी बाबू को मेरे पिताजी तनख्वाह के रूप में जो कुछ देते थे वह उसी से सन्तुष्ट रहते थे। वह कभी बीड़ी-सिगरेट या पान का उपयोग नहीं करते थे। नियमित रूप से दफ्तर आते थे और काम किया करते थे। जो

लोग मन लगाकर काम करते हैं वे या तो अपनी उन्नति के लिए चेष्टा करते हैं या मन लगाकर काम करना ही उनका स्वभाव होता है। जैसा कि सत्य बोलना बहुतों का स्वभाव होता है। सत्य बोलने से या आचरण में सच्चाई रखने से मृत्यु के बाद स्वर्ग प्राप्त होता है, वह हर किसी का उद्देश्य नहीं भी हो सकता है। जैसे बहुत-से लोग स्वभाववश चोरी करते हैं उसी तरह स्वभाववश बहुत-से लोग संन्यास ले लेते हैं। एक स्वभाव होता है जो बुरा स्वभाव कहलाता है और दूसरा अच्छा स्वभाव। इस अच्छाई और बुराई की समझ अनेकों में नहीं होती है और इसीलिए उनके जीवन में झंझटों की शुरुआत होती है। पुस्तक पढ़ना जिस तरह एक नशा है, उसी तरह का नशा है शराब पीना। पुस्तक पढ़ने के नशे की हम प्रशंसा करते हैं लेकिन शराब के नशे को हम घृणा की दृष्टि से देखा करते हैं। लेकिन दोनों के दोनों नशा ही हैं। हम सभी को उपदेश देते हैं—कभी किसी नशे के चक्कर में न पड़ना। लेकिन दोनों में अन्तर ही क्या है ?

हजारी बाबू को मन लगाकर काम करने का नशा था। वह कभी दफ्तर आने में एक भी मिनट की देर नहीं करते थे और न कभी गैरहाजिर ही रहते थे।

हजारी बाबू ने पूछा, "साहब तुम पर झल्लाये हुए क्यों हैं ? तुमने क्या किया था ?"

मैंने कहा, "बाबूजी ने वादा-खिलाफी की है।"

हजारी बाबू ने मुझसे सब-कुछ सुना।

"दस रुपये ?" उन्होंने कहा।

मैंने कहा, "बाबूजी दस हजार के बदले मेरे मास्टर साहब की मारफत नुटु को दस रुपये देकर उसे भगा देना चाहते थे। बाबूजी ने यह अन्याय किया और मैंने इस अन्याय का विरोध।"

हजारी बाबू ने कुछेक क्षणों तक मन-ही-मन कुछ सोचा। शायद वह सोचने लगे कि यह बात कानून की किस धारा के अन्तर्गत आती है।

"तुम इसे धोखाधड़ी का मामला कहना चाहते हो", उन्होंने कहा, "यह पैनल कोड की किस धारा के अन्तर्गत आता है, कह नहीं सकता। किताब देखने के बाद मैं तुम्हें बता सकता हूँ।"

मैंने कहा, "कानून क्या कहता है, इसके लिए बाबूजी माथापच्ची करते रहें। मैं कानून नहीं मानता। कानून तो झूठ···"

हजारी बाबू ने अपने सामने जैसे काला नाग देख लिया हो या उनकी आँखों के सामने अगर आसमान भी टूटकर गिर पड़ता तो उन्हें इतना आश्चर्य नहीं होता।

"छिः-छिः !" उन्होंने कहा, "सेन साहब के लड़के होकर तुमने ऐसी बातें कहीं !"

इसके बाद उन्होंने मुझसे कोई बातचीत नहीं की। मुझसे बातचीत करना भी उन्हें पाप जैसा लगा। जो लड़का कानून को झूठा कह सकता है, उसके भविष्य की दुर्दशा के बारे में सोचकर सम्भवतः वह उस दिन चौंक पड़े थे। हजारी बाबू के लिए कानून ही वेद, उपनिषद्, गीता, बाइबिल, कुरान सब-कुछ था।

वास्तव में इसके बाद हजारी बाबू ने मुझसे बातचीत करना बन्द कर दिया। फिर मैं हजारी बाबू की आँखों में मनुष्य नामधारी प्राणी रहा ही नहीं।

एक दिन मेरे विधिमन्त्री ने मुझसे कहा था, "आप कानून को इतनी नफरत की निगाह से क्यों देखते हैं सर ?"

विधिमन्त्री को यह पता ही नहीं है कि कानून की तरह बेकानूनी चीज हिन्दुस्तान में कोई दूसरी चीज नहीं है। स्वयं कानून बनानेवाला होने के बावजूद मैं यह बात कह रहा हूँ, क्योंकि मैंने ही एक दिन इस कानून को भंग किया था। इसी कानून को तोड़कर जेल की सजा काटी है। और इसे नियति का परिहास ही कहूँगा कि जिस कानून को भंग करने के कारण मैंने कारावास की यातना को वरण किया, उसी कानून को तोड़ने के कारण मैं दूसरों को जेल में ठूँसता हूँ। कानून भंग करने के कारण ही मैं मुख्यमन्त्री बना हूँ और मुख्यमन्त्री बनने के लिए ही दूसरे-दूसरे लोग कानून भंग कर रहे हैं। जिसे एक दिन मैंने बेकानूनी कहा था, आज उसी को ही मैं कानून कह रहा हूँ। मैंने जब कानून तोड़ा था, लोगों ने मेरा जयकार किया था, मुझे फूलों की माला पहनायी थी। अभी मैं कानून का पालन कर रहा हूँ इसलिए लोग मुझे फूलों की माला पहनाते हैं। उस युग में मिस्टर जी. टी. सेण्डरलैण्ड ने एक किताब लिखी थी। उसका नाम है 'The Lawless Law' यानी 'बेकानूनी कानून'। ब्रिटिश सरकार के स्वार्थ में उस पुस्तक के कारण धक्का लगता था। इसीलिए उसे जब्त कर लिया। उस विषय से सम्बन्धित पुस्तक कोई अगर लिखे तो मैं भी उसे जब्त कर लूँगा।

इसी को नियम कहते हैं। इसी तरह दुनिया का इतिहास आगे बढ़ता जा रहा है।

नुटु के कारण मेरी जिस शिक्षा की शुरुआत हुई थी वही शिक्षा मेरे साथ जीवन-भर खलती रही है।

नुटु बार-बार कहता, "दुत, तुम मेरे बारे में इतना क्यों सोचा करते हो ? मैं गरीब का बेटा हूँ, मेरा अभाव कभी भी दूर नहीं होगा। तुम चाहे लाख

कोशिश करो, लेकिन दूर नहीं कर पाओगे।"

मैंने उससे कहा, "तुम देखते जाओ मैं क्या-क्या करता हूँ।"

उस दिस सचमुच मैंने कानून का उल्लंघन किया था। उस घटना की जानकारी न तो मेरे वर्तमान विधिमन्त्री को है और न मेरे दल के अध्यक्ष को ही।

अचानक घर-भर में शोर-गुल मच गया। भोर के वक्त ही हल्ला-गुल्ला मच गया—चोरी हो गयी है। घर में चोरी हुई थी। कैलास, रघु, केशव, निखिल—सभी सन्त्रस्त थे। मिस्टर सेन ने हर किसी को बुलाया। हरिसाधन बाबू और दिनों की तरह ही सवेरे पहुँच गये थे। वह भी दंग रह गये।

"क्या हुआ है कैलास ?"

"क्या-क्या चोर ले गया ?"

कैलास ने कहा, "साहब के रुपये-पैसे, सोने की घड़ी, हीरे का बटन, कीमती कैमरा…"

"यह क्या ? कैसे चोरी हुई ? दरबान कहाँ था ?"

इस बीच मिस्टर सेन थाने को आगाह कर चुके थे। वहाँ से पुलिस और दरोगा आये। वे लोग घर के रास्ते के सामने भीड़ लगाकर खड़े हो गये। उस समय सभी का कलेजा धड़क रहा था। साहब के निजी कमरे के लोहे के सन्दूक को खोलकर चोरी की गयी थी। चोर के कलेजे की हिम्मत तो कम नहीं थी।

छब्बीस

वह एक अजीब किस्म का चोर था। चोरी की कोई भी निशानी नहीं रख छोड़ी थी। दूसरी-दूसरी बहुत सारी कीमती चीजें थीं लेकिन उन चीजों को छुआ तक नहीं था। फिर चोरों में भी पसन्द-नापसन्द की बात रहती है ! भिखमंगों की तरह चोरों में भी पसन्द-नापसन्द है।

एक बार एक भिखमंगे ने ज्योतिर्मय सेन को एक एकन्नी वापस कर दी थी।

सड़क पर जाते-जाते ऐसे कितने ही भिखमंगे भीख माँगते रहते हैं। ज्योति सेन ने एक भिखमंगे को एक आना पैसा दिया था। देकर वह लौट आये थे। लेकिन दो-चार दिन बाद जब वह उसी रास्ते से जा रहे थे तो किसी ने पीछे से पुकारा, "बाबूजी, ओ बाबूजी…"

ज्योतिर्मय सेन ने देखा, वह वही भिखमंगा था।

"क्या ?" उन्होंने कहा।

ग्रौर वह उसके पास ग्राये। मन में सोचा कि भिखमंगा भीख माँगने के ग्रतिरिक्त उनसे क्या चाहेगा !

भिखमंगे ने कहा, "उस दिन ग्रापने मुझे एक खोटी एकन्नी दी थी।"

यह कैसे हुग्रा। ज्योतिर्मय सेन विस्मय-विभोर हो गये। कब उन्होंने उस भिखमंगे को भीख दी थी यह बातें उन्हें याद ही नहीं थी। ग्रौर उस पर भी खोटी एकन्नी।

"मैंने तुम्हें भीख दी थी क्या ?" उन्होंने पूछा।

"जी हाँ, सरकार, ग्रापने एक एकन्नी दी थी। मैंने भी विश्वास करके उसे ले लिया था। बाद में बात समझ में ग्रायी।"

ग्रौर उसने ग्रपनी झोली से एक एकन्नी निकालकर दिखलायी। "यह है।" उसने कहा।

ज्योतिर्मय सेन को बड़ा ही ग्रचरज लगा।

"इसे मैंने ही दिया था, यह तुमने कैसे जाना ?" उन्होंने पूछा।

"कोई एकन्नी नहीं देता है मालिक। हर ग्रादमी पैसा ही देता है। लेकिन एकन्नी सिर्फ ग्रापने ही दी थी। इसीलिए ग्रापका चेहरा पहचानकर रखा था।"

ज्योतिर्मय सेन ने जेब से एक दुग्रन्नी निकाली ग्रौर कहा, "लो, उस दिन का ग्रौर ग्राज का मिलाकर यह दुग्रन्नी दे रहा हूँ।"

भिखमंगा बेहद खुश हुग्रा ग्रौर उसने ग्राशीर्वादों की झड़ी लगा दी।

ज्योतिर्मय सेन के मन में एक खटका बना रहा। उन्होंने पूछा, "ग्रच्छा, एक बात तो बताग्रो, इतने पैसे ग्रौर ग्रधेरे में वह खोटी एकन्नी कैसे पहचान में ग्रायी ? कहीं तुम कुछ खरीदने गये थे ?"

भिखारी ने कहा, "नहीं बाबूजी, मैंने नहीं पहचाना था। पहचाना तो मेरे महाजन ने ही था।"

"महाजन ? महाजन का मानी ?"

"वाह जी, हम लोगों के महाजन नहीं होते क्या ? हम लोगों के पास इतनी पूंजी कहाँ रहती है बाबूजी ? महाजन न रहेगा तो हम लोगों को खिलायेगा ही कौन ? कौन पहनने का कपड़ा देगा ? खाने-पहनने के लिए ही तो हम लोग जिन्दा रहते हैं। इन सारे पैसों में से मेरा ग्रपना एक भी नहीं है, सबका-सब महाजन का है। उसी महाजन को ग्रामदनी का सारा हिसाब देना पड़ेगा। महाजन रात के वक्त सारा हिसाब-किताब लेता है। देखता है कि कितनी ग्रामदनी हुई है। कौन खोटा ग्रौर कौन चालू सिक्का है, यह भी ध्यान से देखता है।"

भिखमंगों के जिस तरह महाजन होते हैं उसी तरह चोरों के भी महाजन हुग्रा करते हैं। उन महाजनों के सामने उन्हें कैफियत देनी पड़ती है। महाजन

जब बताता है कि कौन खोटा है ग्रौर कौन ठीक है तभी उन्हें राहत मिलती है। केवल चोर या भिखारी ही क्यों, जो भक्त या कुपात्र हैं वे भी महाजन का नाम भजे बिना एक कदम भी ग्रागे नहीं बढ़ते। चण्डीदास ग्रौर विद्यापति जैसे व्यक्ति महाजन ही थे। इसीलिए उन लोगों की रचनाग्रों को 'महाजन-पदावली' कहा जाता है। महाजन येन गतः स पन्था। यह 'महाजन' है क्या चीज ? ग्रलग-ग्रलग व्यक्तियों के लिए वे ग्रलग-ग्रलग रूप रखते हैं। भिखमंगों के लिए वह ग्रादमी महाजन है जो उसे खिलाता-पहनाता है। किरानियों के महाजन ग्रफगान होते हैं। जो विशुद्ध वैष्णव हैं उनके लिए पदों की रचना करने वाले ही महाजन हैं। शब्दकोश में हर तरह का ग्रर्थ लिखा हुग्रा है : धार्मिक या महान् व्यक्ति, व्यापारी, ग्राढ़तदार, बनिया, ऋणदाता, सूदखोर, वैष्णव पदावली के रचयिता इत्यादि।

बात चोर पर हो रही थी।

उस दिन घर के एक-एक नौकर को बुलाकर पुलिस जिरह कर रही थी। रसोइया, दरबान सभी से पूछ रही थी। ग्रन्त में कोतवाल ने कैलास को गिरफ्तार कर लिया ग्रौर फिर उस पर बहुत ही जुल्म किया।

मैं ग्रब ग्रपने को रोक नहीं सका।

"ठहरिए, उसको मारिए मत," मैंने कहा, "उसने चोरी नहीं की है।"

कोतवाल ने मुड़कर देखा ग्रौर कहा, "इसके मानी ? तुम्हें कैसे पता चला कि उसने चोरी नहीं की है ? दरवाजे को उसी ने बन्द किया था। सिर्फ उसी को मालूम रहता है कि कहाँ किस ग्रलमारी में कौन-सी चीज रहती है। उसने चोरी नहीं की तो फिर किसने की ? किसको इतना मालूम है ?"

"बाहर का ग्रादमी क्या ताला नहीं तोड़ सकता है ?" मैंने कहा।

"ताला कैसे तोड़ेगा ? ताला तोड़ता तो ग्रावाज सबके कानों में पहुँचती।"

मैंने कहा, "मगर ताला तो तोड़ा नहीं है। ताला ज्यों का त्यों पड़ा था।"

कोतवाल ने कहा, "मगर चाबी किसके पास रहती है ?"

"कैलास के पास।"

"फिर कैलास ही इसके लिए जिम्मेदार है।"

मैंने कहा, "उस हालत में किसी ने चाबी निकाल ली होगी जब कैलास नींद में था।"

"कौन निकाल सकता है ?"

मान लीजिए, "मैंने निकाल ली थी।"

कोतवाल की बोलती एकाएक बन्द हो गयी। वह मेरी ग्रोर तीक्ष्ण दृष्टि

से देखने लगा।

"तुमने ? तुमने चोरी की है ?" उसने पूछा।

"हाँ, मैंने की है।"

आसपास जितने लोगों की भीड़ लगी थी सबके-सब चौंक पड़े।

"हाँ, मैंने ही चोरी की है। बाबूजी की हीरे की अँगूठी, सोने के बटन, घड़ी, कैमरा वगैरह मैंने ही चुराये हैं। आप कैलास को व्यर्थ ही पकड़ रहे हैं। कोर्ट में जाकर आप उसके नाम से मुकदमा दायर करेंगे तो वहाँ भी मैं यही बातें कहूँगा। इससे बेहतर है कि उसे अभी तुरन्त रिहा कर दें। उसके बदले मुझे गिरफ्तार करें।"

उस वक्त भीड़ के सभी आदमी खामोश और चकित थे। अगर दिन-दोपहर बिना मेघ के बिजली भी गिर पड़ती तो कोई इतना हतप्रभ नहीं होता। कोतवाल मुसीबत में फँस गया। कैलास को रिहा कर उसने बाबूजी के चेम्बर के अन्दर प्रवेश किया।

जब हम बच्चे थे हमारे मुहल्ले में लड़कों के बीच एक तरह का खेल प्रचलित था जिसे हम 'चोर-पुलिस' कहा करते थे। उस खेल की ईजाद किसने की थी, मालूम नहीं। चोर दुनिया में हमेशा से हैं लेकिन पुलिस शब्द का आगमन अंग्रेजों के जमाने में हुआ। उनके पहले 'कोतवाल' शब्द प्रचलित था। लेकिन ऐसा कोई युग नहीं आया है जब चोर था और पुलिस नहीं थी। ऐसा एक प्रागैतिहासिक युग अवश्य ही था जब न तो चोर था और न पुलिस ही। यानी कल्पना में जिसे सत्ययुग कहा जाता है। अगर उस सत्ययुग को ही मान लें तो उस समय व्यक्तिगत सम्पत्ति नामक कोई चीज नहीं थी और न चोरी नाम की ही कोई चीज। ईश्वरचन्द्र विद्यासागर अपनी पुस्तक में लिख गये हैं—"दूसरे की चीज बिना कहे लेने से चोरी कहलाता है।" अपने-पराये का भेद रहने से ही चोरी का प्रश्न पैदा होता है। अपने-पराये का यह भेद कैसे दूर होगा ? शास्त्रकारों का कहना है—'मातृवत् परदारेषु पर द्रव्येषु लोष्ट्रवत'। इस बात की उत्पत्ति ही अपने-पराये के भेद से हुई है। हम लोग स्वदेशी युग में गाया करते थे—'स्वदेश-स्वदेश कहते चलते हो, देश न यह है किन्तु तुम्हारा।' स्वदेश और विदेश शब्द ही हमें भेद का बोध कराता है। इस भेद-भाव के बोध के कारण ही इतना विभेद और इतना अलगाव है। मनुष्य के मन से जब भेद-विभेद का बोध दूर हो जाता है, वह महापुरुष कहलाता है। परमहंस देव को यह बोध हुआ था। इसीलिए उन्होंने कहा था, जितने मत हैं उतने ही पथ हैं। अंग्रेजी में इसीलिए कहावत है—All roads lead to Rome. और रोम महातीर्थ है। क्योंकि वहीं महान् गुरु पोप वास करते हैं। वह महामानव का मिलन-स्थल है !

बहुत दिन पहले फ्रांसिसी विद्रोह के समय फ्रोंसेद कोंदोरसे नामक एक दार्शनिक हो चुके हैं। वह दार्शनिक भी थे और गणिताचार्य भी। उनका देहावसान घोर अत्याचार के कारण हुआ था। लेकिन इतने दुखों को झेलने के बावजूद वह मानव-मुक्ति की एक बात मरने से पहले कह गये थे। उस बात के लिए वह आज भी स्मरणीय हैं। उनका कहना था—"The time will come when the sun will shine only upon a world of free men who recognise no master except reason; when tyrants and slav priest and their stupid or hypocritical tools will no longer exist except in history on the stage."[१]

लेकिन सचमुच क्या ऐसा दिन आयेगा जब जुल्म करनेवाले और जुल्म सहनेवाले नहीं रह जायेंगे। जब विवेक के अतिरिक्त मनुष्य किसी के सामने सर नहीं झुकायेगा? अगर इसमें सच्चाई न होती तो एक दिन ज़िन लोगों ने मुसोलिनी को सर का मुकुट बना लिया था वे ही उसे पैरों के तले क्यों रौंदते? मुसोलिनी फासिस्ट था लेकिन जवाहरलाल नेहरू तो वैसे नहीं हैं। करोड़ों आदमी जिस नेहरू का भाषण सुनकर आनन्द और आशा से आत्म-विभोर होकर तालियाँ पीटा करते थे, वे ही लोग उस नेहरू को काला झण्डा क्यों दिखाते हैं? वे ही लोग उन्हें पूंजीपतियों और बिड़ला, गोयनका का दलाल कहकर गाली-गलौज क्यों करते हैं?

जो कांग्रेस कभी 'जिन्दाबाद' थी वह कांग्रेस अब 'मुर्दाबाद' क्यों हो गयी? अवश्य ही नेहरू से उन्हें निराशा हासिल हुई है। कांग्रेस उन लोगों की उम्मीद को पूरा नहीं कर सकी है। अगर यह सही बात है तो जो कम्युनिस्ट पार्टी कांग्रेस को हटाना चाहती है, उस कम्युनिस्ट पार्टी को भी एक दिन कोई-न-कोई पार्टी अवश्य ही हटा देगी; उस पार्टी का नाम चाहे जो कुछ भी हो। दरअसल सही बात यही है कि 'प्रीस्ट' और 'टिरैण्ट' हमेशा रहेंगे। ऐसा दिन कभी नहीं आयेगा जबकि रेलगाड़ी के अन्दर यह साइनबोर्ड नहीं रहेगा—'चोर और उचक्के बगल में ही हैं।' फ्रोंसेद कोंदोरसे ने जो कहा है, उसमें सच्चाई नहीं है। वह क्योंकि उनके गहरे दुख और विक्षोभ की वाणी थी इसीलिए इतनी मूल्यवान है।

मेरी ही बात लें।

जिस दिन पिताजी के कानों में यह बात पहुँची कि मैंने ही उनकी कीमती

---

१. एक समय आयेगा जब सूर्य केवल वैसे स्वतन्त्र मनुष्यों की दुनिया में ही चमकेगा जो विवेक के अतिरिक्त अन्य किसी को अपना प्रभु नहीं मानेंगे, जब अत्याचारी और दास, पुरोहित और उसके पाखण्डी अनुचर इतिहास या रंगमंच के अतिरिक्त कहीं नहीं रह जायेंगे।

चीजों को चुराया है, उन्हें यह सोचकर बड़ा ही दुख हुआ कि उनकी एकमात्र सन्तान का इस हद तक पतन हो चुका है! हालाँकि उनके पुत्र का जिससे अधःपतन न हो इसके लिए उन्होंने हर तरह की सतर्कता बरती थी।

उन्होंने पुलिस के सामने ही कहा, "स्ट्रेंज—वेरी स्ट्रेंज इनडिड्।"

यह बात तो उन्होंने कही जरूर लेकिन सोचने पर उन्हें कोई उपाय नहीं सूझा। यह कैसे होता है? यह होता क्योंकर है?

याद है, जिस दिन शराब की दुकान में धरना धरने के कारण मुझे जेल भेजा गया, उस दिन उन्हें अपने जीवन में सबसे बड़ा धक्का लगा था। उन्होंने हरिसाधन बाबू से कहा था, "मेरा एकमात्र पुत्र भी जब आदमी नहीं बन सका तो मैं प्रैक्टिस ही किसके लिए कर रहा हूँ…"

जीवन के अन्तिम काल में भी बाबूजी के हृदय में मेरे कारण अत्यन्त दुख रहा करता था। उनकी एकमात्र सन्तान होकर भी मैं खादी पहनता था, मैं स्वदेशी आन्दोलन में सम्मिलित था, एक रायबहादुर के लिए इससे अधिक मर्मवेधी घटना और क्या हो सकती थी! सुना था, वह तीन दिनों तक कचहरी नहीं गये थे। जो हाईकोर्ट उनके लिए तीर्थस्थान के समान था उस हाईकोर्ट को वह अपनी उपस्थिति से अपवित्र नहीं करना चाहते थे। लड़के ने भले ही अन्याय किया है लेकिन हाईकोर्ट ने तो कोई अन्याय नहीं किया है!

लेकिन आज? आज अगर वह जीवित रहते तो क्या होता?

हरिसाधन बाबू एक दिन मेरे पास आये थे। तब वह और भी ज्यादा बूढ़े हो गये थे—चलने-फिरने से लाचार हो गये थे। अपने लड़के की नौकरी की पैरवी के लिए आये थे।

उन्होंने कहा था, "मुझे मालूम था ज्योति, कि एक दिन तुम बड़े आदमी होगे।"

व्यतीत की बातों को छेड़कर उनकी व्यथा को मैंने बढ़ाना नहीं चाहा। "मैं हरेक आदमी से अभी यही बात कहा करता हूँ" उन्होंने कहा था, "कि तुम्हारे मुख्यमन्त्री को एक दिन मैंने पढ़ाया था। वह भले ही तुम लोगों के लिए मुख्यमन्त्री है लेकिन मेरे लिए वह मेरा विद्यार्थी ही है।"

फिर उन्होंने बाबूजी के बारे में भी बताया था। जब बाबूजी की मृत्यु हुई थी, मैं जेल में था और वह बाबूजी के सिरहाने बैठे थे। अन्तिम घड़ी में उन्होंने मेरे बारे में ही बातचीत की थी और कहा था कि मैं अगर सपूत निकलता तो इतनी जल्दी उन्हें दुनिया से विदा नहीं होना पड़ता।

"आज मिस्टर सेन जीवित रहते तो वह बहुत खुश होते ज्योति।"

मैंने कहा, "बाबूजी से मेरी सिद्धान्त की लड़ाई थी। वह क्या मेरे मत को मान सकते थे? मैं सिद्धान्त को छोड़ नहीं सकता था…"

हरिसाधन बाबू ने जवाब में एक कीमती बात कही थी। "देखो ज्योति, मैंने तुम्हारे बारे में बहुत-कुछ सोचा-विचारा है। असली बात है सफलता। सफल होने से सारा दोष मिट जाता है। मेरी ही बात लो। मैं उस जमाने का एम. ए. हूँ—अंग्रेजी में फर्स्ट क्लास फर्स्ट। उससे मेरा क्या लाभ हुआ? कभी क्या निश्चिन्तता से गृहस्थी की गाड़ी चल सकी है? रुपये के अभाव में अपनी बहुत पुरानी बीमारी पाइल्स तक का ऑपरेशन नहीं करा सका। हालाँकि···"

'हालाँकि' कहने के बाद वह कुछ कहना चाहते थे लेकिन कह नहीं सके। यानी वह मेरे बारे में कहना चाहते थे। मुझमें शिक्षा की योग्यता कुछ नहीं है, केवल कारावास का प्रमाण लेकर और गरम-गरम भाषण देकर मैं देश का सिरमौर बनकर बैठ गया हूँ।

यद्यपि उन्होंने खुलासा कुछ नहीं कहा, फिर भी मैंने उस बात को छेड़ा था, "मेरे मुख्यमन्त्री होने को ही आप सफलता कहते हैं मास्टर साहब? इसी से क्या मुझे मोक्ष मिल गया है?"

"क्या कह रहे हो ज्योति! मैंने तो तुम्हें छुटपन से ही देखा है। मैंने तुम्हारे छुटपन से ही तुममें ईमानदारी, योग्यता और निष्ठा देखी है। याद है न, उस गरीब लँगड़े किसान के लड़के के लिए तुमने क्या नहीं किया था। उसे अस्पताल ले जाकर उसके लँगड़े पैर का ऑपरेशन कराकर तुमने उसे ठीक करा दिया था। याद है तुम्हें?"

मैं क्या कहता, चुप हो गया।

लेकिन हरिसाधन बाबू चुप नहीं हुए। उन्होंने अपना कथन जारी रखा, "तुम्हें चाहे याद हो या नहीं हो, लेकिन मुझे आज भी याद है। तुमने उसके लिए जो महान् काम किया था वह काम कितने आदमी कर सकते हैं? उस गरीब लड़के को तुम अपने बिस्तर पर सोने देते थे और अपनी मेज पर बिठाकर वही खाना खिलाते थे जो तुम खाते थे। यह क्या कम महानता की बात है! तुम चाहे जो कहो, लेकिन इसका मूल्य तुम्हें प्राप्त हो चुका है और तुम्हें यह स्वीकार करना पड़ेगा।"

मैं क्या कहता। मन-ही-मन हँसने लगा।

"और मैं तुम्हारी दृढ़ता और सूक्ष्म बुद्धि की प्रशंसा करता हूँ। मैंने अपने लड़के से भी यही बात कही थी—इसी पुलिन को। यह मेरा छोटा लड़का है। इन लोगों से मैं यही बात कहता हूँ। कहा करता हूँ कि ज्योति का जीवन इस युग के लड़कों के लिए एक आदर्श होना चाहिए···"

हरिसाधन बाबू अपनी रौ में कहते गये। लेकिन मेरे कानों में एक भी शब्द नहीं पहुँचा। मैं तब फ्रोंसेद कोंदोरसे की ही बातें सोच रहा था—वही 'प्रीस्ट' और 'टायरेंट्स' की बातें, वही पाखण्डी तत्त्वों की बातें।

मुझे लगा कि मेरे सामने ही जैसे कोंदोरसे द्वारा चर्चित पाखण्डियों में से एक मौजूद है और बैठा-बैठा मेरी खुशामद कर रहा है।

शंकर एकाएक कमरे के अन्दर आया।

ज्योतिर्मय सेन ने पूछा, "कुछ कहना है ?"

शंकर एक क्षण तक दुविधा में पड़ा रहा, जैसे वह कुछ कहना चाहता है। जब समझता हूँ कि कोई कुछ कहना चाहता है लेकिन कुछ कह नहीं रहा है, तब समझ लेता हूँ कि वह कुछ आवेदन करना चाहता है।

ज्योतिर्मय सेन ने कहा, "कहो, क्या कहना है ?"

शंकर ने कहा, "रथीन सिकदार फिर आया है।"

"फिर ? फिर क्यों आया ? मैंने तो उसे बता ही दिया कि उसे मनोनीत नहीं किया जायेगा। असली मालिक तो जिला कांग्रेस कमेटी है। अगर वह मनोनीत नहीं करती है तो मैं क्या करूँ ? इसके अलावा जिस व्यक्ति को सरकारी रिलीफ फण्ड के रुपये चुराने के कारण छह महीने तक जेल की सजा भुगतनी पड़ी है उसे मनोनीत करने से पार्टी कहीं टिक सकती है ?"

शंकर ने कहा, "वह मुड़ागाछा के मण्डल कांग्रेस के भूतपूर्व अध्यक्ष हैं। इसीलिए उनका कहना है कि एक बार उन्हें मनोनीत कर लें। कम-से-कम उन्हें मण्डल कांग्रेस का अध्यक्ष बना दें। वह रुपया नहीं चाहते हैं, यह बात तो आपको बता ही चुका हूँ। वह फिर से देश की सेवा करना चाहते हैं।"

ज्योतिर्मय सेन ने कहा, "देखो शंकर, मुझे मालूम है कि जितने भी मछली के बाँधों के मालिक हैं और जिन लोगों को शराब की भट्ठी का लाइसेंस मिला है, वे सबके-सब आज रुपयों के जोर से देश-सेवक बन गये हैं। और यह न केवल मुझको बल्कि हर आदमी को मालूम है। क्योंकि सभी जानते हैं इसीलिए आज बाहर नारे पर नारे लगा रहे हैं। यही वजह है कि आज वे धमकियाँ दे रहे हैं। आज वे अगर विरोध में नारे न लगाते तो मैं समझता कि देश में आदमी है ही नहीं। फिर इतनी-इतनी पार्टियाँ हैं, उन्हें छोड़कर वे लोग इसी पार्टी में ही क्यों आना चाहते हैं ? इस पार्टी के हाथ में ताकत है, इसीलिए न ! फिर जब किसी दिन हमारी पार्टी के हाथों से ताकत चली जायेगी तब जिस किसी पार्टी के हाथों में ताकत जायेगी, वे लोग उसी पार्टी में सम्मिलित हो जायेंगे।"

शंकर मौन धारण किये रहा।

"मैंने यह सब बातें उनसे कही हैं।" उसने कहा।

ज्योतिर्मय सेन ने कहा, "सुबह ही मैंने उसे सारी बातें समझा दी थीं।

उसे मालूम नहीं है कि हम लोगों के दिमाग में भी थोड़ी अक्ल है ।"

शंकर ने कहा, "नहीं, वह वैसा कुछ नहीं चाहते हैं। चाहते हैं सिर्फ फिर से मण्डल कांग्रेस का अध्यक्ष होना ।"

ज्योतिर्मय सेन ने कहा, "फिर तुम यही चाहते हो न, कि अंग्रेजों के जमाने में जो था वही रहे ? ऐसा अगर हो तो क्या अगले चुनाव में हम लोग जीत सकेंगे ? एक तो ऐसे ही लोग हमें बिड़ला-गोयनका के दलाल कहते हैं। इस पर अगर बाँधों और शराब की भट्ठियों के मालिक इसमें घुस पड़े तो हम लोगों के लिए रसातल में जाने के सिवा क्या रह जायेगा ?"

"फिर उन्हें जाने को कह दूं ?"

ज्योतिर्मय सेन ने कहा, "हाँ, जाने को कह दो। यह सब कहना है तो रथीन सिकदार कलकत्ता आये। वहाँ पार्टी का दफ्तर है। लेकिन पहले से सूचना भेजने के बाद ही आना पड़ेगा ।"

शंकर बाहर जाने लगा ।

ज्योतिर्मय सेन ने उसे फिर से पुकारा, "सुनो ।"

शंकर लौट आया। ज्योतिर्मय सेन ने कहा, "रथीन सिकदार जी से और एक बात कह देना। मुझे गोड़रा मछली खिलाकर और मेरी खुशामद करके वह अगर अपना मतलब निकालना चाहते हैं तो यह उनकी गलत धारणा है। और अगर वह चाहें तो अभी तुरन्त मैं गले के अन्दर उँगली डालकर सारी गोड़रा मछलियों को उलटी करके निकाल दे सकता हूँ। वह आकर अपनी मछलियों को इकट्ठा करके ले जा सकते हैं ।"

शंकर को इसके बाद और कोई उत्तर नहीं सूझा ।

शंकर चला गया। कुछ देर के बाद वह फिर से लौटकर आया। "कह दिया है ।" उसने कहा ।

"उन्होंने क्या कहा ?"

शंकर ने कहा, "कहेंगे क्या। भय दिखाकर और धमकियाँ देकर चले गये। कहा, "आपके चुनाव के समय उन्होंने साढ़े आठ हजार रुपया चन्दा वसूल करके दिया था वह जैसे मुख्यमन्त्री को याद रहना चाहिए। एक माघ से ही जाड़ा नहीं कटता है। मुड़ागाछा के जितने सदस्य हैं वे सबके-सब एकसाथ कांग्रेस छोड़ देंगे ।"

छोड़ दें। वे लोग कांग्रेस को छोड़कर चले जायें। उन्हें मालूम नहीं है कि कांग्रेस से देश बड़ा है। कांग्रेस रहे या न रहे, देश बरकरार रहना चाहिए। इन लोगों को कैसे समझाऊँ कि कांग्रेस अगर चली जाती है तो मेरे लिए भी कम भय की बात नहीं है। मैं तो इस बुढ़ापे में उन लोगों की तरह कांग्रेस छोड़कर कम्युनिस्ट पार्टी में सम्मिलित नहीं हो सकता हूँ। और अगर सम्मिलित होने भी जाऊँ तो वे लोग मुझे स्वीकार ही क्यों करेंगे ?

शंकर फिर भी वहीं खड़ा था। मैंने कहा, "देखो शंकर, मैंने तुमसे पहले भी कहा था और अब भी कह रहा हूँ कि हम लोगों के देश में देश-सेवकों की भरमार हो गयी है। उनकी संख्या कमाने की जरूरत है। एक बार मैंने पण्डित नेहरू से कहा था कि देश-सेवकों को देखते ही पुलिस को गोली चलाने का हुक्म दें, तभी शायद देश का मंगल होगा, उसके पहले कुछ होने नहीं जा रहा है। दरअसल आज देश-सेवक ही देश के सबसे बड़े दुश्मन···"

वास्तव में ज्योतिर्मय सेन सोचने लगे कि आज लोगों के लिए देश-सेवा के अतिरिक्त जैसे दूसरा काम रह ही नहीं गया है। कला है, साहित्य है, मूर्ति-कला है, संगीत है। जीवन में कितने ही क्षेत्र हैं। और चाहे कुछ रहे न रहे, लेकिन सर के ऊपर आकाश तो है, पैरों के तले जमीन तो है, साँस लेने को हवा तो है। सहजता से जीवन नहीं जिया जा सकता है क्या? सहजता से जीवन जीना आदमी भूल गया है क्या? राजनीति करना क्या जरूरी है? या राजनीति से आसान रास्ता कोई दूसरा नहीं है, इसीलिए हर कोई राजनीति करना चाहता है? डाक्टरी पास करने के लिए मेहनत से लिखना-पढ़ना पड़ता है, इंजीनियरिंग पास करने के लिए भी परिश्रम करना पड़ता है। संगीत में निपुणता हासिल करने के लिए आजीवन साधना करनी पड़ती है, साहित्यिक होने के लिए भी साहित्य का अध्ययन करना पड़ता है। लेकिन तीनों लोकों में जहाँ बिना परिश्रम, अनुशीलन और साधन किये मोटी तनख्वाह की कोई नौकरी मिलती है तो वह राजनीति ही है। जो खून-खराबा करके जेल का थोड़ा अनुभव प्राप्त कर ले और रास्ते के मोड़ या पार्क में थोड़ा बहुत भाषण दे सके वही भविष्य में कभी-न-कभी मन्त्री हो सकता है। प्रमथ चौधरी ने शायद इसीलिए कहा है—"राजनीति एक ऐसा राज है जिसकी कोई नीति नहीं हुआ करती है। प्रमथ चौधरी का कोई अपराध नहीं है। मेरे मन्त्रालय में ऐसे भी मन्त्री हैं जो शुद्ध-शुद्ध एक नोटिस तक नहीं लिख सकते हैं।

एक दिन झल्लाकर मैंने कहा था, "आप चाहे अंग्रेजी न लिख सकें लेकिन बंगाली होकर भी आप बँगला नहीं लिख पाते हैं। इससे हमारे सचिव हँसा करते हैं।"

मेरे मन्त्रीजी ने हँसकर कहा था, "मुझे लिखने की आदत नहीं है सर।"

मैंने कहा था, "माना, लिखने-पढ़ने का अभ्यास नहीं है, लेकिन आपने स्कूल-कालेज में पढ़ा तो है?"

मन्त्री महोदय ने उत्तर दिया था, "स्कूल में पढ़ने का मौका ही कब मिला? छुटपन से ही गांधी के आह्वानों पर मैदानों में भाषण देता आया हूँ और जेल की सजा भुगतता रहा हूँ।"

"जेल जाकर भी आप पढ़-लिख सकते थे। आज वही पढ़ाई काम देती।"

उसके जवाब में मन्त्री महोदय ने कहा था, "जेल जाने पर पढ़ने का वक्त ही कहाँ मिला ? वहाँ जाकर भी गांधीजी के आह्वान पर बात-बात में अनशन करना पड़ता था।"

याद है, उसकी बात सुनकर मैंने एक लम्बी साँस ली थी। हो सकता है कि उन्हीं लोगों के चलते आज इतनी अशान्ति मची हुई है। उन्हीं लोगों के चलते इतनी अराजकता फैली हुई है। लेकिन कोई चारा नहीं है। मुझे अपनी पार्टी को जिन्दा रखना ही पड़ेगा और पार्टी को जिन्दा रखने के लिए रुपयों की जरूरत है। उन रुपयों के लिए ही बाँधों के मालिक रथीन सिकदार और शराब की भट्ठी के मालिक केस्टो हालदार को मनोनयन-पत्र देना पड़ेगा। वे मनोनीत होकर चुनाव में जीतेंगे और एम. एल. ए. बनेंगे। एम. एल. ए. बनने के बाद मन्त्री। पारे को खाकर कब तक दबाकर रखा जा सकता है। वह छेद बनाकर एक-न-एक दिन निकल ही आयेगा। यह भी वैसा ही है।

मन में इसीलिए सोच रहा था कि राइटर्स बिल्डिग लौटने के बाद इन बातों को सोचने-समझने की फुरसत नहीं रहती है। सोचना उचित भी नहीं है। रामकृष्ण देव कहा करते थे, "जिस पर भूत सवार होता है उसे पता ही नहीं चलता है कि उस पर भूत सवार हुआ है। या किले में जाने के समय यह समझ में नहीं आता है कि ढालू रास्ते से नीचे की ओर जा रहा हूँ। जब किले के अन्दर गाड़ी पहुँचती है तब समझ में आता है कि कितना नीचे पहुँच चुका हूँ।" हम लोगों के साथ भी शायद यही बात हो रही है। हम लोग बीस सालों से ढालू रास्ते से केवल नीचे ही उतरते जा रहे हैं, लेकिन यह बात हमारी समझ में नहीं आ रही है। आज जब हम रसातल में पहुँच गये हैं तब समझ रहे हैं कि हम कितने नीचे उतर आये हैं।

नुटु को भी जब अस्पताल ले गया तो वह समझ नहीं सका कि मैं उसे कहाँ ले आया हूँ।

नुटु ने पूछा, "यह कहाँ ले आये हो ?"

"अस्पताल।" मैंने कहा।

अस्पताल नाम सुनते ही वह डर गया। वह जानता था कि जब आदमी बीमार पड़ता है, उसे अस्पताल लाया जाता है।

"किसके लिए जा रहे हो ? अस्पताल में कौन है ? " उसने पूछा।

मैंने कहा, "कोई नहीं।"

कलकत्त के अस्पताल और गाँव के गंज के अस्पताल में काफी अन्तर रहता है। यहाँ भवन आलीशान रहते हैं लेकिन उनका रूप बड़ा ही भयावह प्रतीत होता है। असह्य भीड़-भाड़ रहती है, उसका ठाठ-बाट भी बहुत लम्बा-चौड़ा

होता है, लेकिन नुटु को मालूम नहीं था कि कलकत्ते के ये बड़े-बड़े अस्पताल गाँवों में रहनेवालों के ऐड़ी-चोटी की मेहनत के पैसे से बने हैं। वहाँ के रहने-वाले टैक्स देते हैं और उनके टैक्स के पैसों से शहर में अस्पताल बनाये जाते हैं, नल से पानी गिरता है और सड़कों पर बिजली की बत्तियाँ जलती हैं। और सिर्फ नुटु की ही बात क्यों तब मुझे भी क्या, यह सब बातें मालूम थीं।

जब हम एक दफ़्तर के अन्दर जाने लगे तो नुटु ठिठककर खड़ा हो गया।

मैंने कहा, "चलो, अन्दर चलें।"

नुटु ने कहा, "मुझे भगा देंगे।"

मैंने कहा, "तुम्हारे लिए डरने की कोई बात नहीं है। तुम मेरे साथ चले आओ। डॉक्टर तुम्हारे पैर की जाँच करेगा।"

"मेरे पैर की जाँच ?"

"हाँ," मैंने कहा, "डॉक्टर जब तक तुम्हारे लँगड़े पाँव को देख नहीं लेता है तब तक उसे कैसे ठीक करेगा। उस पैर में ऑपरेशन करके उसे ठीक करना पड़ेगा।"

"चाकू से पैर काटेगा क्या ?"

मैंने कहा, "हाँ, काटना तो पड़ेगा ही। लेकिन जरा भी दर्द महसूस नहीं होगा। दवा से सब ठीक-ठाक कर देगा।"

सत्ताईस

इस युग में सिनेमा की जो हालत है, उस युग में राजनीति की वही हालत थी। दरअसल ये दोनों चीजें एक ही हैं।

राजनीति करते हुए मैंने देखा है कि ऐसे बहुत-से लोग थे जो जीवन-भर डरते-डरते ही जीते रहे। मैं जब दमदम जेल में था, हम लोगों के दल में एक युवक था। वह रात-दिन सिर्फ रोता ही रहता था।

जहाँ तक याद है, उसका नाम सदाशिव था। शराब की दुकान के सामने धरना धरने के कारण पुलिस के बेनेट से अधमरा हो गया था। 'अधमरा' कहना ठीक नहीं होगा। उसका एक हाथ टूट गया था और उसका सर भी फट गया था। फिर जब उसे अस्पताल से छोड़ा गया तो हम लोगों के साथ रखा गया।

मैंने एक दिन पूछा, "तुम इस क्षेत्र में क्यों आये सदाशिव ?"

सदाशिव जोश में आकर महल्ले के लड़कों के साथ मजलिस बनाकर शराब की दुकान के सामने धरना धरने गया था। कुछ लोगों में राजनीति

करने की एक सस्ते किस्म की उत्तेजना रहा करती है। जिन लोगों को कहीं अधिकार के रूप में स्वीकार नहीं किया जाता था, लिखने-पढ़ने में अच्छा न रहने के कारण जिन लोगों का स्कूल में भी कोई सम्मान नहीं रह जाता था, उस किस्म के बहुत-से लड़के सस्ते में शहीद होने की इच्छा लिये राजनीति करने आते थे। वे न तो मन्त्री बनना चाहते थे और न किसी पुरस्कार की ही अपेक्षा करते थे, वे सिर्फ़ सगे-सम्बन्धी और मुहल्ले की निगाह में विशिष्ट होने की चेष्टा करते थे। सदाशिव उसी कोटि का लड़का था।

सदाशिव कहता, "कोई भी आदमी मुझे सम्मान की दृष्टि से नहीं देखता था ज्योतिदा। मेरी बात कोई नहीं सुनता था।"

हो सकता है कि इसी अभिप्राय से उस युग के सदाशिव जैसे व्यक्ति सस्ते में किश्ती मात करने के लिए राजनीति में आया करते थे। जो लिखने-पढ़ने में अव्वल नहीं था लेकिन जो प्रमाणित करना चाहता था कि वह अकर्मण्य नहीं है, ऐसे लोगों के लिए उस जमाने में राजनीति एक उपयुक्त क्षेत्र था। इस युग में सिनेमा उसी तरह का क्षेत्र है।

मैं उसे सान्त्वना दिया करता था। "तुम्हारे जैसे लड़के के लिए इस क्षेत्र में आना ठीक नहीं हुआ सदाशिव," मैं कहता, "जेल से छुटकारा पाने के बाद तुम राजनीति से बिलकुल अलग हो जाना।"

सदाशिव मेरी बात सुनता था लेकिन वह अपनी कोई राय जाहिर नहीं कर पाता था। "लेकिन इस क्षेत्र को छोड़कर मैं किस क्षेत्र में जाऊँ ज्योतिदा? मेरे लिए तो हर क्षेत्र का दरवाजा बन्द हो गया है।"

"क्यों, बन्द क्यों हो गया? तुम मन लगाकर लिखाई-पढ़ाई करो।"

सदाशिव कहता, "मुझे लिखने-पढ़ने की इच्छा नहीं होती है ज्योतिदा।"

सदाशिव से पूछने पर मुझे पता चल गया था कि वह मध्यवित्त परिवार का लड़का है। उसके पिता एक सरकारी दफ्तर में नौकरी करते थे। आमदनी कम थी और वे लोग कई भाई-बहन थे। सदाशिव के जेल जाने से उसके पिता की नौकरी जाने की सम्भावना थी फिर भी देश की सेवा करने गया था। उससे उसके मन में कहीं एक प्रकार की आस्था ने जन्म लिया था। चाहे उसके माँ-बाप और भाई-बहन की बर्बादी ही क्यों न हो जाये लेकिन वह तो जी गया है। किसी एक तथाकथित महान् कार्य के लिए उसने आत्म-त्याग किया है।

मैं जेल में बैठा-बैठा सदाशिव के बारे में सोचा करता था। अपने जीवन से सदाशिव के जीवन की तुलना किया करता था। हम दोनों ने घर से विद्रोह किया था। बाबूजी ने मुझे त्याज्य पुत्र घोषित कर दिया था—इसलिए कि मैंने उनकी बात नहीं मानी थी। और सदाशिव ने अपने बाप को इसलिए त्याग दिया था कि वह अपने को असाधारण प्रमाणित करना चाहता था। दरअसल

हम दोनों में क्या कोई खास अन्तर था ?

लेकिन यह अन्तर बाद में स्पष्ट हुआ। बहुत दिनों के बाद।

अब इतने दिनों के बाद उन लोगों के बारे में जब सोचता हूँ तो मैं यह सोचकर बड़ी कठिनाई में पड़ जाता हूँ कि जीवन की सार्थकता ही क्या सब-कुछ है, बाकी कुछ भी नहीं ? सफलता ही सब-कुछ है ?

दसग्रसल, चाहे राजनीति में आओ चाहे सिनेमा में, सफलता से ही हम तुम्हारा मूल्यांकन करेंगे। राजनीति करने में अगर तुम्हें विफलता हासिल होती है तो तुम किसी भी काम के नहीं हो। सिनेमा के बारे में भी यही बात लागू होती है। मैंने यह देखा है कि जिस सभा की अध्यक्षता मैं करता हूँ वहाँ जितनी भीड़ रहती है उसके बनिस्बत वहाँ अधिक भीड रहती है जहाँ कोई सिनेमा का अभिनेता सभापतित्व करता है। लेकिन समाचार-पत्रों में मेरे भाषण के लिए जितना स्थान सुरक्षित रहता है, उसके सौवें हिस्से का एक हिस्सा भी अभिनेता के भाषण के लिए सुरक्षित नहीं रहता है।

हो सकता है कि यह आँख की लाज के कारण किया जाता हो। लेकिन जो सत्य है उसे कभी भी दबाकर नहीं रखा जा सकता है। एक-न-एक दिन वह प्रकट हो ही जाता है। दरअसल मेरे कहने का तात्पर्य यह है कि सब-कुछ भला होता है बशर्ते कि तुम उसमें अव्वल दर्जा पा सको। वह चाहे राजनीति का क्षेत्र हो, चाहे सिनेमा का। अगर ऐसा नहीं हो सके तो नाचकर अव्वल दर्जा लाने की कोशिश करो। पहाड़ पर चढ़कर अव्वल दर्जा लाओ। जैसाकि तेनसिंह ने किया। जिस किसी विषय में किसी भी क्रम से एक बार अव्वल दर्जा ले आओ। फिर हाथ-पैर मोड़कर बैठ जाओ। फिर किसकी मजाल है कि तुम्हारी रोजी-रोटी छीन ले। असली चीज है अव्वल आना। मुँह से अवश्य ही मैं देश-कल्याण की बातें किया करता हूँ। हो सकता है कि मन-ही-मन किसी दिन यह सोचा भी हो। दरअसल मैं भी अव्वल आने के लिए निकला था। लेकिन अब ? और किसी दूसरे को भले ही मालूम न हो लेकिन मैं जानता हूँ कि मैं क्या चाहता हूँ। मैं क्या अपनी इस गद्दी पर ही जमकर बैठा रहना नहीं चाहता ?

बहुत दिनों के बाद उस सदाशिव को फिर से देखा तो मुझे लगा कि मैं अपने असली 'मैं' को ही देख रहा हूँ।

किसी एक देहाती गाँव में मैं सभा में गया हुआ था। सभा का अर्थ ही है आत्म-प्रचार। जिस तरह सभापति का प्रचार होता है उसी तरह सभा के आयोजकों का भी। बीच में श्रोता-वर्ग रहता है। उसके लिए कहीं कोई लाभ नहीं है। श्रोता-वर्ग की कोई जाति नहीं होती है—ठीक उसी तरह जिस तरह शेक्सपियर के जूलियस सीजर के प्रथम अंक के प्रथम दृश्य में हैं। वे कैसियस के दल में भी हैं और ब्रुटस के दल में भी। उन लोगों की हालत बैडमिण्टन

खेल के कार्क की तरह बहुत-कुछ रहती है। जब जिधर देखा तब, जैसे घेराव करनेवाला दल।

उस दिन सभा में मैंने ऐसा भाषण दिया कि तालियाँ बजाते-बजाते श्रोताओं के हाथ दुखने लगे। जय-जयकार के गर्व से जब मैं कुरसी पर बैठा तो खुशियों के मारे मेरा माथा गरम हो गया। सभा के मंच से उतरकर जब मैं गाड़ी में बैठने जा रहा था, एकाएक एक पागल मेरे सामने आया और अजीब ढंग से चिल्लाने लगा।

मैं भय से सिहर उठा।

सभा के आयोजक ने यथासमय आकर उस पागल को पकड़ लिया। वह पकड़ न लेता तो पता नहीं क्या होता। उसको पकड़ने के बाद बेतरह पीटने लगा।

स्वयं को सँभालकर मैंने पूछा, "वह कौन है?"

उस आदमी ने बताया, "यह पागल है। हमीं लोगों के गाँव में इसका घर है।"

"पागल कहने का तात्पर्य क्या है? मैंने तो उसका कुछ बिगाड़ा नहीं था, फिर वह मेरी ओर क्यों झपटा?"

"उसमें यही एक बुरी लत है। खादी और गांधी टोपी देखते ही पहननेवाले की ओर वह झपट पड़ता है।"

"लेकिन ऐसा हुआ क्यों?"

"क्यों हुआ, मालूम नहीं। हालाँकि किसी समय उसने स्वदेशी आन्दोलन में भाग लिया था। वह अंग्रेजों का जमाना था। पुलिस ने मारते-मारते उसका सर फोड़ डाला था। एक हाथ भी तोड़ दिया था। ऐसा निर्भीक कार्यकर्ता हमारे गाँव में कोई नहीं था। वह कई सालों तक जेल के सींखचों के अन्दर बन्द रहा है। उसके चलते उसके पिता की सरकारी नौकरी चली गयी थी। लेकिन एकाएक पता नहीं क्या हुआ कि उसका दिमाग खराब हो गया।"

"एकाएक दिमाग क्यों गड़बड़ा गया?"

उस आदमी ने कहा, "यह मुझे मालूम नहीं है ज्योतिदा। नयी-नयी जब कांग्रेस सरकार बनी तो हम लोगों ने उसे कांग्रेस दफ्तर में आकर काम करने को कहा। हम लोगों ने उससे कहा कि चूँकि तुम पुराने कांग्रेसी हो इसलिए आकर हम लोगों की मदद करो। लेकिन वह किसी भी हालत में आने को तैयार नहीं हुआ। तभी से वह असंगत बातें करने लगा और जिसके पास गांधी टोपी और खादी कपड़ा देखता उसी पर झपटकर मारने के लिए दौड़ने लगता। डॉक्टर ने देखकर बताया कि उसका दिमाग खराब हो गया है।"

मुझे कैसा-कैसा तो सन्देह होने लगा। मैंने पूछा, "उसके घर में कौन-कौन

है ?"

"सभी हैं। लेकिन उसके भाई उसे घर में घुसने नहीं देते हैं।"

"क्यों ?"

"पागल को कौन बरदाश्त करेगा। उसका दिमाग खराब जो है। इसीलिए वह राह में दर-दर मारा फिरता है। कोई दया आने पर अगर उसे खाना देता है तो खा लेता है वरना भूखा ही रहता है।"

मैंने पूछा, "उसका नाम क्या है ?"

"सदाशिव।"

मेरे सर पर मानो किसी ने हथौड़ा मारा हो। मैं उसके बाद वहाँ खड़ा नहीं रह सका। जल्दी-जल्दी गाड़ी के अन्दर जाकर बैठ गया और ड्राइवर से कहा, "चलो, जल्दी चले चलो।"

मुझे लगा कि सदाशिव और मुझमें शायद उतना-भर ही अन्तर है। मैं मुख्यमन्त्री हूँ और वह पागल है। मैं अव्वल आया हूँ और सदाशिव सबसे पिछड़ गया है। अन्यथा मैं भी त्याज्य पुत्र हूँ और सदाशिव भी वही है। एक-साथ ही एक ही बैरेक में दोनों जने जेल के अन्दर रहे हैं। हम दोनों ने ही खादी पहनकर अंग्रेजों के कानून को भंग किया है। दोनों ने पुलिस की लाठी बरदाश्त की है। लेकिन १९४७ में ज्यों ही देश आजाद हुआ, मैं मुख्यमन्त्री बन गया और सदाशिव पागल हो गया।

अपने जीवन में इस तरह की घटनाएँ मैंने और भी देखी हैं। अंग्रेजी में एक शब्द है 'वैल्यू'। वैल्यू शब्द का अर्थ है 'मूल्य' या मान। लेकिन 'मूल्य' कहने से हूबहू अर्थ नहीं निकलता है। कहा जा सकता है कि प्लेटो के समय से ही 'मूल्यबोध' का आरम्भ हुआ है। इस मूल्यमान पर फ्रांसिस बैकेन ने चर्चा की है। काम्ते ने भी चर्चा की है। दरअसल इस मूल्यबोध की चेतना की बात पैदा ही क्यों हुई ? और पैदा हुई भी तो इतना शोर-गुल क्यों मचा ? वह इसलिए कि सभी चाहने लगे कि आदमी सुखी हो। जीवन जीने का जिसमें कोई विरोध न रहे। लेकिन हमारी दृष्टि किस पर जाती है ? दुनिया की सृष्टि के साथ-साथ दुख की भी उत्पत्ति हुई है। इसी दुख को दूर करने के लिए समस्त ऋषि, मुनि, भावुक और दार्शनिक उपायों के अन्वेषण में लग गये। प्लेटो ने कुछ सोचा, बैकेन ने कुछ और, काम्ते ने कुछ और ही। तथागत बुद्धदेव, शंकराचार्य, उपनिषद्कार, श्रीमद्भागवतकार इत्यादि ने अलग-अलग ढंग से सोचा और चिन्तन की धारा दो भागों में विभक्त हो गयी। एक धारा विज्ञान की ओर मुड़ गयी और दूसरी धारा अध्यात्मवाद की ओर मुड़ गयी। यहीं कठिनाई पैदा हुई। आश्चर्य है कि जीवन को जैसे दो भागों में बाँट दिया गया। मानो, जीवन अखण्ड नहीं है। ऐसे मौके पर राधाकुमुद मुखर्जी ने एक बात कही है। उनकी

बात बड़ी ही मूल्यवान है। उनका कहना है :

"Man is a unity, but the knowledge of man and his behaviour is now dispersed between two separate compartments of research with their own conceptual mirrors and logical equipment and no doors and windows for communication with each other—one assigned to the sciences and their various applications, and the other to ethics, aesthetics, philosophy, metaphysics and religion."[1]

प्लेटो से आरम्भ कर मध्यकाल तक एकीकरण चल रहा था। जिस दिन से विशेषज्ञता की बात चली उसी दिन से पृथक्करण शुरू हुआ। राधाकुमुद मुखर्जी ने ही पहले-पहल कहा कि ज्ञान के क्षेत्र में इस प्रकार का विभाजन ठीक नहीं है। जीवन जिस तरह एक है उसी तरह उसका समाधान भी एक ही तरह से करना होगा। चाहे जीवन की समस्याएँ हजारों की तादाद में क्यों न रहें।

यह सब जेल में ही बैठकर मैंने सीखा था। मेरी लिखाई-पढ़ाई का वहीं आरम्भ हुआ और अन्त भी वहीं हुआ। मैं राजनीति में व्यर्थ ही आया। अन्यथा बाबूजी से अलगाव की स्थिति पैदा नहीं होती। उतने रुपये की सम्पत्ति हाथ से नहीं जाती।

कैदखाने में मुझे 'रामकृष्ण कथामृत' पढ़ते देखकर त्रैलोक्यदा ने समाजशास्त्र की पुस्तकें पढ़ने को दी थीं। त्रैलोक्यदा का कहना था—"हर तरह की किताब पढ़नी चाहिए, तभी आदमी बन सकोगे। विशेषज्ञता शब्द पर कभी विश्वास मत करो। वह धोखेबाजी है।"

त्रैलोक्यदा ने इसके अतिरिक्त यह बात भी कही थी, "जो लोग कहते हैं कि विज्ञान अच्छा और अध्यात्मवाद बुरा है, वे ही अवैज्ञानिक हैं।"

त्रैलोक्यदा बहुत-कुछ कहा करते थे। मैं भी उनसे अपनी बात किया करता था। मैं कहता, "जानते हैं त्रैलोक्यदा, छुटपन में मैं एक बार घर से भाग गया था। भागने पर ही मुझे यह बात समझ में आयी कि घर कितनी घृणित जगह होती है।"

"सो कैसे ?"

त्रैलोक्यदा मेरी कहानी को मन लगाकर सुना करते थे और हँसते थे। वही

---

१. आदमी एक इकाई है लेकिन उसके ज्ञान और आचरण अब अनुसन्धान के दो अलग-अलग हिस्सों में बंट गये हैं, दोनों की धारणाओं में अपने-अपने आईने हैं, तर्कों के अपने-अपने अस्त्र। एक से दूसरे के आदान-प्रदान का माध्यम खो गया है। उनमें से एक विज्ञान और उसके विभिन्न प्रयोगों का हवाला देता है और दूसरा आचारशास्त्र, सौन्दर्यशास्त्र, दर्शन-शास्त्र, तत्व-मीमांसा और धर्म का उल्लेख करता है।

बाबूजी की बात रहती थी, नुटु की बात और प्राइवेट ट्यूटर हरिसाधन बाबू की बात। फिर उन्हें बताता था कि किस तरह बाबूजी का पैसा चुराकर मैंने नुटु को अस्पताल में भर्ती कराया था।

"उसका पैर ठीक हो गया था ?"

"आसानी से ठीक नहीं हुआ था त्रैलोक्यदा ! आउटडोर क्लर्क को बीस रुपया घूस देना पड़ा था वरना बेड नहीं मिलता।"

वह आदमी रिश्वत लेने की कला जानता था। उसने कहा, "एक महीने के बाद पता लगा जाना।"

मैं तो दंग रह गया। "क्यों, एक महीने के बाद क्यों ?" मैंने पूछा।

"यही नियम है।"

मुझे गुस्सा हो आया। "नियम कहाँ लिखा हुआ है ?" मैंने पूछा।

वह आदमी इसी पद पर बहुत दिनों से काम कर रहा था। उसने कहा, "इसकी कैफियत मैं तुम्हें क्यों दूँ छोकरे ? अभी बात करने का वक्त नहीं है। चले जाओ।"

और वह मेरे पीछे के आदमी से बतियाने लगा। लेकिन मैं भी छोड़ने वाला जीव नहीं था। पहले तो उसने छोकरा कहकर मुझे अपमानित किया फिर एक महीने के बाद आने को कहा। यह दोनों ही उसके अपराध थे। इस तरह की बेअदबी सहने की मुझे कुशिक्षा नहीं मिली थी। जबकि मैं अपने लखपति बाप की ही परवाह नहीं करता था तो वह तो एक मामूली किरानी था।

"नहीं हटूँगा," मैंने कहा, "पहले आप मेरी बात का जवाब दें।"

"तुम क्या कहना चाहते हो ?"

और उस व्यक्ति ने मुझे एक बार सर से पैर तक देखा। फिर बिना कुछ बोले पहले की तरह ही मेरे पीछे जो आदमी था, उससे बतियाने लगा। मेरे पीछे नुटु चुपचाप खड़ा था। वह उस समय भय, लज्जा और संकोच से काँप रहा था।

"ज्योति, चलो, मैं अपना पैर ठीक नहीं कराना चाहता हूँ। चलो, चलें।" उसने इतनी देर के बाद कहा।

मैंने कहा, "तुम चुप रहो। तुम्हें कुछ नहीं बोलना है। मैं जो ठीक समझूँगा, करूँगा।"

आदमी की भलाई के लिए ही आदमी ने अस्पताल बनवा दिया है फिर भी आदमी ही आदमी को अस्पताल में घुसने नहीं देता। इससे बढ़कर अत्याचार और क्या हो सकता है। लेकिन तब मुझे मालूम नहीं था कि आदमी का सबसे बड़ा शत्रु आदमी ही होता है। मेरे बाबूजी जिस तरह मेरे सबसे बड़े शत्रु हैं उसी तरह आउटडोर का वह किरानी नुटु का शत्रु था। फिर डॉक्टरी एक ऐसी विद्या है कि जो उसे जानता है उसके पास हमें जाना ही पड़ता है। मैं अगर

चाहूँ तो मैं वकील से दूर रह सकता हूँ। मैं अगर सहज जीवन जीना चाहूँ तो इंजीनियर के पास गये बिना भी मेरा काम चल सकता है। और अगर मैं पैसा नहीं कमाना चाहूँ तो एकाउण्टेण्ट के पास भी मुझे फटकना नहीं पड़ेगा। लेकिन डॉक्टरों से दूर रहना कठिन है। क्योंकि जब तक देह है तब तक बीमारी है। और, डॉक्टरी एक ऐसी विद्या है जिसे पास करना जरा कठिन है। लेकिन किसी तरह अगर पास कर लो तो फिर कोई चिन्ता नहीं। आराम से बैठकर प्रैक्टिस करते रहो और रुपता बरसता रहेगा। रोगी बच जाता है तो डॉक्टर का नाम फैलता है और रोगी मर जाये तो डॉक्टर की कोई जिम्मेदारी नहीं। डॉक्टरी की तरह ऐशोआराम की जिन्दगी दुनिया में और कोई दूसरी नहीं होती है। दुनिया में जिस तरह बेवकूफों का अभाव नहीं है, उसी तरह रोगियों का भी अभाव नहीं है। रोगी डॉक्टर की डिग्री देखकर ही आता है, न कि उसकी विद्या को देखकर। जान बी० वेटसन के एक लेख में पढ़ा था, "Medicine men have always flourished. A good medicine man has the best of everything and, best of all, he does'nt have to wark."

किसी ने पीठ पर पीछे से हाथ रखा तो मैं चौंक पड़ा। देखा, अस्पताल का एक चपरासी मुझसे कुछ कहना चाहता है।

"जरा यहाँ आइए।" उसने कहा।

और वह मुझे एक कोने में ले गया। "क्यों मामला बढ़ा रहे हैं," उसने कहा, "आपको जो काम हो मुझसे कहिए, मैं इन्तजाम कर दूँगा।"

मैंने कहा, "उसने मेरे रोगी को भर्ती क्यों नहीं किया?"

चपरासी ने आँख नचाकर एक प्रकार का इंगित किया और कहा, "पचास रुपये देकर झंझट खत्म कर लें।"

मैंने कहा, "वह किसलिए रिश्वत चाहता है?"

चपरासी ने कहा, "आप उसे रिश्वत क्यों कहते हैं? कम तनख्वाह कमानेवाला आदमी है। बाल-बच्चों को लेकर गृहस्थी चलानी पड़ती है। उतनी कम तनख्वाह में खर्च चल सकता है?"

अन्त में पचास के बदले बीस रुपये में बात तय हुई। चपरासी के हाथ में बीस रुपये थमाये और तुरन्त ही दाखिला हो गया।

याद है, बहुत दिन पहले जब मैं स्वास्थ्य मन्त्री था, तब और एक बार उसी अस्पताल को देखने के लिए गया था। वहाँ जाने पर पुरानी स्मृति जाग पड़ी

---

१. चिकित्सक हमेशा भाग्यवान रहा है। एक अच्छे चिकित्सक के पास हर तरह की अच्छी से अच्छी चीजें रहती हैं। सबसे बड़ी बात तो यह है कि उसे कोई काम नहीं करना पड़ता है।

थी। उस दिन का वह आदमी तब भी नौकरी पर था। तब उसकी उम्र और ज्यादा हो गयी थी। शायद तरक्की भी हुई थी। मेरे साथ-साथ घूमकर वह सब कुछ दिखाने लगा। उसका व्यवहार बड़ा ही मीठा और सज्जनतापूर्ण था। उसके पहले के व्यवहार से उस दिन के व्यवहार में कोई समानता न थी।

और समानता रहे तो कैसे ? मैं तब स्वास्थ्य मन्त्री जो था।

लेकिन बाबूजी से मेरे विरोध का सूत्रपात उसी दिन से हुआ। सिर्फ मेरा ही क्यों ? दुनिया में जिस दिन प्रथम महायुद्ध समाप्त हुआ, उसी दिन से इस विरोध का सूत्रपात हुआ। उसी समय से विघटन के युग की शुरुआत हुई। उतना बड़ा जो ब्रिटिश साम्राज्य था उसके विघटन की शुरुआत उसी समय से हुई। अन्यथा जिस बैरिस्टर की भक्ति और अधीनता की स्वीकृति पर निर्भर कर उसे राय-बहादुर की उपाधि दी गई थी, उसी का लड़का ब्रिटिश सरकार का सबसे बड़ा शत्रु होकर क्यों पैदा होता ?

बाबूजी की स्थिति तब शोचनीय थी। एक दिन उन्होंने हरिसाधन बाबू को बुलाया और उन्हें कार्य-मुक्त कर दिया। उन्होंने कहा, "आपके हाथों लड़के को छोड़कर मैं निश्चिन्त हो गया था लेकिन सबसे बड़ी विश्वासघातकता आपने ही मेरे साथ की..."

हरिसाधन बाबू ने विनम्रता के साथ कहा, "आप चाहे जो कहें राय साहब, लेकिन मुझ पर अन्याय मत करें।"

"अन्याय ? आपने मुझ पर कितना अन्याय किया है, यह आपको पता है ? मैंने अपने लड़के को स्कूल यह सोचकर नहीं भेजा कि कहीं वह बदमाश लड़कों की संगति में पड़कर बर्बाद न हो जाये। मैंने सोचा था कि आप उसकी पूरी जिम्मेदारी लेंगे। उसके बदले आप हर महीने मोटी तनख्वाह लेते गये।"

हरिसाधन बाबू से बाबूजी का सम्बन्ध वहीं समाप्त हो गया। लेकिन बाबूजी से वहीं से मेरे एक नये सम्बन्ध की शुरुआत हुई। बाबूजी के लाखों-लाख रुपये तभी से मेरे लिए विषाद का कारण बन गये। तब मेरे लिए कोई काम नहीं रह गया। जितने दिनों तक नुटु अस्पताल में रहा, उसे देखने के लिए मैं रोज जाता था। मेरे आने के रास्ते में वह आँख बिछाये रहता था। तीसरे पहर चार से छह बजे तक मिलने का समय था। मैं उसी वक्त उसके पास जाया करता था।

नुटु मुझे देखते ही बेहद खुश होता था। "तुम इतनी देर करके क्यों आये ?" वह कहता, "चार तो कब के बज चुके हैं।"

मैं उसके लिए बाजार से फल और डाब खरीदकर ले जाता था। उन चीजों की ओर वह आँख उठाकर भी नहीं देखता था। "यहाँ अब मुझे तनिक भी अच्छा

नहीं लगता है भाई," वह कहता, "मुझे मयनाडाँगा भेज दो।"

मैं कहता, "पहले तुम्हारा पैर अच्छा हो जाये तब मयनाडाँगा जाना।"

मैं उससे इसी तरह की बातें किया करता था। एक दिन उसने कहा, "तुम जो मेरे पास आया करते हो इससे तुम्हारे बाबूजी तुम पर बिगड़ते नहीं हैं?"

मैंने कहा, "नहीं।"

लेकिन मैं असली बात उससे छिपा लेता था। हरिसाधन बाबू को पिताजी ने जो छुड़ा दिया था, यह बात भी मैं उसे नहीं बताता था। यह भी नहीं बताता था कि मुझे बाबूजी गाड़ी तक व्यवहार में नहीं लाने देते हैं, केवल किसी तरह खाने और पहनने का सामान देते हैं। बाकी सारा अधिकार छीन लिया है। हो सकता है कि बाबूजी ने सोचा हो कि सब-कुछ से वंचित कर वह मुझसे अपनी अधीनता स्वीकार करा लेंगे। नतीजा यह हुआ कि मैं पूर्णतया अलगाव की स्थिति में आ गया।

परिवार से जितना कटता गया उतना ही साधारण लोगों के निकट आता गया। गृहस्थी किसे कहते हैं, समाज किसे कहते हैं, जीवन किसे कहते हैं—मैं इन्हीं बातों पर सोचने लगा।

उस दिन रात देखा, बाबूजी की गाड़ी अन्दर आयी—ठीक उसी तरह आयी जिस तरह और दिन आया करती थी। लेकिन उस दिन जैसे देर करके अन्दर आयी। गाड़ी आकर पोर्टिको के सामने रुकी। मैं सामने के दुमंजिले पर खड़ा था। देखा, बाबूजी अकेले नहीं हैं बल्कि उनके साथ दूसरा एक व्यक्ति उतर रहा है। वह एक महिला थी। वह दृश्य देखकर मैं चौंक पड़ा। इसके पहले उस महिला को और एक बार देख चुका था।

लेकिन वह दृश्य एक क्षण के लिए ही था। एक क्षण में ही दोनों जने कमरे के अन्दर चले गये। मुझे लगा जैसे मेरी अन्तरात्मा के रक्त का संचालन रुक गया हो।

और साथ ही साथ समूचे घर में शोरगुल मच गया। बाबूजी जब घर आते थे तो अवश्य ही शोरगुल मच जाता था। लेकिन उस दिन जैसे खासतौर से शोरगुल मच गया। रघु, कैलास, दुखमोचन वगैरह जैसे और भी सन्त्रस्त हो उठे।

सामने से रघु जा रहा था। मैंने उसे पुकारा।

"वह कौन है जी?" मैंने पूछा।

रघु को तब उत्तर देने का वक्त नहीं था। जैसे वह वहाँ से चला जाये तो बच जाये। उसने कहा, "नयी अम्मा···"

मुझे जो सन्देह हुआ था वह सच साबित हुआ। मैंने कहा, "नयी अम्मा आज एकाएक क्यों आयीं?"

रघु जैसे बहुत ही घबराया हुआ था। उसने कहा, "नयी अम्मा आज रात इसी घर में ठहरेंगी।"

"रात में यहीं ठहरेंगी ? एकाएक क्यों रहेंगी ? कभी तो रहा नहीं करती थीं ?"

रघु को तब बोलने की फुरसत ही कहाँ थी। "क्यों रहेंगी, यह मालूम नहीं।" इतना कहकर रघु अपना काम करने चला गया।

अट्ठाईस

जेल में ही बैठकर हम बातचीत कर रहे थे । इतना सुनने के बाद त्रैलोक्यदा ने कहा, "फिर क्या हुआ ?"

फिर देखा कि उस दिन मेरी नयी अम्मा खूब तड़के ही सोकर जगीं। घर-भर में हड़बड़ी मच गयी । पहले घर में इस तरह का शोर-शराबा नहीं रहा करता था, आहिस्ता-आहिस्ता भोर होती थी और आहिस्ता-आहिस्ता शाम । आहिस्ता-आहिस्ता भोर होना ही मुझे हमेशा अच्छा लगता था क्योंकि मेरी धारणा थी कि जल्दी-जल्दी सुबह या शाम होने से आदमी मशीन बन जाता है। जिस युग में टेकनोलॉजी नहीं थी उस युग में आदमी देर से सोकर उठा करते थे। उनकी जीवन-यात्रा सूर्य से बँधी रहती थी। लेकिन टेकनोलॉजी के इस युग में सूर्य उगने के बहुत पहले ही सूर्य उग जाता है और शाम होने के बहुत बाद शाम हुआ करती है।

महाकवि कालिदास ने मेघ को दूत बनाकर प्रिया के पास विरही की व्यथा का सन्देश भेजा था। अपने महाकाव्य का नाम उन्होंने मेघदूत रखा था। मेघ बहुत धीरे-धीरे खिसकता है, यह सोचकर यदि वह जेट विमान को दूत बनाते तो उपका नाम 'जेटदूत' रखते। लेकिन जेट चाहे जितनी तेजी से क्यों न दौड़े, महाकाव्य की बात तो दूर वह काव्य भी नहीं होता। बहुतों की धारणा है कि जो व्यक्ति शीघ्रतापूर्वक काम कर सके वही कर्मठ है। लेकिन यह भी सही है कि जो जल्दी-जल्दी काम करता है वह कभी ठीक से काम नहीं कर पाता है। घोड़े पर चढ़कर लड़ाई के मैदान में जाया जा सकता है लेकिन घड़ी की मरम्मत करनी हो तो इत्मीनान से बैठकर आहिस्ता-आहिस्ता काम करने से ही घड़ी की सुई नियम से चल सकती है। एक बार एक लेखक महोदय शरत्चन्द्र के पास एक उपन्यास लेकर पहुँचे और उनसे कहा, "मैं बहुत शीघ्रता से लिख सकता हूँ। इस तीन सौ पृष्ठों के उपन्यास को मैंने सात दिनों में लिखकर समाप्त कर दिया है।"

लेखक महोदय ने सोचा था कि शरत्चन्द्र उनकी बात सुनकर बहुत ही तारीफ करेंगे। लेकिन उत्तर में शरत्चन्द्र ने कहा, "शीघ्रतापूर्वक लिखना तो

किरानियों का काम है। लेखकों के लिए यह दोष ही है…"

खैर, दूसरे दिन देखा कि रघु के बदन पर एकाएक कुरता आ गया है। बदन पर कुरता डालकर वह चाय की ट्रे लिये अन्दरमहल जा रहा था।

न केवल रघु के बदन पर ही कुरता था बल्कि कैलास के बदन पर भी था। जो-जो अन्दरमहल के काम में तैनात थे, उन सबों के बदन पर कुरते थे। हरेक के बदन पर एक जैसा ही कुरता। इसी को युनिफार्म कहा जाता है।

मैंने रघु को बुलाया और कहा, "यहाँ सुनो…"

रघु की आने की इच्छा नहीं थी, फिर भी वह आया। "क्या ?" उसने पूछा।

मैंने कहा, "तुम लोगों के बदन पर नये कुरते क्यों देख रहा हूँ।"

रघु ने कहा, "यह नयी अम्मा का हुक्म है।"

"हुक्म के मानी ?"

रघु के हाथ में चाय की ट्रे थी। देर होने से जैसे धरती कहीं उलट न जाये। उसने कहा, "अब कोई खाली बदन नहीं रह सकता है। सभी को कुरता पहनना होगा।"

मैंने कहा, "नयी अम्मा अब इसी घर में रहा करेंगी ?"

रघु ने कहा, "हाँ।"

अब तक बाहर ही बाहर घटना घट रही थी। अब वह घर के अन्दर घटा करेगी। सुनकर मेरा मन खराब हो गया। मैंने अपनी माँ को देखा नहीं था। माँ देखने में कैसी थीं, मुझे मालूम नहीं था। लेकिन माँ के सम्बन्ध में कल्पना की हुई स्मृति थी। मुझे लगता कि माँ अगर जिन्दा रहतीं तो यह चीज ठीक इस तरह की नहीं रहती। माँ के सम्बन्ध में मेरी कल्पना इतनी वास्तविक थी कि उनका न रहना मेरे लिए उनके रहने से अधिक सच्चाई रखता था। माँ नहीं थीं इसीलिए मुझे लगता कि वह अदृश्य होकर सब-कुछ देख रही हैं। माँ के द्वारा की गयी कसीदाकारी, उनके द्वारा उपयोग में लायी गयी पेटी, अलमारी—सब-कुछ उनके अदृश्य अस्तित्व के साक्षी थे। माँ क्योंकि नहीं थीं इसीलिए माँ का अस्तित्व मेरे निमित्त पानी की तरह सरल था। वह रहतीं तो हो सकता था कि यह सपना मिथ्या साबित हो जाता। माँ रहतीं तो हो सकता था कि मैं उस तरह मयनाडाँगा भागकर नहीं जाता।

जितने दिनों तक मैं घर में रहा, लगा कि मैं जेल के अन्दर हूँ। अपने कमरे में ही बैठा-बैठा तमाम घर की बदलती हुई शक्लों को देखा करता था। इसके पहले इस घर में मैं ही सब-कुछ था। इसके बाद मैं कैदी हो गया। नुटु तब पैर का ऑपरेशन कराकर चला गया था। उसका पैर ठीक हो गया था। तब वह सीधा होकर चल-फिर सकता था। उससे मुझे कोई शिकायत नहीं

थी। शिकायत थी तो बाबूजी ही से।

उस दिन मैं बाबूजी के कमरे के अन्दर गया।

"फिर तुम्हें क्या चाहिए ?"

मैंने कहा, "नुटु के पैर का ऑपरेशन हो गया है। वह अब घर जायेगा। उसको पैसा मिल जाना चाहिए।"

"ह्वाट ?"

बाबूजी तमतमा गये लेकिन मैंने अपने चेहरे पर किसी तरह का विकार नहीं आने दिया।

"वही दस हजार रुपये !" मैंने कहा।

बाबूजी ने कहा, "मेरी कीमती चीज़ों की तुमने चोरी की फिर भी दस हजार रुपये ? मेरा कैमरा, हीरे की अँगूठी, रुपया-पैसा—यह सब कहाँ गया।"

"सब बेच डाला है।" मैंने कहा।

"फिर दस हजार देना तो हो ही गया। बल्कि कुछ अधिक ही।"

मैंने कहा, "उन चीजों को बेचने पर मुझे सिर्फ सात हजार रुपये ही मिले। और तीन हजार बकाया निकलता है।"

एकाएक बाबूजी जैसे झल्ला उठे। "निकलो, यहाँ से निकल जाओ।" उन्होंने कहा।

मैंने कहा, "नुटु का जो उचित बकाया है वह माँगने आया हूँ। निकलकर क्यों चला जाऊँ ?"

बाबूजी ने कहा, "पुरस्कार की मैंने जो घोषणा की थी, वह मेरी गलती थी। अभी यह बात हुई होती तो अखबारों में विज्ञापन नहीं निकलवाता।"

"मैं नुटु को अपना मुँह कैसे दिखाऊँ ?"

बाबूजी ने कहा, "तुम्हें अपना मुँह किसी को नहीं दिखाना है। मैं भी तुम्हारे मुँह का इमेज देखना नहीं चाहता हूँ।"

मेरे मुँह से भी अचानक निकल गया, "मैं भी आपका मुँह नहीं देखना चाहता हूँ।"

यह कहकर मैं चला आ रहा था। अचानक किसी महिला के गले की आवाज कानों में आयी, "जाना मत, सुनो।"

मैं मुड़कर खड़ा हुआ। देखा, मेरी नयी अम्मा थीं। नयी अम्मा कमरे के पर्दे को हटाकर खड़ी थीं।

मुझे लौटते देखकर उन्होंने कहा, "छिः-छिः ! बाबूजी से इस तरह कहीं बातें की जाती हैं।"

मैं क्या उत्तर दूँ, समझ में नहीं आया। नयी अम्मा की ओर मैं अपलक ताकता रहा। बाबूजी के द्वारा दी गयी साड़ी, गहने, लिपस्टिक और रूज मेरी

आँखों में गड़कर चुभने लगे।

नयी अम्मा पुन: कहने लगीं, "तुम तो शिक्षित लड़के हो। पिता से कैसे बातचीत करनी चाहिए, यह तुम्हें मालूम नहीं ? इतने दिनों से तुम्हें यही शिक्षा मिली है ?"

अब बाबूजी के मुँह से इतनी देर के बाद बात निकली, "तुम चुप रहो आरती ! वह किसी दिन भी शिक्षित नहीं होगा। वह प्रोत्साहन देने लायक नहीं है। उसे मैं घर से निकाल दूँगा।"

"तुम चुप रहो तो।"

नयी अम्मा ने बाबूजी को फटकारने की भंगी से कहा, "मेरी बात के बीच तुम नाहक ही बोलते हो।"

और उन्होंने मेरी ओर देखा। फिर मेरे कन्धे पर हाथ रखकर कमरे के अन्दर ले गयीं। मानो, मैं उनका बहुत ही अपना होऊँ।

मैंने पूछा, "आप मुझे कहाँ ले जा रही हैं ?"

देखा, बाबजी के सोने के कमरे की शक्ल बिल्कुल बदल गयी है। पर्दा, चादर, पलंग, फर्निचर सब-कुछ नया था। जिस कमरे में माँ सोती थीं उस कमरे से माँ का चिह्न मिटा दिया गया था।

"यहाँ बैठो।"

"नहीं, मैं नहीं बैठूंगा।"

लगा, मुझे जैसे रिश्वत दी जा रही है। माँ के स्थान पर जो उपस्थित हुई है, उसे कहीं नये स्थान में स्वयं को प्रतिष्ठित करने में कोई बाधा न हो, इसी के लिए वह नकली स्नेह है। दरअसल वही तो रिश्वत है। नाम से हम रिश्वत को ही रिश्वत कहते हैं लेकिन उसका नाम केवल एक ही नहीं है, श्रीकृष्ण के सैकड़ों नाम की तरह उसके नाम भी संख्यातीत हैं। मेरी सरकार रिश्वतखोर के नाम से बदनाम है। लेकिन रिश्वत कभी-कभी बख्शीश के दाम से भी चलती है। कहीं-कहीं उसका नाम पान-पत्ती है और कहीं सलामी। दरअसल वे सबकी-सब रिश्वतें ही हैं। मैंने देखा है, आदमी जहाँ कमजोर पड़ता है वहीं वह रिश्वत देने का पक्षधर होता है। चालाकी से जल्दी-से-जल्दी काम कराने का आसान से आसान रास्ता है रिश्वत।

मैंने अपने सचिव से एक बार कहा था, "इतना काम आप कर सकते हैं मगर प्रान्त से रिश्वतखोरी को नहीं दूर कर पाते ?"

मेरे सचिव का कहना था, "रिश्वत अगर बन्द कर सकें तो भी उसे कभी बन्द मत करें सर !"

मैंने हैरान होकर पूछा था, "क्यों ? कोर्ट-कचहरी में रिश्वतखोरी का जुल्म रहने के कारण आदमी का जीना दूभर हो गया है। इसकी कोई रोकथाम क्या

नहीं हो सकती है ? रिश्वतखोरी बन्द नहीं हो रही है, इसीलिए सभी सरकार के मत्थे दोष मढ़ते हैं।"

मेरे सचिव ने कहा था, "रिश्वत का लेन-देन बन्द होने से सर्वनाश हो जायेगा सर..."

"सो कैसे ?"

"चाहे जिस पार्टी की सरकार क्यों न रहे, रिश्वतखोरी बन्द करना किसी के बूते की बात नहीं है। अभी अगर दशरथ-नन्दन श्रीराम भी लौटकर आ जायें तो रिश्वत की प्रथा रोक नहीं सकेंगे। रिश्वत बन्द हो जाने से कोर्ट-कचहरी में मुकदमों की तादाद बढ़ जायेगी। एक तो यों ही हमेशा कोर्ट-कचहरी में चार-पाँच हजार मुकदमे जमे रहते हैं, इसके बाद दस हजार मुकदमे जम जायेंगे। और इसके अलावा..."

"क्या ?"

"इसके अलावा अभी तो रिश्वत देने से ही आदमी का काम चल जाता है मगर तब मामूली रिश्वत देने से काम नहीं चलेगा। वकील, एटर्नी, मुंशी और पेशकार आम लोगों को तहस-नहस कर डालेंगे। इसीलिए आँखों की ओट रिश्वत जैसे चल रही है, चलने दें।"

आश्चर्य है, इतने दिनों के बाद आज खुद मैंने भी रिश्वत ली है। बाँधों के मालिक रथीन सिकदार के द्वारा दी गयी ताजा गोड़रा मछली मैंने आज ही खायी है। थोड़ी देर पहले स्टेशन के प्लेटफार्म का वेण्डर जो रसगुल्ला देने आया था, वह भी तो रिश्वत ही है। सच कहा जाये तो रिश्वत मैंने भी ली है। सभा-समिति में जाकर फूलों की बड़ी-बड़ी मालाएँ जो मैंने पहनी हैं, वह भी तो रिश्वत ही है। अखबारवाले मेरी बड़ी-बड़ी तसवीरें जो छापा करते हैं वह भी तो एक किस्म की रिश्वत ही है। वे लोग मुझसे कुछ उम्मीद करके ही मेरी तसवीरें छापते हैं। मैं ठहरा सरकारी विज्ञापन देने का मालिक। मैं बिगड़ जाऊँ तो उन्हें हानि ही हो।

यानी रिश्वत सारी दुनिया में चल रही है। कभी वह सीधी राह से चलती है और कभी टेढ़ी राह से। गुलजारीलाल नन्दा ने केन्द्रीय सरकार के मन्त्री बनने के बाद रिश्वतखोरी रोकने के लिए 'सदाचार समिति' की स्थापना की थी। उसी के चलते उन्हें मन्त्रिमण्डल से हट जाना पड़ा।

मेरे सचिव ने इसीलिए मुझसे कहा था, "जैसा चल रहा है, चलने दें सर! उसमें हस्तक्षेप मत करें। नहीं तो मन्त्रिमण्डल में दरार पड़ने लगेगी..."

मैंने कहा था, "मगर मैं यह सब कैसे बरदाश्त करूँ ? इससे मेरी बदनामी फैलेगी। चीजों की कीमतें बढ़ जायेंगी। गरीब आदमी चिढ़ जायेंगे तो हमें वोट ही नहीं देंगे।"

लेकिन अन्त में मैं कोई उपाय नहीं निकाल सका। मेरे पहले भी रिश्वत जिस तरह चलती थी मेरे शासन-काल में भी वैसे ही चलेगी। और हो सकता है कि मेरे बाद जो युग आयेगा उसमें भी ऐसे ही चलती रहेगी।

उस दिन हरिसाधन बाबू रहते तो क्या कहते, मालूम नहीं। और हरिसाधन बाबू की नौकरी तो मेरे ही कारण चली गयी थी—मेरी उच्छृंखलता के कारण। लेकिन मैं कर ही क्या सकता था? मैं अगर रिश्वत लेने को तैयार हो जाता तो मुझे घर नहीं छोड़ना पड़ता। मैं भी आज काफी जायदाद का मालिक रहता। और तब मुझे वोट की उम्मीद में लोगों के सामने भला आदमी नहीं बनना पड़ता। सुबह से शाम तक एक ओर आँखों का काँटा और दूसरी ओर माथे का मुकुट बनकर नहीं रहना पड़ता। सभी की भलाई करने की जिम्मेदारी से बच जाता और सहजता और सरलता से जीवन जीने का अवसर मिलता।

लेकिन महत्त्वाकांक्षा?

जीवन में बड़ा होने, सर्वश्रेष्ठ होने की आकांक्षा नहीं रहती तो मैं फिर किसके बल जीता? और-और लोगों की तरह विवाह कर सन्तान पैदा करना और आयकर का झंझट झेलकर जीना भी क्या कम दायित्वपूर्ण है? इससे तो अच्छा है महत्त्वाकांक्षी होना। लेकिन प्राप्ति में जो झमेला है, वही है अप्राप्ति में भी। कभी-कभी लगता है कुछ न होने के झमेले से कुछ होने का झमेला ही शायद बड़ा है। यानी दुनिया में जीवित रहना भी एक झमेला है—भले ही इसमें कम या अधिक का अन्तर हो सकता है। अगर मैं साधारण आदमी होता तो अखबारों में मेरी तसवीर नहीं छपती। मुझे केन्द्र मानकर आज जैसी चहल-पहल है, वैसी चहल-पहल नहीं रहती। इतने जो आयोजन और आन्दोलन हो रहे हैं सब-कुछ मुझे ही केन्द्र मानकर चल रहे हैं। दरअसल किसान सम्मेलन तो उपलक्ष्य है लक्ष्य तो मैं ही हूँ। हो सकता है कि मेरे भाषण को अब तक अखबारवालों ने कम्पोज करना शुरू कर दिया हो। मेरे सचिव ने उन लोगों के पास मेरे भाषण की प्रतिलिपि पहले ही भेज दी है। उनके स्टाफ रिपोर्टर यहाँ आयेंगे, नोट लेंगे लेकिन कम्पोजिटरों को पहले ही पता चल गया होगा कि आज मैं यहाँ क्या बोलूँगा।

उन्तीस

उस दिन अस्पताल जाकर नुटु को ले आया और उसे अपने गाँव भेज दिया। नुटु की आँखों से आँसू चू रहे थे। मानो उसका सारा कथ्य आँखों के आँसू से धुलकर समाप्त हो गया था।

मैंने कहा, "तुम्हारे लिए मैं कुछ भी नहीं कर सका नुटु ! मैं अपने वचन का पालन नहीं कर सका।"

नुटु ने उत्तर में एक शब्द भी नहीं कहा। उसकी आँखों से केवल आँसू ही ढुलकते रहे।

मैंने कहा, "तुम्हारी आँखों में क्या हुआ ?"

नुटु ने उस बात का उत्तर दिये बिना कहा, "तुमने मेरा सारा कर्ज चुका दिया ?"

मैंने कहा, "मेरी खातिर तुमने अपने वैकुण्ठ को कसाई की दुकान में बेच डाला था। वह कर्ज क्या चुकाया जा सकता है ? तुम्हारा कर्ज चुकाने के लिए मुझे फिर से एक बार इस धरती पर जन्म लेना पड़ेगा।"

नुटु उत्तर में कुछ कहने जा रहा था लेकिन तभी उसकी गाड़ी चल पड़ी। मैंने कहा, "मैं जल्द ही फिर से मयनाडाँगा आऊँगा। तुम फिक्र मत करना..."

नुटु का चेहरा आहिस्ता-आहिस्ता आँखों से ओझल हो गया और उसके बाद मैं घर लौट आया।

उफ् ! मयनाडाँगा जाने का मैंने जो वचन दिया था, वह इतने दिनों के बाद सच होगा, इसे कौन जानता था। वह कितने दिन पहले की बात थी। शायद पचास वर्ष पहले की बात। पचास सालों के बाद मैं मयनाडाँगा आऊँगा, यह बात मैंने ही कब सोची थी ? ऑपरेशन कराने के बाद नुटु का पैर अच्छा हो गया था। नुटु के बदले जैसे मैं ही स्वस्थ हो गया था। उसका इलाज कराने के साथ-ही-साथ मेरे मन की भी सारी बीमारियाँ दूर हो गयी थीं। कुछ लोग कहा करते हैं कि मुख्यमन्त्री बनने के बाद मैंने देश के लिए बहुत काम किया है। जहाँ-जहाँ पानी का कष्ट था, उसे दूर किया, जहाँ स्कूल नहीं था, वहाँ स्कूल खोला। मैंने और क्या-क्या किया है, यह बात मेरे अभिनन्दन के समय विस्तार-पूर्वक कही जाती है। किसी-किसी की दृष्टि में मैं देश-गौरव, देश-पूज्य और देश-सेवक हूँ। व्याकरण में जितने प्रकार के विशेषण हैं वे सब अलग-अलग अवसरों पर मेरे नाम के साथ व्यवहृत किये जाते हैं। लेकिन मुझे मालूम है कि यह सब रिश्वत है। मेरे पद के कारण ही सभी ने यह रिश्वत मुझे दी है। मैं जब चुनाव में हार जाऊँगा तो फिर जो आदमी इस कुरसी पर बैठेगा उसे भी लोग इन्हीं विशेषणों से अलंकृत करेंगे। यही नियम है। लेकिन जीवन में यदि सचमुच मैंने किसी का उपकार किया तो वह नुटु ही है। मैंने नुटु को अस्पताल भेजकर उसका पैर ठीक करा दिया—इससे बड़ा काम मैंने न तो किसी व्यक्ति के लिए किया है और न किसी चीज के लिए ही।

लेकिन जब मैं घर लौटकर आया तो अवाक् रह गया।

देखा, मेरे कमरे का बिस्तर, चादर, पर्दा सबके-सब बदल गये हैं। एक-

बारगी कोरे और नये। ठीक उसी तरह के जैसे बाबूजी के कमरे में थे।

मैंने रघु को पुकारकर पूछा, "यह सब किसने किया ?"

रघु ने कहा, "मैंने।"

"किसने तुमसे करने को कहा ?"

"नयी अम्मा ने।"

मैं तत्क्षण समझ गया कि यह रिश्वत है। नयी अम्मा ने अपनी प्रतिष्ठा के लिए मुझे रिश्वत दी है। इतने बरसों से मैं रिश्वत खाता आ रहा हूँ। रिश्वत लेते-लेते मेरे हाथ काले पड़ गये हैं। लेकिन जीवन में भेंट की गयी पहली रिश्वत की पीड़ा मुझे असाध्य प्रतीत हुई।

मैंने अब देर नहीं की। बिस्तर, चादर, तकिये के खोल वगैरह फाड़-फाड़कर बाहर फेंक दिये। "इन चीजों को सड़क पर फेंक दो," मैंने कहा, "मुझे इनकी जरूरत नहीं है।"

देखा, कमरे के बाहर नयी अम्मा खड़ी हैं। "यह सब क्या हो रहा है ?" उन्होंने कहा।

जेल में बैठा-बैठा त्रैलोक्यदा से मैं यह सब बात किया करता था।

त्रैलोक्यदा पूछते, "इसके बाद क्या हुआ ?"

ये घटनाएँ पिछले महायुद्ध के बहुत पहले की हैं। तब जीवन इतना जटिल नहीं था। हम सबों का एकमात्र दुश्मन अंग्रेज था। सभी का शत्रु जब एक ही व्यक्ति होता है तो प्रतिपक्षियों में मेल और प्रेम की भावना रहती है।

यही वजह है कि त्रैलोक्यदा कहते, "अबे हमारी लड़ाई आसान है। हम लोग सभी ब्रिटिश सरकार के खिलाफ हैं। लेकिन जब अंग्रेज सरकार चली जायेगी तब ?"

मैं पूछता, "चली जायेगी ?"

"जायेगी क्यों नहीं ? कोई हमेशा रहने के लिए नहीं आता है। अकबर बादशाह क्या गये नहीं थे ? रेजाखाँ नहीं गया था ? बर्गियों की जमात नहीं गयी ? ईस्ट इण्डिया कम्पनी नहीं गयी ? लेकिन किसी एक अत्याचारी के चले जाने से ही सारी मुसीबतें टल जायेंगी ऐसी बात नहीं है। अंग्रेजों के चले जाने के बाद अशान्ति और भी बढ़ जायेगी।"

इतना कहकर वह मुझे समझाने के खयाल से कहते, "एक घर में सास और बहू में रात-दिन झगड़ा मचा रहता था। महल्ले के लोगों के लिए झगड़े के कारण घर में टिकना मुश्किल हो गया। वे लोग सोचते, सास अब थोड़े ही ज्यादा दिनों तक जिन्दा रहेगी ! उसके मरते ही सारी मुसीबत टल जायेगी। सास भी तब बूढ़ी हो चुकी थी। उसकी उम्र मरने के लायक हो चुकी थी। एक दिन सास की मौत हो गयी। लोग कालीघाट गये और बहुत धूमधाम से

पूजा की। सोचा, अब मुसीबत टल गयी। लेकिन ऐसा नहीं हुआ। बहू ने तब अपने पति से झगड़ा करना शुरू किया। महल्ले के लोगों से भी झगड़ने लगी। यही है संसार का नियम।"

त्रैलोक्यदा वयस्क व्यक्ति थे, बहुत कुछ देख चुके थे, बहुत कुछ भोग चुके थे।

"फिर ?"

मैंने कहा, "उन दिनों स्कूल, कॉलेज छोड़ने का हंगामा मचा हुआ था। लोग दल बाँधकर देश-सेवा के कामों में हाथ बँटा रहे थे। हर पार्क और हर महल्ले में सभा होती थी। पुलिस आती और लाठी से प्रहार कर सभा भंग कर देती थी। इतिहास में एक ऐसा समय आता है जब जीवन बँधे-बँधाये रास्ते पर चलते-चलते अकस्मात् दूसरी दिशा में मुड़ जाता है। तब देशवासियों के मन में एक नयी भावना जन्म लेती है। बहुत दिनों से खड़ी दीवार में दरारें पड़ने लगती हैं। यह भी ठीक वैसा ही समय था। मैं भी उस दल में सम्मिलित हो गया और सम्मिलित होकर विलायती कपड़ों का होलिका-दहन करने लगा।

आदमी जब किसी चीज को तोड़ता-फोड़ता है तो वह स्वयं को भी तोड़ता है और स्वयं को तोड़ने में एक तरह का आनन्द मिलता है। वह जब जान लेता है कि उसने स्वयं को तोड़ डाला है तो फिर उसे वह आनन्द नहीं मिलता है। मैं भी जान नहीं सका था, इसीलिए विलायती कपड़ों को मन-प्राणों से जलाना शुरू किया। मुझे महसूस होता कि विलायती कपड़े जलाकर मैं एक महान काम कर रहा हूँ। देश की सेवा कर रहा हूँ।

वह दृश्य आज भी मुझे याद है।

मैं तब अपने कमरे के पर्दे, चादर और तकिये के खोल को फाड़कर बाहर फेंक रहा था।

मैंने रघु से कहा, "उनमें आग लगा दो।"

नयी अम्मा दुबारा चिल्ला उठीं, "यह क्या हो रहा है ?"

मैंने कहा, "उन चीजों को जलाने को कह रहा हूँ। मेरे कमरे में उन चीजों को किसने लगाया था ?"

नयी अम्मा ने कहा, "मैंने लगाया था। क्यों इसमें क्या हुआ ?"

"आपने विलायती चीजें क्यों दीं ? मैं अब कोई विलायती चीज व्यवहार में नहीं लाऊँगा।"

उन दिनों घर में विलायती वस्तुओं की प्रचुरता रहती तो उन्हें ऐश्वर्य के प्रतीक के रूप में देखा जाता था। इस बात में उस काल से आधुनिक काल का कोई अन्तर नहीं है। देश का राजा बदल गया है। आज भी जिसके पास विलायती गाड़ी है, समाज में उसी का सम्मान अधिक है। विलायती सिगरेट से लेकर

विलायती कलम तक के प्रति हममें कम लोभ नहीं है। यह इसलिए नहीं कि वह विलायती चीज है, बल्कि इसलिए कि अपनी वस्तु से परायी वस्तु के प्रति हममें अधिक लोभ रहता है। जैसा कि अपने से पराये का नाम, पराये के गहने और पराये की पत्नी। अंग्रेजी में 'स्लेव मेण्टलिटी' नामक एक शब्द है। लेकिन आदतन यह दास-मनोवृत्ति नहीं, बल्कि मानवीय मनोवृत्ति है।

छुटपन में पढ़ा था कि अशान्ति के पीछे पड़ोसियों का ही सबसे बड़ा हाथ रहता है। प्राचीन काल में ऋषि-मुनियों के आश्रम के पास कोई पड़ोसी नहीं रहता था और इसीलिए उनकी साधना और तपस्या नियमपूर्वक चला करती थी। ऋषि-पत्नियों के मन में पड़ोसियों की साड़ी और गहने ईर्ष्या नहीं जगाते थे। दरअसल पड़ोसी पराया होता है इसीलिए उनकी वस्तुओं के प्रति आदमी में इतने लोभ और क्षोभ रहते हैं। इस बात में व्यक्ति के बारे में जितनी सच्चाई है उतनी ही राष्ट्र के बारे में भी। कौटिल्य के युग से ही एक राष्ट्र से दूसरे राष्ट्र का इसलिए झगड़ा होता आ रहा है कि वे एक-दूसरे के पड़ोसी हैं। दरअसल पराया रहने के कारण ही लोभ का जन्म होता है। चीन अगर पड़ोसी राष्ट्र न होता तो उससे कोई झंझट ही नहीं होता। पाकिस्तान के साथ भी यही बात होती। इसीलिए राजनीति में मध्यवर्ती राज्य (Buffer state) रखने का प्रचलन है। उद्देश्य यह है कि जितना आँधी-पानी आये सब उधर से ही गुजर जाये।

परायी वस्तु के प्रति लोभ की एक मिसाल उस दिन देखने को मिली थी। मेरा श्रम-मन्त्री किसी सम्मेलन में सम्मिलित होने के लिए विलायत गया था। आजकल सम्मेलन करना एक प्रकार का फैशन हो गया है। अन्तर्राष्ट्रीय सम्मेलन करना और भी बड़ा फैशन। लौटती बार कस्टम ऑफिस में पकड़ा गया। उसके साथ दो कैमरे, चार घड़ियाँ, तीन मेक-अप बाक्स और दो ट्रांजिस्टर सेट थे।

मेरे पास चिट्ठी आयी।

मैंने उसे बुला भेजा और कहा, "यह सब तुम क्यों ले आये? तुम्हें मालूम नहीं था कि इन सामानों को लाने से कस्टम ऑफिस में पकड़े जाओगे?"

श्रम-मन्त्री ने कहा, "बहुत ही सस्ते में मिल गया। सभी ने अलग-अलग तरह की चीजें लाने को कहा था। मेरे साले ने एक घड़ी और साली ने मेक-अप बाक्स लाने को कहा था..."

मेरा श्रम-मन्त्री स्वजातियों के खासे वोटों से चुनाव में जीता था। उसके पास बेशुमार पैसा है—बैंक में रुपया जमा है, दस-बारह मकान हैं। उसने कांग्रेस के फण्ड में पचास हजार रुपये दिये थे। चाहने पर वह उस तरह की घड़ियाँ, मेक-अप बाक्स और कैमरे हजारों की तादाद में खरीद सकता था। फिर

भी उसको परायी वस्तुओं के प्रति लोभ था। वह लोभ विलायती वस्तु के कारण नहीं, बल्कि परायी वस्तु रहने के कारण था।

बाबूजी सहसा दौड़कर मेरे पास आये।

"यह सब क्या शैतानी हो रही है?" उन्होंने कहा।

तब कागज धधककर जल रहा था। वह जगह धुएँ से भर गयी थी।

मैंने कहा, "ये सारी विलायती चीजें हैं इसीलिए जला रहा हूँ।"

गुस्से में आपा खो बैठना बुद्धिमान आदमी के लिए पाप होता है। लेकिन बाबूजी उस दिन वही पाप कर बैठे।

उन्होंने कहा, "बि ऑफ, घर से निकल जाओ, अभी तुरन्त। मैं तुम्हारी सूरत नहीं देखना चाहता हूँ, बि ऑफ..."

बाबूजी ने सारी बातें अंग्रेजी में ही कही थीं। बंगाली अगर बँगला भाषा में गाली-गलौज करे तो गाली-गलौज का महत्त्व नहीं बढ़ता है। महत्त्व बढ़ता है या तो हिन्दी से या अंग्रेजी से। उससे भाषा का अर्थ चाहे न बदले लेकिन महत्ता बढ़ जाती है।

मैंने बातचीत करना फिजूल समझा। उसी हालत में घर से निकल पड़ा क्योंकि मैंने सोचा, इसके बाद घर में रहना कोई मानी नहीं रखता। मेरा रहना न केवल अर्थहीन है बल्कि अपमानजनक भी है।

मैंने एक बात पढ़ी थी : When a men and woman are married, their romance ceases and their history commences.[1]

विवाह होने के पहले तक प्रेम प्रेम रहता है, तब प्रेम के अतिरिक्त बाकी चीजें तुच्छ रहती हैं। और जैसे ही विवाह होता है, इतिहास की शुरुआत हो जाती है। तब प्रेम के साथ बीमा, सुरक्षा, डॉक्टर और सम्पत्ति जुड़ जाती है। इसी का नाम इतिहास है।

उस दिन रात महल्ले के एक पार्क में स्वदेशियों की एक सभा चल रही थी। वहाँ जाने पर दल के दूसरे-दूसरे लोगों के साथ पुलिस मुझे भी पकड़कर ले गयी। मैंने राहत की साँस ली।

एक दिन मैं घर से भागकर नुटु के मयनाडाँगा में पहुँचा था। वह भी एक तरह का विद्रोह ही था। लेकिन इस बार विद्रोह का रूप कुछ और ही था। यह चिरस्थायी विद्रोह था। उस बार घर लौट आया था। लेकिन इस बार घर लौटने की जगह यह गृह-त्याग था। स्थायी रूप से गृह-त्याग।

गृह-त्याग का अर्थ था 'इस्टेबलिश्मेण्ट' (व्यवस्था) के खिलाफ विद्रोह।

---

१. पुरुष और स्त्री जब वैवाहिक बन्धन में बँध जाते हैं तो उनका रोमांस खत्म हो जाता है और उनके इतिहास की शुरुआत होने लगती है।

अंग्रेजी भाषा में 'इस्टेबलिश्मेण्ट' शब्द नया-नया आया है। कानसाइज आॅक्सफोर्ड डिक्शनरी में इसका अर्थ है : An organised body of men maintained for a purpose, as army, navy, civil service.

लेकिन विशालकाय रेनडम हाउस डिक्शनरी में है : The existing power structure in society.

इंग्लैण्ड के राजा जार्ज अष्टम का नाम अब ड्यूक आव विण्डसर है, हाल ही में बी. बी. सी. के एक साक्षात्कार में उसने इस शब्द का उल्लेख किया था। सबको मालूम है कि एक दिन मिसेज़ सिमसन के कारण उसे राजपाट से वंचित होना पड़ा था।

प्रश्न किये जाने पर उसने कहा, "Even if I had not married Mrs. Simpson, a clash between me and the establishment would have been inevitable."[१]

तब उससे पूछा गया, " 'इस्टेबलिश्मेण्ट' का मानी क्या है ?"

ड्यूक ने कहा, "यह शब्द नया है। पन्द्रह वर्ष पूर्व इस शब्द को मैंने जब पहले-पहल सुना था, तब मैंने भी लोगों से इसका अर्थ पूछा था।"

फिर उसने कहा, "इस शब्द का अर्थ चाहे जो हो, लेकिन मैंने अपने मन के अनुसार इसका एक अर्थ खोज निकाला है। 'इस्टेबलिश्मेण्ट' का अर्थ यदि राजपाट हो तो मेरे पिताजी इस्टेबलिश्मेण्ट थे। मेरे दादा भी वही थे। लेकिन एकमात्र मैं था जो स्वतन्त्र था। So one may give a negative definition of the establishment, caphoever strives to be independent cannot be part of the establishment.[२]

हमारे देश के तथागत बुद्धदेव, राजकुमार सिद्धार्थ, नदिया के निमाई, लाला बाबू, गांधीजी, नेताजी सुभाषचन्द्र बोस—सभी स्वतन्त्र थे। स्वतन्त्रता कभी व्यवस्था को बरदाश्त नहीं कर सकती है। क्योंकि वे बरदाश्त नहीं कर सकते थे, इसीलिए व्यवस्था को अस्वीकार कर उन्होंने गृह-त्याग किया था। छुटपन में मैं सोचता था कि कोई धर्म के लिए, कोई ईश्वर के लिए, कोई साधन एवं तपस्या के लिए और कोई नारी के लिए गृह-त्याग करता है। लेकिन अब समझ गया हूँ कि असल में वे सब उपलक्ष्य मात्र हैं, असली लक्ष्य है स्वतन्त्रता।

---

१. मैं सिमसन से ब्याह नहीं करता तो भी मुझमें और व्यवस्था में टकराहट अनिवार्यतः होती।

२. इसलिए व्यवस्था को नकारात्मक रूप में परिभाषित किया जा सकता है। जिसमें स्वाधीनता की तड़प है वह व्यवस्था का अंग नहीं हो सकता है।

मेरी स्वतन्त्रता की स्पृहा ने ही उस दिन मुझे व्यवस्था के पंजे से छुड़ाया था। बचपन-भर मेरे पिताजी ने मुझे बन्दी बनाकर रखना चाहा था और वह इसलिए कि महल्ले के लड़कों से हिलकर कहीं मैं खराब न हो जाऊँ। लेकिन आज मैं सोचता हूँ कि यह मेरा सौभाग्य था कि व्यवस्था के जाल को काटकर मैं बाहर निकल आया।

याद है, एक दिन मैं अपने कमरे में बैठा था। बाहर से आकर चपरासी ने मेरे हाथ में एक स्लिप दिया।

उस स्लिप को मैंने पढ़कर देखा। उसमें स्याही से एक नाम लिखा हुआ था—'अजय सेन।'

अजय सेन ! उस नाम से किसी को पहचानता होऊँ, याद नहीं आया। तब मैं अपने स्टेनोग्राफर को बुलाकर आवश्यक पत्रों का उत्तर लिखा रहा था। एक बार जी में हुआ कि भेंट नहीं करूँ। लेकिन वोट ! कुछ दिनों के बाद ही चुनाव आ रहा था। तब तो मुझे घर-घर जाकर वोट माँगना पड़ेगा !

स्टनोग्राफर को विदा कर अजय सेन को बुला भेजा। देखा, एक भलेमानस ने कमरे में प्रवेश किया। उसके चेहरे पर खूँटीदार दाढ़ी थी, बदन पर रेशमी चादर, पाँव नंगे और हाथ में कुश का आसन।

मैंने कहा, "बैठिए, आप क्या कहना चाहते हैं ?"

वह कुश का आसन विछाकर बैठ गया। उसने कहा, "आप मुझे पहचान नहीं सके। मैं आपका छोटा भाई हूँ।"

'छोटा भाई' सुनते ही मैं चौंक पड़ा।

मैंने कहा, "छोटे भाई का तात्पर्य ?"

उस आदमी ने तब मेरे पिताजी का नाम लिया और कहा, "हाल ही में उनकी मृत्यु हुई है।"

और उसने काले बोर्डर से घिरा श्राद्ध का एक निमन्त्रण-पत्र मेरी ओर बढ़ा दिया। उसके ऊपर लिखा था—"गंगालाभ···"

मैंने पढ़ा। पढ़ते-पढ़ते उनका चेहरा मेरी आँखों के सामने जैसे नाच उठा। मुझे लगा कि मनुष्य के जीवन में मृत्यु ही सबसे बड़ी शिक्षा है। मरने के समय उन्हें अवश्य ही जीवन की सारी घटनाओं का स्मरण हुआ होगा। मुझे जो त्याग दिया था, वह भी जरूर ही याद आया होगा। जब उसकी मृत्यु हुई तब मैं जेल में था, लेकिन जब उनका क्रिया-कर्म होने जा रहा है, मैं मुख्यमन्त्री हूँ। मैं किसी दिन मुख्यमन्त्री बनूँगा, इसकी उन्होंने क्या कभी कल्पना की होगी ? अगर कल्पना करते तो वह क्या सुखी हो पाते ? कल्पना करने से

पिताजी के भाग्यविधाता उस समय हँसते या नहीं, पता नहीं, लेकिन वह यदि हँसते नहीं तो उनका हँसना अवश्य ही उचित होता।

"बाबूजी की मृत्यु के समय मैं उनके पास नहीं था।"

"उन्हें बड़ी तकलीफ हुई थी ?"

अजय ने कहा, "हाँ, खूब। मैं तो था नहीं, लेकिन माँ से सुना कि उन्हें बड़ी तकलीफ महसूस हो रही थी। वह रात-दिन रोया करते थे। माँ ने एक दिन पूछा था, ज्योति को खबर भेजूँ ? बाबूजी ने कहा, नहीं।"

मुझे नयी अम्मा की याद आयी। एक दिन जिस नयी अम्मा ने बाबूजी से कहकर मुझे घर से निकलवा दिया था, वही नयी अम्मा मुझे अन्य रास्ते से घर में बुलाने का मतलब गाँठ रही है।

मैंने कहा, "इसके बाद क्या हुआ ?"

"इसके बाद माँ ने आपको खबर देने को कहा था। इसी उद्देश्य से आपसे मिलने के लिए मैं आपके घर पर गया था लेकिन आपके सचिव ने मिलने नहीं दिया। उन्होंने कहा कि आप मीटिंग कर रहे हैं। लेकिन आज मैं स्वयं को रोक नहीं सका। आप दया करके एक बार आयें। माँ बिलकुल टूट गयी हैं। आपके जाने से माँ को ढाढ़स मिलेगा···"

इसके उत्तर में मैं बहुत-कुछ कह सकता था। कह सकता था कि तुम्हारी माँ तब कहाँ थीं जब पुलिस ने मुझ पर लाठियों से प्रहार किया था ? जब मैं जेल के अन्दर सड़ रहा था, उस समय कितने ही लोगों ने मुझसे कारावास में भेंट की थी। तब तुम लोगों में से किसी ने मेरे बारे में नहीं सोचा। जब काँथी में नमक-सत्याग्रह करने के कारण पुलिस की लाठियों की चोट से मेरा सर फट गया था तब बहुतों ने तार भेजकर मुझे बधाइयाँ दी थीं। तब मेरे पिताजी और मेरी नयी अम्मा कहाँ थे ? बाबूजी की इतने रुपये की सम्पत्ति के एकमात्र हिस्सेदार को घर से निकलवाकर आराम से जीवन जीने में नयी अम्मा को पाप-बोध नहीं हुआ। जिस दिन मैं घर से सड़क पर निकल पड़ा था उस समय पाथेय के नाम पर मेरे सर के ऊपर उदार आकाश और पैरों के नीचे यह धरती ही थी। मनुष्य के जीवन की बुनियादी कहानी यही है : शून्य से आरम्भ कर वह अनेक कुछ जोड़ता, घटाता, गुणा, भाग करता है और पुनः शून्य में आकर समाप्त हो जाता है। इस जीवन की तरह यह दुनिया भी है। शून्य से आरम्भ कर महाशून्य में विलयन। इस आरम्भ और अन्त के बीच ही सारे झंझट-झमेले आते हैं। इस 'बीच' में ही पराये का कौर छीनना, जीविका, मामला-मुकदमा, सुख, विरह, प्रतिद्वन्द्विता, प्रतिष्ठा, निराशा, अहंकार आदि का झमेला लगा रहता है। लेकिन कोई-कोई आदमी ऐसा होता है जो उन चीजों में सम्पृक्त नहीं होता, जो आरम्भ और अन्त के शून्य की बात सोचकर

सुख-दुख और उद्विग्नता से परे रहकर जीवन जीता है। संसारी मनुष्य ऐसे लोगों को महापुरुष कहते हैं। लेकिन चाहे महापुरुष हो चाहे कोई और, सभी में अनुभव से ही अनुभूति जन्म लेती है। और अनुभूति से ही प्रदर्शन प्राप्त होते हैं, जिसे जीवन-दर्शन कहा जाता है। आस्कर वाइल्ड ने कहा है कि आदमी बार-बार गलती करता है और वह उसी को अनुभव कहता है। मैं दर्शन तक नहीं पहुँच सका हूँ। अनुभव के बाड़े के जाल में अटका पड़ा केवल स्वतन्त्र होने की चेष्टा कर रहा हूँ। मैं समझना चाहता हूँ कि मेरा 'मैं' क्या है। 'मैं' कहकर जिसे मैं इतना प्यार करता हूँ, वह 'मैं' क्या चीज है ?

जाने के समय अजय ने कहा, "आपके आने से माँ को थोड़ी-बहुत सान्त्वना मिलेगी। माँ बिल्कुल टूट गयी हैं···"

जाने के लिए मैं गया। मेरे सचिव की डायरी में दिन-तिथि और क्षण सब लिखा रहता है। मैं जब कहीं जाता हूँ तो मुझे चपरासी, पुलिस और सादे लिबास में सुरक्षा-विभाग के आदमी घेरे रहते हैं। यह नियम बहुत दिनों से चला आ रहा है। अनादिकाल से लागू है। कभी-कभी उन लोगों को अपने साथ लेकर नहीं जाता हूँ। जैसे आज मयनाडाँगा में उन लोगों को अपने साथ नहीं ले आया हूँ। लेकिन सुरक्षा की व्यवस्था नहीं है क्या ? है। इस जिले के एस. डी. ओ. ने अपनी नौकरी का खयाल रखकर व्यवस्था की है। इसके लिए वह कई हजार रुपयों का बिल मेरे गृहमन्त्री को भेजेगा।

लेकिन उस दिन मैं किसी को भी अपने साथ नहीं ले गया। एक दिन अकेले ही उस घर से निकल पड़ा था और फिर अकेले ही उस घर में प्रवेश किया।

वही घर था। कितने वर्षों के बाद इस घर में आया। लेकिन अकेले जाने से क्या होगा ! इस तरह की बातें फैलने में देर नहीं लगती। महल्ले-महल्ले में यह खबर फैलने में देर नहीं लगी कि बैरिस्टर सेन के श्राद्ध पर मुख्यमन्त्री आए हुए हैं। मुख्यमन्त्री जिस घर में जाता है, महल्ले की निगाह में उस परिवार की इज्जत बढ़ जाती है। वह इज्जत मुझे व्यक्तिगत रूप से प्राप्त नहीं हो रही थी बल्कि उस कुरसी को प्राप्त हो रही थी। यह बात कोई नया मुख्यमन्त्री जाने या नहीं जाने लेकिन मैं जानता था। मुझको देखते ही वहाँ जितने भी गण्यमान्य व्यक्ति थे, सभी कुरसी छोड़कर खड़े हो गये। यह चीज मुझे अच्छी नहीं लगी। इस तरह की दिखावट मुझे कभी अच्छी नहीं लगती थी, क्योंकि मैंने देखा था कि अंग्रेजों के जमाने के साहबों के प्रति भी ये लोग इसी तरह खड़े होकर सम्मान प्रदर्शित किया करते थे। दरअसल इसमें कोई आश्चर्य की बात नहीं है। ये लोग व्यवस्था को ही श्रद्धा की दृष्टि से देखते हैं, स्वन्तत्रता को नहीं। मैंने एक दिन व्यवस्था को छोड़ा था लेकिन उसके लिए किसी से कभी श्रद्धा नहीं मिली। आज श्रद्धा इसलिए मिली है कि एक नयी विशाल

व्यवस्था का मैं प्रतिनिधि हूँ। ड्यूक ऑव विण्डसर जब अष्टम जार्ज था उस समय उसको जो सम्मान मिला था, वह सम्मान क्या अब उसे प्राप्त होता है? श्रद्धा मिलेगी ही क्यों? अब वह जो स्वतन्त्र है! इसीलिए मैंने कहा था कि आदमी स्वतन्त्रता के प्रति नहीं बल्कि व्यवस्था के प्रति सम्मान प्रकट करता है।

श्राद्ध-घर को बड़े ठाट-बाट से सजाया गया था। घर के अन्दरूनी हिस्से की ओर ताककर देखा—वही घर था, वही मेरा जन्मस्थान। वही रघु, वही कैलास तथा अनेक व्यक्ति। अब मुझे बहुतों का नाम याद भी नहीं है। रघु तब बूढ़ा हो गया था। सामने आकर जमीन पर माथा टेककर उसने मुझे प्रणाम किया।

"मैं रघु हूँ हुजूर···" उसने कहा।

"अच्छे हो न!"

कैलास ने भी जमीन पर माथा टेककर प्रणाम किया और कहा, "नयी अम्मा एक बार आपको बुला रही हैं हुजूर। आप एक बार भीतर चलते···"

एक दिन सभ्य समाज के रीति-रिवाजों को तोड़कर बाबूजी नयी अम्मा को घर ले आये थे। उन्होंने सोचा था कि वह जो चाहेंगे, वही होगा। और यह भी सोचा था कि जीवन के लिए मनुष्य नहीं है बल्कि मनुष्य के लिए ही जीवन है। लेकिन जीवन के दावे के सामने मनुष्य तुच्छ है। वह अपने प्रयोजन के निमित्त एक आदमी को ऊपर उठाता है और दूसरे को नीचे गिराता है। जीवन वह अमोघ इतिहास है जो अपने प्रयोजन को सफल बनाने के लिए किसी व्यक्ति को बनाता है और फिर उसे तोड़ भी देता है। व्यक्ति उसकी दशा है। केवल बाबूजी के साथ ही ऐसी बात लागू नहीं हुई है। राजनीति के क्षेत्र में आने के बाद मैंने देखा है कि जिस किसी ने जब सोचा कि मैं कांग्रेस के निमित्त नहीं हूँ, बल्कि कांग्रेस ही मेरे निमित्त है, उसकी स्थिति बाबूजी की जैसी ही हुई है। अर्थ चिरस्थायी नहीं रहता। मान-सम्मान और गौरव भी चिरस्थायी नहीं हैं। लेकिन जीवन चिरस्थायी है। कहने का मतलब है महा-जीवन। इसी महाजीवन के लेखन को जो पढ़ नहीं पाता, उसका विनाश किसी-न-किसी दिन होता ही है। उसकी रक्षा नहीं हो सकती है।

लेकिन व्यवस्था?"

यह शब्द नया-नया आया है। इस शब्द को लेकर आजकल बहुत चर्चा-परिचर्चा हुआ करती है। अक्सर इस शब्द का उपयोग किया जाता है। उस समय वहाँ चारों तरफ भीड़-भाड़ थी, कीर्तन-भजन हो रहा था, अतिथियों का स्वागत-सत्कार किया जा रहा था लेकिन मेरे दिमाग में यही शब्द चक्कर काट रहा था।

नयी अम्मा की बातें याद आ रही हैं। उन्होंने कहा, "तुम आये हो, इससे बड़ी खुशी हुई बेटा! अजय को तुमसे मिलने के लिए कई बार कहा था मगर

वह इतना शरमीला लड़का है…"

मेरे मन्त्रालय की बैठक में एक दिन एक मन्त्री ने कहा था, "ज्योतिदा, हम लोग जब चले जायेंगे तो लोग समझेंगे कि कम्युनिस्ट कितने बुरे हैं। वे लोग एक बार मिनिस्ट्री में आयें तो सही।"

मैंने कहा, "देखो बात यह है कि उन्हें बदनाम करने के लिए हम लोग गद्दी छोड़ने के लिए तैयार नहीं हैं। जिस दिन समझेंगे कि हम लोग गद्दी पर जमकर बैठ गये हैं और देश की हानि हो रही है, उसी दिन हम लोग चले जायेंगे।"

"लेकिन ज्योतिदा, उससे हमारी पार्टी को क्या सुविधा प्राप्त होगी ?"

नयी अम्मा ने एकाएक मुझसे कहा, "यह सन्देश खा लो बेटा ! कुछ-न-कुछ खाना ही चाहिए।"

उस मन्त्री के प्रश्न का मैंने उत्तर दिया था, "इससे हमारी पार्टी को चाहे कोई सुविधा प्राप्त न हो लेकिन लोगों को सुविधा प्राप्त होगी।"

मैंने एक सन्देश उठाकर मुँह में रखा और मन-ही-मन हँसने लगा। बैरिस्टर सेन की मृत्यु का अर्थ है मेरे पिता की मृत्यु। लेकिन मैं इसके लिए अशौच का पालन नहीं कर रहा हूँ। अजय की तरह मैंने माथा नहीं मुँड़वाया था। इसके लिए मुझे किसी से कोई शिकायत सुनने को नहीं मिल रही है। सचमुच, सुनने को क्यों मिलेगी ? मैं जो मुख्यमन्त्री हूँ।

तीस

एकाएक शंकर कमरे के अन्दर आया। उसने कहा, "अब चलिए ज्योतिदा…"

मैंने शंकर की ओर देखा और उससे पूछा, "अच्छा शंकर, तुम जो मेरी इतनी खातिर कर रहे हो, यह इसलिए न, कि मैं मुख्यमन्त्री हूँ ?"

शंकर ने दाँतों से जीभ काटकर कहा, "छिः-छिः, आप क्या कह रहे हैं ज्योतिदा ! आप कितने बड़े महापुरुष हैं। आपने देश के लिए कितना त्याग किया है। कितनी बार जेल से हो आये हैं। यह बात क्या हमें मालूम नहीं है ? आपके जैसे निःस्वार्थ और त्यागी पुरुष बंगाल में कितने हैं ? आपसे बातचीत करने का सौभाग्य प्राप्त हुआ है, यही मेरे लिए बड़ी बात है…"

मैं हँस पड़ा और कहा, "इस बंगाल में लाखों आदमी ईमानदारी से जीवन जी रहे हैं, देश की भलाई के लिए उन्होंने कितना ही त्याग किया है। कितने ही स्कूल के शिक्षक खाना न मिलने के बावजूद चुपचाप लड़कों को आदमी बना रहे हैं। उन्हें बुलाकर तुमने कभी यह पूछा कि वे कैसे जीवन जी रहे हैं?

इकत्तीस

दरअसल हम लोगों ने किसी के लिए कुछ नहीं किया है। कभी-कभी मुझे सन्देह होता है कि क्या कोई किसी के लिए कुछ कर सकता है ? राजा क्या केवल राजा की ही बात पर चलता है ? यह ठीक है कि बैल खींचते हैं तो गाड़ी चलती है। लेकिन दोनों पहिये अगर असमर्थ हो जायें तो गाड़ी क्या चल सकती है ? इसीलिए मैं सोचता हूँ कि गाड़ी के चलने में बैलों की जितनी जिम्मेदारी है, पहियों की भी उतनी ही जिम्मेदारी है। और सिर्फ बैल और पहियों की ही क्यों, रास्ते की भी एक जिम्मेदारी है। रास्ते को भी तो सीधा समतल होना पड़ेगा।

नवाब सिराजुद्दौला के चरित्रहीन होने से ही क्या अंग्रेजों ने बंगाल को जीत लिया था। बहुत दिन पहले बंग-दर्शन में पढ़ा था—"जनता के चरित्र और गुण पर ही राज्य निर्भर करता है और जनता के चरित्र-दोष से ही राज्य बरबाद होता है। राजा तो मात्र उपलक्ष्य है। सिराजुद्दौला के दोष से राज्य नहीं गया था। उस समय यदि कोई सर्वगुण-सम्पन्न नवाब भी रहता तो जनता के चरित्र-दोष के कारण राज्य जाता ही।"

तब यह बात सन्देहास्पद प्रतीत हुई थी। लेकिन अब प्रत्यक्षतः राजा की कुरसी पर बैठकर देख रहा हूँ कि जिम्मेदारी न केवल मेरी है बल्कि सभी की है। एक भी व्यक्ति अगर जिम्मेदारी का बोझा नहीं ढोता है तो यह दाय समुदाय का दाय है। अच्छाई का दाय जैसे समुदाय का दाय है, बुराई का दाय भी समुदाय का ही दाय है। सामाजिक नियम यही है कि उत्तराधिकार में पाये धन का बोझा ढो-ढोकर जीवन व्यतीत करना। इसी का नाम सम्भवतः जीवन है।

याद है, नुटु को जिस दिन मैं रेलगाड़ी के तीसरे दर्जे के डिब्बे में बिठाने गया था उसने मुझसे कहा था, "तुम मयनाडाँगा क्यों गये थे ? बिना गये काम नहीं चलता क्या ?"

मैंने कहा था, "मैं मयनाडाँगा नहीं जाता तो तुम्हारा पैर कैसे अच्छा होता ?"

नुटु ने कहा था, "पर अच्छा होने से मेरा क्या भला हुआ ! मैं तो मजे में चलता-फिरता था और काम करता था···"

"बीमारी अच्छा होना क्या अच्छा नहीं है ?"

"पैर अच्छा हो जाने से क्या मुझे भरपेट खाना मिलने लगेगा ? पैर अच्छा होने से क्या हमारी चाल की मरम्मत हो जायेगी। पैर अच्छा होने से क्या केदार मुनीम मुझे ज्यादा काम देने लगेगा ?"

याद है, नुटु की बात सुनकर मेरी आँखें जैसे खुल गयी थीं। उस हावड़ा स्टेशन के प्लेटफार्म पर खड़ा मैं नुटु से जैसे बहुत बौना हो गया था। लगा था, सचमुच मुझमें प्रबल अहंकार है ! नुटु का उपकार करके जैसे मैं अपनी दानशीलता का प्रदर्शन करने गया था। अब समझता हूँ कि 'उपकार' शब्द अच्छा है, लेकिन ज्यों ही मैं सोचता हूँ कि मैं अमुक व्यक्ति का उद्धारकर्ता हूँ, वैसे ही मुझमें अहंकार जन्म लेता है। इसीलिए शास्त्रों में अहंकार को निषिद्ध माना गया है।

त्रैलोक्यदा कहा करते थे, "इस तरह का विचार रखोगे तो तुम राजनीति नहीं कर सकते हो ज्योति !"

मैं पूछता, "क्यों, राजनीति क्या दुनिया से अलग की कोई वस्तु है ?"

"नहीं दुनिया से अलग नहीं है लेकिन राजनीति करने के लिए राजनयिक होना पड़ेगा।"

"लेकिन राजनीति का अर्थ ही है भाई चारा अन्याय से भाई चारे का सम्बन्ध।"

त्रैलोक्यदा कहते, "तुम फिर गलती क्यों कर रहे हो ? जो चीज तुम्हारी पार्टी के विरोध में जाती है, वही अन्याय है। अगर न्याय-अन्याय को मानना चाहते हो तो इस क्षेत्र में मत आओ।"

मैं त्रैलोक्यदा की बातें तब भी नहीं मानता था और अब भी नहीं मान रहा हूँ।

छुटपन में पाठ्य-पुस्तक में जो-जो बातें पढ़ी थीं वे सब क्या गलत ही हैं ? 'सदा सच बोलो', यह बात आजकल भरसक चलती नहीं है। एक बार एक आदमी मेरे पास ऑटोग्राफ की कापी लेकर आया था। हस्ताक्षर करने के पूर्व मैंने उसमें लिखी बातों को पढ़ा। एक अत्यन्त श्रद्धालु व्यक्ति ने लिखा था : "सदा सच मत बोलो।" यह देखकर मेरा मन खराब हो गया था। कौन किसको उपदेश दे रहा है ? किस चीज का उपदेश ? सच न बोलना ही यदि राजनयिकता है तो फिर क्या राजनयिकता से ही यह दुनिया चल रही है ? लेकिन राजनयिकता का एक दूसरा अर्थ है असत्य। जिसे मुँह देखी बात कहते हैं। वही बात क्या त्रैलोक्यदा ने मुझे सिखायी थी ?

उस दिन ज्योतिर्मय सेन ने कहा था, "मैं राजनयिकता को बिना माने राजनीति करूँगा।"

सचमुच राजनीति का अर्थ है भाईचारा। जो भाईचारा करता है वह भीरु होता है। क्षमा जैसे एक प्रकार का गुण है, वीरता भी एक तरह का गुण है। उसी तरह असहनशीलता और भीरुता दुर्गुण हैं। लेकिन राजनीति में भाईचारे की ही प्रशंसा की जाती है। अंग्रेजी उसी भाईचारे की ही पुष्टि के लिए

एक शब्द बनाया गया है—'टैक्ट'। 'टैक्ट' का क्या अर्थ है, इसे बंगला में नहीं कहा जा सकता है। 'चालाकी' शब्द दोषपूर्ण है लेकिन शब्दकोश के अनुसार 'टैक्ट' को अच्छे अर्थ में लिया जाता है। इस 'टैक्ट' शब्द के मुकाबले का शब्द बंगला में नहीं है ?

इसी राजनयिकता के षड्यन्त्र से ही आज मैं मुख्यमन्त्री हूँ।

एक दिन चुनाव के पहले मैं ही महल्ले-महल्ले में भाषण दिया करता था— "आप हमें वोट दें, हम आपको नौकरी देंगे। हम तमाम पाठशालाओं की शिक्षा निःशुल्क कर देंगे। देश से अनाज की कमी को दूर कर देंगे। देश से अशिक्षा और बेकारी को दूर भगायेंगे..."

इसी तरह की बहुत-सी बातें कहकर हमने मतदाताओं को बहकाया है। हमने उन्हें अपने दल में खींचा है। हम लोगों की बात पर विश्वास कर उन लोगों ने हमें वोट दिये थे। हमेशा से यही चला आ रहा है। हमारी पार्टी के पहले जो पार्टी थी उसने भी ऐसी ही राजनयिकता की थी। आदमी की कमजोर रगों को गुदगुदाकर हमने उनसे वोट वसूला है। लेकिन हम वचनबद्धता का कभी पालन नहीं कर सके। या यों कह सकते हैं कि नहीं किया। जब-जब उन लोगों ने वचनबद्धता की बात चलायी, बहाने बना-बनाकर हमने उन्हें सान्त्वना दी। सिर्फ मैं ही क्यों, हम लोगों के बाद भी जो पार्टी आयेगी उसके मुख्यमन्त्री भी इसी तरह कूटनीति से काम लेंगे। इसी तरह मिथ्या सान्त्वना देकर वोट वसूलेंगे। और आज मैं जहाँ बैठा हूँ, वह भी किसान सम्मेलन का उद्घाटन करने के लिए इसी कमरे में इसी जगह बैठेंगे। और तब भी प्रतिपक्ष नारे लगाकर हुल्लड़बाजी मचायेगा।

और यहाँ का एस॰ डी॰ ओ॰ ? एस॰ डी॰ ओ॰ मिस्टर राय क्या करेगा ?

मेरे बाद जो दूसरा मुख्यमन्त्री यहाँ आयेगा, उसकी सुरक्षा के लिए तब इसी तरह सादे लिबास में पुलिसों को भेजेगा। जब मैं दमदम जेल में था तब वहाँ के जेल-सुपरिण्टेण्डेण्ट ने हाथ जोड़कर मुझसे कहा था, "कृपया आप लोग गोलमाल मत करें। हम लोग नौकरी करते हैं। जब जो मन्त्री होते हैं, हमें उन्हीं का सम्मान करना पड़ता है। जब आप लोग जेल आये हैं तो जेल के नियम-कानूनों का आपको पालन करना पड़ेगा।"

याद है, बहुत दिनों के बाद और एक बार मैं दमदम के कैदखाने गया था। मेरे साथ मेरा सचिव और कारावास-मन्त्री भी थे। मेरे स्वागत-सत्कार की यथेष्ट तैयारियाँ की गयी थीं। वह कैदखाना अब पहले जैसा कैदखाना न था। मैं कैदखाने को देखने जा रहा हूँ, यह जानकर दीवार-फर्श वगैरह साफ किये गये थे, चूने से कमरों की पुताई की गयी थी। सब-कुछ चमक-दमक रहे थे।

पहले का ही जेल-सुपरिण्टेण्डेण्ट था। पता नहीं, उसने मुझे पहचाना या

नहीं। वह बार-बार 'सर' कहकर मेरा ग्रादर-सम्मान करने लगा। तब वह काफी वयस्क हो चुका था। शायद शीघ्र ही रिटायर्ड होनेवाला था।

जब सारा काम हो चुका तो मैंने उससे एकान्त में पूछा, "ग्रापने मुझे पहचाना मिस्टर बनर्जी ?"

जेल-सुपरिण्टेण्डेण्ट ने विस्मय में ग्राकर कहा, "हाँ, सर !"

"ग्राप कब रिटायर्ड होने जा रहे हैं ?"

"दो साल ग्रौर बाकी हैं।"

"ग्रापका नौकरी का जीवन कैसा रहा ?"

जेल-सुपरिण्टेण्डेण्ट मिस्टर बनर्जी क्या उत्तर दे, यह बात उसकी समझ में नहीं ग्रायी।

मैंने दुबारा पूछा, "कहिए न ! ग्रापने ग्रंग्रेजों का जमाना भी देखा है ग्रौर स्वदेशी काल भी देख रहे हैं। ग्रापको कैसा लगा ? ग्रापके लिए डरने की कोई बात नहीं है।"

मिस्टर बनर्जी का भय सम्भवतः दूर हो गया।

"सच-सच कहूँ सर ?" उसने कहा।

"कहिए न," मैंने कहा, "मैं मुख्यमन्त्री की हैसियत से नहीं पूछ रहा हूँ बल्कि एक साधारण ग्रादमी की हैसियत से ही पूछ रहा हूँ। ग्रापने लाठी के प्रहार से मेरा हाथ तोड़ दिया था। याद है ?"

मिस्टर बनर्जी चुप रहा। उसके मुँह से पहले एक भी शब्द नहीं निकला, फिर उसने कहा, "ऐसा पहले भी होता था···"

मुझमें उत्सुकता जगी। "क्या ?" मैंने पूछा।

ग्रंग्रेजों के जमाने में हम लोगों ने कैदियों पर जितना ग्रत्याचार किया हमारी उतनी ही तरक्की हुई ग्रौर वेतन में वृद्धि भी। ग्रभी ग्राप लोगों का जमाना है। ग्रब भी हम कैदियों को जितना मारते-पीटते हैं हम लोगों की उतनी ही तरक्की होती है ग्रौर वेतन में वृद्धि भी।

मैं ग्रवाक् रह गया।

उसने फिर कहा, "मैं ग्रादमी की हैसियत से ही ग्रापकी बात का उत्तर दे रहा हूँ, जेलर की हैसियत से नहीं।"

मैंने पूछा, "मगर ऐसा क्यों हुग्रा, बता सकते हैं ? हम लोगों का देश ग्रब ग्राजाद हो गया है। ग्रंग्रेज तो ग्रब इस देश को छोड़कर चले गये हैं।"

मिस्टर बनर्जी ने कहा, "इसका उत्तर तो ग्राप लोग ही दे सकते हैं।"

"फिर भी ग्राप ग्रपना विचार तो सुनायें। एक बार सुनना चाहता हूँ।"

मिस्टर बनर्जी को दुविधा का ग्रनुभव हुग्रा।

उसके बाद संकोच दूर कर उसने कहा, "ग्राप कुछ ग्रन्यथा मत लें। पहले

मेरे स्टाफ के लोग रिश्वत लिया करते थे, यह आपको अच्छी तरह मालूम है ही। पहले आप लोगों से रिश्वत लेकर हम लोग बाहर से सिगरेट, बीड़ी वगैरह लाकर आप लोगों को दिया करते थे। आप लोगों की चिट्ठियाँ बाहर पहुँचाया करते थे। जरूरत पड़ने पर हम लोगों ने आप लोगों के हाथ में पिस्तौल, रिवाल्वर लाकर दिये थे। उनसे आप लोगों ने साहबों की हत्या की थी। अब आप लोगों की सरकार है। अब आप लोग ही रिश्वत लेने को मना करें तो हम आपकी बात मानें ही क्यों? कभी आप लोगों ने ही हमें रिश्वत लेने की कला सिखायी थी। अब हम दूसरी बात क्यों मानें?"

मैं क्या कहता। चुपचाप सुनता रहा।

"और आपने कुछ देर पहले पूछा है कि मेरी नौकरी का लम्बा अरसा किस तरह गुजरा है। मैं उसका भी जवाब देता हूँ। मैं अपने स्टाफ के हर व्यक्ति को आपके पास बुला सकता हूँ। जो लोग पुराने हैं वे जरूर ही कहेंगे कि इस जमाने से अंग्रेजों का जमाना कहीं अच्छा था···"

मैंने उसे टोकते हुए कहा, "लेकिन ऐसा क्यों हुआ, यही बात मैं आपसे पूछ रहा हूँ···"

मिस्टर बनर्जी ने कहा, "अगर मैं आपसे लगे हाथ पूछूँ कि आप लोगों ने ऐसा क्यों किया? आप लोगों ने ऐसा क्यों होने दिया? पहले मैं इस जेल में था और यहाँ नौकरी करता था। कैदखाने के बाहर जाते ही आजाद हो जाता था। लेकिन आज सारा देश ही कैदखाना बन गया है। ऐसा क्यों हुआ? मैं एक ओर जहाँ जेल का सुपरिण्टेण्डेण्ट हूँ वहीं दूसरी ओर एक बड़े कैदखाने का कैदी भी हूँ। बताइए तो इसका क्या कारण है? यह बात न केवल मेरे साथ है बल्कि मेरे साथ-साथ मेरी पत्नी, पुत्र, परिवार के सभी लोग कैदी हैं।"

फिर भी बात मेरी समझ में नहीं आयी और मैंने पूछा, "आपके कहने का तात्पर्य क्या है?"

"इसका तात्पर्य आपको भी समझना होगा। मेरे लड़के की ही बात लीजिए। उसने इंजीनियरिंग की परीक्षा अच्छी तरह से पास की है। उसकी इच्छा है कि वह विदेश जाकर ऊँची शिक्षा प्राप्त करे। मेरे पास जो पैसा है, उससे मैं उसे विदेश रखकर पढ़ा सकता हूँ। लेकिन उसे कैदखाने का बन्दी बनाकर रखा गया है। कुछ अन्यथा न लेंगे सर! आपका लड़का अगर विदेश जाना चाहे तो उसे कोई कठिनाई नहीं होगी। हम लोगों के प्रधानमन्त्री के नाती तो वहीं लिख-पढ़ रहे हैं और उनकी लड़की हमेशा अपने लड़कों को देखने के लिए वहाँ जाया करती हैं। जो भी रुकावट है हम लोगों के बाल-बच्चों के लिए ही है। और एक बात। उन लोगों के लिए अंग्रेजी भाषा है। वे लोग अंग्रेजी भाषा के माध्यम से पढ़ते हैं और जब हम लोगों के बाल-बच्चों की बात

आती है तो उन्हें हिन्दी पढ़नी पड़ती है। अगर न पढ़ें तो नौकरी ही नहीं मिलेगी। यह भी एक तरह का कैदखाना नहीं है क्या ?"

उस दिन फिर मैं देर तक वहाँ नहीं रुका।

जेल सुपरिण्टेण्डेण्ट मिस्टर बनर्जी अब जरूर ही रिटायर्ड कर गया होगा। उससे मेरी फिर मुलाकात नहीं हुई। मिलने का अवसर ही नहीं मिला। लेकिन उसकी बातें मुझे आज तक याद हैं। बार-बार मैंने सोचा है कि यह बात क्या झूठ है ?

याद है, नुटु को भी एक बार जेल जाना पड़ा था। उस दिन नुटु और मैं गाड़ी पर बोझा लादकर ले जा रहे थे। पीछे से घुँघरुओं को बजाता वैकुण्ठ आ रहा था। रेल-बाजार के पास आने पर पुलिस ने नजराने की माँग की। "ए छोकरे, तुमने नजराना नहीं दिया ?"

वह देहात का रहनेवाला बंगाल पुलिस का एक चौकीदार था।

नुटु ने कहा, "आज नजराना नहीं है चौकीदारजी !"

चौकीदार को बड़ा ही गुस्सा आ गया। तब ताँबे के दो पैसे चौकीदार को नजराने में मिलते थे। इतना भी नहीं देगा !

चौकीदार ने तीखी जबान में कहा, "बार-बार तुमसे कहा है कि नजराना दिये बगैर नहीं छोड़ूँगा। आज मैं नहीं छोड़ूँगा। चलो..."

नुटु का अपराध यही था कि गाड़ी में जितना माल लादना चाहिए उससे अधिक उसने लादा था।

नुटु ने हाथ जोड़कर माफी माँगी, "अबकी माफ कर दें चौकीदारजी। कल जरूर ही नजराना पेश करूँगा। मजदूरी मिलेगी तो चावल खरीदूँगा और तभी भात खाने को मिलेगा।"

लेकिन पुलिस हमेशा पुलिस ही रहती है। अंग्रेजों के जमाने में जैसी थी, मेरे जमाने में भी वैसी ही है।

चौकीदार नुटु को पकड़कर ले गया। मैं वैकुण्ठ को साथ लिये घर लौट आया। नुटु का बाप दिगम्बर हालदार रास्ते पर टकटकी लगाये बैठा था। लड़का जब चावल खरीदकर लौटेगा तब घर में भात बनेगा।

मुझे देखते ही पूछा, "क्यों मुन्ना, नुटु क्यों नहीं आया ? नुटु कहाँ है ?"

मैंने उसे सारी बातें बतायीं।

सब-कुछ सुनकर दिगम्बर हालदार कुछ देर तक गुमसुम बैठा रहा। फिर एकाएक उसने छलाँग लगायी और हनहनाता हुआ सदर की ओर चल दिया।

नुटु की माँ चिल्ला पड़ी, "तुम कहाँ जा रहे हो ?"

दिगम्बर हालदार ने जाते-जाते कहा, "घर में गुमसुम बैठे रहने से काम चलेगा ? घर में बैठकर अँगूठा चूसूँ ?"

"फिर खाओगे क्या ?"

दिगम्बर हालदार ने कहा, "आज हारान चटर्जी को दमे से अधमरे की हालत में देख आया हूँ। अगर वह बूढ़ा अभी मर जाये तो मुझे खाने की फिक्र ही क्या ? अभी श्मशान जाने से कम-से-कम एक अद्धा तो मिलेगा..."

शंकर ने कहा, "सर, मिस्टर राय आये हुए हैं ?"

"मिस्टर राय कौन ?"

"मयनाडाँगा के एस. डी. ओ.।"

एस. डी. ओ. मिस्टर राय कल से ही बेहद खट रहा है। किसी मन्त्री के आ जाने से एस. डी. ओ. लोगों को खटना ही पड़ता है। इससे एस. डी. ओ. लोग थोड़ा ऊबते हैं। न केवल एस. डी. ओ. बल्कि उसकी पत्नी और बच्चे भी खीजते हैं। मालिक को देखकर कौन ऐसा आदमी होगा जो खीजता न हो। मालिक जब तक सामने नहीं रहता तब तक नौकर ही मालिक रहता है। किसी के सामने उसे तत्काल कैफियत नहीं देनी पड़ती है।

एक राजा वेश बदलकर अपने राज्य में घूमा करता था। घूमने का मकसद यही था कि वह जानना चाहता था कि प्रजा क्या करती और क्या सोचती है। एक दिन राजा रात में घूमने के लिए निकला। उसने देखा कि महल का एक पहरेदार ताड़ीखाने में बैठकर हल्ला-गुल्ला कर रहा है। बिना दाम चुकाये वह ताड़ी पी रहा है।

पहरेदार राजा को पहचान नहीं सका।

राजा ने कहा, "तुम इस तरह बेअदबी क्यों कर रहे हो ?"

पहरेदार तब नशे में धुत था। उसने कहा, "खबरदार, राजा के पास ले जाऊँगा तो सारी हेकड़ी निकल जायेगी।"

राजा ने कहा, "तुम्हारे राजा साहब क्या बिना अपराध के सजा देंगे ? सबूत की माँग नहीं करेंगे ?"

प्रहरी ने कहा, "सबूत की जरूरत ही क्या है ? सबूत देखने का राजा के पास वक्त ही कहाँ है ? मैं जो कहूँगा, वही सबूत होगा ?"

राजा ने कहा, "ठीक है, तुम मुझे राजा के पास पकड़कर ले चलो। देखूं तुममें कितनी ताकत है ?"

और राजा साहब ने अपनी देह की चादर उतार दी। पहरेदार का नशा हवा हो गया। वह राजा के पैरों पर गिरकर माफी माँगने लगा, "मुझे माफ कर दें हुजूर, मैं पहचान नहीं सका।"

यह एक पुरानी कहानी है। इस युग में उस तरह के पहरेदार यद्यपि हैं,

लेकिन राजा वैसा नहीं है। इस तरह का आज राजा होता तो उसे गद्दी छोड़कर भागना पड़ता।

कहानी का राजा पहरेदार को जैसी सजा देता था वैसा ही क्षमादान भी करता था। लेकिन आज का राजा न तो सजा देता है और न ही क्षमा करता है। प्रहरियों से वोट मिलते ही वह खुश हो जाता है। वोट का आश्वासन पाते ही प्रसन्न हो जाता है।

लेकिन मैं मिस्टर राय से वोट का आश्वासन नहीं चाहता हूँ। तब हाँ, आदमी तो आदत का गुलाम होता है न! वोट पाने के कारण मेरे पूर्ववर्ती मुख्यमन्त्रियों ने एस. डी. ओ. लोगों की इतनी खुशामद की है कि वे लोग भी खुशामद के अभ्यस्त हो गये हैं। सोचते हैं, मैं भी वैसा ही हूँ।

खुशामद बहुत-कुछ गीत की तरह की चीज है। एकतरफा होने से जमता नहीं, जिस तरह कि एक हाथ से ताली नहीं बजती है। जो गीत गाता है, वह तो गाता ही है। बल्कि जी खोलकर गाता है। लेकिन जो सुनते हैं वे भी गाते हैं। तब हाँ, वे मन-ही-मन गाते हैं। जो खुशामद करता है और जिसकी खुशामद की जाती है, उन दोनों को एक ही स्तर पर आना होगा। तभी खेल जमेगा। खुशामद करनेवाला जब कहेगा, "प्रभो, आप महान् हैं, तो खुशामद पानेवाले को चालाकी से उसे डकारना पड़ेगा। यह न हो तो वैसा ही लगेगा जैसे भोजन में कम नमक डाला गया हो।"

लेकिन मिस्टर राय उस जाति का अफसर नहीं है।

कमरे में आकर उसने कहा, "अब चलिए, समय हो गया है।"

यह जैसे उसी तरह की 'वेला बीतती जा रही है' आवाज है जो लाला बाबू के कानों में पहुँची थी। मुख्यमन्त्री को जीवन में काव्य-रचना का समय नहीं मिलता है, हालाँकि आध्यात्मिकता करने का समय बीच-बीच में मिलता है। किसी-न-किसी महापुरुष की जन्मशती के उद्घाटन का उत्सव आता ही रहता है। वहाँ जाकर उस महापुरुष के स्वर्गगत आत्मा के कल्याण की कामना करनी ही पड़ती है। बड़े-बड़े वजनदार शब्दों के माध्यम से जीवन की नश्वरता व्यक्त करनी पड़ती है।

"सब-कुछ तैयार है सर!"

"लोग-बाग आ गये हैं?" मैंने पूछा।

शंकर ने कहा, "आने की बात कहते हैं! पण्डाल में बैठने के लिए हुड़दंग मच गया है। हर कोई आपका भाषण सुनने के लिए बेचैन है..."

"और वे लोग?"

"वे लोग हुल्लड़बाजी करने की कोशिश करेंगे, लेकिन मेरी पुलिस तैयार है। कुछ लोगों को सादे लिबास में भी चारों तरफ छोड़ दिया है..."

बत्तीस

याद है, आने के समय नयी अम्मा ने कहा था, "हम लोगों को बिल्कुल भूल मत जाना बेटा! बीच-बीच में आना···"

बीच-बीच की बात तो दूर है, मैं इस घर में फिर कभी नहीं आऊँगा, यह बात जिस तरह मुझे मालूम थी, उसी तरह नयी अम्मा को भी। फिर भी उम्मीद रखने में हर्ज ही क्या है? जिस चीज को कभी पाने की उम्मीद नहीं हो, उसे माँगने में हर्ज ही क्या है?

मेरे दर्शन के लिए तब चारों ओर बहुत लोगों की भीड़ इकट्ठी हो गयी थी। हर कोई टकटकी लगाकर मेरे चेहरे की ओर ताक रहा था। जैसे इस घर में मुझे ही देखने के लिए सभी आये हुए हैं। जो आदमी इस घर से हमेशा के लिए विदा हो गया वह उपलक्ष्य है, लक्ष्य तो मैं हूँ। मेरे स्वागत-सत्कार के लिए यह समारोह है, मेरे अभिनन्दन के लिए ही यह विशाल आयोजन है! हाय रे, इसी का नाम दुनिया है, इसी का नाम है समाज। इसी समाज को लेकर हम गृहस्थी बसाते हैं, इसी समाज की भलाई के लिए हम इतने प्रयत्न करते हैं। इस छल और असभ्यता को ही मन-प्राणों से हम बरदाश्त करते हैं।

"अजय तुम्हारा बड़ा ही शरमीला भाई है।"

फिर अजय की ओर देखकर नयी अम्मा ने कहा, "अजय ने ओनर्स के साथ एम. एस-सी पास किया है। मालूम है न? वह जहाँ नौकरी कर रहा है वह बड़ी ही खराब जगह है बेटा। वह चाहता है···"

मन में इच्छा हुई कि नयी अम्मा के गाल पर एक तमाचा जड़ दूँ। आदमी जितना सभ्य होता जायेगा, उतनी ही निष्ठुरता से स्वयं को छलता रहेगा? स्वयं को छलकर आदमी इतना प्रसन्न क्यों होता है? नयी अम्मा अगर दर-बान के द्वारा मुझे भगा देतीं तो मुझे वह इसके बनिस्बत कहीं अच्छा लगता। वह अगर पहले की तरह ही व्यवहार करतीं तो मैं क्या क्रोध में आ जाता?

तब सन्देश मैं खा चुका था।

नयी अम्मा एकाएक बिगड़ उठीं, "अरे, सन्देश दिया और पानी कहाँ है?"

मुझे लगा कि नयी अम्मा जैसे नौकरों के बजाय मुझ पर बिगड़ रही हैं। नौकर पर बिगड़कर जैसे मुझे ही सीख देना चाह रही हैं और कह रही हैं, "मानती हूँ, तुम बड़े आदमी हो गये हो, लेकिन हम लोग भी छोटे नहीं हुए हैं और न थे ही। इस घर को देखो। इस मकान का मूल्य और भी बढ़ गया है। जिस तश्तरी में तुम्हें खाने को दिया है, उसको ठीक से देखो। वह ऐसी-वैसी तश्तरी नहीं है—चाँदी की तश्तरी है। और वह जो काँच का गिलास है वह बिल्कुल विदेशी है—बेलजियम ग्लास। और उस फर्निचर की ओर देखो।

अलमारी देखो। कुरसी, सोफा और कोच की ओर देखो। हर चीज चीनी बढ़ई के द्वारा बनायी गयी है। लेकिन जिस चीज पर तुम्हारी नजर नहीं पड़ रही है, वह और भी ज्यादा कीमती है। मेरे नाम से दो लाख रुपयों का शेयर खरीदा गया है। उसकी कीमत अब दस गुना बढ़कर बीस लाख रुपया हो गयी है। इसके अलावा मैं अब विधवा हो गयी हूँ, अब कीमती जड़ाऊ गहने नहीं पहन पाती हूँ। अन्यथा तुम देखते कि उनकी कीमत कई लाख रुपये हैं। अतः तुम यह मत सोचो कि तुम्हारी टुकड़ियों पर जीने के लिए अब मैं नीचे आ गयी हूँ!"

"अरे पान दो पान। तुम लोग कहाँ चले जाते हो?"

मैं पान नहीं खाता। लेकिन न खाने से क्या होगा। पान देने में तो कोई दोष नहीं है। दो-चार नौकरों में होड़ लग गयी कि कौन पान लाकर देगा।

"मैं पान नहीं खाता।"

लेकिन कोई मानने को तैयार हो तब न। तब तक चार-पाँच व्यक्ति तश्तरी में पान लेकर पहुँच गये थे। हर व्यक्ति के हाथ में हर तरह की तश्तरी थी। कोई ताँबे की थी, कोई पीतल की, कोई काँच। कोई···

"अरे, इस तश्तरी में पान देने को किसने कहा? चाँदी की तश्तरी कहाँ है?"

एक आदमी को अजय ने लगभग धकेल ही दिया।

नयी अम्मा ने पुत्र की बात पर आपत्ति करते हुए कहा, "नहीं। यह चाबी लो, मेरी अलमारी में सोने की तश्तरी रखी हुई है, उसी में पान ले आओ। छिः-छिः, यह बड़े शर्म की बात है! कहीं काँच की तश्तरी में पान दिया जाता है!"

और अपने आँचल से चाबी निकालकर उन्होंने अजय के हाथ में दी। अजय चाबी से कमरे की अलमारी खोलने लगा।

तब मेरी सहनशीलता जवाब दे चुकी थी? मैं श्राद्ध-घर में आया हूँ या विवाह-घर में? मेरे सामने जैसे वैभव-प्रदर्शन की प्रतियोगिता चल रही है। मुझे यह जताने की जी-जान से कोशिश चल रही है कि देखो, घर के मालिक की मृत्यु हो जाने के बावजूद हम अभी अनाथ नहीं हुए हैं। आज भी हमारे पास पहले की तरह ही सोना-चाँदी, रुपया-पैसा, गहने-लत्ते वगैरह हैं। आज भी हम अच्छी हालत में हैं।

त्रैलोक्यदा पूछते थे, "फिर क्या हुआ?"

फिर एक दिन मैं जेल से रिहा हुआ। जन्म के समय बच्चे में अनुभूति

रहती है या नहीं, मालूम नहीं अनुभूति रहने पर अन्धकार से प्रकाश की ओर आने पर मन में क्या भावना जागती है, कह नहीं सकता। लेकिन कारावास से बाहर निकलने पर अपने चारों ओर आकाश और पृथ्वी को देखकर मुझे लगा जैसे मैंने पृथ्वी पर नया जन्म ग्रहण किया है। मुझे लगता है, बीच-बीच में नया जन्म ग्रहण करना आदमी के लिए अच्छा है। एक बार जन्म लेने से आदमी शीघ्र ही वृद्ध हो जाता है। लेकिन सूर्य नित्य नया जन्म ग्रहण करता है, इसीलिए पृथ्वी अपने यौवन को अक्षुण्ण रखती है। लेकिन आदमी जन्म लेता है तो मृत्यु तक उसका जन्मान्तर होता ही नहीं।

कैदखाने के सामने मेरे स्वागत में कोई नहीं आया है, यह देखकर मुझे बड़ा ही अच्छा लगा। यही तो अच्छा है। नये सिरे से जीवन की शुरुआत करने के लिए मैं एकबारगी निस्संग था। उस दिन भी इस पृथ्वी पर अकेला ही आया था, फिर घर छोड़ने के बाद मेरी मृत्यु हुई थी। लेकिन आज जैसे भ्रूण की स्थिति में दुबारा इस पृथ्वी पर पाँव रखा। यह वही मिट्टी है जिस मिट्टी पर मैंने इसके पहले एक बार और अपने पाँव रखे थे। कहाँ और किधर जाऊँ, समझ में नहीं आया। पैदल चला जा रहा था। सड़क पर ट्राम और बसें जा रही थीं। लोग-बाग दफ्तर जा रहे थे। सभी व्यस्तता में डूबे हुए थे। केवल मैं ही था जिसे कोई काम नहीं था। मैं बेकार था।

लोगों से पूछते-पाछते कांग्रेस के दफ्तर में पहुँचा।

बहू बाजार का कांग्रेस का दफ्तर तब बन्द था। सामने कई ताले लटके हुए थे। वहाँ जाकर मैं कुछ देर तक रुका रहा। फिर विपरीत दिशा की ओर पैदल जाने लगा।

अचानक सड़क पर किसी ने पुकारा और मेरी चेतना वापस आयी।

"कौन ? ज्योति हो ?"

मैंने उसे पहचाना। हम दोनों जेल में बहुत दिनों तक एकसाथ थे।

उसने कहा, "तुम यहाँ किसलिए ? कब रिहा हुए ?"

मैंने कहा, "आज, अभी-अभी !"

"घर नहीं गये ?"

मैंने कहा, "अब घर नहीं जाऊँगा।"

"लगता है, घर से निकाल दिया है। फिर कहाँ ठहरोगे ?"

"यही तो सोच रहा हूँ।"

"महेशपुर चलोगे ?"

"कहाँ है ?"

"चलो, वहाँ हम लोगों ने गांधी आश्रम बनाया है। चरखा चलाया जाता है, करघे पर बुनाई होती है, गो-सेवा की जाती है। चलो…"

बस, वहीं से मेरे इस काम की शुरुआत हुई। वहीं मैंने सीखा कि मनुष्य को स्वतन्त्रता की आवश्यकता है और स्वतन्त्रता मनुष्य का जन्मसिद्ध अधिकार है। रूसो की पुस्तक में पढ़ा था—"Man is born free but everywhere he is in chains."[1]

लेकिन लेनिन से दूसरी बात सुनने को मिली। लेनिन ने कहा है, "आदमी स्वतन्त्रता नहीं, ताकत चाहता है।" बात करने की ताकत, सुख-शान्ति से जीने की ताकत और कितनी ही अन्य तरह की ताकतें जिनका कोई अन्त नहीं। वही ताकत जिसे अंग्रेजी में 'पावर' कहते हैं। उसी ताकत का लोभ हर व्यक्ति में था। मैंने भी स्वतन्त्रता की इच्छा नहीं की थी। बल्कि सिर्फ ताकत की ही चाह की थी। इस ताकत की लड़ाई में न केवल अंग्रेजों से लड़ा हूँ बल्कि अपने देश के लोगों से भी लड़ा हूँ। मेरे जो लोग सहकर्मी हैं, उनसे भी ताकत की लड़ाई लड़ा हूँ। अपने दोस्तों-मित्रों से मैंने प्रतिद्वन्द्विता की है। सभी को लँगड़ी मारकर स्वयं शीर्षस्थ होने की कोशिश की है। नेता बनने के लिए, ताकत बटोरने के लिए, मैंने कितना अन्याय, कितना अविचार और कितने ही असत्य आचरणों का सहारा लिया है। जो स्वतन्त्रता हर व्यक्ति को मिलनी चाहिए, उसे मुट्ठी-भर लोगों ने मिलकर आपस में बाँट लिया है। और ताकत की ही बात लें तो तमाम लोगों की ताकत छीनकर मैं जिससे ताकतवर हो सकूँ, इसी की मैंने चेष्टा की है। उस चेष्टा में सफल होने के कारण ही आज मैं मुख्यमन्त्री हूँ।

मैं गाड़ी में बैठ गया।

अजय ने जल्दी-जल्दी आगे बढ़कर मेरे चरणों की धूल ली।

मन में सोचा—लेने दो। पैरों की धूल लेने दो। मैं इसमें अड़चन नहीं डालूँगा। काम निकालने के दुनिया में जितने उपाय हैं, वह सबको अमल में लाये। दुनिया में आम लोगों की निगाह में ऊँचा दिखने के लिए जो न केवल पैरों की ही धूल लेता है बल्कि जूतों की धूल लेने में भी जो पीछे नहीं हटता है, वही आधुनिक काल के कर्मठों का प्रतीक है। बैरिस्टर मिस्टर सेन का पुत्र होकर वह इतना भी न कर सके तो फिर वह पिता का पुत्र ही कैसा!

नयी अम्मा भी गाड़ी के निकट आकर खड़ी हुईं। ड्राइवर ने जब इंजिन को चालू किया तो नयी अम्मा ने कहा, "फिर आना बेटा···"

सोचा था, अपने कारावास-जीवन का वृत्तान्त लिखकर रख लूँ, ठीक वैसे ही जैसे कि लोग डायरी लिखा करते हैं। उसके लिए एक कापी का भी इन्त-जाम किया था। अब साफ-साफ याद नहीं आ रहा है, लेकिन जहाँ तक मुझे याद है, दो-तीन दिन कुछ लिखा भी था। वह कहाँ खो गयी पता नहीं। अच्छा

---

१. आदमी स्वतन्त्र पैदा होता है लेकिन सर्वत्र जंजीरों से जकड़ा पाया जाता है।

हुग्रा कि खो गयी। उतनी मेहनत करने का समय ग्रब किसके पास है। सम्भवत: डायरी लिखना ग्रात्मकथा लिखने में सहायक होता है। लेकिन मैं ग्रात्मकथा नहीं लिखूँगा। जो लोग ग्रात्मकथा लिखते हैं उनमें प्रच्छन्न रूप में एक प्रकार का ग्रहंकार रहता है। रूसो की 'कानफेशन' पुस्तक के प्रारम्भिक परिच्छेद में चाहे जितनी भी विनम्रता की ग्रभिव्यक्ति क्यों न रहे लेकिन ग्रसल में वह भी ग्रहंकार ही है। ग्रहंकार का ग्रर्थ है ग्रात्म-प्रचार। ग्रपने ग्रहंकार की ग्रभिव्यक्ति।

ग्रंग्रेजी में एक वाक्य है : "Popularity is a crime from the moment it is sought; it is only a virtue where men have it weather they will or no."[1]

यह कहना गलत होगा कि मैंने लोकप्रियता की चाह नहीं की है। लेकिन लोकप्रियता के लिए स्वार्थों को त्यागना पड़ता है। क्या यह कहने के लिए मैं कभी तैयार था? ग्रादमी को दोष देना वृथा है। खुद मैं भी तमाम दोषों से ग्रलग नहीं हूँ। डायरी लिखने पर ग्रपने गुण-गान के साथ-साथ ग्रपने ग्रवगुणों ग्रौर गलतियों को भी तो लिखना पड़ेगा। उन्हें सबके सामने जाहिर करने का साहस मुझमें कहाँ है?

हो सकता है कि बात ऐसी नहीं है। ग्रौर नहीं है, यही सोचकर सम्भवत: मैंने कभी डायरी नहीं लिखी। इसके ग्रतिरिक्त मुझे ग्रपने-ग्राप पर भी कभी क्या पूरा विश्वास रहा है? ईसा मसीह ने कहा है, "पुराने कपड़े में नये कपड़े का पैबन्द लगाने से कपड़ा शीघ्र ही फट जाता है।" हो सकता है कि मैंने यही किया हो। रामकृष्णदेव कहा करते थे—"नयी हाँड़ी में दूध रखने से वह ठीक रहता है, लेकिन जिस हाँड़ी में दही जमाया जा चुका है, उसमें रखने से दूध बरबाद हो जाता है।" मुझे भी कभी-कभी लगता है कि मैं बरबाद हो चुका हूँ। लेकिन बरबाद होने की बात किसी से कह नहीं पाता हूँ। किससे कहूँ? कौन इस तत्त्व को समझेगा? याद है, किसी सभा-सोसाइटी में जाता हूँ तो ग्रब भी मेरी निगाह फोटोग्राफर की ग्रोर ही रहती है। वह इसलिए कि मेरी तसवीर ग्रच्छी निकले। जब मैं मुख्यमन्त्री नहीं था तब मुझमें लोभ की मात्रा ग्रौर ग्रधिक थी। सोचा करता था कि क्या करने ग्रौर क्या कहने से समाचार-पत्रों के प्रथम पृष्ठ पर मेरा नाम छपेगा। तब गरम-गरम बातें करने का लोभ था। कपड़े-लत्ते ग्रौर भी सँवरे हुए हों, इस पर ध्यान रखा करता था। ग्रब मैं मुख्यमन्त्री हो गया हूँ। ग्रब मेरे साथ कोई दिक्कत नहीं है, ग्रब जो भी दिक्कत है,

---

१. लोकप्रियता उसी क्षण ग्रपराध बन जाती है जब उसकी चाह की जाये, वह तभी वरदान होती है जब बिन माँगे प्राप्त हो जाये।

वह फोटोग्राफरों के साथ है । मेरी तसवीर खराब निकलेगी तो उन्हीं की बदनामी होगी ।

याद है, दूसरे दिन अखबारों में बैरिस्टर सेन के श्राद्ध की खबर विस्तार के साथ छपी थी । और वह इसलिए कि वह मुख्यमन्त्री के पिता थे ।

लेकिन जब मैं महेशपुर आश्रम में था, किसी ने मेरी कोई खोज-खबर न ली । अखबारों के संवाददाताओं की बात तो दूर, हमें खाना मिल रहा है या नहीं, इसके बारे में भी कोई खोज-खबर नहीं रखता था । हम लोग अपने-आप अपने-अपने कपड़ों को कुएँ के पानी में फींचते थे । बाल्टियों में पानी भर-भर कर ओसारे, कमरे और रसोई-घर को साफ किया करते थे । गाँववाले यदि कोई साग-सब्जी दे जाते थे तो हम आराम से खाते थे । जिस दिन कुछ नहीं रहता, हम निराहार रह जाया करते थे ।

देश-सेवा उन दिनों कठिन साधना थी । हम लोगों का चरित्र आदर्श होगा तभी न दूसरे-दूसरे लोग उस आदर्श का अनुसरण करेंगे ! गाँववालों के लिए भी हमारी मदद करने में अनेक अड़चनें थीं। पुलिस के जासूस रात-दिन आस-पास पहरा देते रहते थे और पता लगाते रहते थे कि हम लोगों की खोज-खबर कौन-कौन लेते हैं और कौन-कौन हम लोगों से मिलने-जुलने के लिए आते रहते हैं । लेकिन दरअसल हम अहिंसा में आस्था रखते थे । हम लोगों में खोट कौन निकाल सकता था ।

फिर भी पता नहीं क्यों, पुलिस ने आकर हम लोगों के आश्रम में ताला बन्द कर दिया । हम लोग नजरबन्द हो गये ।

अपराध इतना ही था कि हम लोग रात्रि-पाठशाला चलाते थे और वहाँ गाँव के अनपढ़ों को पढ़ाया करते थे । पढ़ाने का मानी यही था कि हम लोग उनके मन में स्वदेशी-मन्त्र फूंक देते थे । यह शिकायत अदालत पहुँचती तो टिक नहीं सकती थी । लेकिन ब्रिटिश सरकार इतनी बेवकूफ नहीं थी कि अदालत भेजती । अंग्रेजों ने जिस अदालत को खुद बनाया था उस अदालत पर भी वे विश्वास नहीं करते थे और यही वजह है कि अंग्रेज-सरकार इतने दिनों तक टिकी रही ।

शंकर को देखकर यही बात याद आती है ।

सुबह ही शंकर से पूछा, "तुम कभी जेल गये हो शंकर ?"

शंकर इस प्रश्न से पहले अचकचा गया । फिर उसने कहा, "मैं जेल क्यों जाऊँगा ज्योतिदा ?"

मैंने कहा, "बात तो ठीक ही है । उस वक्त तुम्हारा जन्म भी नहीं हुआ होगा ।"

शंकर ने कहा, "जेल गया होता तो अच्छा होता सर···"

"क्यों ?"

"जेल गया होता तो मण्डल कांग्रेस का एक उच्च पद मिला होता। अभी तक एक साधारण सदस्य बना हुआ हूँ। लेकिन जो लोग उन दिनों जेल गये थे उनमें से कोई उपाध्याय, कोई मन्त्री और कोई उपमन्त्री है। मैं बहुत दिनों से काम कर रहा हूँ मगर अब तक मेरी तरक्की नहीं हुई है! आप आये हैं, अगर आप जरा कह दें..."

बस वही बात—नौकरी और तरक्की! लेकिन यह अगर न हो तो ये लोग इतने दिनों से काम कर ही क्यों रहे हैं। खाली पेट रहकर देश-सेवा करने के दिन लद चुके हैं।

"जानते हैं ज्योतिदा, मेरे जितने भी बड़े भाई हैं, सब-के-सब काफी शिक्षित हैं। बड़ी-बड़ी नौकरी पाकर वे बाहर चले गये हैं। एक दिल्ली में रहते हैं और एक बम्बई में। वे लोग पैसा भेजा करते हैं तभी घर का खर्च चलता है। मैं तो आवारा ठहरा। मैं कांग्रेस का काम करता हूँ इसलिए भाईसाहब मुझे आवारा कहते हैं..."

मैंने शंकर की ओर फिर गौर से देखा।

शंकर ने कहा, "आप मेरे लिए कुछ-न-कुछ अवश्य कर दें ज्योतिदा। अन्यथा मैं माँ और बाबूजी को अपनी सूरत नहीं दिखा पाऊँगा। माँ और बाबूजी का कहना है कि कांग्रेस का काम करते-करते बहुतों को कोई-न-कोई सहारा मिल गया है और तुम आवारा रह गये।"

याद है, शंकर की बातें सुनकर मुझे अपनी भी बात याद आ गयी थी। मैं भी एक दिन शंकर की तरह ही सगे-सम्बन्धी और माँ-बाप की आँखों का काँटा बन गया था। लेकिन उसकी वह हालत और मेरी यह हालत क्यों हुई? फिर क्या अलग-अलग व्यक्तियों के लिए अलग-अलग तरह के कानून हैं? जिस कानून के चलते मैं मुख्यमन्त्री बना हूँ उसी कानून के चलते शंकर हमेशा इस तरह का स्वयं-सेवक क्यों रहा? दरअसल शंकर कांग्रेस का सदस्य है लेकिन उसका मन नौकरी की ओर लगा हुआ है। रामकृष्ण ने कहा है, "सूअर का मांस खाने के बावजूद जो ईश्वर को स्मरण करता है, वह धन्य है और हवन करने के बावजूद जिसका ध्यान कामिनी-कंचन में लगा रहता है, वह धिक्कार के योग्य है।"

जानता हूँ, आज धर्म की बात कोई नहीं सुनता है। धर्म-कथा अब परित्यक्त हो रही है। लेलिन धर्म और सत्य क्या अलग-अलग हैं। सत्य को नजरअन्दाज करके आज तक कोई कुछ हो सका है? नेपोलियन के पतन का मूल कारण था अधर्म और असत्य। तब फ्रांस के लोग सत्य या असत्य—चाहे जिस उपाय से क्यों न हों—राज-कृपा के आकांक्षी थे। इसी वजह से वह नहीं टिका। रोम-साम्राज्य के पतन के समय रोमन पशु हो गये थे, यह बात गिब्बन साहब की

पुस्तक में लिखी हुई है। उस समय पुत्र-माँ एवं पिता-पुत्री में अवैध अनाचार का बोलबाला था। मुगल साम्राज्य के पतन होने की सूचना उसी दिन मिल गयी थी कि जिस दिन पुत्र ने पिता को बन्दी बना लिया। बादशाह शाहजहाँ ने इतनी औरतों के साथ ऐशो-आराम किया कि उसके गुनाहों का नतीजा भोगना पड़ा बहादुरशाह और बंगाल के आखिरी नवाब सिराजुद्दौला को। धर्म को बाद भी दिया जा सकता है लेकिन सत्य को तो मानना ही पड़ेगा। पृथ्वी सूर्य के चारों ओर परिक्रमा करती है—इसे धर्म के रूप में स्वीकार नहीं भी कर सकते हो लेकिन इसे वैज्ञानिक सत्य कहकर तो मानोगे न! वही सूर्य अगर पूरब के आकाश में न उगे तो पृथ्वी घूम सकती है ?

"फिर देर क्यों कर रहे हैं सर ? उठिए।"

"हाँ, उठता हूँ।"

सूर्य भी हर रोज प्रातःकाल इसी तरह कहता है, "हाँ उठ रहा हूँ।" और वह क्योंकि उगता है इसीलिए पृथ्वी नया जन्म ग्रहण करती है। काश, मेरे उठने से बंगाल प्रान्त नया जन्म लेता। जानता हूँ, मेरे उठने से जो होगा, बैठे रहने से भी वही होगा। कारण यह है कि मैं तो कोई सूर्य हूँ नहीं। सूर्य की तरह पुनः कोई नयी शक्ति यहाँ पैदा होगी तभी उस शक्ति के उदय के साथ-साथ यह देश नया जन्म लेगा। इस बात को सम्भव करके दिखाया था राममोहन राय ने, विद्यासागर ने, विवेकानन्द ने..."

"चलिए, नीचे गाड़ी खड़ी है।"

सीढ़ियाँ उतरकर गाड़ी के अन्दर जाकर मैं बैठ गया। मुझे देखने के लिए काफी लोग जमा हो गये थे। जिस दिन से मैं मुख्यमन्त्री बना हूँ, उसी दिन से मुझे इसके चलते शर्म का अहसास होता है। अपनी हीनता पर मुझे शर्म लगती है। दरअसल वे लोग ज्योतिर्मय सेन को देखने नहीं आते हैं, बल्कि पश्चिम बंगाल के मुख्यमन्त्री को देखने आते हैं। गाँव के जमींदार को सभी सर झुकाकर प्रणाम करते हैं। वह इसलिए कि वह गाँव का जमींदार है। फिर जमींदार के मरने के बाद जब उसका लड़का जमींदार होता है तो लोग उसको भी सर झुकाकर प्रणाम करते हैं। वह जमींदार अगर लम्पट, पियक्कड़, डाकू या गुण्डा रहता है तो भी सर झुकाकर लोग उसे प्रणाम करते हैं। जमींदारों की जमींदारी ही लोगों में भक्ति पैदा करती है और राइटर्स बिल्डिंग की मेरी कुरसी ही मेरे प्रति लोगों में भक्ति जगाती है। लेकिन उन्हें यह मालूम नहीं है कि इसके चलते मैं खुद को शर्मिन्दा महसूस करता हूँ, मुझे इससे घुटन मालूम पड़ती है और मैं इसे घृणा की दृष्टि से देखा करता हूँ।

एस. डी. ओ. मिस्टर राय गाड़ी में बैठने के बाद कहने लगा, "यह सड़क अबकी जिला परिषद् के द्वारा बनवायी गयी है। पहले मयनाडाँगा में कुछ भी

नहीं था। अब यहाँ एक जूनियर हाईस्कूल खुल गया है। दो बेड का एक अस्पताल भी खुल गया है। अब गाँव के लोगों को कोई तकलीफ नहीं है।"

"तकलीफ नहीं है ?"

"नहीं, तकलीफ बिल्कुल नहीं है।"

मैंने कहा, "आप आदमी की तकलीफ दूर कर सकते हैं मिस्टर राय ? सम्राट् अशोक भी यह काम क्या कर सका था ?"

"मैं उस तकलीफ की बात नहीं कह रहा हूँ। मेरे कहने का मतलब है कि शिक्षा-दीक्षा, अस्पताल सबका प्रबन्ध हो चुका है। पानी का अभाव दूर हो गया है।"

"खाने-पीने की तकलीफ !"

एस. डी. ओ. ने कहा, "जमीन तो आप लोगों के हाथ में है सर ! वह मेरे हाथ में नहीं है। दो साल पहले जगह-जमीन के चलते चालीस हत्याएँ हुई थीं। इस बार मैंने एक भी हत्या नहीं होने दी है।"

"अच्छा, दक्षिणपाड़ा में हालदार नामक कोई परिवार है ? आपको यह मालूम है ?"

"हालदार ?"

मिस्टर राय ने एक पल सोचा फिर कहा, "आप कहें तो मैं पता लगा सकता हूँ। कहिए, क्या पता लगाना है ? वे लोग क्या वहाँ के जोतदार हैं ? उनका एक लड़का डॉक्टर है।"

"नहीं-नहीं, यह सब बात नहीं है।"

दक्षिणपाड़ा में हालदार नाम से और एक परिवार है। वे लोग वहाँ के पुराने बाशिन्दे हैं।

"पुराने बाशिन्दे का मतलब ?"

"यानी किसी जमाने में वे लोग यहाँ रहा करते थे। लेकिन अब घर गिर गया है। अब यहाँ कोई नहीं रहता है। सभी कलकत्ते में रहते हैं।"

मैंने अब उसके बारे में कुछ भी नहीं कहा। बड़े आदमियों के अलावा किसी और के बारे में मैं पूछताछ कर सकता हूँ, इसकी मिस्टर राय कल्पना तक नहीं कर सकता है। मैं बाहर नजर दौड़ा-दौड़ाकर पुरानी जगह को नये सिरे से देखने की कोशिश करने लगा। छुटपन की वह पुरानी जगह जैसे मेरी दृष्टि में बिल्कुल अजनबी लगने लगी। वह स्टेशन कहाँ चला गया ? वह पेड़, जिसके नीचे मैं लेटा-लेटा सो गया था, कहाँ है ? हाँ, वह पेड़ जहाँ बैलगाड़ी हाँकता हुआ नुटु आया था और सोया हुआ देखकर मुझे जगाया था और बैलगाड़ी पर बिठा लिया था। जहाँ वैकुण्ठ को मैंने पहली बार देखा था। ईंट का वह भट्ठा कहाँ है जहाँ नुटु मजदूरी पर खटा करता था ? और वह बाजार कहाँ है ? वह

केदार मुनीम कहाँ है जो नुटु से हर खेप पर कमीशन वसूलता था। धीरे-धीरे मुझे सब-कुछ याद आने लगा। याद आया, जब मैं बीमार था। दिगम्बर हालदार शायद अब जिन्दा नहीं है। नुटु की माँ भी मर गयी होगी। मेरी ही जब इतनी उम्र हो गयी तो उनका क्या कहना और नुटु?

मैंने अचानक पूछा, "अच्छा, मयनाडाँगा का स्टेशन कहाँ है? देख नहीं रहा हूँ।"

मिस्टर राय ने कहा, "वह पीछे ही छूट गया सर! क्यों, आप उधर जाना चाहते हैं क्या?"

मैंने कहा, "स्टेशन से गाँव की ओर जानेवाली सड़क पर बहुत बड़े-बड़े पेड़ थे। वे अब भी हैं क्या?"

"हाँ, अभी तक हैं। तब हाँ, पहले किस तरह के थे, मुझे मालूम नहीं है। मैं तो यहाँ पिछले तीन सालों से हूँ।"

शंकर अगली सीट पर बैठा था। उसने पीछे की ओर मुड़कर कहा, "हाँ सर, अभी तक हैं। तब छुटपन में जितने पेड़ों को देखा था, अब उतने नहीं हैं। कोलतार की सड़क हो जाने के कारण पेड़ एक-एक कर मर रहे हैं।"

मिस्टर राय ने एकाएक कहा, "आप इसके पहले यहाँ आ चुके हैं सर?"

मैंने उस बात का उत्तर दिये बगैर पूछा, "यहाँ एक बाजार था न?"

"यहाँ दो बाजार हैं सर! एक हाट है। सप्ताह में एक बार हाट लगती है। एक नया बाजार बना है जहाँ हर रोज हाट लगती है।"

"वहाँ मांस की दुकान है?"

"हाँ, बगैर मांस की दुकान रहे कैसे चल सकता है सर? डिस्ट्रिक्ट बोर्ड की ओर से हेल्थ इन्स्पेक्टर रोज आता है और मांस की चेकिंग कर जाता है। उसके बाद ही बेचने की अनुमति मिलती है।"

मुझे लगा कि किसान सम्मेलन जाने के बजाय मयनाडाँगा की सड़कों पर चक्कर काटता रहूँ। फिर से यह देख आऊँ कि पुआल की आढ़त पहले जैसी है या नहीं। उस कसाई की दुकान की अब क्या हालत है। कलिमुद्दीन मियाँ जिन्दा नहीं होगा तो कोई-न-कोई अवश्य होगा। या तो उसका लड़का होगा या पोता। पता नहीं, अब भी वे लोग वैकुण्ठ जैसे कितनों को काटकर बेचते होंगे।

और वह ईंट का भट्ठा! जहाँ ईंटों का विशाल ढर लगा रहता था। वहीं नुटु मजदूरी पर खटा करता था। उसी कमाई से नुटु और उसके घर के लोगों का पेट-खर्च चलता था।

चारों तरफ खुला मैदान है और बीच-बीच में दो-चार मकान। ये मकान तब नहीं थे। चारों ओर मैदान था—मैदान और परती जमीन। मन में लगा, क्या ही अच्छा होता यदि यह राइटर्स बिल्डिंग, यह कांग्रेस, यह सभा-समिति,

अखबार, प्रचार-प्रसार सबको छोड़कर अगर उस अतीत में लौट जाता जहाँ मुझे कोई जानता-पहचानता नहीं, कोई सलाम-बन्दगी नहीं करता, कोई मेरा नाम तक नहीं जानता। वहाँ अब लौटकर जाया नहीं जा सकता है? अकस्मात् मुझे बड़ा कष्ट मालूम होने लगा। जैसे मेरी छाती में दर्द होने लगा है। मुझे लगने लगा कि वही अच्छा था—वही नुटु और वैकुण्ठ के साथ घूमते-फिरते रहना, वही धूप में तपना और पेट-भर न खा पाना। मुझे बायरन की यह पंक्ति याद आने लगी: "The best of prophets of the future is past."[१]

उस दिन का वह छोटा बालक आज के मुख्यमन्त्री से ज्यादा खुशकिस्मत था। वह स्वाधीन था लेकिन आज का मुख्यमन्त्री जो चाहता है, कर नहीं पाता। वह राइटर्स बिल्डिग छोड़कर एकाएक भाग नहीं पाता है। वह बड़ा ही पराधीन है।

मुझे लगने लगा कि सम्भवतः डायरी लिखने का नियम बहुत ही अच्छा है। डायरी पढ़ते-पढ़ते अन्ततः कुछ क्षणों के लिए अतीत में लौट सकता था। अब उसका उपाय नहीं है। मैं आज खो गया हूँ। वर्तमान और भविष्य के गोरख-धन्धे में लापता होकर अब मैं पैरों के नीचे की मिट्टी को टटोल रहा हूँ। लोग चाहे मुझे लाख भाग्यशाली समझें लेकिन मैं असहाय, निरवलम्ब और निस्संग हूँ।

"देखिए सर, यह हम लोगों का पण्डाल है।" मिस्टर राय की बात एकाएक कानों में आयी।

"पण्डाल तैयार करने में कितना खर्च बैठा है?"

"लगभग डेढ़ लाख रुपये।"

गाड़ी अचानक एक झटके के साथ रुक गयी। गाँव का किसान-जैसा दिखने-वाला एक व्यक्ति दबते-दबते बच गया।

मिस्टर राय ने बुड़बुड़ाकर कोई गाली दी और फिर कहा, "पट्ठे, तकदीर अच्छी थी कि बच गया..."

मैंने कहा, "न केवल उसकी बल्कि हम लोगों की भी तकदीर अच्छी थी।"

कहने को तो मैंने कह दिया लेकिन मुझे लगा कि हम लोगों की तकदीर कतई अच्छी नहीं है। वह किसान ही नहीं बल्कि हम लोग सभी जैसे गाड़ी के पहियों के नीचे दब गये हैं—मैं, मिस्टर राय, शंकर। हाँ, डेढ़ लाख रुपये की गाड़ी के पहियों के नीचे हम सभी दब गये हैं।

गाड़ी फिर से चलने लगी।

---

१. अतीत ही भविष्य का सबसे बड़ा मसीहा होता है।

तैंतीस

मुझे ऐसे स्थान में रखा गया था जहाँ से पण्डाल बिल्कुल करीब था। किसी जमाने में वह स्थान परती जमीन था। वहाँ कोई काम नहीं होता था। फसल पैदा करने की बात तो दूर रही, मयनाडाँगा में फसल पैदा करनेवाले लोग ही नहीं थे। फिर मवेशियों को चराने के लिए गाँव में जगह भी तो रहनी चाहिए। मवेशियों को खाना मिलेगा तभी न आदमी को भोजन प्राप्त होगा। आजकल मयनाडाँगा में हर आदमी ने अपने-अपने खेत-खलिहानों को बाड़े से घेर लिया है। कोई किसी को अपने इलाके में घुसने नहीं देना चाहता है। इसका अर्थ है, यह मेरी खास जायदाद है और यहाँ किसी दूसरे का अख्तियार नहीं है।

यह बात मैंने मिस्टर राय से ही सुनी थी। सुनी थी और सुनकर सोचा था कि यह बात न केवल मयनाडाँगा में ही है बल्कि सारी दुनिया में यही हो रहा है। कोई किसी को अपने इलाके में पैर नहीं रखने देता है। हम लोगों में से कोई किसी को बरदाश्त नहीं कर पा रहा है। सभी हमारे लिए पराये हैं। दूसरों को हमने पराया बनाकर रखा है इसीलिए हमें सब कोई पराया बना रहे हैं।

मिस्टर राय ने कहा, "ऐसी जगह नहीं है जहाँ ढोर-डाँगर चरें। न तो लोग घर में खिलाते हैं और न मैदान में ही चरने देते हैं···"

"फिर पण्डाल बनाने के लिए जमीन कहाँ से मिली ?" मैंने पूछा।

मिस्टर राय ने कहा, "इसके लिए बड़ी ही चालाकी से काम लेना पड़ा है सर ! जमीन का मालिक एक जोतदार है। उसे एक काम के लिए दो लाख रुपये का ठेका दिया।"

"काम क्या था ?"

"सड़क की मरम्मत। यहाँ की सड़कें खराब हो गयी हैं, इन्हें ठीक कराना है। दूसरे-दूसरे ठेकेदार भी हैं। उसे दो लाख रुपये का ठेका दिया। उसके बदले में उसने यह जमीन हमें तीन दिनों तक उपयोग में लाने के लिए दी है।"

मैंने मन-ही-मन हिसाब लगाया। इससे उस आदमी को कम से कम एक लाख दस हजार रुपये की बचत होगी।

"उस आदमी ने यहाँ चना बोया था जो बर्बाद हो गया। उसकी कुछ-न-कुछ कीमत देनी ही पड़ेगी।"

मैंने सोचा, सो तो है ही। तीन बीघे में कम से कम दस मन चना उपजता। उस दस मन चने से हम लोगों के किसान-सम्मेलन का मूल्य कहीं अधिक है। दस मन चने से कितने आदमियों की भूख मिटायी जा सकती थी। उसके बनस्बित इस सम्मेलन के प्रचार से हम लोगों की पार्टी का बहुत अधिक लाभ होगा। इसमें जितना पैसा फूंका जायेगा उतना ही हम लोगों की पार्टी का प्रचार होगा।

ग्रौर इस युग में प्रचार ही सब-कुछ है। काम के गुण-ग्रवगुण के विचार की जरूरत नहीं है। सिर्फ प्रचार होना चाहिए। इस युग में प्रचार के बल पर ग्रौरत को भी मर्द कहकर चला दिया जाता है।

गाड़ी जब थोड़ी दूर ग्रागे बढ़ी तो पण्डाल के सामने भीड़-भाड़ दीख पड़ी। मयनाडाँगा के किसान इसलिए खड़े थे कि कब मुख्यमन्त्री ग्रायें। दूर से देखा कि एक ऊँचा प्रवेश-द्वार बनाया गया है। प्रवेश-द्वार के ऊपर लाल सालू पर बड़े-बड़े ग्रक्षरों में लिखा है—'स्वागतम्'।

हो सकता है कि मैं ज्यों ही पहुँचूँगा, मुझे मंच पर ले जाया जायेगा। जैसा कि हर जगह हुग्रा करता है। मैं मंच पर जाकर ज्यों ही बैठूँगा छोटी-छोटी लड़कियों की एक जमात ग्राकर स्वागत-गान गायेगी। ज्यादातर यह बेसुरा ही लगा करता है। लेकिन जहाँ हार्दिकता का स्पर्श रहे, वहाँ बेसुरा लगने से ही क्या होता है! इसीलिए जहाँ कहीं मैं गया हूँ, गीत के सुर के चलते मैंने माथापच्ची नहीं की है। ग्रादमी में ग्रगर ग्रादमियत है तो फिर उसकी पोशाक पर नजर डालने से क्या लाभ है!

मैंने ग्रौर यह भी देखा कि न केवल जनता बल्कि पुलिस भी पंक्तियों में खड़ी है।

मुझे ऊब जैसी लगी। "इतनी-इतनी पुलिसों को क्यों रखा गया है?"

मिस्टर राय ने कहा, "मैंने इसके सम्बन्ध में एस. पी. से बातचीत की थी। उनसे बताया था कि ग्राप पुलिस की सुरक्षा नहीं चाहते है। लेकिन एस. पी. राजी नहीं हुए। उन्होंने कहा कि मैं रिस्क नहीं ले सकता हूँ।"

मैंने पूछा, "रिस्क की बात ही क्या है?"

पूछा तो जरूर, लेकिन मैं जानता हूँ कि एस. डी. ग्रो. की बात ग्रक्षरशः सत्य है। ग्राज तेईस सालों से मैं मुख्यमन्त्री हूँ। इतने दिनों से हम लोग सभी को केवल सब्जबाग दिखाते ग्रा रहे हैं। ग्रौर सिर्फ मैं ही क्यों, मेरे जैसे दुनिया में जितने भी राजनीतिज्ञ हैं सभी ने जनता से केवल झूठी ही बातें कही हैं। जो विद्वान, बुद्धिमान ग्रौर चतुर हैं, वे राजनीति से कटकर ग्रलग हो गये हैं। कोई भी भला ग्रादमी, जिसमें भलमनसाहत का थोड़ा भी ग्रंश है, राजनीति की छाँह में पैर तक नहीं रखता है। चाहे सर्वसाधारण हो या बुद्धिजीवी, ग्राज कोई भी हमारे साथ नहीं है। ऐसा क्यों हुग्रा है? इसकी वजह यह है कि उन्हें हमने ग्रपनाया ही नहीं। हमारी निर्लज्जता, हमारी धूर्तता ग्रौर हमारी ग्रसज्जनता देखकर वे हमारे पास नहीं ग्राये।

ग्राज इतने दिनों के बाद उन लोगों ने हमारी शक्ल पहचान ली है। वे लोग समझ गये हैं कि एक दिन हमने झाँसा-पट्टी देकर उनसे वोट वसूले थे। ग्राज ग्रगर वे हमें मारने ग्राते हैं तो हम लोग पुलिस न बुलायें तो क्या करें? पुलिस

के अतिरिक्त हमारी रक्षा कौन करेगा ?

"एक बात कहनी है मिस्टर राय !"

"कहिए।"

मिस्टर राय ने मेरी ओर इस तरह देखा जैसे मेरा काम करके वह कृतार्थ हो जायेगा।

मिस्टर राय के देखने का जो भाव था वह मुझे बुरा लगा। मैं यह नहीं चाहता हूँ कि कोई मेरे आदेश का पालन करे। लेकिन मैं क्योंकि मुख्यमन्त्री हूँ इसलिए मेरा अनुरोध भी आदेश ही है। इसके लिए मैं जिम्मेदार नहीं हूँ, बल्कि यह मेरी कुरसी का दोष है। मेरी कुरसी अगर कोई गलती करती है तो मैं क्या करूँ ! हम लोग मुँह से कहते हैं कि हम जनगण के प्रतिनिधि हैं और जनगण के प्रतिनिधि बनकर हम सबसे वोट माँगते हैं, लेकिन जब हम कुरसी पर बैठते हैं तो जनता से अलग हो जाते हैं। इसके लिए बहुत कुछ जिम्मेदार मिस्टर राय जैसे लोग हैं। सरकारी दफ्तरों के अफसर। ये ही लोग जन-गण के प्रतिनिधियों को सरकार के प्रतिनिधि बना देते हैं। इन लोगों की खुशामदों की तपिश से ही हम लोगों का दिमाग खराब हो जाता है। ये ही लोग हर रोज सलामी ठोंक-ठोंककर हमें भुलाये रहते हैं कि हम मन्त्री नहीं हैं, बल्कि देश-सेवक हैं और देश-सेवक कुरसी पर बैठकर ज्यों ही मन्त्री होते हैं, जनता से मन्त्रियों के विरोध की शुरुआत होने लगती है।

मैंने पूछा, "नुटु नाम का यहाँ कोई आदमी रहता है ?"

"यहाँ ? इस मयनाडाँगा में ?"

"हाँ, उसका असली नाम है नुटु बिहारी हालदार। उसके बाप का नाम था दिगम्बर हालदार। वह दक्षिणपाड़ा का रहनेवाला है। मैं उससे एक बार मिलना चाहता हूँ।"

शंकर ने कहा, "मैं उसे बुलाकर ला सकता हूँ सर !"

मिस्टर राय ने कहा, "मैं अभी तुरन्त एस. पी. से कहे देता हूँ। एस. पी. पण्डाल में ही हैं।"

मैंने कहा, "एस. पी. से कहने से वह डी. एस. पी. से कहेगा, डी. एस. पी. ओ. सी. से कहेगा, ओ. सी. कान्स्टेबल से कहेगा और कान्स्टेबल चौकीदार से कहेगा। आप लोगों का काम तो इसी सिलसिले से चलता है।"

"फिर आप कहें तो मैं खुद जा सकता हूँ।"

"नहीं," मैंने कहा, "उसकी जरूरत नहीं है। आप अपने प्यून को ही भेजकर बुलवा लें तो काम बन जाये। कहिएगा कि मैं उससे एक बार मिलना चाहता हूँ।"

"पण्डाल में ही ले आऊँ ?"

मैंने कहा, "हाँ, अगर सम्भव हो तो उसे मंच पर ही ले आयें।"

"वह क्या किसान है ?"

"ठीक-ठीक किसान नहीं कहा जा सकता है। दरअसल खेती के लिए उसके पास अपनी जमीन है ही नहीं।"

मिस्टर राय सम्भवतः मेरी बात सुनकर हैरान हो गया। केस्टो से नहीं, विष्टु से नहीं बल्कि क्यों मैं मामूली वैसे मजदूर से मिलना चाहता हूँ जिसके पास जगह-जमीन तक नहीं है, उसके जैसे परले दर्जे के अफसर के दिमाग में यह बात नहीं घुसी।

गाड़ी तब तक प्रवेश-द्वार के नीचे से होती हुई एकबारगी पण्डाल के सामने पहुँचकर खड़ी हो गयी। और साथ-ही-साथ जोरों से आवाज हुई, "वन्दे मातरम्, वन्दे मातरम्..."

'वन्दे मातरम्' सुनकर मुझे एक किस्म की हँसी आयी। आजकल जिस नारे का कोई उच्चारण तक नहीं करता, जिस नारे को लगाकर एक दिन हम जेल गये थे, इतने वर्षों के बाद वही नारा मुझे नया जैसा लगा।

पहले मिस्टर राय उतरा। उसके बाद शंकर।

मैं तब उतरा जब सब उतर चुके थे। सभी की श्रद्धा-मिश्रित अवाक् दृष्टि मुझ पर टिकी थी। जैसे मैं किसी और ही दुनिया का आदमी होऊँ। जैसे मेरे प्रति श्रद्धा की जा सकती है, भय किया जा सकता है। मैंने ध्यान से देखा, लोगों की दृष्टि में प्यार का नाम निशान तक न था।

चौंतीस

और लोग मुझे प्यार ही करेंगे ? मेरी कुरसी के कारण प्यार करें ? मैंने जो कुरसी प्राप्त की है उसके बदले मैंने उन लोगों के लिए क्या किया है ? मेरा जेल जाना क्या मेरा त्याग है ? जब स्वदेशी आन्दोलन का नेतृत्व किया था, अपने नेतृत्व को कायम रखने के लिए मैंने क्या अप्राण चेष्टा नहीं की थी ? जिससे मुझे सभी नेता के रूप में स्वीकार करें इसके लिए जुलूस में आगे बढ़कर मैंने पुलिस की लाठियों की मार सही थी। फिर स्वयंसेवकों को क्या-क्या काम दूँ इसके बारे में सोचते-सोचते कई रातों तक परेशान रहा था। जब-जब उन्हें लगातार काम नहीं दे पाता था, मुझे लगता कि मेरा नेतृत्व छिन जायेगा। अलाउद्दीन के चिराग के दानव की तरह उन लोगों का हाल था। अन्त में जब दिमाग में कोई बुद्धि नहीं आयी थी तो कालेज स्क्वायर जाकर 'देश की पुकार' जैसी वर्जित पुस्तक मैं पढ़ने लगा। पुलिस मुझे पकड़कर ले गयी और जेल में डाल दिया। मुझे जैसे

जिन्दगी मिल गयी थी।

इसी से तो कहता हूँ कि जेल जाना क्या कोई त्याग है ?

जेल के अन्दर कोई काम न करो तो भी तुम नेता ही रहोगे। नेता रहोगे फिर भी तुम्हारी कोई जिम्मेदारी नहीं होगी। संगी-साथी तुमसे कामों की माँग कर तुम्हें परेशान नहीं करेंगे। सिर्फ खाओ, पियो और सोये रहो। और तुम जब कि नेता हो इसलिए तुम्हें कैदखाने में प्रथम श्रेणी के कैदी के रूप में रखा जायेगा। सोने के लिए तुम्हें खाट-बिछावन और मसहरी मिलेगी, पढ़ने को अखबार दिया जायेगा। वहाँ आराम से कुछ महीने बिताओ। तुम्हारी तन्दुरुस्ती लौट आयेगी। और जब तुम जेल से बाहर निकलोगे तो तुम्हारे भक्त तुम्हारे लिए फूलों की माला लिये खड़े मिलेंगे। वे तुम्हें कन्धे पर बिठाकर मैदान में ले जायेंगे। वहाँ तुम्हारा भाषण सुनकर तुम्हारे भक्तगण ताली बजायेंगे। मानो तुम शहीद हो। तुम्हारी तसवीर अखबारों में छपेगी।

यही तुम्हारा कैरियर है। जो डॉक्टर हैं, उन्हें पैसा खर्च करके पाँच-छह वर्षों तक डॉक्टरी पढ़नी पड़ी है। परीक्षा देनी पड़ी है। लेकिन तुम्हें कुछ भी नहीं करना पड़ा है। तुमने केवल भाषण दिया है और जेल की सजा भोगी है। तुम्हारी योग्यता केवल इतनी ही है कि तुम जेल से हो आये हो। उस जमाने के विलायत से लौटे हुए लोगों के बनिस्बत तुम्हें अधिक सम्मान मिला है। क्यों ?

लेकिन आज !

आज तुम्हारी नब्ज टटोल ली गयी है। सभी जानते हैं कि तुम धोखेबाज हो। तुम्हारी धोखेबाजी पकड़ में आ गयी है और इसीलिए तुम्हारी सुरक्षा के लिए पुलिस का इन्तजाम किया गया है। लेकिन यह कुरसी मिलने के पहले तुम्हें इस तरह अंगरक्षकों की सहायता से अपनी हिफाजत नहीं करनी पड़ती थी।

आज ज्योतिर्मय सेन अपने देश के लोगों के समक्ष ही जैसे पराये हो गये हैं। इतने सम्मान के आसपास ही इतना अपमान।

पूरी सभा में तब निस्तब्धता छायी हुई थी। मयनाडाँगा गाँव में यह पहला किसान-सम्मेलन होने जा रहा है। इसी से वे कृतार्थ हो गये हैं। तमाम साल जो दिन-भर खेतों में खटते रहते हैं वे आज खेत का काम छोड़कर सभा में उपस्थित हुए हैं।

लेकिन स्वेच्छा से कोई भी नहीं आया है। क्यों नहीं आया है, इसका असली कारण ज्योतिर्मय सेन को मालूम है। उन्होंने खुद भी एक दिन पार्टी का काम किया है। किसान बड़े ही निरीह प्राणी होते हैं। वे अपने खेत-खलिहानों के अतिरिक्त और किसी को नहीं जानते हैं, उन लोगों को बुलाकर लाना पड़ता है। उन्हें प्रलोभन देना पड़ता है। कहना पड़ता है कि सभा में आने से उनकी भलाई होगी।

यह जो आज यहाँ सभा हो रही है इसके लिए शंकर जैसे लोग इतने दिनों

से गाँव-गाँव में जाकर प्रचार कर आये हैं। इसके लिए पार्टी के फण्ड से हजारों रुपये खर्च किये गये हैं। हजारों लीटर तेल जीपों में जलाया गया है। शंकर जैसे लोगों ने जीपों पर चढ़कर कितना तेल खर्च किया है उसका हिसाब सम्भवतः पार्टी के खाते में नहीं है। लेकिन लोग-बाग आये हैं।

ज्योतिर्मय सेन का हँसने को मन करने लगा। कितनी बर्बादी है, कितनी बड़ी धोखेबाजी ! हालाँकि राजनीति में इसकी भी जरूरत होती है—इस आडम्बर, इस बर्बादी और इस तरह की चहल-पहल की। हमेशा से ऐसा होता आ रहा है। इसी तरह तो हम लोगों की मुट्ठी में ताकत आयी है। लेकिन इससे किसको क्या लाभ हुआ है ? अगर लाभ हुआ भी है तो वह लाभ मुझे हुआ है और मेरे जैसे मुट्ठी-भर लोगों को। और लाभ होगा तो शंकर जैसे लोगों को। लाभ होगा इसी वजह से आज वह इतना उत्साहित है।

शंकर हर वक्त हमारे इर्द-गिर्द मँडराता रहता है। शंकर को मालूम है कि मेरी कृपा-दृष्टि पर उसका भविष्य निर्भर करता है। उसके भाई उसके माँ-बाप के पास एक भी पैसा नहीं भेजते हैं। शंकर को पार्टी की ओर से जो मिलता है उसी से उन लोगों की गृहस्थी चला करती है।

शंकर ने ठीक ही कहा था कि कांग्रेस का काम करके इतने लोगों ने इतना कुछ हासिल कर लिया है और वह बेवकूफ का बेवकूफ ही रह गया।

इस सम्मेलन के खत्म होने के बाद, हो सकता है कि शंकर एक दिन राइटर्स बिल्डिंग आये। सिर्फ शंकर ही क्यों, यहाँ के मण्डल कांग्रेस के जितने भी मुख्य-मुख्य व्यक्ति हैं, सभी आयेंगे। किसी को भी असन्तुष्ट नहीं किया जा सकता है। सभी को परमिट या लाइसेन्स देकर अपनी गद्दी को बरकरार रखना पड़ेगा। अन्यथा वोट का समय नजदीक ही है। चुनाव के पहले फिर से यहाँ आकर मुझे सभा करनी है।

मैंने सामने की ओर गौर से देखा। कहाँ—नुटु कहाँ है ? नुटु भी निश्चय ही मेरी ही तरह बूढ़ा हो गया होगा। हो सकता है कि वह अभी मेरी ओर गौर से देख रहा हो। उसने अवश्य ही सुना होगा कि मैं आज यहाँ आया हूँ। लेकिन कौन उसे मेरे पास आने देगा ? चारों ओर सादे लिबास में पुलिस खड़ी है। वे लोग चारों ओर सतर्कता के साथ देख रहे हैं कि कोई कहीं बम न फेंक दे, कोई कहीं बिजली का तार न काट दे।

आश्चर्य है ! ज्योतिर्मय सेन हजारों लोगों की भीड़ में बैठे अपनी हीनता से अपने-आप संकुचित हो रहे हैं। जनता यह नहीं जानती है कि जिसके लिए वह आज सम्भ्रम के साथ इस सभा में उपस्थित हुई है वह अपने-आपको कितना असहाय महसूस कर रहा है। यह भी एक तरह की विसंगति है ! यह भी एक तरह का परिहास ह !

यहीं बैठे-बैठे उन्हें सारी बातें याद आने लगीं। राइटर्स बिल्डिंग के कमरे की वह निरापद कुरसी। उसी कुरसी पर बैठकर उन्होंने कितने ही लोगों के भाग्य को बदल दिया है। इसी वजह से कितने ही लोग उन्हें ईर्ष्या की दृष्टि से देखा करते हैं। इसी कुरसी पर बैठने के लिए इतनी पार्टियाँ हैं, इतनी दलबन्दी। इतने वर्षों से उसी कुरसी पर बैठा हुआ हूँ, आज यदि कोई दूसरा व्यक्ति मुझे कुरसी छोड़ने को कहता है तो मैं नाराज क्यों होता हूँ? फिर क्या मेरे लिए कार्य-निवृत्ति नहीं है? इतने दिनों तक जब किसी का भला नहीं कर सका तो फिर कब किसका भला करूँगा? दरअसल कौन किसका भला कर सकता है? मेरे बदले जो लोग आयेंगे वे ही क्या देश के लिए कुछ भला कर पायेंगे? और दूसरे का भला करूँगा यह कहने से ही क्या भला किया जाता है? बहुत ज्यादा करूँ तो कोशिश कर सकता हूँ। लेकिन उस कोशिश के लिए तो स्वयं को प्रस्तुत करना पड़ेगा। मैंने क्या स्वयं को प्रस्तुत किया है? यह कुरसी मिलने के पहले मैं जो था, वह अब क्या हूँ? चरित्र-निर्माण के लिए मैं सभाओं में भाषण दिये चलता हूँ। लेकिन मैंने क्या अपना चरित्र-निर्माण किया है? जर्मनी के एक कवि ने कहा है, "We learn from history that we do not learn from history." मेरे पहले जो मुख्यमन्त्री था, उसे भी एक दिन जाना पड़ा था। चुनाव में जिस दिन मैंने उसे पराजित कर दिया उस दिन वह कितनी यातना में था। एक महीने तक उसे नींद नहीं आयी थी। चुनाव के दिन मिनट-मिनट पर खबर आ रही थी और वह हिसाब लगा रहा था। जब उसने हारना शुरू किया तो उसे धक्का लगा। दूसरे दिन जब पक्की खबर मिली तो वह मेरे घर आया।

मैं उसे देखकर हैरत में आ गया।

मैंने कहा, "मेरे लिए यह कितने सौभाग्य की बात है कि आपने आने का कष्ट किया!"

उस समय भी वह थर-थर काँप रहा था। जो आदमी राजनीति करता है वह इतना कमजोर हो सकता है, यह नहीं जानता था।

उसने कहा, "मैं तुम्हें बधाई देने आया हूँ ज्योति! तुमने मुझे हराया है इसीलिए मैं खुश हूँ।"

मैंने पूछा, "इसका मतलब ?"

"मतलब है कि We learn from history that we do not learn from history."[१]

यह बात पहले पढ़ी थी लेकिन याद नहीं थी। मैं नहीं हारूँगा तो हारेगा

---

१. इतिहास पढ़कर हम यही शिक्षा ग्रहण करते हैं कि इतिहास से हम कुछ भी नहीं सीखते।

कौन ? चुनाव में जीतने के बाद मैंने एक बार भी नहीं सोचा कि मुझे पाँच साल के बाद फिर से चुनाव लड़ना है। सोचा था कि हमेशा-हमेशा के लिए मुख्य-मन्त्री बना रहूँगा।

इसके बाद वह कुछ भी नहीं बोला। मैं उसके साथ-साथ उसकी गाड़ी तक आया।

गाड़ी पर चढ़ने के समय मेरी ओर मुड़कर उसने कहा, "कल रात यह खबर सुनकर मेरे हृदय की गति तीव्र हो गयी थी। तुरन्त ही यह कविता याद आयी। यह बात तुमसे भी कहे जा रहा हूँ। तुम्हारा कार्य-काल पाँच वर्षों के लिए है। पाँच वर्षों के बाद तुम्हें फिर चुनाव में उतरना है। मेरी यह आखिरी कोशिश थी लेकिन तुम्हारे विरोध में खड़े होनेवाले लोगों की कमी नहीं होगी। तब यह बात तुम याद रखना : "We learn from history that we do not learn from history. अच्छा चलूँ···"

पैंतीस

मुझे लगा था कि वह भला आदमी मुझे नोटिस देकर चला गया।

नोटिस !

मेरी राइटर्स बिल्डिंग में चिरकाल से कितनी ही नोटिसें निकल रही हैं। मेरे आने के पहले भी निकली थीं और मेरे आने के बाद भी। कितनी ही बार कितनी ही नोटिसों पर मेरा सचिव मुझसे हस्ताक्षर करा गया है। उन नोटिसों को कुछ लोगों ने पढ़ा है और कुछ लोगों ने नहीं पढ़ा है। जिन्होंने पढ़ा है उन्हें क्या लाभ हुआ, यह कोई नहीं जानता और जिन लोगों ने नहीं पढ़ा है उन्हें क्या नुकसान पहुँचा, यह भी कोई नहीं जानता।

इसके अलावा और एक बात। मनुष्य का स्वभाव ही ऐसा होता है कि जहाँ नोटिस लिखी हुई मिलती है, उसे वह नहीं पढ़ा करता है। नोटिस को बहुत आदमी उपदेश के रूप में लेते हैं। जिस तरह उपदेश सुनना कोई पसन्द नहीं करता है, उसी तरह नोटिस भी कोई पढ़ना नहीं चाहता है। मेरी सरकार ने शहर की सड़कों पर, रेलवे स्टेशनों में, प्लेटफार्म पर, बस और ट्रामों में, पार्क और दीवारों पर बहुत-सी नोटिसें टाँग दी हैं। लेकिन कोई उन्हें न पढ़ता है और न किसी ने पढ़ा ही है। न पढ़ने का कारण यह है कि वे प्रमाणित करना चाहते हैं कि वे अबोध नहीं हैं। तुम उपदेश दो और मैं सुनूँ ? तुम इतने बड़े महापुरुष हो और मैं इतना बड़ा मूर्ख ?

त्रैलोक्यदा ने एक बार कहा था, "यह देखो, इस कैदखाने में इतने दिन

गुजार दिये लेकिन इस नोटिस में क्या लिखा है इसे कभी पढ़ा तक नहीं…"

जहाँ लिखा रहता है, 'कमिट नो न्यूसेंस' वहीं लोग ज्यादा 'न्यूसेंस' करते हैं। जहाँ लिखा रहता है 'धूम्रपान निषेध' वहीं ज्यादातर लोग बीड़ी पीते मिलते हैं। कारण यह है कि जिन लोगों के लिए यह नोटिस लिखी रहती है वे या तो लिखना-पढ़ना नहीं जानते या जो लिखा रहता है उसे वे पढ़ा नहीं करते हैं। इसके अतिरिक्त वर्जित काम करने के पीछे शायद एक किस्म की आत्म-रति काम करती है। पता नहीं !

भूषणदास बाबू की नोटिस की बावत भी त्रैलोक्यदा ने बताया था। भूषण-दास की उपाधि सरकार या भट्टाचार्य थी। खैर, पदवी से क्या लेना-देना। वह तो गलत परिचय है। जब कि यह गलत परिचय की कहानी नहीं है तो पदवी चाहे जो कुछ रहे, इससे कुछ आता-जाता नहीं है। यह व्यक्ति-विशेष की कहानी है और क्योंकि व्यक्ति-विशेष की कहानी है इसलिए दुनिया के हर आदमी की कहानी है और सबके लिए उपयोगी है।

भूषणदास कम तनख्वाह पानेवाला आदमी था। लड़के-बहू, पोत-पोती लेकर गृहस्थी चलाता था। कलकत्ते के पार्श्ववर्ती अंचल में उसने एक मकान बनवाया था। मकान पूरी तरह बन नहीं पाया था। दोनों लड़के नौकरी करते थे। फिर भी एक लड़की का विवाह करना बाकी ही था। पत्नी मर चुकी थी। घर-भर के झमेलों को जो सँभालता था उसका नाम था केस्टो।

दरअसल भूषण बाबू जब तक घर में रहता था केस्टो का नाम जपता रहता था। "केस्टो, तम्बाकू ले आओ। केस्टो, दुकान से आध पाव सरसों का तेल ले आओ। केस्टो, मुन्ना को तनिक घुमा-फिराकर ले आओ…"

चाहे घर के मालिक हों, चाहे दोनों बहुएँ—सबके लिए केस्टो ही सब-कुछ था। बस हुक्म करने-भर की देर थी। सबका प्यारा था तो बस केस्टो ही।

लेकिन यही सबका प्यारा एक दिन चल बसा।

घर के मालिक, लड़के और बहुओं की आँखों के सामने अँधेरा तैरने लगा। केस्टो न रहे और गृहस्थी की गाड़ी चले, यह कल्पना करना भी असम्भव था। लेकिन देखा गया कि गृहस्थी फिर ठीक से चलने लगी। राजा के चले जाने के बाद भी जिस तरह राज चलता रहता है, उसी तरह केस्टो के न रहने पर भी गृहस्थी चलने लगी। तब सारे झंझटों का बोझ बूढ़े भूषणदास बाबू के कन्धे पर पड़ गया। केस्टो के बदले भूषण बाबू ही सब हो गया। बहुएँ रसोई बनाते-बनाते दौड़ी हुई आतीं और कहतीं, "बाबूजी, दुकान से नमक लाना पड़ेगा। नमक बिल्कुल खत्म हो गया है…"

इसी तरह किसी दिन नमक, किसी दिन सरसों का तेल और किसी दिन मसाला। इसके अलावा बिस्तर से उठते ही बाजार जाना पड़ता था। दोपहर

में जब महरी ग्राती तो दरवाजा खोलना पड़ता था ग्रौर दूध की दुकान में पंक्ति में खड़ा होना पड़ता था ।

भूषण बाबू बिलकुल हैरान-हैरान हो गया ।

इसी तरह एक दिन सामने के तालाब के दूसरे किनारे पर बैठकर वह पोते-पोतियों को सँभाल रहा था ग्रौर तम्बाकू पी रहा था । जाड़े का मौसम था । घर में बहुएँ गृहस्थी के कामों में व्यस्त थीं । लड़के ग्रपने-ग्रपने दफ्तर जानेवाले थे । लेकिन घर के मालिक को कोई काम नहीं था इसीलिए वह उन्हें बाहर ले ग्राया था ग्रौर [illegible] में धूप लगाता हुग्रा हुक्के से तम्बाकू का कश ले रहा था । साथ-ही-साथ वह इस बात पर नजर रखे हुए था कि कोई तालाब के पास नहीं चला जाये ।

सहसा उसके एक पोते ने कहा, "दादाजी, वह केस्टो रहा ।"

केस्टो ! भूषण बाबू ग्रपने पोते की बात सुनकर ग्रवाक् रह गया । उसने कहा, "क्या रे, केस्टो कहाँ है ?"

पोते ने कहा, "वही तो पोखर के घाट की सीढ़ी पर खड़ा है···"

बात सही थी । भूषण बाबू ने गौर से देखा । तब बहुत-से लोग घाट में नहाने के लिए पहुँच चुके थे । उपरली सीढ़ी पर केस्टो एकाग्र मन से खड़ा था ।

यह कैसे सम्भव हुग्रा ! वह केस्टो को देखकर हैरान हो गया । उसे साफ-साफ याद है कि केस्टो मर चुका है । वह उसे श्मशान में ले जाकर जला चुका है । फिर वह जिन्दा होकर कैसे लौट ग्राया ?

वह ग्रपने कौतूहल को ग्रब दबाकर नहीं रख सका ।

चिल्लाकर पुकारा, "केस्टो, ए केस्टो, केस्टो···"

केस्टो ने दूर से उसे देखकर कहा, "ग्रा रहा हूँ बाबू···"

ग्रौर वह दौड़ता हुग्रा उसके पास ग्राया । भूषण बाबू ने कहा, "क्या जी, तू कहाँ से ग्रा गया ? तू जो पिछले साल मर गया था । मैं तुझे श्मशान में ले जाकर जला चुका हूँ ! तू फिर से जिन्दा होकर कैसे ग्रा गया ?"

"ग्रब मैं जिन्दा नहीं हूँ हुजूर ।"

"जिन्दा नहीं हूँ का मानी ? जिन्दा नहीं है तो तू यहाँ क्या कर रहा है ?"

"हुजूर, ग्रब मैं यमराज के यहाँ नौकरी करता हूँ । यमराज के हुक्म की तामील करने के लिए ही मेरा यहाँ ग्राना हुग्रा है । मैं हरिपद बाबू के उस लड़के को लेने ग्राया हूँ । उसे ले जाने का मुझे हुक्म मिला है ··"

भूषण बाबू ग्रौर भी ज्यादा हैरान हो गया । उसने घाट की ग्रोर ध्यान से देखा । सचमुच तब उसके महल्ले के हरिपद बाबू का मँझला लड़का देह में तेल लगाकर नहाने को खड़ा था ।

भूषण बाबू ने कहा, "उसे तू ले जायेगा ? क्या कह रहा है तू ! वह नहा-

धोकर और खा-पीकर दफ्तर जायेगा। वह जो जवान लड़का है···"

केस्टो ने कहा, "तो मैं क्या करूँ बाबू, मैं तो हुक्म का बन्दा ठहरा। मुझे जो हुक्म मिला है, उस हुक्म को तामील करने के बाद ही मैं खलास हो जाऊँगा। अभी देखिए न क्या होता है···"

बात खत्म भी नहीं हुई कि हरिपद बाबू का लड़का पानी में उतरते वक्त फिसलन-भरी सीढ़ी से फिसलकर बेहोश हो गया। तुरन्त ही महल्ले के लोगों की भीड़ चारों तरफ जम गयी। डॉक्टर आया, दवा आयी और उसे पकड़-धर-कर लोग घर ले गये। लेकिन तब तक सब समाप्त हो चुका था।

केस्टो ने कहा, "फिर मैं चल रहा हूँ बाबू। देर होगी तो मालिक बिगड़ने लगेंगे···"

"मालिक का मानी?"

"जी, मालिक का मानी है मेरे स्वामी, यमराज···"

और इतना कहकर केस्टो जाने लगा। भूषण बाबू ने कहा, "अरे, थोड़ी देर रुक जा। तू तो यमराज के पास नौकरी करता है। फिर मेरे लिए एक काम कर दे।"

केस्टो तब जाने के लिए छटपटा रहा था। उसने कहा, "कहिए काम क्या है?"

भूषण बाबू ने कहा, "मुझे ले जाने के लिए तुझे एक दिन हुक्म मिलेगा। लेकिन हुक्म मिलने के पहले ही मुझे सूचना मिल जानी चाहिए। कम-से-कम छह महीने का समय। छह महीने पहले सूचना मिलने से मैं सारा काम निबटा लूँगा। यह काम तू कर सकेगा बेटा? तूने जब तक मेरे घर में काम किया है, तुझे मैंने बहुत खिलाया-पिलाया है। यह काम मेरे लिए तू नहीं कर सकेगा बेटा?"

केस्टो ने कहा, "जरूर करूँगा हुजूर। यह कौन-सा बड़ा काम है। मैं मालिक से कहूँगा तो वह तुरन्त सूचना भेज देंगे।"

और वह चला गया।

उसके बाद से भूषण बाबू निश्चिन्तता के साथ रहने लगा। अब चिन्ता की कोई बात नहीं थी। छह महीने का समय मिलेगा तो वह सारा काम खत्म कर लेगा। छह महीने का अरसा कोई कम नहीं होता है। उसी समय से भूषण बाबू को न कोई चिन्ता रही न कोई घबराहट। आराम से वह खाता-पीता था, बाजार करता था और दिन में नींद लेता था। उसका जीवन बड़ा निश्चिन्त और उद्वेगहीन हो गया। केस्टो ने ही उसके जीवन में यह शान्ति ला दी। केस्टो की आयु लम्बी हो।

इसी तरह जब उनका समय बीत रहा था कि एक दिन दोपहर में किसी ने

उसकी बैठक के दरवाजे को खटखटाया। भूषण बाबू तब खा-पीकर दिवा-निद्रा में मग्न था। दरवाजे पर खटखटाहट होते ही उसकी नींद टूट गयी। शायद महरी बरतन माँजने आयी है। वह हर रोज इसी वक्त आया करती थी।

लेकिन उसने दरवाजा खोलकर देखा तो हैरान रह गया।

"क्या रे, तू एकाएक आ गया ?"

केस्टो ने कहा, "हुजूर आपको लेने आया हूँ। चलिए···"

भूषण बाबू की हैरानी दुगुनी हो गयी। "क्या कह रहा है ? मुझे ले जाने का तुझे हुक्म मिला है ? तुझसे कह दिया था न कि छह महीने पहले मुझे सूचना दे देना। सूचना मिलने पर मैं यहाँ का काम-काज वगैरह निबटा लूंगा। तो तू भूल गया क्या ?"

केस्टो ने कहा, "नहीं हुजूर, मैं भूला नहीं था। मैंने आपको सूचना देने के बारे में मालिक से कहा था। यह सुनकर मालिक गुस्से में आ गये और कहा—सूचना किस बात की ? मेरे दफ्तर में सूचना देने का रिवाज नहीं है। बुढ़ापा आते ही दाँत टूटने लगते हैं। बाल पक जाते हैं, आँखों से कम दिखायी पड़ता है—बस यही मेरी सूचना है। यह सूचना मिलते ही काम-काज खत्म कर लेना चाहिए। दूसरी तरह की सूचना देने का मेरे दफ्तर में नियम नहीं है···"

छत्तीस

त्रैलोक्य बाबू की कहानी आज मेरे लिए भी जैसे सच साबित हुई। आज का यह विक्षोभ, ये नारे और यह पुलिस का पहरा—सब-के-सब मेरे लिए सूचना हैं। इस सूचना को देखते ही मुझे समझ लेना चाहिए कि अब मेरे जाने का वक्त आ गया है। अब मुझे काम-काजों को सहेज लेना पड़ेगा। अब विदा की बारी है।

लेकिन इस बात की स्वीकृति अन्तर्मन से जैसे मिल ही नहीं रही है। इस तरह का सजा-सजाया संसार कैसे छोड़ दूं ? जिन्दा रहूँ और मुख्यमन्त्री नहीं रहूँ—इन दो चीजों में सामंजस्य की स्थापना कैसे करूँ ?

हर विचारवान और बुद्धिमान व्यक्ति में इस प्रकार के दो व्यक्ति वास करते हैं। एक व्यक्ति कहता है, 'चलो'। दूसरा कहता है, 'रहो'। एक संसार को चाहता है और अपर अमृत को। 'बाधाओं ने बाँध लिया है, बन्धन कटता तो दुख होता'—यह बात हमारे कवि लिख गये हैं। लेकिन कवि बहुत-कुछ लिख जाते हैं, महापुरुष भी बहुत-कुछ उपदेश दे जाते हैं। लेकिन वे स्वयं भी उन उपदेशों का पालन नहीं करते। उपदेश और वचन के पालन की सारी जिम्मेदारी हमारे लिए ही है। हम यथार्थ को अस्वीकार कर अमृत पीने को

तत्पर नहीं हैं। यहाँ तक कि हम झंझटों को अपना लेते हैं, फिर भी हम अधिकार से वंचित होना नहीं चाहते हैं। इस अधिकार को जो छोड़ना नहीं चाहते हैं और सब-कुछ के अधिकारी बनकर बैठ गये हैं, उन्हें अधिकार से वंचित करने में ही हम आनन्द की प्राप्ति होती है।

सहसा चारों ओर से तालियों की तड़तड़ाहट आयी और मेरा सपना टूट गया।

ध्यान से देखने के बाद मैंने स्वयं को सभापति के आसन पर विराजमान पाया। कब मेरे गले में माला डाली गयी, इसका मुझे पता तक नहीं चला। मैंने गौर से देखा—फूलों की एक मोटी-सी माला है। उसे मैंने गले से उतारकर सामने की मेज पर रख दिया है। माला में बड़े-बड़े गुलाब हैं। उसके साथ राँगे के तबक। प्रारम्भ में ही गुलाब की माला मिली। इतने बड़े-बड़े गुलाब मैंने आम तौर से कम ही देखे हैं।

मेरे आस-पास अनेक नामी-गरामी अफसर और नेता फुसफुसाकर बातचीत कर रहे हैं। सभा जिससे बिना बाधा-विघ्न के चल सके, इसके लिए सभी सतर्क हैं। दो लाख रुपये की जमीन पर दस या पन्द्रह रुपये लाख रुपये की सभा हो रही है, इसे क्या आसानी से नष्ट होने दिया जायेगा! अन्यथा उन लोगों की तरक्की नहीं होगी।

एक मुख्य नेता को मैंने धीमी आवाज में पुकारा, "सुनिए···"

मेरी पुकार सुनकर तीन-चार व्यक्ति घबराकर दौड़े-दौड़े आये।

"आप कुछ कह रहे हैं सर?"

"इस माला की कीमत क्या है?" मैंने पूछा।

वे लोग अवाक् हो गये। माला की कीमत! माला की कीमत का पता किसे है? बृहत् कार्य के लिए मामूली एक माला ऐसी कोई चीज नहीं है कि बड़े-बड़े महारथी उसकी कीमत को लेकर माथापच्ची करें। मामूली पैसों के लिए मुकदमा होने पर जजों को जैसे कोई फिक्र नहीं रहती है, उसी तरह वकील, मुहर्रिर और पेशकार भी निश्चिन्त रहते हैं। कारण यह है कि मुकदमा बड़ा हो तो रिश्वत में मोटी रकम मिलती है और मुकदमा छोटा हो तो कम रिश्वत मिलती है। इस युग में माल के गुण को बड़ा नहीं समझा जाता है बल्कि माल से मिलनेवाले मुनाफे के लिए ही होड़ लगी रहती है। माला अगर लाख रुपये की होती तो हर किसी को इसकी कीमत मालूम रहती। जिस तरह जमीन के किराये की कीमत और पण्डाल की कीमत हर किसी को मालूम है। माला की कीमत एक से सौ रुपये तक हो सकती है। इतनी साधारण वस्तु की ओर किसी का भी ध्यान नहीं है। ध्यान बड़े की ओर है। बड़े की ओर रहकर भी जैसे नहीं है।

माला की कीमत जानने के लिए मुख्यमन्त्री सभी को पशोपेश की हालत में डाल देगा, इस बात की किसी ने कल्पना तक नहीं की थी, अन्यथा पहले से ही माला के लिए एक फाइल तैयार कर ली जाती। मिस्टर राय ने कृषि सम्मेलन के जरूरी तथ्यों की अलग-अलग फाइलें बनवा ली हैं। लेकिन माला जैसी तुच्छ वस्तु का हिसाब-किताब कौन रखने जाये ? विवाह-घर के उत्सव को आयोजित करने के लिए घर का मालिक खुद मांस-मछली के लिए माथा-पच्ची करता है लेकिन केले के पत्ते के लिए ऐसा करता है क्या ? केले का पत्ता तो तुच्छ वस्तु है। वह चाहे हाराधन या केस्टोधन कोई जाकर ले आये। लेकिन मुझे मालूम है कि हर चीज का मूल्यांकन उसकी कीमत के तारतम्य पर निर्णीत होता है। कोई चीज खराब भी हो सकती है और अच्छी भी हो सकती है। लेकिन पहले उसकी कीमत की जानकारी रहनी चाहिए। पहले यह बताओ कि यह सस्ती चीज है या कीमती चीज़ ? फिर मैं बता दूँगा कि यह अच्छी चीज है या खराब चीज।

एक बार मेरे लोक-निर्माण विभाग के मन्त्री ने खर्च का एक बिल दिया था। मेरे वित्त-सचिव ने उस बिल को पास नहीं किया। उसका कहना था कि खर्च का ब्यौरा विश्वसनीय मालूम नहीं पड़ता है।

वह बिल अन्त में मेरे पास पहुँचा।

मैं रुपयों की राशि देखकर दंग रह गया। लोक-निर्माण बिभाग के मन्त्री को बुलाकर पूछा, "क्या बात है ? डिनर में तीन हजार का खर्च क्यों दिखाया है ?"

लोक-निर्माण विभाग के मन्त्री ने कहा, "मैंने उसे चेक करके देख लिया है सर ! वह ठीक ही है। वे तीनों अमरीकी प्रतिनिधि थे। अमरीकी को तीस रुपये का डिनर नहीं खिलाया जा सकता है। और उस पर वे तीनों विश्व बैंक के सदस्य हैं। इजिप्ट या नाइजेरिया के प्रतिनिधि रहते तो सौ रुपये में ही काम निकाल लेता···"

"क्यों ?" मैंने पूछा।

"आप क्या कह रहे हैं सर ! कहाँ अमरीका और कहाँ नाइजेरिया। अमरीकन कितने बड़े आदमी होते हैं।"

मैंने कहा, "लेकिन चाहे गोरा हो या काला, पेट तो दोनों के बराबर ही होते हैं। और इसके सिवा तीन व्यक्तियों ने तीन हजार रुपये में वैसी कौन-सी चीज खायी ? हाथी-घोड़ा खाया ? सोना खाया ?"

लोक-निर्माण विभाग के मन्त्री ने कहा, "काकद्वीप जैसी जगह में कुछ भी नहीं मिलता है सर ! इसीलिए हर चीज नये सिरे से खरीदनी पड़ी। नये काँटे, नये चम्मच, मेजपोश। काँच का गिलास, यहाँ तक कि मेज, कुरसी वगैरह

न्यू मार्केट से खरीदना पड़ा। काकद्वीप जैसी जगह में कुछ भी नहीं मिलता है।"

इतनी देर के बाद बात मेरी समझ में आयी। जापान जाने पर जापान के लोग जापानी खाना देते हैं, चीन जाने पर चीनी चाइनीज खाना देते हैं। हिन्दुस्तान गरीब मुल्क है लेकिन इससे क्या आता-जाता है। अमरीकी हिन्दुस्तान आयेंगे तो हम उनकी खिदमत में अमरीकी खाना ही पेश करेंगे। इसके चलते चाहे हमारे कितने ही रुपये क्यों न खर्च हो जायें। अमरीकी हिन्दुस्तान में आयेंगे तो हम उन्हें अमरीकी गाड़ी ही चढ़ने के लिए देंगे। हिन्दुस्तान में बनी गाड़ी पर चढ़ाने से हमें शर्मिन्दा होना पड़ेगा। हम लोग देखेंगे कि कौन बड़े आदमी हैं और कौन नहीं हैं। हमारे व्यवहार का तारतम्य व्यवहार पानेवाले की आर्थिक अवस्था और पद-मर्यादा को मद्दे नजर रखकर हुआ करता है।

इस बीच 'वन्दे मातरम्' गीत शुरू हो गया है।

अकस्मात् उस तरफ भयंकर आवाज करता हुआ एक बम गोला फट पड़ा। मैंने चकित न होने का बहाना किया। लेकिन तब तक सभा की अधिकांश जनता उठ चुकी थी। सोच रही है कि भागे या नहीं। उन लोगों के लिए ही मुझे दुख का अहसास होने लगा—उन लोगों के लिए जिन्हें बुलाकर सभा में लाया गया है। वे लोग मतदाता हैं। वे न इधर हैं न उधर। वे न तो मुझे पहचानते हैं और न उसे पहचानते हैं जो मेरे पहले मुख्यमन्त्री था। और न उसे ही पहचानेंगे जो मेरे बाद मुख्यमन्त्री बनेगा। मेरे मुख्यमन्त्री बनने के पहले भी वे अनेक बम गोलों की चोटें सह चुके हैं। अंग्रेजों ने उनके सर को निशाना बनाकर गोलियाँ चलायी थीं, अब हम लोग उन्हें बम गोलों से मारते हैं। फिर हम लोगों के बाद जो आयेंगे वे भी इन पर बम गोले बरसायेंगे। इसी तरह यह चिरन्तन काल से चला आ रहा है और आनेवाले समय में भी ऐसा ही चलता रहेगा। पहले भी जिस तरह उन्हें कोई बचा नहीं सका था, बाद में भी उन्हें कोई बचा नहीं पायेगा।

मेरे एस. डी. ओ. ने लाउडस्पीकर पर चिल्लाकर उन्हें सम्बोधित करते हुए कहा, "आप लोग मत जाइए, चुपचाप बैठे रहिए, डरने की कोई बात नहीं है..."

लेकिन कौन किसकी बात सुनता है! हम लोगों की बात पर किसी-किसी को भरोसा होता है और कोई-कोई हमारी बातों से डर जाता है। हम लोग उन्हें अभय दान करते हैं लेकिन डरानेवालों की परवाह नहीं करें, ऐसी ताकत उनमें नहीं है। वे इतने दिनों के अनुभवों से यह बात जान गये हैं कि आज जो भयदाता हैं जरूरत पड़ने पर एक दिन छद्मवेश में वे ही अभयदाता हो जायेंगे। उन लोगों को यह ज्ञान हो गया है कि असल में वे निरीह प्राणी हैं, राजा-राजा के झगड़े में बलिवेदी पर चढ़ने के लिए ही उनका जन्म हुआ है। वे शेक्सपियर

के नाटक 'जूलियस सीजर' के ब्रूटश और कैसियस के शतरंज के मोहरे हैं। और इसी का नाम जनता है।

इन बमों, गोलियों और बन्दूकों को हमने पहले भी देखा है और अब भी देख रहे हैं। कुछ दिन राजनीति में और रहा तो और भी देखूंगा। और सिर्फ राजनीति को ही दोष क्यों दिया जाये ! साहित्य, विज्ञान, कला और दर्शन इनमें से किस में राजनीति नहीं है ? फिर भी उन सब चीजों और राजनीति के दरमियान एक बहुत बड़ा फासला है। साहित्य, दर्शन और कला में 'शाश्वत' ही सब-कुछ है लेकिन राजनीति में 'क्षण' का ही बोलबाला है। राजनीति में जो नेता मनुष्यों के मन में आशा की जितनी ही कुहेलिका लगा सकता है और अन्त में उन्हें पेड़ पर चढ़ाकर सीढ़ी छीन ले सकता है, वह नेता अपनी गद्दी को उतना ही सुरक्षित रख सकता है। वही और बड़ा नेता हो सकता है। उसी नेता को और अधिक वोट मिलेंगे। लेकिन कला की दुनिया का नियम अलग है। वहाँ मत की प्रथा नहीं है। कलाकार भी आशा और आनन्द देता है। लेकिन उसके बाद सीढ़ी छीनकर अपनी गद्दी को सुरक्षित रखने का अभिप्राय कलाकार के लिए अपराध है। राजनीतिक और कलाकार दोनों आनन्द के शेयर खरीदते हैं। लेकिन राजनीतिक उसके लाभांश को स्वयं खाता है और कलाकार के लाभांश को आम लोग उपयोग में लाते हैं। राजनीति में यश पुराना पड़ जाने पर तमादी होने का डर बना रहता है। लेकिन कला की दुनिया में तमादी का नियम लागू नहीं है।

एकाएक पण्डाल के एक कोने में आग दिखायी पड़ी।

मेरा एस. डी. ओ. अब अपने को रोक नहीं सका। "सर, मैं एक बार देखकर आता हूँ।" उसने कहा।

और मिस्टर राय खड़ा होकर देखने के लिए जाने लगा। लेकिन उसके पहले ही मेरा पुलिस सुपरिण्टेण्डेण्ट दल-बल के साथ पहुँच चुका था।

मैंने स्थिर-प्रज्ञ होने की चेष्टा की। 'सुखेषु विगतस्पृहः, दुःखेषु अनुद्विग्न-मनाः' तो स्थिर-प्रज्ञ के लक्षण हैं।

ज्योतिर्मय सेन किसी भी स्थिति में विचलित होनेवाले नहीं हैं। ज्योतिर्मय सेन एक दिन अंग्रेजों के कैदखाने में भी जाकर विचलित नहीं हुए थे। पुलिस की लाठी खाकर भी विचलित नहीं हुए थे। ज्योतिर्मय सेन ने ही कितनी बार अपने भाषण में सबसे अभय होने के लिए कहा है। उन्होंने कितनी ही बार कहा था, "मैं अंग्रेजों के कैदखाने से नहीं डरता हूँ और न पुलिस की बन्दूक से ही मुझे भय है। मैं एकमात्र जिस चीज से डरता हूँ वह है डर। आप लोग डर को ही जीतना सीखें। तभी आप स्वतन्त्र हो सकेंगे। जंजीरों से मुक्त होने से बड़ा है डर से मुक्त होना।" ये बातें एक दिन उन्होंने ही कही थीं। और

आज वह डर जायें।

आज के इस भाषण में मैंने भय की बातें लिखी हैं। आज ज्योतिर्मय सेन के भाषण में बहुत सारी बातें हैं। उनके सचिव ने बहुत अच्छी-अच्छी बातें लिख दी हैं। ऐसी-ऐसी बातें लिख दी हैं जिन्हें महारानी विक्टोरिया, ईसा मसीह, लेनिन, तथागत बुद्धदेव, रामकृष्ण परमहंसदेव और स्वामी विवेकानन्द ने अपने भाषणों में बार-बार कहा था। करोड़ों आदमियों ने ये सब बातें पहले भी सुनी हैं और आज ये लोग भी वही बातें सुनेंगे। वह कहेंगे, "आप अँधेरे से प्रकाश की ओर आयें। मृत्यु से अमृत की ओर; भय से अभय की ओर। आप अन्धकार, मृत्यु और भय पर जय प्राप्त करें। यह जय ही आपके लिए पुरस्कार बनेगी, इस भय की विजय के संग्राम से ही आपको पुनर्जन्म प्राप्त होगा!"

इन अच्छी-अच्छी बातों को सुनकर मेरे श्रोतागण जोर-जोर से तालियाँ पीटेंगे और मैं सोचूँगा कि लोग मुझे कितनी श्रद्धा की दृष्टि से देख रहे हैं, कितना सम्मान और प्यार दे रहे हैं! उसके बाद जनता को कृतार्थ कर जनसभा के अन्त में मैं भी सभी की विगलित दृष्टि के सामने हाथ जोड़कर उनसे विदा माँगूँगा। इस लाखों रुपये के सम्मेलन की खबरें और तसवीरें दूसरे दिन इस देश के तमाम समाचार-पत्रों के मुख्य पृष्ठ पर बड़े-बड़े अक्षरों में छपेंगी। मैं सवेरे चाय पीने के वक्त उन खबरों को पढ़ूँगा और तसवीरों को देखूँगा। इसके बाद राइटर्स बिल्डिंग में अखबारों के स्टाफ रिपोर्टर जब मुझसे मिलने आयेंगे तब मैं खुश होकर उन लोगों से कहूँगा, "आप लोगों ने बहुत अच्छी तरह से खबरें निकाली हैं।"

हमेशा से यही होता आ रहा है। मैं जब से मुख्यमन्त्री हूँ, यही करता आया हूँ। मेरे मयनाडाँगा आने के पहले जितनी कार्य-तत्परता थी, सम्मेलन के बाद जब मैं लौट जाऊँगा तब यहाँ उतना ही अँधेरा छा जायेगा। एस. डी. ओ. अपने हेड-क्वार्टर में जाकर फिर से फाइलों को उलटेगा-पुलटेगा और सफर के भत्ते का बिल यथास्थान भेजेगा। फिर बिल की निकासी के लिए राइटर्स बिल्डिग में बार-बार तकाजे भेजेगा। शंकर फिर से अपने मण्डल कांग्रेस के दफ्तर में मजलिस जमायेगा और मुख्यमन्त्री से उसकी कितनी जान-पहचान है, इसे विस्तार के साथ परत-दर-परत चढ़ाकर दस आदमी से कहेगा। और जिनके लिए यह सम्मेलन आयोजित किया गया है, जिनकी भलाई के लिए लाखों रुपये खर्च किये गये हैं, वे नुटु और दिगम्बर जैसे लोग मयनाडाँगा के गंज में साहा बाबू की आढ़त में या वीरचक के ईंट के भट्ठे में काम करने के लिए दौड़ेंगे या किसी बड़े आदमी की लाश जलाने के अवसर की उम्मीद में आसमान की ओर देखकर दिन गिना करेंगे।

"गरीबों का शोषण, मन्त्री का पोषण, नहीं चलेगा, नहीं चलेगा···"

वही, फिर वही नारेबाजी! लेकिन इस बार नारेबाजी बहुत दूर हो रही

है। अब जरूर ही और ज्यादा पुलिसों का पहरा बिठा दिया गया है। मेरा एस. पी. बड़ा ही कुशल व्यक्ति है। इसी बीच कम-से-कम दो सौ आदमियों को जरूर ही गिरफ्तार कर लिया है। आज की सभा को वह किसी भी हालत में भंग नहीं होने देगा। और अगर भंग हो जाये तो उसकी पदावनति और तबादले को कोई रोक नहीं सकता है, यह बात वह अच्छी तरह जानता है। आजकल जो नौकरी नहीं करते हैं वे प्राणों के डर से काम करते हैं, न कि प्यार के कारण। और जो नौकरी करते हैं वे भय के कारण काम कहते हैं, न कि भक्ति के कारण। प्राणों के भय से और भय के कारण जो काम होता है वह दर-असल काम नहीं है बल्कि जिम्मेदारी टालना है। इस जिम्मेदारी को टालनेवाले लोगों की संख्या में इतनी वृद्धि हो गयी है कि आज काम में इतनी त्रुटियाँ रहती हैं। यह शंकर, यह राय, यह मन्मथ बाबू, यह केस्टो हालदार, रथीन सिकदार सभी जिम्मेदारी टालनेवालों की जमात में हैं।

फिर एक कोने से वही पुराना नारा आ रहा है—"गरीबों का शोषण, मन्त्री का पोषण, नहीं चलेगा, नहीं चलेगा···"

अब मैं स्वयं को संयत करके नहीं रख सका। तब मुझे चिल्ला-चिल्लाकर कहने की इच्छा हुई कि तुम लोग कौन हो, मैं जानता हूँ! तुम लोगों के गले की आवाज सुनकर मैं समझ रहा हूँ कि तुम लोग इस शंकर, मन्मथ बाबू, केस्टो हालदार और रथीन सिकदार की जमात के आदमी हो। ये लोग जिस तरह खुशामद करके अपना-अपना काम निकालना चाहते हैं, तुम लोग भी उसी तरह मुझे हटाना चाहते हो। लेकिन मेरी खुशामद करने से ही क्या तुम्हारा काम निकल जायेगा और मुझे हटाने से ही क्या गरीबों को स्वर्ग मिल जायेगा? गरीब और अमीर—यह सब तो नारेबाजी है। नारे लगाना बन्द करो। जब कोई बात नारे में बदल जाती है तो उसकी क्या कोई कीमत रह जाती है? तुम लोगों ने कभी यह तो नहीं कहा कि आदमी को आदमी बनने का मौका दो। तुम लोगों ने कभी यह तो नहीं कहा कि आदमी को प्यार करने का मौका दो! तुम लोगों ने कभी यह तो नारा नहीं लगाया कि आदमी के द्वारा आदमी का कत्लेआम बन्द करो! तुम्हारी तो जरूरत इतनी ही है कि तुम मन्त्री बनना चाहते हो। इसीलिए मन्त्रियों के खिलाफ लोगों को भड़काकर तुम लोग मनुष्य जाति के शुभाकांक्षी होने का भान करते हो! लेकिन वास्तव में क्या मनुष्य के लिए तुममें प्रेम है? दरअसल तुम लोग यह नहीं जानते कि हर आदमी को पहले आदमी होना चाहिए तब कुछ और। पहले तुम आदमी नहीं बनोगे तो आदमी में जो पशुता है उसे क्योंकर नष्ट कर तुम उसमें मनुष्यता जगा सकोगे? कभी क्या तुम लोगों ने मनुष्य को अपने सगे के रूप में लिया है? पहले तुम्हें आदमी बनना पड़ेगा, तभी तुम डॉक्टर बनकर आदमी का इलाज कर सकोगे, वैज्ञानिक होकर मनुष्य को

ज्ञान दे सकोगे। तुम लोग डॉक्टर होना चाहते हो, वैज्ञानिक होना चाहते हो, मन्त्री होना चाहते हो, इंजीनियर होना चाहते हो, बहुत-कुछ होना चाहते हो। लेकिन यह सब-कुछ मनुष्य की मनुष्यता के विकास के लिए ही है। लेकिन वह आदमी कहाँ है? पहले आदमी का निर्माण करो। चारों तरफ तुम्हारे मतलब की बातों की भीड़ लगी है। लेकिन प्यार की बातें कहाँ हैं? तुम केवल क्षण की बातें करते हो, शाश्वत की बातें कहाँ हैं? तुम केवल समाज की बातें करते हो, व्यक्ति की बातें कहाँ हैं? शान्ति की बातें करने से साधुता का आदर्श क्या असत्य साबित होता है? मेघ का जन्म ध्वंस के लिए होता है लेकिन सूर्य क्यों जन्म लेता है? तीन सौ करोड़ वर्षों से सूय ने अपने अस्तित्व को कैसे बचाये रखा है, यह मालूम है? स्वाभाविक नियम से उसका विनाश क्यों नहीं हुआ? विश्व की सृष्टि के प्रथम दिन से ही वह किस तरह एक ही हिसाब से प्रकाश और उत्ताप दे रहा है? इसका कारण यह है कि सूर्य में ही सृष्टि और संहार एकसाथ काम करते आ रहे हैं। एक ओर हिलियम तैयार होता है और दूसरी ओर एलेक्ट्रोन और न्यूट्रन बाहर निकलते रहते हैं। मनुष्य के चरित्र में भी यही बात रहती है: जिसको ग्रहण करना चाहिए उसे ग्रहण करता है और जो कुछ छोड़ना चाहिए उसे छोड़ देता है। इस ग्रहण और वर्जन के समन्वय की साधना से जो जीवन बनता है, उसी को ही महाजीवन कहते हैं। इस महाजीवन की साधना जिससे सरल हो, इसी के लिए ही तो साहित्य, कला, विज्ञान और समाज हैं।

ज्योतिर्मय सेन को लगा कि सभा के लोग एक क्षण के लिए अदृश्य हो गये। उनके सामने कुछ भी नहीं है, कोई भी नहीं है। अनादि काल और अनागत भविष्य जैसे उनकी आँखों के सामने उद्‌घाटित हो गये: कब एक दिन वह शिशु थे, कब बैरिस्टर सेन के घर की चहारदीवारी में कैदी के रूप में थे और कब सारे बन्धनों को तोड़कर बाहर निकल आये थे; कब स्वयं को जानने की प्रक्रिया में उन्होंने सबको जाना था। सब-कुछ जैसे एक पल में उन्हें लीलने के लिए पहुँच गये! मुझे लगा, मैं स्वयं को विभिन्नताओं में कहाँ प्रसारित कर सका! पहले भी मैं इकाई था, आज भी इकाई ही हूँ। यह अनेकता के सम्मेलन में भी विशिष्ट बनकर जीवित रहने जैसा है। लेकिन 'मैं' को प्रसारित किये बिना मेरी कोई उपयोगिता नहीं है। मैंने व्यक्ति-विशेष बनकर जीवन व्यतीत कर दिया! स्वयं को समष्टि में व्याप्त किये बगैर मेरा अस्तित्व कोई मानी नहीं रखता है।

चारों ओर जैसे आँधी चल रही है। एक-एक बमगोला फटता है और पूरा मंच थर-थर काँपने लगता है। लेकिन नहीं, मैं हार नहीं मानूँगा। मैं विच्छिन्न नहीं हूँगा, विषाद को अपने पास फटकने नहीं दूँगा, मैं निस्संग नहीं होने जा रहा हूँ। मैं अगर जिन्दा रहूँगा तो तुम लोगों के साथ जिन्दा रहूँगा। अगर मेरी मृत्यु हो तो वह केवल मेरी दैहिक मृत्यु ही हो, मेरी अदृश्य अन्तरात्मा तुम लोगों के

बीच वर्तमान रहे। एक दिन मैंने घर इसलिए छोड़ा था कि मुझे अपने घर के बनिस्बत बहुत बड़ा घर मिले—बहुत बड़े घर का आश्रय प्राप्त हो। वह घर मुझे प्राप्त हो चुका है। अपने इस देश में, इस देश के निवासियों में, देश के भूत, भविष्य और वर्तमान में मुझे अपनी अस्मिता का सन्धान मिला है। मैंने अपने व्यक्ति-बिन्दु को विश्व-बिन्दु में परिणत कर दिया है। अभी इस कृषि सम्मेलन में आने पर मेरा विश्व-बिन्दु से साक्षात्कार हुआ है। तुम लोग मुझे त्याग भी दोगे तो मैं तुम लोगों को त्याग नहीं पाऊँगा। और इसकी वजह यह है कि मैं अगर तुम लोगों को त्यागता हूँ तो मुझे अपनी अस्मिता को भी त्यागना पड़ेगा।

सहसा तालियों की गड़गड़ाहट हुई तो ज्योतिर्मय सेन की चेतना जैसे वापस आयी।

"वाह अद्भुत! अद्भुत···"

मेरे निकट एस. डी. ओ. था। वह अपने-आप बोल उठा। मैंने मिस्टर राय की ओर ध्यान से देखा। उसने कहा, "आपका भाषण अद्भुत लगा सर! देख रहे हैं न, सभी कितने ख़ामोश हैं। किसी ने जरा-सा भी शोर-गुल नहीं मचाया।"

मैं चौंक पड़ा। "मैंने भाषण दिया है?"

"हाँ, सर!"

"लेकिन थोड़ी देर पहले बम फटने की जो आवाज सुनायी पड़ी थी।"

मिस्टर राय ने कहा, "नहीं सर, वह तो पुलिस ने अश्रुगैस छोड़ा था। लगभग पचास व्यक्तियों की जब गिरफ्तारी हो गयी तो फिर किसी ने चूँ तक नहीं किया। सब ठण्डे पड़ गये···"

मैं और अधिक विस्मय में डूबने-उतराने लगा। भाषण भी शायद एक तरह का नशा है। शराब के नशे की तरह यह भी आदमी को इस तरह धुत बना दे सकता है, यह मुझे मालूम नहीं था। नशे की झोंक में मुझे कुछ पता ही नहीं चला।

मैंने कहा, "देखिएगा, गोली नहीं चले···"

"नहीं सर, गोली चलाने के पहले आपसे अनुमति ले लूँगा।"

"हाँ, गोली चलाने का मतलब ही है हार स्वीकार कर लेना। गोली चलाने से विरोधी दल को लाभ पहुँचेगा।"

इसके बाद सभा समाप्त होने की बात है। मेरे एस. डी. ओ. ने कहा, "जरा और बैठें सर, और एक मिनट···"

समझ नहीं सका, लेकिन देखा कि सामने के दर्शकों में से एक आदमी मेरी ओर आ रहा है। मैं चौंक पड़ा। यह तो नुटु ही है। तब नुटु क्या मेरे सामने ही अब तक बैठा हुआ था। ठीक पहले का नुटु ही है। तब हाँ, काफी बूढ़ा हो

गया है। नहीं, अब उसके पैर में कोई ऐब नहीं है। बिल्कुल सीधा खड़ा होकर मेरी ओर चला आ रहा है। सर के सारे बाल पक गये हैं। मेरे भी बाल पक चुके हैं। लेकिन नुटु के सर के बाल मेरे बालों से ज्यादा पक गये हैं। मेरी ओर हाथ जोड़कर वह अभिवादन करने की मुद्रा में है। मेरे प्रति कृतज्ञता प्रकट कर रहा है? या मेरा स्वागत कर रहा है? मैं मुख्यमन्त्री बना हूँ इसलिए वह आनन्दित है। दस आदमियों के सामने वह माथा ऊँचा करके कह सकेगा कि आज के मुख्यमन्त्री मेरे दोस्त हैं। यह ज्योतिर्मय सेन एक दिन मयनाडाँगा आया था और हमलोगों ने एक साथ आढ़त से पुआल की खेप ली थी। उसने मेरे साथ वीरचक के ईंट के भट्ठे में सर पर ईंट रखकर ढोयी थीं। मेरे घर में हरी मिर्च के साथ पानीदार बासी भात खाया था। अब मुख्यमन्त्री हो जाने से मुझे भले ही पहचान नहीं सके, लेकिन एक जमाने में हम दोनों में गहरी दोस्ती थी। मैं ज्योति के घर पर गया था। कलकत्ते में उन लोगों का कितना विशाल घर था, उसमें कितने कमरे थे! मयनाडाँगा के बाबू लोगों से भी उसका मकान बड़ा था।

आओ नुटु, आओ। आज तुम जिसे देख रहे हो वह दरअसल वही पुराना ज्योति ही है। मैं पहले के 'मैं' को भूला नहीं हूँ और इसीलिए तुमको भी नहीं भूला हूँ। आज जो मैं मयनाडाँगा में सभा करने आया हूँ इसके पीछे एकमात्र उद्देश्य है तुमसे मिलना। हो सकता है कि आज तुम्हारे घर पर नहीं जा सकूँ, तुम्हारे घर की चौखट पर बैठकर पानीदार बासी भात नहीं खा सकूँ और तुमसे एकान्त में बातचीत नहीं कर सकूँ। आज मेरा एस. डी. ओ. और मेरा एस. पी. मुझे तुमसे पहले की तरह खुलकर मिलने नहीं देंगे। लेकिन मैं पहले का ही 'मैं' हूँ। मैंने उन दिनों के मयनाडाँगा के जीवन को पार कर और भी अधिक फासले के रास्ते को छान मारा है। बहुत-कुछ देखने-सुनने के बाद फिर से तुम्हारे ही पास मयनाडाँगा लौट आया हूँ। बहुत ख्याति, बहुत प्रतिष्ठा और बहुत सम्मान पाकर मैंने अनुभव किया है कि ख्याति, प्रतिष्ठा और सम्मान कुछ भी नहीं हैं। उन सबों से मन को तृप्ति नहीं मिलती है। लेकिन फिर भी ख्याति, प्रतिष्ठा और सम्मान के लिए लड़ाई लड़ रहा हूँ। मणि-माला की तरह वे सब अभी तक मेरे गले में झूल रहे हैं। वह हार गले में पहनता हूँ तो तकलीफ होती है और खोलने से भी पीड़ा पहुँचती है। मैं क्या करूँ? तुमसे बातचीत करने का मन करता है लेकिन अन्तरंगता के सूत्र में बँधने से संकोच रोक लेता है और मुझे विलगाव की स्थिति में छोड़ जाता है। यह ठीक विवेकानन्द के द्वारा सुनायी गयी कहानी की तरह है। वह कहानी तो तुम्हें सुनायी थी न—वही तातार सैनिक की कहानी! न तो भागने ही देगा और बन्दी बनने से भी इन्कार करेगा। इसी का नाम संसार है नुटु! इसीलिए तो

मैंने तुम्हें बताया था कि मैं ही अपना सबसे बड़ा दुश्मन हूँ और मैं ही अपना सबसे बड़ा दोस्त। रामकृष्ण देव कहा करते थे, अण्डे में जब तक बच्चा बड़ा नहीं हो जाता है, चिड़िया तब तक चोंच से ठोकर नहीं मारती है। बरगद के पेड़ को काटने के समय जब सबकुछ कट जाता है तो थोड़ा अलग हटकर खड़ा होना पड़ता है। तब वह पेड़ खुद ही चरमराकर टूट जाता है। लेकिन मैं अलग हटकर खड़ा नहीं हो सका। जिस दिन अलग हटकर खड़ा हो जाऊँगा उस दिन मुझमें और तुममें बाधा की दूरी नहीं रह जायेगी। तब मैं मुख्यमन्त्री नहीं रहूँगा। तब मैं तुम्हारी ही तरह आदमी बन जाऊँगा। और वास्तव में तुम्हारे लिए डरना स्वाभाविक ही है। मिलन होता है आदमी और आदमी में, मुख्यमन्त्री तो आदमी नहीं रह जाता है। इसलिए आदमी और मुख्यमन्त्री में मिलन कैसे हो सकता है?

इतनी देर के बाद नुटु के चेहरे पर हँसी की एक हल्की रेखा उभरी है। इस हँसी के साथ तनिक भय भी घुला-मिला है, जिस तरह कि राशन के चावल के साथ कंकड़ रहा करते हैं।

मैं अब तक दार्शनिक बन गया था। उदार हो गया था। मैं जो मुख्यमन्त्री हूँ, यह भूल ही गया था। वह आकर मेरे पैरों की धूल लेने के लिए अपना माथा झुका ही रहा था कि मैंने उसे गले से लगा लिया। "छिः नुटु, छिः-छिः···" मैंने कहा।

मेरी बगल में मिस्टर राय था। उसने कहा, "सर, यह आदमी यहाँ की कृषि-प्रतियोगिता में अव्वल आया है। इसने एक बीघा जमीन में पैंतीस मन धान उपजाया है।"

मैं नुटु की ओर देखकर अवाक् रह गया। नुटु की हालत इतनी अच्छी हो गयी है! एक बीघा जमीन में पैंतीस मन धान! एक दिन यही नुटु वीरचक के ईंट के भट्ठे में सर पर ईंट ढोता था, साहा बाबू की आढ़त से पुआल की खेप स्टेशन ले जाता था। तब उसके पास बित्ता-भर भी जमीन नहीं थी। आज जो नुटु की हालत सुधर गयी है, इस उपलब्धि के पीछे मेरी भी थोड़ी-बहुत भूमिका रही है। आज मैं इस राज्य का मुख्यमन्त्री हूँ। मेरे शासन-काल में ही इस राज्य के किसानों की उन्नति हुई है। इस राज्य के कम-से-कम एक व्यक्ति ने एक बीघा जमीन में पैंतीस मन धान पैदा किया है। यह बात सोचते ही मैं आनन्दित हो उठा।

तब मेरे आसपास के लोग खड़े-खड़े मेरे मुँह की ओर ताक रहे थे। उन लोगों के चेहरे पर ऐसा भाव तैर रहा था जैसे मैंने ही पैंतीस मन धान की फसल पैदा की है।

मन्मथ बाबू ने कहा, "यह सब आपके कारण ही सम्भव हुआ है सर!"

केस्टो हालदार और रथीन सिकदार ने भी यही राय जाहिर की। ये लोग सभी मेरे इर्द-गिर्द खड़े होकर मेरी खुशामद कर रहे हैं। लेकिन कितने आश्चर्य की बात है! तब मुझे ऐसा नहीं लगा कि वे मेरी खुशामद कर रहे हैं। मुझे लगा कि यह मेरा प्राप्य है। लगा कि एक बार ही सही, लेकिन वे सच-सच बोले हैं।

एस. डी. ओ. मिस्टर राय ने हल्का चित्र उकेरा हुआ पीतल का एक पात्र मेरे हाथ में थमा दिया। "सर, इसे आप अपने हाथों से इसे दें।"

मैं उस पात्र को देखने लगा। बड़ी ही सुन्दर चित्रकला है। नुटु इसे घर की दीवार पर टाँगकर रखेगा। ज्योति के हाथों मिला है इसलिए यह उसके गौरव को बढ़ायेगा। एकाएक मेरी दृष्टि पड़ी—पीतल के हल की तसवीर के नीचे लिखा है—'भोलाइ मण्डल'।

मैंने पूछा, "यहाँ भोलाइ मण्डल क्यों लिखा हुआ है?"

मिस्टर राय ने कहा, "सर, इस किसान का नाम भोलाइ मण्डल है। इसके पास काफी जगह-जमीन है—लगभग तीन सौ बीघा जमीन का यह मालिक है। इसका ससुर वजीर मण्डल यहाँ का एक बहुत बड़ा जोतदार है।"

पूरी बात सुनने के पहले ही मेरे हाथ से वह पात्र छूटकर मंच पर गिर पड़ा। मैं स्तम्भित हो गया। फिर क्या मैंने अपने सामने भूत देखा! मैं क्या सचमुच नशे में धुत हूँ! मैंने क्या गलत सुना है! नहीं, अब तक मैंने जो कुछ भी देखा वह सब सपना था! यह जो मेरे सामने मन्मथ बाबू, शंकर, केस्टो हालदार, रथीन सिकदार और मिस्टर राय खड़े हैं सबके-सब नुटु की तरह ही असत्य हैं। छिः-छिः, फिर क्या उम्र बढ़ने के कारण मेरा दिमाग गड़बड़ा गया है।

सभी ने एकसाथ पीतल के उस पात्र को उठाकर मेरे हाथ में फिर से रख दिया। मैंने किसी तरह उसे भोलाइ मण्डल की ओर बढ़ाकर राहत की साँस ली।

मैंने कहा, "नुटु के बारे में क्या हुआ? नुटु विहारी हालदार के बारे में? मैंने मयनाडाँगा के दक्षिणपाड़ा जाकर जिसे बुला लाने को कहा था।"

मिस्टर राय ने कहा, "मैं दक्षिणपाड़ा गया था सर! मैं खुद गया था। नुटु विहारी नहीं, बल्कि उसका नाम था नटवर हालदार। लेकिन वह तो नहीं है सर···"

"ओ, हाँ-हाँ, वह वहाँ नहीं है? वहाँ नहीं है तो अब जहाँ है वहाँ से बुलाकर आप नहीं ला सके? मैं तो उसी से मिलने के लिए यहाँ आया हूँ।"

"लेकिन जाने पर पता चला कि वह मर गया है सर।"

"मर गया है?"

"हाँ सर ! नटवर हालदार पिछले साल मर चुका है । उसकी पत्नी, बाल-बच्चे कोई नहीं हैं । वे भी मर चुके हैं ।"

मैं कुछ देर तक खामोश रहा । फिर पूछा, "उसकी मृत्यु कैसे हुई ?"

मिस्टर राय ने कहा, "पिछले साल यहाँ जो अनावृष्टि हुई थी, उस अनावृष्टि में बहुत-से आदमी मर गये थे ।"

"मैंने तो उस समय टेस्ट रिलीफ देने का आर्डर दिया था ।"

मिस्टर राय ने कहा, "टेस्ट रिलीफ के लिए सात लाख रुपये दिये गये थे, मगर उसका आधा पेमास्टरों ने मार लिया । उसी के लिए चावल के गोदाम लूटे गये । और उसी लूट में नटवर हालदार पुलिस की गोली से मारा गया ।"

मैं चौंक पड़ा । "पुलिस ने किसके हुक्म से गोली चलायी थी ?"

"आपने ही गोली चलाने का आर्डर दिया था सर ! मैंने यहाँ से आपको राइटर्स बिल्डिंग में फोन किया था और पूछा था कि क्या करूँ । आपने ही गोली चलाने का आर्डर दिया था..."

यह बात सुनकर कुछ क्षणों के लिए मैं स्तम्भित रह गया । मुझे लगा, इतनी देर के बाद मैंने अपने वास्तविक 'मैं' को देखा । मैंने स्वयं से साक्षात्कार किया । मेरा यह आत्म-साक्षात्कार बड़ा ही मर्मवेधी है । मैंने देखा कि यह 'मैं' ही इतने दिनों तक मुझे मनुष्य-समाज से अलगाकर रखे हुए है । इस मैं ने ही सभी के 'मैं' से मिलने में बाधा डाली है । समझ गया कि तमाम नदियाँ गंगा नदी क्यों नहीं हैं, तमाम पर्वत हिमालय क्यों नहीं हैं, तमाम कवि कालिदास क्यों नहीं हैं, तमाम दार्शनिक कपिल क्यों नहीं हैं, तमाम मृग कस्तूरी-मृग क्यों नहीं हैं और तमाम आदमी आदमी क्यों नहीं हैं । ठीक उसी तरह तमाम मैं 'मैं' क्यों नहीं हैं । तुम्हारे भीतर का मैं 'मैं' को देख नहीं पाता है, इसीलिए 'उसमें' भी 'मैं' अनुपस्थित रहता है । इसलिए 'मैं' कैसे 'तुम्हारा' हूँगा 'उसका' हूँगा, 'सभी' का हूँगा ? सभी के 'मैं' से मिलकर एकाकार हूँगा, तादात्म्य हूँगा ? और इतने दिनों तक अगर यह नहीं हो सका हूँ तो मेरा यह मुख्यमन्त्री होना असत्य है, मेरा तमाम त्याग असत्य है, मेरा समस्त सम्मान असत्य है और लाखों रुपये खर्च कर जो सम्मेलन किया गया है, वह भी असत्य है । और आज जो फूलों की माला दी गयी थी ? उस माला को गले में लटकाये मैं घर जा रहा हूँ ?

मुझे सारी बातें याद आयीं । कब मयनाडाँगा में अनावृष्टि हुई थी, कब अनाज के लिए दंगा हुआ था । वह कितने दिन पहले हो चुका है । लेकिन उस दिन मुझे क्या यह मालूम था कि जिस गोली को चलाने के लिए मैंने पुलिस को आदेश दिया था, वही गोली इतने दिनों के बाद मेरी ही छाती को छलनी कर देगी ! मेरी इस पीड़ा को कौन समझेगा ! इसके लिए मैं किसके पास

शिकवा-शिकायत करूँ, किसके पास अर्जी भेजूं। मेरे इस सम्मान के लिए कौन प्रायश्चित करेगा। मेरे पहले के मुख्यमन्त्री की अन्तिम बात मेरे कानों में बार-बार गूंजने लगी—We learn from history that we do not learn from history. We learn from history."

शंकर की बात सुनकर मेरी चेतना एकाएक लौट आयी। "सर, आपने फूलों की इस माला की कीमत पूछी थी न ?"

मैंने हतप्रभ की तरह उसके चेहरे की ओर ध्यान से देखा।

"इसकी कीमत डेढ़ सौ रुपये है सर ! न्यू मार्केट की सबसे अच्छी दुकान से खरीदकर ले आया था। लेकिन एक भी पैसा नहीं लिया था। उसने कहा था, जब कि आप मुख्यमन्त्री के लिए माला ले रहे हैं तो मैं इसके लिए कीमत क्यों लूं ? इससे बेहतर है कि आप मुझे मुख्यमन्त्रीजी से एक प्रमाण-पत्र दिला दें। मैं उसे फ्रेम में मँढ़वाकर अपनी दुकान में टँगवा दूँगा।"

इतनी देर तक ज्योतिर्मय सेन जिस चीज को रोके हुए थे, शंकर की बात कानों में पहुँचते ही उसे रोककर नहीं रख सके। उनकी आँखों से टप-टप कर आँसू की बूंदें लुढ़कने लगीं। आँसू की बूंदें अवश्य ही लुढ़कने लगीं लेकिन वे आँसू की बूंदें नुटु के शोक में नहीं, बल्कि अपने 'मैं' के शोक में चू रही थीं।

●●●